ERLEBE DEN AUGENBLICK
MIT FERNGLÄSERN VON SWAROVSKI OPTIK

DAS SEHEN ENTDECKEN

Die Welt offenbart viel – und doch bleibt das Meiste verborgen. Man glaubt, einen Ort zu kennen und doch steckt er voller Geheimnisse. Die kleinsten Details erzählen oft die größten Geschichten. Man muss nur auf die richtige Art hinsehen. Denn Entdecken bedeutet Sehen.

UNTERWEGS MIT SWAROVSKI OPTIK

Das wahre Sehen beginnt mit Ferngläsern von SWAROVSKI OPTIK. Sie verbinden zukunftsweisende industrielle Technologien mit dem Anspruch höchster Handwerkskunst.

Mit Ferngläsern von SWAROVSKI OPTIK wird jeder Blick eine Entdeckung und jeder Augenblick ein unvergessliches Erlebnis.

ENTSCHEIDENDE QUALITÄTEN

Damit Sie die ganze Welt des Sehens in all ihren Details erfahren können, brauchen Sie ein qualitativ hochwertiges Fernglas. Auf folgende Kriterien sollten Sie beim Fernglaskauf achten:

OPTISCHE BRILLANZ FÜR GESTOCHEN SCHARFES SEHEN
Nur mit einer hochpräzisen Optik und weitem Sehfeld erkennen Sie auch kleinste Details – sogar bei schlechten Lichtverhältnissen.

NATURGETREUE FARBEN UND LICHTSTARKE BILDER
Eine hohe Lichtdurchlässigkeit garantiert Ihnen helle und kontrastreiche Bilder und Spezialbeschichtungen ein naturgetreues Farberlebnis.

ROBUST, STAUB- UND WASSERDICHT
Ein stabiles Gehäuse schützt die fein justierte Optik vor Stößen, Wasser und Staub.

HANDLICH, LEICHT UND FORMSCHÖN
Hoher Bedienkomfort und eine intelligente, ergonomische Form lassen Sehen zum Vergnügen werden.

SWAROVSKI
OPTIK

SEE THE UNSEEN
WWW.SWAROVSKIOPTIK.COM

Großes Wanderbuch

Tirol

 GPX-Daten zum Download

www.kompass.de/wanderbuecher

Kostenloser Download der GPX-Daten der im
Wanderbuch enthaltenen Wandertouren.

INHALT UND TOURENÜBERSICHT

AUFTAKT

Legende und allgemeine
   Tourenhinweise 19
Verhalten im Notfall.................................... 22

Das Gebiet 24
Nature Watch Touren 25
Alpinflora 27

Tour		Seite			
Bezirk Kitzbühel					
Loferer Steingebirge					
001	Pillersee und Teufelsklamm	40	◷	🐻	
002	Seehorn – Ulrichshorn · 2155 m	42	⚡		
Kitzbüheler Alpen					
003	Wildseeloder · 2118 m – Henne	44	◷		
004	Kitzbüheler Horn · 1996 m	47	⚡	🐻	
005	SWAROVSKI OPTIK Moore am Schwarzsee bei Kitzbühel	49	◷	🐻	
006	Großer Rettenstein · 2366 m	51	◷		
007	Lodron · 1925 m – Steinbergstein · 2215 m	53	◷		
008	Hohe Salve · 1828 m	55	⚡	🐻	
Kaisergebirge					
009	Hintere Goinger Halt · 2192 m	58	⚡		
010	SWAROVSKI OPTIK Hüttlingberg in Going	60	◷	🐻	
011	Stripsenkopf · 1807 m, und Feldberg · 1813 m	62	◷		
012	Hochalm im Wilden Kaiser	64	◷		
Bezirk Kufstein					
Chiemgauer Alpen					
013	„Schwemm" bei Walchsee	66	◷	🐻	
Kaisergebirge					
014	Zahmer-Kaiser-Rundtour aus dem Kaisertal	68	◷		
015	Gamskogel · 1449 m	70	◷	🐻	
016	Scheffauer · 2111 m	72	⚡		
017	Sonneck · 2260 m	74	⚡		
018	Ellmauer Halt · 2344 m	76	⚡		
Brandenberger Alpen					
019	Pendling · 1563 m – Höhlensteinhaus	78	◷	🐻	
020	Voldöppberg · 1509 m	80	◷	🐻	

Nationalpark Hohe Tauern 28
Naturparks in Tirol 30
Großlandschaften Tirols 35
Gebietsübersichtskarte 36

ANHANG
Schutzhütten, Berggasthöfe 374
Orte und Tourismusbüros 377
Register 382
Impressum, Bildnachweis 384

km	h	hm	hm	P	🚌	🚠	🍴	⛰	🛏	↓	Karte
9,4	3:00	201	212	✓	✓		✓				9
8,4	5:30-6:00	1316	1316	✓	✓				✓		9
12	3:15	542	1396	✓	✓	✓	✓	✓			9, 29
7,9	2:30	390	0	✓	✓	✓	✓	✓	✓	✓	29
4,2	1:00-2:00	50	50		✓						9, 29
10,7	7:30-8:30	1224	1224	✓					✓	✓	29
16,7	6:30-7:00	1337	1337	✓					✓		29
3,6	1:45	0	680	✓		✓	✓	✓			29
8,4	6:00	1206	1206	✓					✓		9, 09
5,7	2:00-3:00	200	200	✓							9, 09, 29
10,3	5:45	827	827	✓				✓	✓		9, 09
13	4:00-5:00	750	750	✓							9, 09
8,6	2:00-3:00	50	50	✓			✓		✓		9, 10, 09
20,5	8:15	1496	1496	✓			✓	✓	✓		9, 09
8,5	2:15	245	245	✓		✓	✓	✓	✓	✓	9, 09
7,7	5:15	1193	1193	✓					✓		9, 09
10,6	7:00	1320	1320	✓					✓		9, 09
9,3	8:00	1259	1259	✓			✓	✓			9, 09
12	4:45-5:00	493	493	✓			✓	✓			9, 09
9,8	3:00-3:30	559	559	✓			✓	✓			28

INHALT UND TOURENÜBERSICHT

Tour		Seite	

Bezirk Kufstein

Rofangebirge

| 021 | Zireiner See – Rofanspitze · 2259 m | 82 | ⟳ |

Kitzbüheler Alpen

| 022 | Schwaigberghorn · 1990 m | 85 | ⟳ |
| 023 | Gratlspitze · 1893 m | 87 | ⟳ |

Bezirk Schwaz

Rofangebirge

024	Guffertspitze · 2195 m – Von Süden	89	⟳
025	Kögljoch – Vorderunnütz · 2078 m	91	⧓
026	Kotalmsattel · 1978 m	93	⟳
027	Vom Achensee zum Hochiss · 2299 m	96	⟳

Zillertaler Alpen

028	Rosskopf · 2845 m	98	⧓
029	〔SWAROVSKI OPTIK〕 Wasserfallweg in Hintertux	100	⟳ 🐻
030	Gerlossteinwand · 2166 m	102	⟳ 🐻
031	Schlegeiskees · ca. 2600 m	104	⧓
032	〔SWAROVSKI OPTIK〕 Bergmähderweg Brandberg bei Mayrhofen	107	⧓ 🐻
033	Ahornspitze · 2973 m	109	⧓
034	Maxhütte · 1445 m	111	⧓ 🐻

Tuxer Alpen

035	〔SWAROVSKI OPTIK〕 Neumarkter Runde	113	⟳ 🐻
036	〔SWAROVSKI OPTIK〕 Torsee in den Tuxer Alpen	115	⧓
037	Gschößwand – Penkenjoch · 2095 m	117	⧓ 🐻
038	Frauenwand · 2541 m und Weiße Wand · 2518 m	120	⟳
039	Friesenbergscharte · 2910 m und Olpererhütte · 2388 m	123	⟳

Karwendelgebirge

040	Bärenkopf · 1991 m	125	⟳ 🐻
041	Dem Achensee entlang	127	⟳
042	Kleiner Ahornboden · 1403 m	130	⧓ 🐻
043	Lamsenspitze · 2508 m	132	⧓
044	St. Georgenberg – Schloss Tratzberg	134	⟳ 🐻

km	h	hm	hm	P	(Bus)	(Bahn)	(Gastro)	(Gipfel)	(Hütte)	(Abstieg)	Karte
8,6	6:00-6:30	474	474	✓	✓	✓		✓			28, 027
10,3	4:30	817	817	✓				✓			28, 027
9	4:00-4:30	919	919	✓	✓		✓	✓			28, 027
11	5:30	1270	1270	✓	✓			✓			28
18,6	7:00	1028	1028	✓	✓		✓	✓	✓		28
14,7	6:00	1028	1028	✓	✓		✓		✓		28
8,7	5:15	1329	1329	✓	✓	✓	✓	✓			28, 027
17,2	7:45	1425	1425	✓			✓	✓	✓		37, 037
3,1	2:00-3:00	300	300	✓	✓						34, 37, 36, 037
5,1	3:00	526	526	✓	✓	✓		✓			37, 037
19	6:45	770	770	✓	✓		✓		✓		37, 037
7,6	3:00-4:00	750	750	✓	✓		✓		✓		37, 037
9,6	5:30-6:00	1023	1023	✓		✓	✓	✓	✓		37, 037
6	3:45	460	460	✓	✓		✓		✓		37, 037
10,2	4:00-5:00	650	650	✓	✓		✓		✓		34, 82, 37, 037
11,2	5:00	600	500		✓		✓				34, 37, 037
12,3	4:00-4:30	301	301	✓	✓	✓	✓	✓	✓	✓	37, 037
6	3:15	1041	1041	✓	✓	✓	✓	✓	✓		36, 37, 037
13,6	7:15	1105	1105	✓	✓		✓	✓	✓		36, 37, 037
9,8	5:00	500	500	✓	✓	✓	✓	✓	✓		28, 182, 27
15,3	2:30	200	200	✓	✓		✓		✓		28, 182, 027
12,8	3:00-4:00	445	445	✓	✓						6, 26, 182, 027
11,5	6:30	1305	1305	✓			✓	✓	✓		26, 182, 027
11	4:00	400	400	✓			✓				26, 027

INHALT UND TOURENÜBERSICHT

Tour		Seite	

Bezirk Innsbruck-Stadt und Innsbruck-Land

Karwendelgebirge

045	Thaurer und Haller Zunderkopf · 1966 m	136	⟳
046	Großer Bettelwurf · 2726 m	138	⟨⟩
047	⚜ Halltal	140	⟳ ☺
048	Kleine Stempeljochspitze · 2529 m	142	⟨⟩
049	Vom Hafelekar in die Pfeis	144	⟳
050	⚜ Alpenpark Karwendel	146	⟳ ☺
051	Vordere Brandjochspitze · 2559 m	148	⟳
052	Gleirschklamm und Zunterkopf · 1661 m	150	⟳
053	⚜ Karwendelschlucht bei Scharnitz	152	⟳ ☺

Tuxer Alpen

054	Zirbenweg – Glungezer · 2677 m	154	⟳
055	Patscherkofel	157	⟨⟩ ☺
056	Rosengarten bei Patsch	159	⟳ ☺

Zillertaler Alpen

| 057 | Padauner Kogel · 2066 m | 161 | ⟳ |

Stubaier Alpen

058	Salfains · 2000 m	164	⟳ ☺
059	⚜ Mutterer Alm	166	⟨⟩ ☺
060	⚜ Raitiser Felder bei Mutters	168	⟳ ☺
061	Rund um die Kalkkögel	170	⟳
062	Von Milders ins Oberbergtal	172	⟨⟩ ☺
063	Franz-Senn-Hütte – Rinnensee – Rinnenspitze	174	⟨⟩
064	⚜ Obernberger See	176	⟳ ☺
065	⚜ Lichtsee in Obernberg	178	⟳ ☺
066	Peiljoch · 2672 m	180	⟳
067	Mutterberger See · 2483 m	182	⟳
068	Blaser · 2241 m – Peilspitze · 2392 m	184	⟳
069	Neustifter Besinnungsweg	186	⟳
070	Von der Elferhütte ins Pinnistal	188	⟳ ☺
071	Vier-Seen-Wanderung im Kühtai und Gaiskogel · 2820 m	190	⟳ ☺

km	h	hm	hm								Karte
14,5	2:00	1100	1100	✓			✓				26, 36
10	8:00	1666	1666	✓			✓	✓	✓		26
5,2	2:00-3:00	350	350	✓							36, 34, 26, 036
9,6	5:45-6:15	1130	1130	✓					✓		26, 36, 036
14,3	5:45-6:15	270	1645	✓	✓	✓	✓	✓	✓		26
4,7	2:00	70	70		✓						36, 26, 34, 036
10	6:00-6:30	654	1691	✓	✓	✓	✓	✓	✓		26, 036
12,8	5:15	750	750	✓			✓	✓			5, 26, 026
4,6	2:00-3:00	150	150	✓	✓						26, 5, 026
15,8	5:00-5:30	713	713	✓	✓	✓	✓	✓	✓		36
4,3	1:00	100	100	✓	✓	✓	✓				34, 36, 83, 036
1,7	1:00	100	100	✓	✓						34, 36, 83, 036
5,5	4:30-5:00	496	496	✓			✓	✓	✓	✓	36, 036
11,3	5:00-5:30	1016	1016	✓				✓			36, 83
4,3	2:00	0	770	✓		✓	✓		✓		36, 83, 036
5,5	2:00	100	100	✓	✓						36, 036, 83
19	8:00-9:00	1000	2150	✓	✓	✓	✓	✓	✓		36, 83
19,9	6:00-6:30	716	716		✓		✓			✓	36, 83
10,8	8:30-9:00	1250	1250	✓			✓	✓	✓		36, 83
9,8	3:00-4:00	250	250		✓		✓				34, 36, 44, 83
9,3	3:00-4:00	700	700		✓						34, 36, 44, 83
9,5	5:00	360	970	✓	✓	✓	✓	✓	✓		36, 83
10,2	4:00	380	960	✓	✓	✓	✓				36, 83
10,3	7:00	1218	1218	✓			✓	✓		✓	36, 83
7,4	3:00	396	396		✓		✓		✓		36, 83
11,3	5:00-5:30	286	1087	✓	✓	✓	✓		✓	✓	36, 83
5,5	1:30	57	294	✓	✓	✓	✓		✓		35, 43, 83

INHALT UND TOURENÜBERSICHT

Tour		Seite		

Bezirk Innsbruck-Stadt und Innsbruck-Land

Stubaier Alpen

| 072 | Rosskogel · 2646 m – Krimpenbachalm | 192 | ☀ | |
| 073 | Sulzkogel · 3016 m | 194 | ⚡ | |

Mieminger Kette

| 074 | Rauthhütte · 1605 m – Zugspitzblick | 196 | ☀ | 😊 |

Wettersteingebirge

| 075 | Höhenweg am Wetterstein | 198 | ☀ | |

Bezirk Imst

Stubaier Alpen · Ötztal

076	Hochoetz – Wetterkreuzkogel · 2591 m	200	☀	
077	Stuibenfall und Höfle	202	☀	😊
078	SWAROVSKI OPTIK Stuibenfall bei Niederthai	204	☀	😊
079	SWAROVSKI OPTIK Tauferberg bei Niederthai	206	☀	😊
080	Grastalsee · 2533 m	208	⚡	
081	Brand – Burgstein – Platter Grube	210	⚡	
082	Gamskogel · 2813 m – Schönrinnensee	212	⚡	

Ötztaler Alpen · Ötztal

083	SWAROVSKI OPTIK Zirbenwald in Obergurgl	214	☀	😊
084	SWAROVSKI OPTIK Ochsenkopf in Obergurgl	216	☀	😊
085	Frischmannhütte · 2192 m, oder Wenderkogel · 2200 m	218	☀	
086	Hahlkogelhaus · 2042 m, oder Pollesalm · 1776 m	220	☀	
087	Gaislacher See · 2704 m und Gaislach	222	☀	
088	SWAROVSKI OPTIK Bergmähder oberhalb Sölden	224	☀	
089	SWAROVSKI OPTIK Altlöchriges Moos im Ötztal	226	⚡	😊
090	Wildes Mannle · 3023 m	228	☀	
091	Hohe Mut – Rotmoosferner	230	☀	

Ötztaler Alpen · Pitztal

092	Jerzens – Hochzeiger · 2560 m	232	☀	😊
093	Ludwigsburger Hütte · 1935 m	234	⚡	
094	Kaunergrathütte · 2817 m	236	⚡	

km	h	hm	hm	P	🚌	🚠	🍴	⛰	🛏	⬇	Karte
14,8	6:30-7:00	1283	1283	✓				✓			35, 36, 83
14,5	5:30-6:00	1056	1056	✓	✓	✓	✓	✓			35, 43, 83
7,6	4:30-5:00	490	490	✓			✓	✓	✓		5, 25, 35, 026
15,5	6:00-6:30	915	915	✓			✓	✓	✓		5, 25, 35, 026
16,1	3:30	571	571	✓			✓	✓			35, 43, 83
8,2	2:50	457	457	✓			✓		✓		35, 43, 83
5,6	2:00	150	150				✓				35, 43, 83
4	2:00	100	100								35, 43, 83
11	3:15	995	995	✓				✓			43, 83
8,2	3:10	669	669	✓	✓		✓	✓			43, 83
8,3	7:00	1244	1244	✓			✓	✓	✓		43, 83
5,6	1:00-2:00	150	150	✓	✓		✓				43, 042
3,3	1:00	100	100	✓	✓						43, 042
10,8	4:30-5:00	799	799	✓			✓	✓	✓		43, 83
9,2	5:00	587	587	✓			✓				43, 83
15	4:30-5:00	0	1693	✓	✓	✓	✓	✓	✓		43, 042
3	2:00	200	200								43, 042
3,7	2:00	150	150								43, 042
9,3	5:30-6:00	717	1180	✓	✓	✓	✓	✓	✓		43, 042
10,4	4:30	40	783	✓	✓	✓	✓	✓		✓	43, 042
15	3:00-4:00	1453	1453	✓	✓	✓	✓	✓	✓	✓	43
4,5	3:45	670	670	✓			✓	✓	✓		43
13,3	6:00	1142	1142	✓	✓	✓	✓	✓	✓		43

INHALT UND TOURENÜBERSICHT

Tour		Seite		
Bezirk Imst				
Ötztaler Alpen · Pitztal				
095	Rifflsee und Brandkogel · 2676 m	238	⟳	😊
Mieminger Kette				
096	Nassereith – Fernsteinsee	240	⦃⦄	😊
Lechtaler Alpen				
097	Obtarrenz – Sinnesbrunn	242	⟳	😊
098	Hochimst – Muttekopf · 2774 m	244	⟳	
Tschirgantmassiv				
099	Simmering · 2096 m – Haiminger Alm	246	⟳	
Bezirk Reutte				
Mieminger Kette				
100	Ehrwald – Seebensee – Drachensee	248	⦃⦄	
Ammergauer Alpen				
101	Daniel · 2340 m	250	⟳	
102	Hochjoch · 1823 m, und Schelleleskopf · 1722 m	252	⟳	😊
103	Pflach – Säulinghaus · 1720 m	254	⟳	😊
Tannheimer Berge				
104	Höfen – Hahnenkamm · 1938 m	256	⟳	😊
105	SWAROVSKI OPTIK Füssener Jöchle	258	⟳	😊
106	Tannheimer Hütte · 1730 m	260	⟳	😊
107	SWAROVSKI OPTIK Vogellehrpfad Pflach	262	⟳	😊
Allgäuer Alpen				
108	Zöblen – Rohnenweg – Wiesle	264	⟳	😊
109	SWAROVSKI OPTIK Vilsalpsee	266	⟳	😊
110	SWAROVSKI OPTIK Neunerköpfle im Tannheimer Tal	268	⦃⦄	😊
111	Höhenweg Grän – Tannheim-Berg	270	⟳	😊
112	SWAROVSKI OPTIK Der Lech bei Forchach	272	⟳	😊
113	Jöchlspitze · 2226 m – Bernhardseck	274	⟳	
114	Höhenbachtal – Mädelejoch · 2096 m	276	⟳	
115	SWAROVSKI OPTIK Der Hager bei Steeg	279	⟳	😊
116	Steeg – Ebene – Ellenbogen	281	⟳	😊

km	h	hm	hm	🅿️	🚌	🚠	🍴	🔺	🛏️	⬇️	Karte
10,8	2:30-3:00	416	1001	✓	✓	✓	✓	✓			43
10,8	3:00	102	102	✓	✓		✓				5, 25, 35
11	5:15	658	658	✓	✓						24, 35
12,3	6:00	1283	1283	✓		✓	✓	✓			24, 35
15	6:00-6:30	1065	1065	✓			✓	✓			25, 35
18	6:30-7:00	923	923	✓		✓	✓	✓		✓	5
14,5	6:30	1430	1430	✓	✓		✓	✓			4, 5
14	5:00	900	900	✓			✓	✓	✓		4, 5
10	5:00	880	880	✓	✓		✓		✓	✓	4
9,5	4:00	180	1015	✓	✓	✓	✓	✓		✓	4, 04
6	2:00	400	400	✓	✓	✓	✓	✓	✓		4, 04
7,2	5:00-6:00	584	584	✓			✓			✓	4, 04
1,7	1:00	0	0								4, 25, 04
7,5	3:30-4:00	120	120	✓	✓					✓	4, 04
7	3:00-4:00	100	100	✓			✓				4, 04
5,7	3:00-4:00	50	750	✓	✓	✓	✓				4, 04
6,2	2:30-3:00	50	50	✓	✓		✓		✓	✓	4, 04
4,5	1:00-2:00	50	50	✓							4, 04, 24
12,7	4:30-5:00	1045	1045	✓	✓	✓	✓	✓	✓	✓	3, 24
15,5	6:00	982	982		✓		✓	✓	✓	✓	3, 24
5,9	3:00	300	300		✓						3, 24
5	3:00	226	226							✓	3, 24

INHALT UND TOURENÜBERSICHT

Tour		Seite		

Bezirk Reutte

Allgäuer Alpen

| 117 | SWAROVSKI OPTIK Das einsame Hochalptal | 283 | 〰️ 😊 |

Lechtaler Alpen

118	SWAROVSKI OPTIK Bockbacher Gamsvroni im oberen Lechtal	285	〰️ 😊
119	SWAROVSKI OPTIK Heiterwanger Hochalm · 1605 m	287	↻ 😊
120	SWAROVSKI OPTIK Kögele-Tour bei Berwang	289	↻ 😊
121	SWAROVSKI OPTIK Rotlechwiesen bei Berwang	291	↻ 😊
122	Wolfratshauser Hütte · 1751 m	293	↻
123	Hanauer Hütte · 1922 m – Gufelsee	295	〰️

Wettersteingebirge

| 124 | SWAROVSKI OPTIK Ehrwalder Becken | 298 | ↻ 😊 |
| 125 | Zugspitze · 2962 m | 300 | 〰️ 😊 |

Bezirk Landeck

Lechtaler Alpen

| 126 | Samspitze · 2624 m | 302 | ↻ |

Verwallgruppe

127	Hoher Riffler · 3168 m	304	〰️
128	Niederelbehütte · 2310 m	307	↻ 😊
129	SWAROVSKI OPTIK Der Sonnenkogel „Sonnakogl" bei Galtür	310	↻ 😊

Silvrettagruppe

| 130 | Hohes Rad · 2934 m | 312 | ↻ |

Samnaungruppe

131	Ladis – Obladis – Fiss	315	↻ 😊
132	Der Murmeltierweg	317	↻ 😊
133	SWAROVSKI OPTIK Fimbatal bei Ischgl	320	〰️ 😊

Glockturmgruppe

134	Naturerlebnis Rifflseen	322	〰️ 😊
135	Nauders – Schöpfwarte – Sellesköpfe	324	↻ 😊
136	Schmalzkopf · 2724 m	326	〰️
137	Rund um den Frudiger · 2149 m	328	↻ 😊

km	h	hm	hm	🅿	🚌	🚠	🍴	⛰	🛏	⬇	Karte
7	3:00	500	500	✓							3, 24
8,5	2:00-3:00	300	300	✓	✓		✓				3, 24
5,7	3:00-4:00	263	263	✓	✓		✓		✓	✓	4, 24, 25
6	2:00	250	250	✓	✓		✓				4, 5, 25
8	2:00-3:00	400	400	✓							4, 5, 24, 25
9	6:00	747	747	✓	✓		✓		✓	✓	3, 24
13,8	7:00-7:30	1019	1019	✓			✓	✓	✓	✓	24, 35
4	1:00	0	0	✓	✓						4, 5, 25
7,5	1:00	100	100	✓	✓	✓	✓	✓	✓		4, 5, 25, 790
12	7:00-7:30	1470	1470	✓	✓		✓	✓	✓		24, 33, 42
16,3	9:30-10:00	1950	1950	✓			✓	✓	✓		33, 41
10,9	5:00-5:30	300	825			✓	✓		✓		33, 42
3,4	2:00	200	200								32, 41, 292
14,3	9:30-10:00	900	900	✓	✓		✓	✓	✓		4, 24, 25
7,8	3:00	250	250		✓		✓				42
8,1	4:00-5:00	464	464	✓		✓	✓	✓	✓		42
3	1:00-2:00	130	130	✓							41, 42, 292
7,3	4:00	500	500	✓							42, 43
6,9	2:00-2:30	300	300	✓	✓		✓	✓	✓		41, 42
16	6:30-7:00	1330	1330	✓	✓		✓	✓			41, 42
7,9	5:00-5:30	570	570	✓				✓			42

INHALT UND TOURENÜBERSICHT

Tour			Seite		

Bezirk Landeck

Ötztaler Alpen

138	SWAROVSKI OPTIK	Gallruth im Kaunertal	330	◯	☺
139		Hohe Aifnerspitze · 2779 m	332	◯	
140	SWAROVSKI OPTIK	Piller Moor	335	◯	☺
141		Venet-Rundwanderung	337	◯	

Bezirk Lienz · Osttirol

Glocknergruppe

142		Der „Glocknertreck"	340	◯	
143	SWAROVSKI OPTIK	Zu Gast bei den Königen	344	⚡	☺
144	SWAROVSKI OPTIK	Vom Kleinen zum Großen am Großglockner	346	⚡	☺
145	SWAROVSKI OPTIK	Kals, Dorfertal, Kalser Tauernhaus	348	⚡	☺
146	SWAROVSKI OPTIK	Kals – Ködnitztal	350	⚡	

Schobergruppe

| 147 | SWAROVSKI OPTIK | Trelebitschsee | 352 | ⚡ | ☺ |

Venedigergruppe

148		Defreggerhaus – Großvenediger · 3662 m	354	⚡	
149		Gletscherweg Innergschlöß	357	◯	
150	SWAROVSKI OPTIK	Innergschlöß	360	◯	☺
151		Messeling · 2693 m	362	◯	
152	SWAROVSKI OPTIK	Zedlacher Paradies	364	◯	☺
153	SWAROVSKI OPTIK	Sajatmähder	366	◯	☺
154	SWAROVSKI OPTIK	Jagdhausalmen im Defereggental	368	⚡	☺

Lasörlinggruppe

| 155 | | Wasserschaupfad Umbalfälle | 370 | ⚡ | ☺ |

Rieserfernergruppe

| 156 | | Barmer Hütte · 2591 m | 372 | ⚡ | |

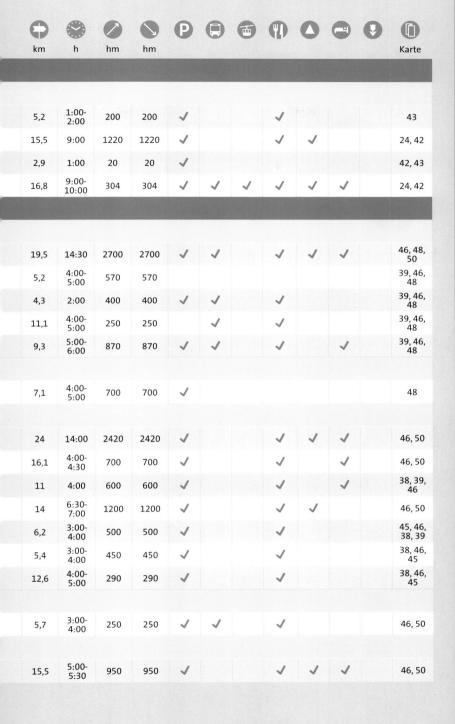

km	h	hm	hm	P	🚌	🚠	🍴	🔺	🛏	⬇	Karte
5,2	1:00-2:00	200	200	✓			✓				43
15,5	9:00	1220	1220	✓			✓	✓			24, 42
2,9	1:00	20	20	✓							42, 43
16,8	9:00-10:00	304	304	✓	✓	✓	✓	✓	✓		24, 42
19,5	14:30	2700	2700	✓	✓		✓	✓	✓		46, 48, 50
5,2	4:00-5:00	570	570								39, 46, 48
4,3	2:00	400	400	✓	✓		✓				39, 46, 48
11,1	4:00-5:00	250	250		✓		✓				39, 46, 48
9,3	5:00-6:00	870	870	✓	✓		✓		✓		39, 46, 48
7,1	4:00-5:00	700	700	✓							48
24	14:00	2420	2420	✓			✓	✓	✓		46, 50
16,1	4:00-4:30	700	700	✓			✓		✓		46, 50
11	4:00	600	600	✓			✓		✓		38, 39, 46
14	6:30-7:00	1200	1200	✓			✓	✓			46, 50
6,2	3:00-4:00	500	500	✓			✓				45, 46, 38, 39
5,4	3:00-4:00	450	450	✓			✓				38, 46, 45
12,6	4:00-5:00	290	290	✓			✓				38, 46, 45
5,7	3:00-4:00	250	250	✓	✓		✓				46, 50
15,5	5:00-5:30	950	950	✓			✓	✓	✓		46, 50

**SIE GENIESSEN DIE NATUR –
WIR GEBEN IHNEN SICHERHEIT!**

✚ AERGON GRIFF - PASST PERFEKT IN
   JEDE HAND
✚ 1. TÜV-ZERTIFIZIERTES
   AUSSENVERSTELLSYSTEM
✚ ABSOLUTE LEICHTBAUWEISE

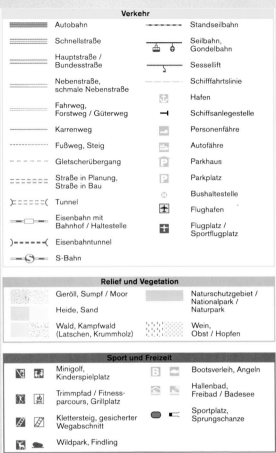

Verkehr

Autobahn	Standseilbahn
Schnellstraße	Seilbahn, Gondelbahn
Hauptstraße / Bundesstraße	Sessellift
Nebenstraße, schmale Nebenstraße	Schifffahrtslinie
Fahrweg, Forstweg / Güterweg	Hafen
	Schiffsanlegestelle
Karrenweg	Personenfähre
Fußweg, Steig	Autofähre
Gletscherübergang	Parkhaus
Straße in Planung, Straße in Bau	Parkplatz
Tunnel	Bushaltestelle
Eisenbahn mit Bahnhof / Haltestelle	Flughafen
Eisenbahntunnel	Flugplatz / Sportflugplatz
S-Bahn	

Relief und Vegetation

Geröll, Sumpf / Moor	Naturschutzgebiet / Nationalpark / Naturpark
Heide, Sand	
Wald, Kampfwald (Latschen, Krummholz)	Wein, Obst / Hopfen

Sport und Freizeit

Minigolf, Kinderspielplatz	Bootsverleih, Angeln
Trimmpfad / Fitnessparcours, Grillplatz	Hallenbad, Freibad / Badesee
Klettersteig, gesicherter Wegabschnitt	Sportplatz, Sprungschanze
Wildpark, Findling	

Touristische Hinweise

Information, Jugendherberge	Krankenhaus / Notarztstation
Hotel / Gasthof / Restaurant	Aussichtsturm
Schutzhütte / Berggasthof (im Sommer und Winter)	Schöner Ausblick, Rundblick
Schutzhütte / Berggasthof (Sommerbewirtschaftung)	Kirche, Wallfahrtskirche
Jausenstation / Almwirtschaft / Imbissstube	Kapelle, Denkmal
	Burg / Schloss, Ruine
Buschenschenke / Heuriger, Unterstand	Kloster
	Ausgrabungen, ehemalige Festung
Hütte / Biwak (unbewirtschaftet)	Wegkreuz
Campingplatz, Sehenswürdigkeit	Bildstock, Bildbaum
Museum, Museumsbahn	Höhenpunkt, Gipfelkreuz

Schwierigkeits-Bewertung
Angaben zu Schwierigkeiten sind gerade im Bereich der Bergwanderungen problematisch; zu unterschiedlich ist das individuelle Empfinden, etwa beim Thema „ausgesetzt" und Schwindelfreiheit. Auch die Klassifizierung von objektiven Voraussetzungen (körperliche Verfassung, Wetter ...) wäre nur wenig aussagekräftig, deshalb gibt es bei den folgenden Tourenvorschlägen zur Schwierigkeit anstatt „harter Ziffern" Hinweise zum Charakter des jeweiligen Unternehmens. Das setzt voraus, dass immer auch die eigene Verantwortlichkeit in die Tourplanung einbezogen wird und hat den zusätzlichen Vorteil, dass der Benützer auch nach seinen eigenen Kriterien die für ihn „passende" Tour auswählen kann.

Eine grobe Unterscheidung bei den Schwierigkeiten ergibt sich aus den Farben der Tourennummern. Dabei ist zu beachten, dass im Text erwähnte etwaige Zusatzziele, alternative Abstiegswege oder Varianten deutlich schwieriger sein können; auch darauf wird im Text hingewiesen.

● **Blau** – Hier handelt es sich um gut angelegte (Berg-)Wege ohne echte Gefahrenstellen, die jedermann begehen kann. Das schließt aber kräftige Steigungen nicht aus. Diese Routen sind zudem gut beschildert und markiert. Auch für Anfänger geeignet.

LEGENDE UND ALLGEMEINE TOURENHINWEISE

● **Rot** – Diese Wege und Steige verlaufen in hochalpinem Gelände, können also durchaus steil und steinig sein, vielleicht auch einmal durch leicht schrofiges Gelände führen (evtl. Drahtseile), ohne allerdings ernste Gefahrenstellen zu bieten. Ein Mindestmaß an alpiner Erfahrung, etwas Trittsicherheit und festes Schuhwerk sollen nicht fehlen. Auch diese Routen, wie fast alle im Bereich des Führers, sind meist ausreichend beschildert und gut markiert.

● **Schwarz** – Hier findet man wirklich anspruchsvolle Bergwanderungen in manchmal felsdurchsetztem Gelände. Es gibt ausgesetzte und gefährliche Stellen und diese Touren sind meist recht lang. Kondition, Schwindelfreiheit, Trittsicherheit und Geschicklichkeit sind ebenso notwendig wie Bergschuhe und richtige Ausrüstung. Hier wirken sich die herrschenden Verhältnisse wie Nässe, Nebel, Neuschnee, Altschneefelder usw. besonders deutlich aus. Auch diese Routen sind meist ausreichend beschildert und markiert. Für Anfänger ungeeignet!

Zeitangaben
Die angegebenen Gehzeiten für Auf- und Abstiege können nur Richtwerte sein; zu unterschiedlich ist das Tempo der einzelnen Wanderer und Bergsteiger und zu rasch ändern sich manchmal die Wetterverhältnisse. Unerlässlich für die Tourplanung ist die

Wanderkarte, aus der sich wichtige Informationen zur Geländebeschaffenheit herauslesen lassen.

Orientierung

Führer und Karte nützen wenig, wenn die nötige Sorgfalt fehlt. Kluge studieren ihre Hilfsmittel nicht nur vor der Tour genau, sie vergleichen laufend ihre Unterlagen mit den Gegebenheiten. Nur so fällt ein Fehler sofort auf, nur so ist man vor Irrwegen sicher. Die gute Hütten-Infrastruktur gibt zusätzlich die Möglichkeit, immer wieder Informationen vor Ort einzuholen und sich große Touren in Etappen einzuteilen.

Hütten, Almen

Bei den Einkehrmöglichkeiten unterwegs haben wir keine Öffnungszeiten angegeben – aus gutem Grund: Diese ändern sich zu rasch, hängen manchmal auch von den Verhältnissen ab (z. B. Schlechtwettereinbruch mit Schnee im Herbst). Der Benützer findet jedoch die Telefonnummern der Schutzhütten im Hüttenverzeichnis. Aktuelle Informationen erhalten Sie auch in den örtlichen Verkehrsämtern bzw. Informationsbüros (siehe Adressenverzeichnis „Tourist-Info" im Anhang zu den Touren).

Höhe und Schnee

Auch wenn Sie keine Hochgebirgstour auswählen, müssen Sie für einen Wetterumschwung vorsorgen. Warme Kleidung sollte bei höheren Gipfeltouren nie fehlen, zumal in der Höhe häufig kalte Winde blasen.

Zudem gibt es an vor Sonne geschützten Stellen bis in den Sommer hinein Altschneefelder und jeder Schlechtwettereinbruch kann auch Neuschnee bringen. Deshalb ist es ratsam, sich vorher über die Verhältnisse zu informieren!

Wetterdienst

Zentralanstalt für Meteorologie und Geodynamik
Satellitenbild, Europa – alle zwei Stunden.
Tel. +43 1 36026, Fax +43 1 369 12 33
www.zamg.ac.at

Alpenverein-Wetterdienst
www.oeav.at/portal/Wetter

ORF-Wetterdienst
http://wetter.orf.at

SMS-Wetterdienst
www.wetter.at/sms
www.wetter.at/wetter

Webcams aus Österreich
www.touristcam.at/webcams

Blue Sky-Wetter
www.blueskywetter.at

MOWIS
www.mowis.com

VERHALTEN IM NOTFALL

Tipps für Bergwanderer

Eine sorgfältige Tourenplanung ist unerlässlich für das Gelingen einer Bergtour! Ebenso wichtig ist es, die Bergerfahrung, Kondition, Trittsicherheit und Belastbarkeit für sich und die Mitglieder einer Gruppe richtig einzustufen.

Es sollte selbstverständlich sein, nur fit in die Berge zu gehen – Ermüdung und Überanstrengung können zu Unfällen führen. Anfangs sollte man die Tour eher gemächlich beginnen, bis man sein ganz persönliches Gehtempo gefunden hat. Mit zunehmender Höhe ist eine Zehnminutenrast einzuplanen, in der ausreichend mineralsalzhaltige Flüssigkeit getrunken werden sollte!

Oft werden die Gefahren im Gebirge unterschätzt, die besonders bei Schlechtwettereinbruch oder plötzlichem Wettersturz auftreten. Bei Gewitter, Schneefall und Vereisung können auch relativ sichere Abschnitte zu gefährlichen Wegstrecken werden. Grundvoraussetzungen für Touren im Hochgebirge sind sichere Wetterlage und gute Tourenverhältnisse. Sollte es trotz aller Vorsichtsmaßnahmen und optimaler Ausrüstung zu einem Unfall kommen (Steinschlag, Verletzung), sollte man auf keinen Fall in Panik geraten.

Die wichtigsten Notrufnummern in Österreich:

144 Rettungsnotruf
140 Alpinnotruf
112 Europäischer Notruf

Verhalten im Unglücksfall

- Überblick verschaffen – Eigenschutz beachten!
- Verletzte Person aus dem Gefahrenbereich bergen.
- Erste Hilfe leisten.
- Verletzte Person nicht allein lassen, Hilfe anfordern!
- Schutz vor weiterer Schädigung (z. B. vor Kälte, Hitze, Wind, Nässe, Steinschlag).

Alpines Notsignal

Das international eingeführte alpine Notsignal besteht in der Abgabe von akustischen oder optischen Zeichen, die **sechsmal in einer Minute**, und zwar in gleichen Zeitabständen, somit **alle 10 Sekunden**, gegeben werden. Hierauf folgt eine Minute Pause, worauf das Notsignal in der angeführten Weise so lange wiederholt wird, bis ein **Antwortsignal** kommt, das **dreimal pro Minute** in gleichmäßigen Abstandspausen, also **alle 20 Sekunden**, abgegeben wird. Als akustische Zeichen gelten Rufe und Pfiffe, als optische das Schwenken von Tüchern und Kleidungsstücken, bei Nacht Licht- und Feuersignale.

Der in den letzten Jahren zunehmende Einsatz von Hubschraubern bei der Rettung aus Bergnot hat neue Verständigungsmethoden notwendig gemacht. Farbige Biwaksäcke oder Anoraks, Rauchsignale oder Zeichen im Schnee erleichtern das Auffinden aus der Luft. Das internationale Notzeichen SOS kann mit etwa 2 m großen Buchstaben aus Steinen usw. auf andersfarbigem Untergrund ausgelegt oder in den Schnee getreten werden.

Bei Sichtverbindung sind Armzeichen bzw. farbige Leuchtzeichen folgender Art festgelegt:

Beide Arme schräg hoch oder grünes Lichtzeichen:
JA auf Fragen =
Hier landen oder
Wir brauchen Hilfe!

Linker Arm schräg hoch, rechter Arm schräg abwärts oder rotes Lichtzeichen:
NEIN auf Fragen =
Nicht landen oder
Wir brauchen keine Hilfe!

Bei Einweisung des Hubschraubers zur Landung ist Folgendes zu beachten: Mit ausgebreiteten Armen und dem Rücken gegen den Wind am Rande des vorgesehenen Landeplatzes (ca. 20 m x 20 m) stehen bleiben. **ACHTUNG:** Entfernen Sie sich nicht, ehe die Rotorblätter zum Stillstand gekommen sind. (Man stellt für den Piloten bei der Landung einen wichtigen Orientierungspunkt dar!) Alle losen Ausrüstungsgegenstände vor dem starken Rotorwind schützen!

Angaben bei Unfallmeldung:
- Wer meldet ...?
- Wer ist verunglückt ...?
- Von wo aus wird gemeldet ... (telefonischer Rückruf)?
- Unfallort, Unfallzeit, welche Verletzungen hat die Person vermutlich?
- Wer wurde von dem Unfall noch informiert bzw. verständigt?
- Landemöglichkeit – Hubschrauber?

Ausrüstung:
Wichtige Voraussetzung für das Gelingen einer Bergwanderung ist neben dem genauen Studium von Führer und Karte eine optimale Ausrüstung. Zur Grundausrüstung gehören solide, gut passende Bergschuhe mit griffiger Profilgummisohle; Turnschuhe oder zu leichte Wanderschuhe bieten auf rutschigem Fels, auf steilen Geröllhalden und auf Altschneefeldern keinen Halt! Bei der Oberbekleidung ist alles erlaubt, was angenehm zu tragen ist. Sehr wichtig sind eine wasser- und windabweisende Jacke und Überhose (Regenschutz). Zu empfehlen ist auch ein Wechselleibchen oder Zweithemd, um nach schweißtreibendem Anstieg in trockene Wäsche schlüpfen zu können. Sonnenbrille, Mobiltelefon und Erste-Hilfe-Paket sollten auch in einem kleinen Rucksack den notwendigen Platz finden!

Abstieg vom Wilden Mannle am Rofenkarferner vorbei

Alte Krimpenbachalm

Geografie

Fläche: 12.648 km²
Einwohner: über 715.888 (01. Jänner 2013)
Landeshauptstadt: Innsbruck

Markante Gebirgszüge prägen die alpine Landschaft Tirols. Unter schroffen Felsen breiten sich sanfte Almen und zauberhafte Blumenwiesen aus, die sich auf markierten Wegen erwandern lassen. Mehr als dreitausend Meter liegen zwischen dem tiefsten Punkt Tirols in Ebbs, 473 m, und der 3786 Meter hohen Wildspitze. So ist der Name, den man im Mittelalter für das Land hatte, bis heute der zutreffendste: „Land im Gebirge".

Das drittgrößte Bundesland Österreichs wird von drei Gebirgslandschaften geprägt: von den Nördlichen Kalkalpen, den Zentralalpen und von der vorgelagerten Grauwackenzone. Der Inn formte auf seinem 200 Kilometer langen Weg durch Tirol eine abwechslungsreiche Landschaft – eng und steil an seinem Oberlauf bei Finstermünz, weit und lieblich dort, wo er bei Kufstein das Tiroler Land wieder verlässt. Aus dem oberen Inntal bei Imst verläuft die Verbindung nach Norden über den Fernpass in das alemannisch geprägte Außerfern.

Vom Inntal ziehen Seitentäler ins Gebirge; von den drei Hochgebirgstälern zwischen Oberinntal und Brenner ist das Ötztal das längste Seitental. Das von Innsbruck nach Süden ausgerichtete Wipptal verläuft über den Brenner, 1370 m, nach Südtirol. Vom Unterinntal gelangt man in die berühmten Urlaubsregionen Zillertal, Kaisergebirge und Kitzbühel. Zu den ursprünglichsten Naturlandschaften zählt Osttirol mit dem Nationalpark Hohe Tauern im Norden und den Lienzer Dolomiten im Süden.

Das Land im Gebirge war lange Zeit reich an hochwertigen Bodenschätzen: Silber, Kupfer und Salz schufen die Basis für den Wohlstand des Landes. Zahlreiche Kulturdenkmäler fügen sich harmonisch in die alpine Landschaft ein und schaffen einen zusätzlichen Anreiz, dieses attraktive Land bei jedem Wetter kennenzulernen. Nicht nur die Landeshauptstadt Innsbruck mit ihren reichen Schätzen der Vergangenheit, das mittelalterliche Hall, die Silberstadt Schwaz, das gemütliche Landeck oder das schon südlich angehauchte Lienz laden zum Bummeln und Entdecken ein.

Entdecken, begreifen und staunen – auf einer Nature Watch Wanderung erhält man faszinierende Eindrücke in Naturlandschaften mit unverwechselbaren Perspektiven. Mit dem neuen Angebot von Swarovski Optik und der Tirol Werbung wird die Tier- und Pflanzenwelt ganz aus der „Nähe" betrachtet und begeistert mit einzigartigen Einblicken in die Tiroler Natur.

Nature Watch Guides
Die Wanderungen finden in kleinen Gruppen in nahezu unberührter Natur statt und werden von speziell ausgebildeten Nature Watch Guides geführt. Dank ihrer hochwertigen Ausbildung als Bergwander- und Naturführer können sie ihren Gästen die verborgenen Naturschönheiten näherbringen.

Die Natur hautnah erleben
Durch die Ferngläser von Swarovski Optik erkennt man aufregende Details, die oft mit freiem Auge schwer oder gar nicht sichtbar sind. Auch hier ist der Guide ein kompetenter Ansprechpartner, der seinen Gästen bei der Auswahl des richtigen Glases und bei der Bedienung hilft.

Ausgewählte Regionen
Für die Nature Watch Wanderungen, die ganzjährig stattfinden, wurden die schönsten Naturräume von ganz Tirol

NATURE WATCH -
ERWANDERN SIE IHR NATURERLEBNIS

ausgewählt. Die Touren starten direkt bei einem Hotel, bei einem Tiroler Naturpark oder beim Nationalpark Hohe Tauern. Neben den Nature Watch Wanderungen bieten die Hotels eine Reihe von Highlights an, die sich je nach Region und Hotel unterscheiden und die als komplettes Urlaubspaket gebucht werden können. Umfassende Informationen zu den Nature Watch Wanderungen und den Hotelangeboten sind auf www.nature-watch.at zu finden. Geschichten und Bilder rund um Nature Watch gibt es am naturewatchblog.com.

Zertifiziertes Naturerlebnis Nature Watch – erwarten Sie Premiumqualität beim Fernglas und beim Guide

Ein Nature Watch Guide ist ein qualifizierter Führer, der den Gästen die Natur nach neuesten erlebnispädagogischen Erkenntnissen nahe bringt. Seine Basisausbildung ist der Tiroler Bergwanderführer. Darüber hinaus hat er die Naturführerausbildung und eine Seminararbeit zu bestehen.

Nature Watch Guides zeigen ihren Gästen verborgene Naturschönheiten

Aufbauend auf ihre umfassende Ausbildung als Bergwander- und Naturführer haben Nature Watch Guides eine Nature Watch Route im Detail ausgearbeitet. Alle naturkundlichen Aspekte wie Flora, Fauna, Geologie, Klimawandel und Artenschutz, Wald- und Wasserpädago-

gik fließen in ein Nature Watch Streckendesign ein. Der Guide ist kompetent beim Umgang mit dem Fernglas und vermittelt das auch an seine Gäste. Zum Abschluss seiner aufwändigen Ausbildung erhält der Nature Watch Guide sein Naturführer-Zertifikat.

 Jede Nature Watch Tour ist mit diesem Symbol gekennzeichnet.

Die Ferngläser von Swarovski Optik zeigen alle Details

Die hochwertigen Präzisionsgläser von Swarovski Optik machen unterschiedliche Perspektiven von Flora und Fauna sichtbar. Sie sind handlich, wasser- und staubdicht und vor allem ausgesprochen vielseitig. Sie punkten mit innovativem Design und optimierter Ergonomie. Viele Details, die auch für Naturliebhaber bis heute im Verborgenen geblieben sind, werden damit entdeckt. Nach dem Motto „jedem Gast sein Glas" werden die Urlauber im Hotel mit einem Fernglas ausgerüstet und auf ihrer Erlebnisreise von zertifizierten Nature Watch Guides begleitet. Tagesgäste und Einheimische können gerne gegen einen kleinen Kostenbeitrag mitwandern oder mit der Tourenbeschreibung eigenständig losmarschieren.

Blumenwiesen

Wie viele Wanderer mögen wohl schon den Wunsch verspürt haben auszurufen: „Mein Gott ist das schön!" – wenn sie über märchenhaft schöne Blumenwiesen wanderten und dabei ein großes Glücksgefühl empfanden. Besonders angesichts einer oftmals verschwenderisch scheinenden Blütenfülle, mit der sich die Fluren und Wiesen der Berge Jahr für Jahr schmücken. Dieses farbenfrohe Blütenkleid, das mancherorts noch eine Krönung durch außergewöhnliche Kolonien attraktiver Arten erfährt, übt immer wieder eine große Faszination aus.

In Anbetracht einer derart überzeugenden Demonstration triumphierender Lebenskraft ist es weiter nicht verwunderlich, wenn zuweilen die Frage der Sinnhaftigkeit des Massenblühens und über die eigentliche Aufgabe dieser Blumengewächse im Reich der Vegetation aufgeworfen wird. Dient solch gigantischer Aufwand tatsächlich nur dazu, den Menschen Freude zu bereiten, wie man gerne geneigt ist anzunehmen, oder gibt es andere, wesentlich wichtigere Funktionen dieser Blütenpracht?

Sachlich betrachtet dient diese üppige Erscheinungsform dem Ziel der Arterhaltung. Nur wer auffällt wird Pollenträger anlocken und zur erfolgreichen Bestäubung, Befruchtung und Samenbildung beitragen können. Dieses reiche Angebot an Farben, Formen und Düften ist ein wirksames Lockmittel für Insekten. Dessenungeachtet dürfen auch wir uns an diesen anmutigen Kostbarkeiten erfreuen und ihre oftmals fantastischen Erscheinungsformen und leuchtenden Blütenfarben bewundern, mit denen sie den Umwelteinflüssen begegnen.

Die Vegetationsstufen

Eine Bergwanderung ist nicht nur sportliche Betätigung in frischer Luft, sondern vermittelt wie keine andere Sportart angenehme Sinnes- und Natureindrücke. Auf dem Weg vom Tal bis zu den Berggipfeln sind verschiedene Vegetationsstufen zu durchschreiten.

Das bewirtschaftete Kulturland geht mit zunehmender Höhe in Bergwald über, dem sich meist ein Krummholzgürtel anschließt. In der alpinen Stufe ober der Waldgrenze trotzen blumenreiche Matten, steinige Rasen, Fels- und Schuttfluren dem rauen Klima.

Gut angepasst

In der nivalen Vegetationsstufe, 2500–3200 m, können sich nur noch kleine Polster behaupten. Ihre Umwelt ist wesentlich rauer als die der Tieflandpflanzen und sie haben eine kürzere Vegetationszeit, die sie mit mehrjährigem Wachstum, immergrünem Laub und frühzeitigem Blühen ausgleichen.

Zudem sind die Pflanzen starkem Wind und intensiver UV-Strahlung ausgesetzt und werden von Stein- und Schneelawinen bedroht. An diese erschwerten Lebensbedingungen haben sich die Alpenpflanzen in vielen Jahrtausenden gut angepasst. So wird die Angriffsfläche für den Wind durch die kleinen Stängel und Blätter verringert, oder durch Polster- und Rosettenwuchs der Austrocknung begegnet. Auch das Edelweiß, die Königin der Alpenblumen, ist in den wärmeren Abschnitten der Eiszeiten aus Ostasien zugewandert. Durch seine filzige Behaarung schützt es sich erfolgreich vor der rauen Hochgebirgswitterung.

Stängelloser Enzian
(Standort 1000 – 3000 m)

Der Tiroler Anteil des Nationalparks

Von der mehr als 1800 km² großen Gesamtfläche des Nationalparks Hohe Tauern liegen 347 km² der Kern- und 264 km² der Außenzone im Bundesland Tirol, genauer gesagt: in Osttirol. Dieses hochalpine Bergparadies zwischen Großglockner und Hochschober, Großvenediger und Hochgall steht im Besitz des Alpenvereins, der 80 % der Kernzonen-Fläche einbrachte, und vieler Bauern, die ihre Flächen dem Naturschutz zur Verfügung gestellt haben.

Der Weg zum Nationalpark war allerdings lang und von heftigen Auseinandersetzungen geprägt. Beinahe hätte ihn der Bau eines Großkraftwerks verhindert – bei seiner Realisierung wären alle großen Bäche in einen Speichersee im Kalser Dorfertal abgeleitet worden. Am Großvenediger sollte wiederum ein Gletscherskigebiet entstehen.

1992 wurde der Tiroler Bereich des Nationalparks Hohe Tauern schließlich doch gesetzlich verankert. Zehn Osttiroler Gemeinden haben nun Anteil daran. Die Nationalparkregion umfasst das Debanttal nördlich von Lienz, das Kalser Tal, das Defereggental, das Virgental und das Tauerntal nördlich von Matrei in Osttirol, durch das die 1967 eröffnete Felbertauernstraße führt.

Kals liegt am Fuße von Österreichs höchstem Gipfel, Matrei und Prägraten sind die gletscherreichsten Gemeinden Osttirols, und St. Jakob in Defereggen freut sich über den größten Zirbenbestand des Landes. Allein diese drei Beispiele unterstreichen die landschaftliche Vielfalt des Tiroler Tauern-Nationalparks, der sich auch durch ein besonderes Klima auszeichnet: Hier mischt sich arktische Eisluft mit südlich angehauchtem Flair.

Auf jeden Fall erlaubt die gewaltige Ausdehnung dieses Schutzgebiets noch ein selbstständiges Funktionieren seiner natürlichen, vielfältig vernetzten Ökosysteme. Große Bereiche sind alpines Ödland, also Primärlandschaften, die zu keiner Zeit von Menschen genutzt wurden – eine Seltenheit im übererschlossenen Alpenraum.

Der Glödis – ein „Charakterkopf" der Schobergruppe

Zeitreisen mit Wanderschuhen

Vor allem in der Außenzone bewahrt und fördert der Nationalpark auch naturnahe Kulturlandschaft. Almen und blumenreiche Bergwiesen, aber auch bauliche Kleinode wie Kapellen oder Bergbauernhöfe sind Zeichen jahrhundertelanger Wirtschafts- und Kulturtraditionen inmitten einer extremen Gebirgslandschaft.

Die ältesten Hinweise auf menschliche Anwesenheit entdeckte man am Hirschbichl über dem Defereggental. 4000 Jahre ist etwa ein Lochbeil aus Serpentin alt, das bei Kals gefunden wurde, und auch das Virgental erwies sich als uralter Siedlungsraum. Romanische und slawische Orts- und Bergnamen – etwa Prägraten (= vor der Burg) – erinnern noch heute an die Vorgänger der Baiern, die zur Zeit Karls des Großen mit der Rodung der Bergwälder zur Gewinnung von Weide- und Almflächen begannen.

Vom Bergbau zum Bergsteigen

Neben Ackerbau, Viehzucht und der Almwirtschaft bot auch der Bergbau den Menschen eine Existenzmöglichkeit. So findet man etwa hoch über dem Frosnitztal noch die Relikte eines bedeutenden Eisenerzabbaus, während die Blindis-Gruben hoch über dem Defereggental und die Stollen oberhalb von Kals zu kleinen Schaubergwerken ausgestaltet wurden. Handel und Transport blühten auf den uralten Wegen über den Felber und den Kalser Tauern, an denen zum Schutz der wagemutigen Reisenden Tauernhäuser entstanden.

Erst im 19. Jahrhundert etablierte sich der Wander- und Alpintourismus als zusätzlicher Wirtschaftszweig, vor allem mit dem Bau von Höhenwegen und Schutzhütten durch alpine Vereine. Sie bilden bis heute die Grundlage für naturnahe Erlebniswanderungen im Nationalpark Hohe Tauern.

Hohe Tauern – Tirol

Nationalpark Hohe Tauern Tirol
Kirchenplatz 2
9971 Matrei in Osttirol
Tel. +43 4875 5161
www.hohetauern.at

Nationalparkzentrum „Tauernwelten"
9971 Matrei in Osttirol
Tel. +43 4875 5161-10
in der Sommer- und Wintersaison
geöffnet, Eintritt frei

Virgen –
Nationalparkinformationsstelle
Tel. +43 4874 5750

St. Jakob in Defereggen –
Handelshaus
Interaktive Zirbenausstellung,
Nationalpark-Shop,
Computer-Informationssystem
Tel. +43 4873 5550

Prägraten – Mitterkratzerhof
OeAV- und Nationalpark-
Informationsstelle,
Haus der Kultur und Begegnung
Tel. +43 4877 5110

Kals – Glocknerhaus
Nationalparkinformationsstelle und
Glocknerausstellung
Tel. +43 4876 8370

Iselsberg-Osttirol – Informations-
und Kommunikationszentrum
Tel. +43 4852 64117

Hochgebirgs-Naturpark Zillertaler Alpen

Naturparkgemeinden: Mayrhofen, Brandberg, Finkenberg, Ginzling, Tux.
Größe: 379 km².
Charakter: Hochgebirgs-Naturpark (1000–3509 m). Wilde Naturlandschaft mit den Gletschern Schwarzensteinkees (5,1 km²), Schlegeiskees (4,7 km²), Hornkees (4,1 km²), Floitenkees (3,3 km²), Waxeggkees (3,2 km²).
Die Naturparkregion zeichnet sich durch ihre große botanische Vielfalt aus.

Hochgebirgs-Naturpark Zillertaler Alpen
Naturparkhaus Ginzling,
A-6295 Ginzling 239
Tel. +43 5286 52181
Fax +43 5286 52182
E-Mail info@naturpark-zillertal.at
www.naturpark-zillertal.at
geöffnet: Juni bis September täglich; Oktober bis Mai Montag – Freitag

Der Hochgebirgs-Naturpark Zillertaler Alpen erstreckt sich vom Bergsteigerdorf Ginzling bei 1000 m bis auf 3509 m am Hochfeiler. Eingebunden zwischen Reichenspitzgruppe im Osten, Tuxer Alpen im Westen und Zillertaler Hauptkamm im Norden umfasst das Gebiet die hinteren Seitentäler des Zillertals – die sogenannten Gründe.

Die wilde, faszinierende Naturlandschaft des Naturparks ist dabei eng verbunden mit dem menschlichen Leben und Wirtschaften, was sich heute in einer vielfältigen Kulturlandschaft offenbart. Die artenreichen Wiesen und Almweiden in den weiten, von Gletschern ausgeschürften Trogtälern im Wechsel mit Waldflächen und schroffen Felsen bestimmen die einzigartige Landschaft. Auszeichnend ist dabei das Gebiet der „Glocke", in dem Felsen mit Trockenvegetation und für die Region einzigartige Linden- und Buchenmischwälder vorkommen. Besonders charakteristisch für den Naturpark ist das vielfältige Mineralienvorkommen im Gebiet – bekannt ist vor allem der Zillertaler Granat.

Seit 1991 als Schutzgebiet ausgewiesen bildet der Hochgebirgs-Naturpark eine Ausgleichs- und Ruhezone im hinteren Zillertal. Auf 379 km² hat dabei die Natur Vorrang, harte Erschließungen mit öffentliche Straßen oder Liftinfrastruktur sind ausnahmslos verboten.

Vor 150 Jahren entdeckte der Alpinismus das Gebiet des heutigen Naturparks und prägt ihn bis heute mit zahlreichen Schutzhütten und Höhenwegen – bekannt ist besonders die in den Alpen einzigartige denkmalgeschützte Berliner Hütte, am Berliner Höhenweg gelegen.

Schwarzsee, 2472 m, mit Blick auf Schwarzenstein, 3335 m

Der Achensee aus der Vogelperspektive

Naturparkgemeinden in Tirol: Absam, Achenkirch, Eben, Gnadenwald, Innsbruck, Jenbach, Reith bei Seefeld, Rum, Scharnitz, Seefeld, Stans, Terfens, Thaur, Vomp, Zirl.
Naturparkgemeinden in Bayern: Jachenau, Krün, Lenggries, Mittenwald, Wallgau.
Größe: 920 km². Tiroler Anteil 730 km², bayerischer Anteil 190 km².
Charakter: Das ausgedehnteste Schutzgebiet der Nördlichen Kalkalpen erstreckt sich über 40 km Länge und 25 km Breite zwischen dem Inn- und Risstal sowie dem Seefelder Becken und dem Achensee.
Mit dem anschließenden bayerischen Naturschutzgebiet Karwendel und dem Karwendel-Vorgebirge ist die Naturbewahrungszone 920 km² groß. Das bei Wanderern und Bergsteigern geschätzte Karwendel weist einige seltene und besonders geschützte Pflanzenraritäten wie Edelweiß, Bewimperter Mannsschild, Weißer Mohn, Frauenschuh, Türkenbund und Feuerlilie auf.

Alpenpark Karwendel
Naturparkhaus/Infozentrum
Hinterriß
Hinterriß 4, A-6215 Vomp
Tel. +43 5245 28914
E-Mail info@karwendel.org
www.karwendel.org
geöffnet: Mai bis Oktober, täglich

Vier große Kämme bilden das Karwendelgebirge: die Nördliche Karwendelkette, der Hauptkamm zwischen Scharnitz und Schwaz, aus dem die Birkkarspitze, 2749 m, als höchster Karwendelgipfel emporragt, die Gleirsch–Halltal-Kette mit dem gewaltigen Bettelwurf, 2726 m, und die Nordkette – sie ist genau genommen die „Südkette" des Karwendels im Norden der Tiroler Landeshauptstadt.

Das Karwendel blieb wegen seiner Schroffheit bis auf wenige Ausnahmen von Liftanlagen verschont. Den Naturfreund mag dies freuen, Wanderer der „bequemeren Art" werden bedauern, dass dadurch viele Routen relativ lang und anspruchsvoll sind, aber das liegt in der Natur dieses wildromantischen Gebirges. Dafür weist der Alpenpark Karwendel Naturschönheiten von internationaler Bedeutung auf: den Kleinen und Großen Ahornboden; das Tortal, mit den höchsten Wandfluchten im Karwendel; die wildromantische Wolfsklamm in Stans; die Gleirschklamm; die Isarquellen in Scharnitz und das Vomper Loch, Tirols wildestes Tal.

Großer Ahornboden, Blick zur Gumpenspitze, 2176 m

Naturpark Ötztal

Naturparkgemeinden: Sölden (Obergurgl-Hochgurgl, Vent, Zwieselstein), Längenfeld, Umhausen, Oetz.
Größe: 500 km².
Charakter: Der zweitgrößte Naturpark Tirols erstreckt sich auf vornehmlich alpinem und hochalpinem Gebiet. Üppige Bergmatten, Schluchtbäche und botanische Besonderheiten wie das Naturdenkmal „Obergurgler Zirbenwald" und das „Naturwaldreservat Windachtal bei Sölden" gehören zu den Glanzlichtern des Naturparks. Geführte Naturparkwanderungen informieren über Flora, Fauna, Geologie und Geschichte dieser hochalpinen Region, die schon seit der letzten Eiszeit von den Menschen genutzt wurde. Am Rande des Naturparks liegen Obergurgl, das höchste bewohnte Kirchdorf Österreichs, das Bergsteigerdorf Vent und der Stuibenfall, Tirols höchster Wasserfall (159 m).

Wasserfall beim Obergurgler Zirbenwald

Naturpark Ötztal

Gurgler Straße 104, A-6456 Obergurgl,
Tel. und Fax +43 5256 22957
Mobiltelefon +43 664 1210350
E-Mail info@naturpark-oetztal.at
www.naturpark-oetztal.at

Die Ötztaler Alpen sind die größte vergletscherte Massenerhebung der Zentralalpen. An den Moränen und Gletscherschliffen kann man den Einfluss der Gletscherbewegung erkennen und die Wiederbesiedelung durch Pflanzen und Tiere nachweisen. Trotz schwieriger Bedingungen hat auch der Mensch diesen Lebensraum oberhalb der Waldgrenze seit Jahrtausenden besiedelt, wie viele Funde beweisen. Die berühmteste Entdeckung war „Der Mann im Eis" vom nahen Tisenjoch.

Ötzi-Dorf, Archäologischer Freilichtpark

A-6441 Umhausen
Tel. +43 5255 50022
E-Mail office@oetzi-dorf.at
www.oetzidorf.at
Öffnungszeiten: Mai bis Oktober, täglich von 9.30 bis 17.30 Uhr.

Vernagtferner mit Wildspitze

Naturparkgemeinden: Arzl im Pitztal, Faggen, Fließ, Jerzens, Kaunerberg, Kaunertal, Kauns, St. Leonhard im Pitztal, Wenns.

Größe: 550 km².

Charakter: Die eiszeitlich geprägte Landschaft im Naturpark Kaunergrat erstreckt sich über alle Höhenstufen der nördlichen Alpen und findet mit dem Gepatsch- und Mittelbergferner ihren krönenden Abschluss. Der naturnah bewirtschaftete Kulturraum in den Tälern und die vielen Naturlehrpfade und Erlebniswanderwege üben einen besonderen Reiz aus. Schwerpunkte der Naturparkarbeit sind der Naturschutz, die Erhaltung der attraktiven Kulturlandschaft und die Förderung eines „naturnahen Tourismus".

Das am 19. August 2007 eröffnete Naturparkhaus am „Gachen Blick" ist Sitz der Naturparkverwaltung, Informationszentrum für natur- und kulturinteressierte Besucher und bietet regionale Spezialitäten an.

Naturpark Kaunergrat
(Pitztal · Kaunertal)
Gachenblick 100, A-6521 Fließ
Tel. +43 5449 6304, Fax +43 5449 6308
E-Mail naturpark@kaunergrat.at
www.kaunergrat.at

Naturnahe Landwirtschaft im Naturpark Kaunergrat

Die Naturparkregion weist bedeutende naturkundliche Besonderheiten auf. Von internationaler Bedeutung sind die Fließer Trockenrasen, die über 1400 Schmetterlingsarten beherbergen.

Zum Zentralbereich der Naturparkregion Kaunergrat zählen die Moore am Piller Sattel. Hier findet man speziell angepasste Pflanzen wie den „Langblättrigen Sonnentau", der sich zusätzliche Nahrung aus Insekten holt, die sich an den klebrigen „Tautropfen" verfangen.

Die Kulturlandschaft zwischen Pitztal und Kaunertal ist reich an archäologischen Funden. Die Fundstücke sind teilweise im Dokumentationszentrum Fließ ausgestellt. Das Schlossmuseum Landeck organisiert Sommerprogramme für Kinder und Sonderausstellungen sowie Konzerte.

Der Steinbock wurde erfolgreich wieder angesiedelt

Naturpark Tiroler Lech

Naturparkgemeinden: Steeg, Holzgau, Bach, Elbigenalp, Häselgehr, Elmen, Vorderhornbach, Stanzach, Forchach, Weißenbach, Reutte, Pflach, Vils.

Größe: 41 km².

Charakter: Seit September 2004 ist das Naturschutzgebiet Tiroler Lech ein offiziell anerkannter Naturpark, der durch den Wildfluss Lech geprägt wird. Der Naturpark liegt zwischen den mächtigen Gebirgsketten der Lechtaler Alpen im Südosten und den Allgäuer Alpen im Nordwesten. Er erstreckt sich von Steeg am Lech flussabwärts bis Vils. Das Lechtal ist eines der letzten naturnah erhaltenen alpinen Flusstäler Österreichs. Die weitgehend ursprüngliche Landschaft mit ihrer artenreichen Flora und Fauna unterstreicht die Bedeutung des Gebietes. Das Naturschutzgebiet ist ein wertvoller Lebensraum für viele seltene und speziell angepasste Tier- und Pflanzenarten, die man bei Naturführungen kennenlernen kann.

Der Lech, einer der letzten Wildflüsse Europas

Nicht nur der Grasfrosch fühlt sich hier wohl

Naturpark Tiroler Lech
Mühlbachweg 5,
A-6671 Weißenbach a. Lech
Tel. +43 676 885087941
E-Mail info@naturpark-tiroler-lech.at
www.naturpark-tiroler-lech.at

Interessante Vorträge und spannende Naturführungen des Naturpark-Teams stellen faszinierende Plätze der Region vor. Detaillierte Informationen erhalten Sie bei der Naturpark-Infostelle in Weißenbach am Lech oder unter Tel. +43 676 885087941.

Ein Netz von gut markierten Wanderwegen und über 40 Schutzhütten, Almen und Jausenstationen erleichtert den Zugang in das Wanderparadies der Lechtaler Alpen. Die Schönheit des Lechtals kann man auch vorzüglich auf dem 60 km langen Lechtaler Radwanderweg „erfahren", der größteils neben dem Lech verläuft und ohne große Steigungen die Wildflusslandschaft durchquert.

In den Lechauen sind so manche botanische Kostbarkeiten zu entdecken, wie der Frauenschuh, die Fliegenragwurz, die Waldhyazinthe oder das Waldvöglein. Den lichten Föhrenwald beleben Blumen wie das Maiglöckchen, die Dunkle Akelei oder der Schlauchenzian. In den Stillgewässern finden zahlreiche Amphibien ein ausreichendes Nahrungsangebot.

Das „Land im Gebirge", wie Tirol einst genannt wurde, zieht jährlich viele Urlauber an, denn hier finden sie eine beeindruckende Bergwelt mit Gletschern, Almen, Wäldern, Seen und schmucken Ortschaften.

Der Inn durchzieht das Land in West-Ost-Richtung zwischen den Kalkalpen im Norden und den Zentralalpen im Süden. Das Inntal bildet den Hauptsiedlungs- und -wirtschaftsraum Nordtirols. Aus dem breiten Tal führen wichtige Übergänge wie Fernpass, Zirler Berg und Achenpass nach Norden sowie über Reschenpass, Timmelsjoch und Brenner nach Süden.

Oberes Gericht nennt man das Gebiet von der Bezirksstadt Landeck innaufwärts sowie das Kaunertal und das Sonnenplateau Serfaus-Fiss-Ladis. Die Dörfer dieses Gebiets sind wie das Schweizer Engadin rätoromanisch geprägt. Bunte Fassaden zieren oft die mit Erkern versehenen Bauernhöfe. Das milde Trockenklima begünstigt Acker- und Obstanbau.

Als Tiroler Oberland bezeichnet man das Gebiet westlich von Innsbruck (ab der Martinswand bei Zirl) bis zum Arlberg mit all seinen Seitentälern. Die Bezirksstadt Imst ist der Mittelpunkt dieser Region, in der Kultur und Tradition eine große Rolle spielen und die ein breites Spektrum an Freizeit- und Tourenmöglichkeiten bietet. Über den Fernpass gelangt man in das Außerfern mit der Bezirkshauptstadt Reutte. Wirtschaftlich und kulturell ist die Region im Nordwesten Tirols zum Allgäuer Raum hin orientiert, was auch im Außerferner Dialekt zu hören ist. Das Lechtal ist noch weitgehend naturbelassen und bietet mit seinem Naturpark Tiroler Lech und den Lechtaler Alpen ein herrliches Wandergebiet.

Das Wipptal verläuft von Innsbruck über die Brennergrenze bis Franzensfeste in Südtirol. Die Landeshauptstadt Innsbruck mit ihren Feriendörfern und den Seitentälern des Wipptals ist eine abwechslungsreiche Ferienregion mit reichen Kultur- und Naturschätzen.

Als das Tiroler Unterland bezeichnet man das Land östlich von Innsbruck. Dazu gehören außer dem Unterinntal mit der Salzstadt Hall und den Bezirksstädten Schwaz und Kufstein alle östlich gelegenen Urlaubsregionen wie Achensee, Alpbachtal, Kitzbühel, Kufstein, Wilder Kaiser und Zillertal.

Osttirol, identisch mit dem Bezirk Lienz, erstreckt sich von den Hohen Tauern (Nationalpark) im Norden bis zu den Karnischen Alpen im Süden. Das von unberührten Gebirgen und traditioneller Kulturlandschaft geprägte Osttirol ist ein beschauliches Urlaubsgebiet für Naturliebhaber geblieben.

In der „Teufelsklamm"

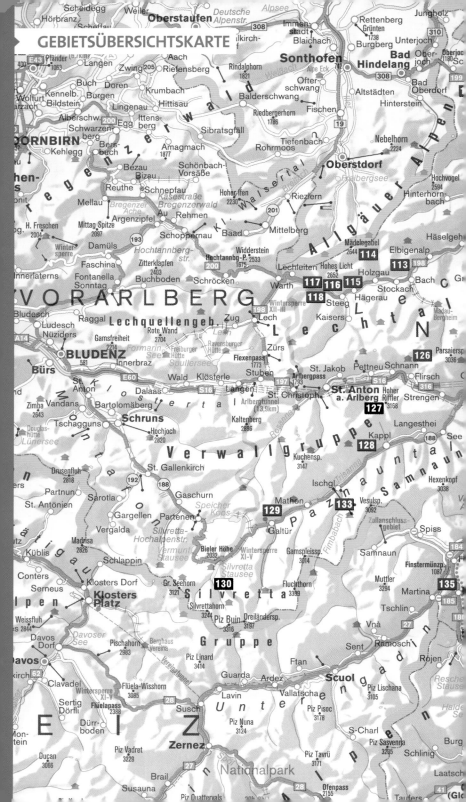

Scheidegg Weiler
Hörbranz Scheffau
Oberstaufen Deutsche
Alpenstr.
Alpsee
Immen-
stadt
Blaichach
Rettenberg Jungholz
Grünten
1738
Burggren Unterjoch **310**
Sonthofen
Alpe Eck 742
308
Bad
Hindelang Ober-
joch
Oberjoch
1190

E43 Pfänder (6.1km)
1063
Langen
Aach
Zwing 205 Riefensberg Rindalphorn
1821
Ofter-
schwang
Altstädten
Hinterstein
Bad
Oberdorf
199

Buch
Doren Krumbach
Wolfurt
arzach Kennelb.
Bildstein Burgen
Lingenau Hittisau Balderschwang
Fischen
19

Alberschw.
berg Ittens-
berg Riedbergerhorn
1786

DORNBIRN Schwarzen-
berg Egg Sibratsgfäll Tiefenbach
Rohrmoos Nebelhorn
2224

Kehlegg Bers-
buch Amagmach
1877 Schönbach-
Vorsäße **Oberstdorf**
Freibergsee Hochvogel
2594

Bézau
Bizau Hoher ffen
2230 Riezlern Hinterhorn-
bach

Reuthe Schnepfau Käsestraße
Bregenzerwald Häselgeh

H. Freschen
2004
Mellau
Bregenzer
Ache
Argenzipfel Au Rehmen
Walsertal Mädelegabel
2644 Elbigenalp
114

Winter-
sperre Mittag Spitze
2097 Schoppernau Baad Mittelberg Hohes Licht
2652 Holzgau Bach **113** **198**

Damüls Hochtannberg-
str. Widderstein
2533 Lechleiten **117** **116** **115** Stockach

Faschina Zitterklapfen
2403 Hochtannbg.-P.
1675 Warth **118**

Fontanella
Sonntag Buchboden Schröcken Steeg Hägerau

VORARLBERG Wintersperre
XII-III Kaisers

Bludesch Raggal **Lechquellengeb.** Zug Lech **126**

Ludesch
Nüziders Gamsfreiheit
2214 Rote Wand
2704 Zürs Parsaierspitze
3036

A14 Formarin
See Freiburger
Hütte Ravensburger
Hütte St. Jakob Pettneu Schnann

BLUDENZ
581 Innerbraz **Flexenpass** Arlbergpass Strengen

Bürs St.
Anton **E60** Wald Klösterle Stuben **197** 1793 **St. Anton**
a. Arlberg Hoher
Riffler
3168
316

Dalaas Langen St. Christoph **127**

Zimba
2643 Vandans Bartolomäberg
Arlbergtunnel
(13,9km) Kaltenberg
2896 Langesthei

Schruns Hochjoch
2820 **Verwallgruppe** Kappl **188**

Tschagguns **128**

Drusenfluh
2818 St. Gallenkirch Kuchensp.
3147 Hexenkopf
3038

Partnun **192** **188**
Gaschurn

St. Antönien Sarotla Gargellen Ischgl Vesulsp.
3092 Zollanschluss-
gebiet

Vergalda Partenen Mathon **133** Spiss

Madrisa
2826 Silvretta-
Hochalpenstr. Speicher
Kops Galtür **129** Samnaun **184**

Küblis Schlappin Vermunt
Stausee Bieler Höhe
2032 Gamspleissp.
3014

Conters
Serneus Klosters Dorf Silvretta
Stausee Finstermünzp.
1087

Klosters
Platz Gr. Seehorn
3121 Muttler
3294 Martina **135**

Weissfluh
2844 **Silvretta** Fluchthorn
3399 **185**

Davos
Dorf Silvrettahorn
3244 Piz Buin
3316 Dreiländersp.
3197 Tschlin

Davos
kirch **52** Pischahorn
2983 Berghaus
Vereina **Gruppe** Sent Vnà **27**

Clavadel Piz Linard
3414 Guarda Ardez Ramosch Rojen

Sertig
Dörfli Wintersperre
XI-V
Flüela-Wisshorn
3085 **Scuol**

Flüelapass
2388 Ftan Piz Lischana
3105

Mon-
tein Dürr-
boden Susch Lavin Vallatscha Resche
Stause

E **Z** Piz Nuna
3124 Piz Pisoc
3178 Halde

Ducan
3066 **Zernez** S-Charl Burg

Piz Vadret
3229 Piz Sasvenna
3205 Schlinig

27 Piz Tavrü
3171

Brail Nationalpark Ofenpass
2155 Laatsch

Susauna Piz Quattervals Taufers **41** **(Gl**

GEBIETSÜBERSICHTSKARTE

PILLERSEE UND TEUFELSKLAMM

Seeumrundung mit Schluchtwanderung

  9,4 km 3:00 h  201 hm 212 hm 9

START | St. Ulrich am Pillersee, Parkplatz an der Landesstraße.
[GPS: UTM Zone 33   x: 317.357 m   y: 5.266.863 m]
ZUFAHRT | Von St. Johann über Waidring oder Fieberbrunn.
CHARAKTER | Bequeme Wanderwege mit schönen Rastplätzen am See.
Sehenswertes Wallfahrtskirchlein St. Adolari. Der Steig in die Teufelsklamm
kann manchmal feucht und rutschig sein!

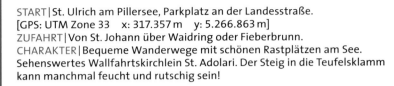

St. Ulrich am Pillersee

Im sonnigen Hochtal zwischen St. Ulrich und der alten Wallfahrtskirche St. Adolari erstreckt sich der 1,6 km lange Pillersee.

▶ Die Wanderung beginnt westlich des **Parkplatzes** 01 an der Landesstraße Waidring – Fieberbrunn. Man überquert die Straße und folgt dem ausgeschilderten Weg, der an der Kirche vorüber zum **Latschenbad** 02 leitet. Dort hält man sich rechts und wandert auf dem „Panoramaweg" am Waldrand und über Wiesen nach **St. Adolari** 03. Der Weg bietet

01 St. Ulrich am Pillersee, 839 m; 02 Latschenbad, 837 m; 03 St. Adolari, 854 m;
04 Teufelskamm, 965 m; 05 Cafe Restaurant Pillersee, 850 m

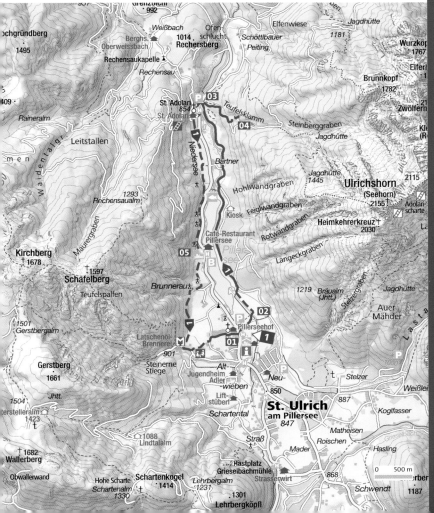

schöne Ausblicke auf den Pillersee und das Seehorn, 2155 m (siehe Tour Nr. 2).

Nach 45 Minuten gelangt man zur sehenswerten Wallfahrtskirche und dem Gasthof St. Adolari. Gestärkt macht man sich wieder auf den Weg, geht am Kirchlein vorbei zur Landesstraße und folgt dieser 150 Meter in nordöstlicher Richtung. Nach 10 Minuten überquert man die Straße zum Parkplatz mit Kiosk. Dem Wegweiser zur „Teufelsklamm" folgend steigt man auf dem breiten Schotterweg im lichten Föhrenwald bergan, bis nach ca. 400 Metern links der markierte Steig zur **Teufelsklamm** 04 abzweigt.

Der wegen seiner Bergflora und seiner Gesteinsformen interessante Schluchtsteig ist eine abwechslungsreiche Ergänzung zur Seeumrundung. Der Steig sollte aber nur bei trockenem Wetter begangen werden, da bei feucht-nassem Wetter Rutschgefahr besteht! Der Rückweg erfolgt am Anstiegsweg bis zum Kiosk. Gehzeit hierfür: Aufstieg 40 Min., Abstieg 30 Min.

Die familienfreundliche Umrundung des Pillersees setzt sich vom Kiosk in südlicher Richtung fort. Am breiten Rad- und Fußweg wandert man anfangs dem Grieselbach entlang, dann an Schilfflächen vorbei zu freundlichen Uferwiesen, die zum Rasten und Schauen einladen.

Mit meist freiem Blick auf den ruhigen Gebirgssee wandert man auf dem Uferweg St. Ulrich am Pillersee entgegen. Am Südende des Sees zweigt rechts der Fußweg ab, der zum Ausgangspunkt zurückführt.

SEEHORN – ULRICHSHORN • 2155 m

Steile Gipfeltour am Nuaracher Höhenweg

   8,4 km 5:30–6:00 h 1316 hm 1316 hm 9

START | St. Ulrich am Pillersee, Parkplatz an der Landesstraße.
[GPS: UTM Zone 33   x: 317.357 m   y: 5.266.863 m]
ZUFAHRT | Von St. Johann über Waidring oder Fieberbrunn.
CHARAKTER | Lohnende, aber anstrengende Bergtour mit herrlichem Fernblick; teilweise mit Seilen gesicherter Aufstieg. Nur für erfahrene Bergsteiger mit Trittsicherheit und Schwindelfreiheit!

Genusstour für erfahrene Bergsteiger

Nur wenige Wege führen in die wilde Felslandschaft der Loferer und Leoganger Steinberge. Der anspruchsvollste und schönste Weg ist wohl der „Nuaracher Höhenweg", der in seinem ersten Abschnitt von St. Ulrich am Pillersee über das Heimkehrerkreuz, 2030 m, auf das Ulrichshorn (Seehorn), 2155 m, führt. Der Name „Nuaracher Höhenweg" leitet sich von der alten Ortsbezeichnung „Nuarach" ab, wie der Ausgangsort St.

Ulrich ursprünglich hieß. Geübte und trittsichere Berggeher werden diese aussichtsreiche, aber anspruchsvolle Tour genießen.

▶ Vom Parkplatz in **St. Ulrich am Pillersee** **01** folgt man dem breiten Fußweg in östlicher Richtung.
Nach 15 Minuten überschreitet man auf einem Holzsteg einen kleinen Bach und gelangt geradeaus zu einem Quersträßchen und zur Abzweigung des bezeichneten Steiges zum Ulrichshorn.
Der markierte Bergpfad (Nr. 612) windet sich anfangs durch Wald, später über freie Lichtungen mäßig steil in Serpentinen zur **Bräualm** **02**, 1219 m, hoch (1 Std.). Stark ansteigend führt der Steig teilweise durch Latschen zum auffallenden Plateau der Bräuplatte, 1431 m. Ab hier wird es noch steiler und schweißtreibender. An heißen Sommertagen

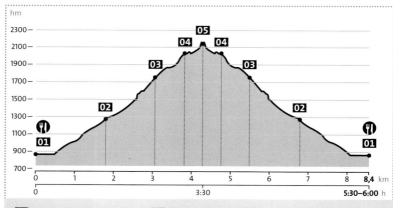

01 St. Ulrich am Pillersee, 839 m; **02** Bräualm, 1219 m; **03** Hubschrauber Landeplatz, 1820 m; **04** Heimkehrerkreuz, 2030 m; **05** Seehorn, 2155 m

Wilde Berglandschaft am Nuaracher Höhenweg

weiß man es zu schätzen, dass man schon zeitlich am Morgen und gut mit Wasser versorgt zur Tour aufgebrochen ist.

Durch Latschenbestände steigt man steil bergauf den Felsen der Steinberge zu. Vom **Hubschrauberlandeplatz 03**, 1820 m, führt der mit Seilen und Haltegriffen gesicherte Steig zum **Heimkehrerkreuz 04**, 2030 m, hinauf (3 Std.).

Zum **Ulrichshorn 05** sind es nur noch 30 Minuten – dann kann man den herrlichen Fernblick genießen (3:30 Std.). Der Abstieg nach St. Ulrich erfolgt auf dem Anstiegsweg in 2:30 Std.

Die große Höhenweg-Rundtour über Ulrichshorn, Großes Rothorn, Großes Hinterhorn und hinunter in das Lastal erfordert Trittsicherheit, Schwindelfreiheit und beste Kondition (8:30–9:30 Std.)!

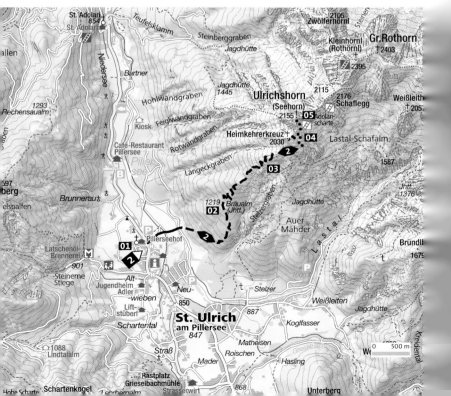

WILDSEELODER • 2118 m – Henne

Prächtige Aussichtsgipfel am sagenhaften Wildsee

 12 km 3:15 h 542 hm 1396 hm 9 / 29

START | Fieberbrunn, Parkplatz an der Talstation der Lärchfilzkogelbahn.
[GPS: UTM Zone 33   x: 315.176 m   y: 5.257.397 m]
ZUFAHRT | Auf der B 164 von St. Johann in Tirol oder von Saalfelden.
CHARAKTER | Abwechslungsreiche Bergtour mit herrlichem Panorama
und malerischem Bergsee – nicht nur für Fotografen ein Genuss!
Die Tourerweiterung über den gut angelegten Klettersteig Henngrat ist für
Klettersteigfreunde eine Bereicherung. Aber Achtung: Trittsicherheit und
Schwindelfreiheit sind erforderlich!

Blick zu den Gletscherbergen der
Hohen Tauern

Die Beliebtheit der Kitzbüheler Alpen
bei Bergfreunden ist wohl auch auf ihre
aussichtsreichen Berge zurückzuführen:
Im Nordwesten ist das Kaisergebirge
zu sehen, nordöstlich erheben sich die
Kämme und Grate der Loferer und Leoganger Steinberge und das Steinerne
Meer. Inmitten der Kitzbüheler Alpen
dominieren die „Grasberge", aus denen
vereinzelt die Zacken der Kalkberge
wie Kitzbüheler Horn oder Großer Rettenstein hervorragen. Im Süden des
Wildseeloders führt der Blick zu den
Gletscherbergen der Hohen Tauern mit
Glockner- und Venedigergruppe.
Ausgangspunkt dieser Höhenwanderung zum Wildseeloder, 2118 m, und
zur Henne, 2078 m, ist die Bergstation
der Fieberbrunner Lärchfilzkogelbahn
(+43 5354-56333-0). Wenn auch der Weg
bis zum Wildseeloder-Schutzhaus einfach zu begehen ist, so sollte man den
alpinen Charakter des weiteren An-
stiegs zum Wildseelodergipfel (vor allem bei Nässe) nicht unterschätzen.

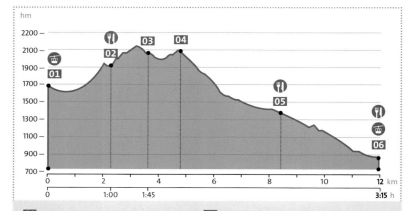

01 Bergstation Lärchfilzkogelbahn, 1654 m; **02** Wildseeloderhaus, 1854 m;
03 Wildseeloder, 2118 m; **04** Henne, 2078 m; **05** Lärchfilzhochalm, 1363 m;
06 Talstation Lärchfilzkogelbahn

▶ Von der **Bergstation der Lärchfilzkogelbahn** 01, 1654 m, geht man auf dem bezeichneten Wanderweg (Nr. 711) abwärts zu den Wiesen der Wildalm, 1579 m. Dem Wegweiser folgend steigt man anfangs sanft, zuletzt mäßig steil zum **Wildseeloderhaus** 02, 1854 m, hinauf, das in herrlicher Lage knapp oberhalb des Sees zum Rasten einlädt (1 Std.). Für den Aufstieg zum Wildseeloder gibt es zwei Wege:

Variante 1: Kurz am Seeufer entlang, dann bei einem Felsen rechts abbiegend auf steilem Pfad über die Seeleiten zu einem Felstor am Ostgrat hinauf (bei Regen und Nässe Rutschgefahr!). Über diesen Grat geht es mäßig ansteigend zum Gipfel des **Wildseeloders** 03 (45 Min.).

Variante 2: Die weniger steile, aber etwas längere Route führt anfangs am See entlang, dann hinauf zum Seenieder, 1933 m, das herrliche Ausblicke auf den Wildsee mit dem Wildseeloderhaus und die Loferer Steinberge gewährt. Vom Seenieder führt der Steig am Osthang zum Wildseeloder hinauf (50 Min.).

Vom Gipfel des Wildseeloders lässt sich der Weiterweg zur **Henne** 04, 2078 m, gut überblicken. Beim Verlassen des Gipfelbereichs folgt man kurz dem Gratverlauf nach Süden und geht am

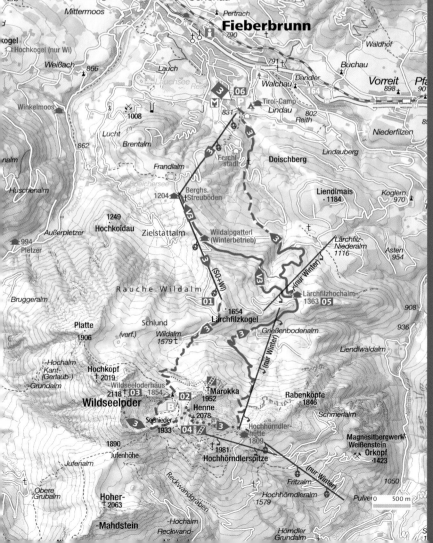

Auf dem Weg zum Wildseeloder: Blick auf Wildsee und Wildseeloderhaus – im Hintergrund die Loferer Steinberge

Anstiegsweg an der Bergflanke zum Seenieder hinunter (30 Min.). Vom Wegweiser wandert man ostwärts leicht aufwärts der Wegkreuzung am Fuß der Henne zu (15 Min.). Dem Richtungspfeil folgend quert man nordostwärts den latschenbewachsenen Westhang zum Gratrücken der Henne hinauf. Nach einem kurzen Steilabschnitt erreicht man nach 30 Minuten das Gipfelkreuz der

Henne 04, 2078 m. Diese „Aussichtskanzel" ist ein herrlicher Rastplatz mit weitem Ausblick auf die Loferer- und Leoganger Steinberge im Nordosten sowie die Gletschergipfel der Hohen Tauern im Süden. Für den Rückweg stehen mehrere Varianten zur Auswahl: Entweder hinunter zum Wildseeloderhaus und über die Wildalm zurück zur Bergstation der Lärchfilzkogelbahn (1:30 Std.) oder von der Wildalm rechts abbiegend zum Fahrweg, der über die **Lärchfilzhochalm** 05 und das Wildalmgatterl zur Mittelstation Streuböden der Lärchfilzkogelbahn führt (2 Std).

Variante für Klettersteigfreunde: Von der Henne steigt man über den Klettersteig Henngrat (Hauptsteig Variante A/B!) am Ostgrat hinunter zur Bergstation Reckmoos (Winterbetrieb). Entlang der Lifttrasse geht man hinunter zu einem Fahrweg, der zur Lärchfilzhochalm und über Wildalmgatterl zur Mittelstation Streuböden führt (2 Std.).

Der Klettersteig Henngrat (Länge 800 m, Höhenunterschied 210 m, Zeit 1 Std.) bietet mit der Variante A (mittel) die Möglichkeit, das Tourziel Henne auf „luftigem", aber nicht allzu schwierigem Anstieg zu erreichen. Dabei sollte man stets bedenken, dass Trittsicherheit und Schwindelfreiheit Voraussetzung sind! Die Varianten B/C/D erfordern Klettersteigausrüstung!

Malerischer Wildsee mit Wildseeloderhaus

KITZBÜHELER HORN • 1996 m

Blumenschau am Aussichtsberg

  7,9 km 2:30 h 390 hm 0 hm  29

START | Kitzbühel, Alpenhaus Kitzbüheler Horn.
[GPS: UTM Zone 33   x: 306.295 m   y: 5.260.266 m]
ZUFAHRT | Von Kitzbühel mit der Seilbahn oder mit dem Auto bis zum
Alpenhaus Kitzbüheler Horn bzw. Kagringalm.
CHARAKTER | Bequeme Auffahrt mit Seilbahn oder Auto zum Ausgangspunkt.
Aussichtsreiche und leichte Blumenwanderung.
GÜNSTIGSTE JAHRESZEIT | Mitte Juni – August

Von Kitzbühel über das Hornköpfl zum Kitzbüheler Horn, von dort wieder zurück zum Hotel Kagringalm und weiter ins Tal.

▶ Um von **Kitzbühel** 01 zum Kitzbüheler Horn zu kommen, gibt es mehrere

Möglichkeiten: Die eine ist die, auf dem gut markierten Wanderweg aufzusteigen, die andere und bequemere ist die mit der Seilbahn (Hornbahn I und Horngipfelbahn, Tel. +43 5356 6951-215) hochzufahren, und die dritte Variante ist die Anfahrt auf der gut ausgebau-

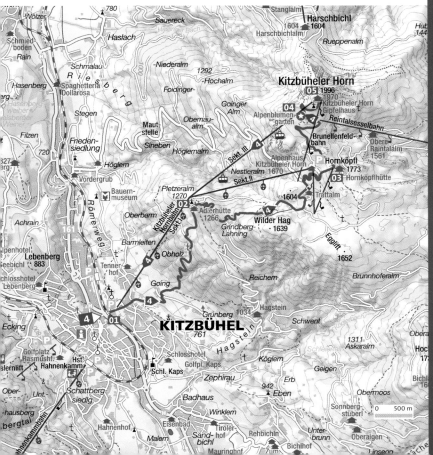

Alpenblumengarten

Der Alpenblumengarten Kitzbühel ist einer der schönsten in Europa. Auf einem Lehrpfad kann man 120 verschiedene Alpenblumen kennenlernen. Kostenlose Führungen gibt es täglich um 11:00 und 13:00 Uhr, Treffpunkt beim Gipfelhaus. Anfahrt über die Panoramastraße (Mautgebühr) oder mit der Hornbahn.
Information: www.alpenhaus.at

ten Mautstraße. Die vorgeschlagene Wanderung ist hauptsächlich auf das Gebiet zwischen Hornköpfl und dem **Kitzbüheler Horn** 05 ausgerichtet. Daher wird der untere Bergbereich bis zum Alpenhaus Kitzbüheler Horn mit einem Fahrzeug überwunden. Die wirkliche Wanderung zum Gipfel beginnt eigentlich hier auf einem gut markierten Steig neben der in Serpentinen aufwärts führenden Straße.

Was die Bergflora dieses Gebiets hervorzubringen vermag, ist zum Teil schon bei der Auffahrt zu bemerken. Auf Lichtungen, den Blumenfenstern des Waldes und den grasigen Hängen erstrahlen unzählige Blütenpflanzen. Die besonders blumenreichen Hänge befinden sich jedoch im Bereich zwischen Hornköpfl und Gipfel. In diesen Hängen, die von Felsen durchsetzt sind, ist eine erstaunliche Vielfalt an Alpenblumen angesiedelt. Alpenrosen, Enziane, Knabenkräuter, Glockenblumen und viele

andere mehr schmücken die überwachsenen Felsen und Standorte. Diese Mannigfaltigkeit hat soweit geführt, dass ein Alpenblumengarten am Kitzbüheler Horn angelegt wurde.

Vom Bereich des Gipfelhauses, 1990 m, hat man eine brilliante Rundsicht auf die herrliche Landschaft der Kitzbüheler Alpen mit ihren vielen Grasbergen. Südwestlich gegenüber, hoch über Kitzbühel, erhebt sich der Hahnenkamm, dessen weltberühmte Abfahrt aus dieser Perspektive auch einmal recht interessant zu betrachten ist.

Der Rückweg kann sowohl auf dem Steig neben der Straße erfolgen, wie auch über die Alpenmatten und das Weidegebiet. Die blumenreiche Bergflora ziert in jeder Blickrichtung ganz erfreulich den Vordergrund. Wer sich an diesem natürlichen Reichtum erfreuen kann und die großartige Aussicht genießt, für den zählt dieser Ausflug sicherlich zu den bleibendsten Erlebnissen.

Kitzbühel: Im Sommer eine gemütliche Kleinstadt

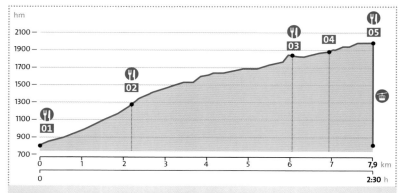

01 Kitzbühel, 760 m; 02 Adlerhütte, 1266 m; 03 Hornköpflhütte, 1763 m;
04 Alpenblumengarten, 1853 m; 05 Kitzbüheler Horn, 1996 m

MOORE AM SCHWARZSEE BEI KITZBÜHEL

Schutzgebiete mit besonderem Flair

 4,2 km · 1:00–2:00 h · 50 hm · 50 hm · 9, 29

START | Lutzenberg, entweder Parkplätze beim Alpengolfhotel am Lutzenberg oder an der Kitzbüheler Straße beim Büro der Schischule Reith.
[GPS: UTM Zone 33   x: 300.905 m   y: 5.259.720 m]
ZUFAHRT | Nach Reith bei Kitzbühel und weiter Richtung Lutzenberg (Kitzbüheler Straße).
CHARAKTER | Forstwege und Spazierwege.
TOUR MIT GUIDE | Biohotel Stanglwirt, Going am Wilden Kaiser, Tel +43/(0)5358/2000, www.tirol.at/natur

Die Wanderung rund um den Schwarzsee steckt voller Schönheiten und Besonderheiten der Natur. Im kleinen Waldstück wachsen Fichten und Tannen, und wenn man Glück hat, sieht man ein Eichhörnchen auf den Bäumen. Weniger auffallende, aber dennoch für den Wald sehr wichtige Bewohner sind die Moose, wie zum Beispiel das Etagenmoos oder Wald-Torfmoose. Am Wegrand zum Moor findet man öfter das Gefleckte Fingerknabenkraut, eine der häufigsten heimischen Orchideenarten. Besonderheiten sind die vom Aussterben bedrohte Drachenwurz sowie das Traunsteiner Fingerknabenkraut, eine

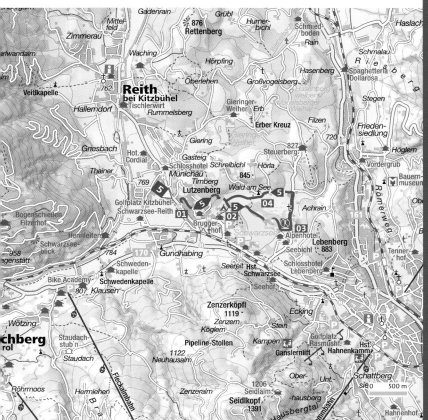

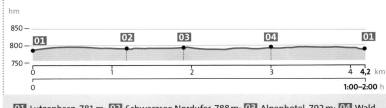

01 Lutzenberg, 781 m; 02 Schwarzsee Nordufer, 788 m; 03 Alpenhotel, 792 m; 04 Wald am See, 790 m

rot blühende Orchidee, die erstmals hier am Schwarzsee beschrieben wurde.

▶ Man erreicht das Naturdenkmal „Hochmoor am Lutzenberg" leicht ansteigend durch den Wald, wo man sich nach etwa 300 m links hält. Im großflächigen Hochmoor sieht man deutlich die Spuren des Torfabbaus. Zurück im Wald geht man nun geradeaus auf den Schwarzsee zu, bis man sein **Nordufer** 02 erreicht. Am Ufer entlang führt der Weg durch das Naturschutzgebiet bzw. den geschützten Landschaftsteil. Nach einem Waldstück wendet man sich vom See weg.

Man erreicht einen Fahrweg, dem man nach links folgt. Auch an der nächsten Kreuzung hält man sich links und biegt in den Schreibühelweg ein. Nach etwa 500 m führt ein Wiesenweg etwas oberhalb des Sees zurück Richtung Campingplatz, von wo man durch das kurze Waldstück wieder den Ausgangspunkt der Wanderung am **Lutzenberg** 01 erreicht.

Vierflecklibelle auf Blutweiderich
(Foto: Reinhard Hölzl)

Eichhörnchen (Foto: Reinhard Hölzl)

GROSSER RETTENSTEIN • 2366 m

Schroffe Kalkspitze inmitten sanfter Grasberge

  10,7 km 7:30–8:30 h 1224 hm 1224 hm 29

START | Kirchberg in Tirol, Weiler Aschau. Parkplatz bei der Hintenbachalm.
[GPS: UTM Zone 33   x: 295.308 m   y: 5.248.340 m]
ZUFAHRT | Auf der B 170 von Kitzbühel oder vom Brixental nach Kirchberg in Tirol und südlich nach Aschau (Mautstelle). Auf der Mautstraße weiter bis zur Hintenbachalm.
CHARAKTER | Anspruchsvolle Bergtour im Landschaftsschutzgebiet Spertental-Rettenstein. Prächtiger Aussichtsberg. Im brüchigen Felsgelände unterhalb des Gipfels erhebliche Steinschlaggefahr!

Aus den sanften Grasbergen der Kitzbüheler Alpen ragt weithin sichtbar der markante Kalkstock des Großen Rettensteins empor, der als Aussichtsberg sehr geschätzt wird. An klaren Spätsommertagen kann man sehr gut Großglockner, Großvenediger, die Zillertaler Alpen sowie den Wilden Kaiser und die Loferer und Leoganger Steinberge sehen.

▶ Vom Parkplatz bei der Hintenbachalm bieten sich zwei Aufstiegsvarianten an:
Der direkte Anstieg führt an der **Hintenbachalm 01** vorbei in den Schöntalgraben, in dem man auf steilem Waldsteig direkt zum Forstweg (Naturlehrpfad) hinaufsteigt. Dort folgt man dem Wegweiser „Schöntalalm/Großer Rettenstein" zur **Schöntalalm**

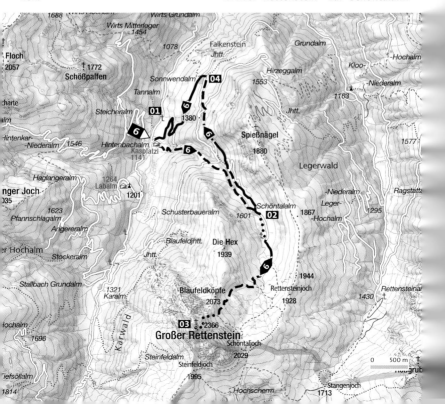

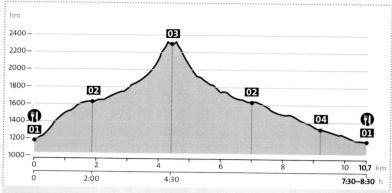

01 Parkplatz Hintenbachalm, 1142 m; **02** Schöntalalm, 1600 m; **03** Großer Rettenstein, 2366 m; **04** Sonnwendalm, 1307 m

Der Gebirgsstock des Großen Rettenstein mit den Blaufeldköpfen (rechts)

02 (1:30 Std.). Die etwas gemütlichere Variante ist der Anstieg auf dem Forstweg (Naturlehrpfad) zur Sonnwendalm und weiter auf dem markierten Weg Nr. 715 entlang des Bachs zur Schöntalalm (2 Std.). Von den Almhütten führt der breite Weg durch das herrliche Hochtal zum Schöntalscherm. In etlichen Serpentinen überwindet man die Steilstufe und gelangt nahe der Schöntalquelle auf eine blumenreiche Hochfläche (30 Min.).

Nun wird es beschwerlicher, denn der schottrige Pfad ist steil und das Gestein recht lose (Achtung, Steinschlaggefahr!). Im Gipfelbereich sind noch kurze Kletterpassagen zu überwinden, ehe man sich in das Gipfelbuch eintragen kann (2:15 Std.). Aufstieg zum **Großen Rettenstein 03**: 4:00–4:30 Std.

Abstieg auf dem Anstiegsweg (3:30–4:00 Std.) oder von der Schöntalalm auf dem bequemeren Weg über die **Sonnwendalm 04** (4 Std.).

Spertental-Rettenstein

Die Geologie des Spertentals und seiner Umgebung lässt deutlich den Landschaftscharakter der Kitzbüheler Alpen erkennen: Sanfte Grasberge stehen im Kontrast zu den kahlen, schroffen Kalkfelsen, wie dem Großen Rettenstein, der aus dieser Grünlandschaft emporragt. Der Naturlehrpfad Unterer Grund führt an der Westflanke des Großen Rettensteins durch den Bergwald mit seinen Zirbenbeständen und zu blumenreichen Wiesen, in denen auch der Schwalbenwurz-Enzian (alte Heilpflanze) noch häufig anzutreffen ist.

LODRON • 1925 m – STEINBERGSTEIN • 2215 m

Vom Windautal auf den Aussichtsberg

  16,7 km 6:30–7:00 h 1337 hm 1337 hm  29

START | Westendorf, Rettenbach/Hinterwindau, Parkplatz beim Steinberghaus, 872 m.
[GPS: UTM Zone 33   x: 290.214 m   y: 5.249.869 m]
ZUFAHRT | Auf der B 170 von Kitzbühel oder von Wörgl nach Westendorf, südlich weiter in die Windau zum Steinberghaus.
CHARAKTER | Der Anstieg zum Lodron führt anfangs auf Forst- und alten Karrenwegen, dann durch Bergwald und über freies Almgelände zum Aussichtsberg Lodron. Die große Runde auf den Steinbergstein und über die Lagfeldenalm zurück zum Steinberghaus erfordert Ausdauer, wird aber mit herrlichen Ausblicken belohnt. Besonders schön ist die Tour zur Blütezeit der Alpenrosen (Juni – Juli) und wenn weidende Viehherden ein friedvolles Bild abgeben.

▶ Von der Kapelle beim **Steinberg-haus 01** wandert man dem Wegweiser „Lodron" folgend zunächst auf dem Forstweg, dann auf einem Karrenweg bergan, bis man bei der **Wallernalm 02** auf einen Güterweg trifft (30 Min.). Auf dem breiten Weg schreitet man dem Steinberggraben zu, bis rechts der markierte Waldsteig zur Lärchenbergalm abzweigt, die man nach

30 Minuten erreicht. Auf dieser Alm hat der Almliterat Sepp Kahn im „Almtagebuch" seinen Arbeitsablauf als Senner beschrieben.
Von der Alm wandert man auf Steigspuren zwischen Alpenrosen (Juni – Juli) zu einem Zaun hoch. Dort folgt man dem Wegweiser nach links („Steinbergstein") und steigt zur Oberkaralm hinauf. Dem Hinweis „Lodron" folgend

Blick vom Steinbergstein nach Süden zur Venedigergruppe

Farbenprächtige Wegbegleiter: Alpenrosen

steigt man entlang der (spärlichen) Markierung über Almwiesen in den Sattel zwischen Wiesboden, 1947 m und Steinberg, 1887 m hinauf.

Nach rechts gelangt man in wenigen Minuten zum Gipfelkreuz des **Lodron** **03**, 1925 m. Für die anstrengendere Tour zum Steinbergstein wendet man sich bei der Einsattelung nach links und steigt über den **Ramkarkopf** **04** am Bergpfad hinauf zum **Steinbergstein** **05**, 2215 m (2 Std.).

Der Abstieg führt vom Gipfelkreuz entlang der Markierung in den Osthang und auf schmalem, steilem Pfad hinunter zur **Lagfeldenalm** **06**, 1668 m (1 Std.). Von dort führt der breite Almweg in Kehren hinunter in den Steinberggraben, wo man auf den Anstiegsweg trifft, der wieder zum Steinberghaus hinunterführt (1:30 Std.).

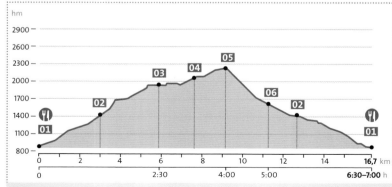

01 Steinberghaus, 872 m; **02** Wallernalm, 1418 m; **03** Lodron, 1925 m; **04** Ramkarkopf, 2062 m; **05** Steinbergstein, 2215 m; **06** Lagfeldenalm, 1668 m

HOHE SALVE • 1828 m

Bergab-Wanderung mit Panoramablick

  3,6 km 1:45 h 0 hm 680 hm  29

START | Hopfgarten im Brixental, Parkplatz bei der Talstation der Hohe Salve-Bergbahn. Auffahrt mit der Gondelbahn über die Mittel- bis zur Bergstation. [GPS: UTM Zone 33   x: 288.365 m   y: 5.260.580 m]
ZUFAHRT | Auf der B 170 von Kitzbühel oder von Wörgl nach Hopfgarten im Brixental.
CHARAKTER | Bergab-Wanderung auf gut beschilderten Wegen.

Das Panorama von oben genießen ...

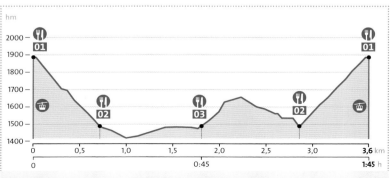

01 Salvenhaus, 1828 m; **02** Rigihaus, 1495 m; **03** Innere Keatalm, 1494 m

Die Hohe Salve gilt nicht ohne Grund als einer der besten Aussichtspunkte Tirols. Das Panorama, das sich von seinem Gipfel aus genießen lässt, erstreckt sich nicht nur über das Inntal und seine unmittelbar angrenzenden Berggebiete, sondern über eine ganze Reihe naher und ferner Gebirgszüge und hoher Gipfel – vom Wilden Kaiser über die Berchtesgadener Alpen, den Großglockner und den Großvenediger, die Zillertaler Alpen und die Stubaier Gletscherriesen bis zu den Karwendelbergen. Auf dem Gipfel steht das Salvenkirchkein,

eine seit Jahrhunderten viel besuchte Wallfahrtskapelle auf dem Gipfel (im Sommer jeden Mittwoch um 11 Uhr Andacht). Und dann sollte man natürlich im Gipfelrestaurant einkehren – die Chefin verwöhnt ihre Gäste z. B. jeden Donnerstag und Freitag mit Tiroler Ziachkiachln. So verwundert es nicht, dass die Hohe Salve mit Bergbahnen und der damit verbundenen Infrastruktur gut erschlossen ist. Von den einen mit Wehmut gesehen, wird dies von anderen als willkommene Aufstiegshilfe betrachtet, um rasch auf den Aussichtsberg zu ge-

langen. Dafür geht's dann zu Fuß nur mehr bergab, wobei man das Panorama ganz bequem genießen kann.

 Man folgt dem breiten Schotterweg (Nr. 70), der vom **Gipfelrestaurant** 01, 1828 m, zum Sender führt und sich dann über Almwiesen neben der Rigibahn zum **Alpengasthof Rigi** 02, 1495 m, hinunterschlängelt. Tatsächlich erinnert dieses Gebiet ein wenig an die Rigi, den Schweizer Parade-Aussichtsberg über dem Vierwaldstättersee. Auf jeden Fall lohnt sich nun – zur „Halbzeit" der Tour – eine weitere kulinarische Rast.

Weiter geht's auf der Zufahrtsstraße zur nahen und ebenfalls bewirtschafteten Kälberalm, 1495 m. Dort schwenkt man nach links, geht unter dem Sessellift durch und biegt gleich darauf nochmals links ab. In der Folge wandert man auf einem Wiesenweg in den Wald, durch den man über viele Kurven absteigt. Es wird steiler und „wurzeliger", aber immer wieder geben Wiesenabschnitte schöne Ausblicke frei. Schließlich erreicht man eine Straße, auf der man rechts weitergeht. Nach einer letzten Linksabzweigung marschiert man zum Berggasthof Tenn, 1165 m, und gleich darauf zur **Mittelstation der Gondelbahn** 03. Mit der Gondel fährt man wieder talwärts nach Hopfgarten.

Salve! (Sei gegrüßt ...) – Das Salvenkirchlein wird schon 1589 erwähnt

HINTERE GOINGER HALT • 2192 m

Über die Steinerne Rinne zum Aussichtsgipfel

  8,4 km 6:00 h  1206 hm 1206 hm 9
09

START | Griesner Alm, 1024 m, im Kaiserbachtal (Gemeinde Kirchdorf in Tirol).
[GPS: UTM Zone 33   x: 299.232 m   y: 5.273.057 m]
ZUFAHRT | Auf der B 176 von St. Johann in Tirol oder von Kössen bis Griesenau
und auf der Mautstraße 5 km zur Griesner Alm (großer Parkplatz).
CHARAKTER | Häufig begangene Tour, die nicht unterschätzt werden
darf. Der Eggersteig weist ausgesetzte Passagen auf, die Steinere Rinne
verlangt Trittsicherheit (Steinschlaggefahr)! Gute Wetterverhältnisse sind
Voraussetzung.

Auch wenn das Gipfelziel, die Hintere Goinger Halt, als ausgesprochen leichtes Ziel für Kaiser-Verhältnisse gilt, so ist der Anstieg von der Nordseite über den Eggersteig und die Steinerne Rinne eine nicht zu unterschätzende Unternehmung, die Trittsicherheit, Schwindelfreiheit und stabiles Wetter verlangt. Wer von der Griesner Alm aus ansteigt, sollte auch diese zusätzlichen Höhenmeter berücksichtigen, die anfangs so manchem ganz schön in die Beine gehen. Und wer vergessen hat, genügend Flüssigkeitsproviant mitzunehmen, der wird dies spätestens beim Ellmauer Tor bitter bereuen.

▶ Der Weg beginnt direkt hinter der **Griesner Alm** `01`, 1024 m, führt über einen Bach und dann zuerst über weite

„Kaiserlicher" Blick am Eingang in das Kaiserbachtal

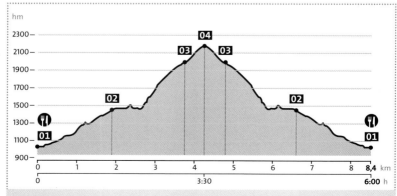

`01` Griesner Alm, 1024 m; `02` Abzw. Richtung Stripsenjoch, 1424 m; `03` Ellmauer Tor, 1956 m; `04` Hintere Goinger Halt, 2192 m

Kehren in den Wald hinein. Man passiert die **Abzweigung 02** zur Fritz-Pflaum-Hütte, ab der es nun spürbar steiler wird und in engen Kehren bergan geht, bis man aus dem Wald heraustritt und es weniger steil ansteigend am Fuße der mächtigen Kaiserfelsen in Westrichtung weitergeht. Von links ziehen die Flanken des Predigtstuhls und der Fleischbank herab und weisen den Aufstiegsweg durch die Steinere Rinne. Geradeaus ist auf einem Felskopf das Stripsenjochhaus zu sehen. Kurz bevor man die Serpentinen erreicht, die zum Stripsenjoch, 1577 m, und zur gleichnamigen Hütte hinaufführen, zweigt links ein markierter Pfad ab, auf dem man mäßig steil zum Felsfuß hinaufsteigt.

Dort erreicht man das erste Sicherungsdrahtseil des Eggersteigs, der – anfangs mit einer luftigen Stelle – in ständigem Auf und Ab hinüber zum Fuß der Steinernen Rinne führt. Man folgt dem meist drahtseilgesicherten Steig in gleichmäßiger Steigung durch das imposante Felskar nach oben, wo man auf den letzten, flacheren Metern oft noch auf Altschneefelder stoßen kann.

Das **Ellmauer Tor 03** ist erreicht, wenn sich plötzlich der Blick ins gegenüberliegende Tal öffnet, hinunter nach Ellmau und Going.

Nur noch wenige Meter zum Gipfel ...

Nach einer wohl verdienten Pause steigt man linker Hand über Blockgestein aufwärts, quert einen Schutthang, bis man auf eine versicherte Stelle stößt, an der man durch eine steile Rinne zum Felsgrat hinaufsteigt.

Hier hält man sich links und steigt über einige felsige Stufen hinweg, und bald ist das bereits sichtbare Gipfelkreuz der **Hinteren Goinger Halt 04** erreicht.

Der Abstieg verläuft auf dem Anstiegsweg.

HÜTTLINGBERG IN GOING

Ahornallee und Niedermoor

SWAROVSKI
OPTIK

  5,7 km 2:00–3:00 h 200 hm 200 hm 9 09 29

START | Parkplatz am Sinnersbach oberhalb Aschau, östlich Hüttling.
[GPS: UTM Zone 33   x: 300.890 m   y: 5.267.348 m]
ZUFAHRT | Vom Biohotel Stanglwirt folgt man der Straße Richtung Aschau bzw.
Badesee Going, bis links die Zufahrt zum Parkplatz abzweigt. Beschilderung:
„Moor & More – Wilder Kaiser Moorweg".
CHARAKTER | Forstwege und Steige.
TOUR MIT GUIDE | Biohotel Stanglwirt, Going am Wilden Kaiser,
Tel. +43/(0) 5358/2000, www.tirol.at/natur

Gewöhnlicher Wurmfarn
(Foto: Reinhard Hölzl)

Die Wanderung bietet Einblicke in viele verschiedene Lebensräume mit reichhaltiger Flora und Fauna und Ausblicke auf eine prächtige Bergkulisse. In der Waldregion findet man häufig Mischwälder aus Tannen, Fichten und wenigen Buchen. Das Besondere an diesem Wald ist der Reichtum an Tannen. Im Unterwuchs findet man Heidelbeere, Rippenfarn und Etagenmoos.

Der geologische Untergrund wird von einem auffallend roten, wasserunduchlässigen Sandstein gebildet. Es kommt daher immer wieder zu Verdichtungen und Vernässungen, was den Moorreichtum der Gegend bestimmt. So hat man am Weg mehrmals die Möglichkeit, den Lebensraum Moor mit seinen speziell angepassten Tieren und Pflanzen zu bestaunen. Bei schönem Wetter umfliegt eine Vielzahl von Libellen die Moorflächen.

▶ Die Tour führt zuerst nach Westen zur Lichtung des Anwesens Riedstall und dann den Waldrand entlang zu einem kleinen Niedermoor. Mit einer herrlichen Aussicht wird man für diesen kleinen Abstecher belohnt. Über den Aschauer Weg geht es wieder Richtung **Parkplatz** **01**. Man erreicht die Zufahrtsstraße zum Ausgangspunkt und überquert diese nun Richtung Hüttling. Der Weg ist ausgezeichnet beschildert „Moor & More – Wilder Kaiser Moorweg". Der Ahornallee ca. 600 m folgend führt die Route nach Hüttling und

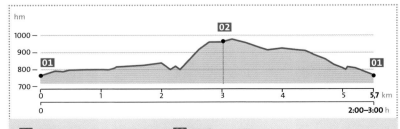

01 Parkplatz am Sinnersbach, 780 m; **02** Hüttlmoos, 977 m

Mischwald (Foto: Reinhard Hölzl)

von dort über einen Waldpfad auf eine Forststraße. Nach ca. 1,2 km auf dieser Forststraße zweigt bei einer Kehre ein neu angelegter Überbrückungsweg nach links ab. Hier ist der Großteil des Höhenunterschieds der Tour zu bewältigen: von 856 m hinauf auf den 977 m hoch gelegenen „Roten Plaiken". Man erreicht eine Forststraße und folgt dieser zum renaturierten **Hüttlmoos** 02 mit verschiedenen Erlebnisstationen und Informationstafeln. Bei der Wegkreuzung links bergab dem Sinnersbach folgend geht es zurück zum Ausgangspunkt.

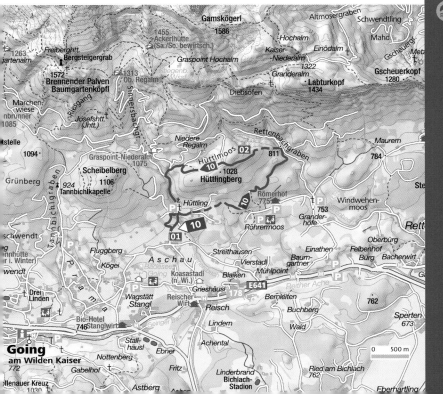

STRIPSENKOPF • 1807 m, UND FELDBERG • 1813 m

Aussichtsreiche Höhenwanderung zwischen dem
Wilden und Zahmen Kaiser

  10,3 km   5:45 h   827 hm   827 hm    9 09

START | Griesner Alm, 1024 m, im Kaiserbachtal (Gemeinde Kirchdorf in Tirol).
[GPS: UTM Zone 33   x: 299.232 m   y: 5.273.057 m]
ZUFAHRT | Auf der B 176 von St. Johann in Tirol oder von Kössen bis Griesenau
und auf der Mautstraße 5 km zur Griesner Alm (großer Parkplatz).
CHARAKTER | Sehr schöne Aussichtswanderung auf gut begehbaren, teils
steinigen Bergpfaden. Zum Stripsenkopf und zum Feldberggipfel sind einige
schrofige und steilere mit Drahtseilen gesicherte Stellen zu passieren.

Im Anstieg zum Stripsenkopf, 1807 m

Für Bergsteiger und Kletterer ist das Stripsenjochhaus ein strategisch äußerst günstiger Ausgangspunkt für viele Kaiserunternehmungen, für Ausflügler ein begehrtes und relativ einfach zu erreichendes Tagesziel und für Bergwanderer die Zwischenstation für eine aussichtsreiche Höhenwanderung zwischen Wildem und dem Zahmen Kaiser.

▶ Der Anstiegsweg zum Stripsenjochhaus führt zuerst über weite Kehren in den Wald hinein, wo es steiler bergan geht, bis man wieder leicht steigend am Fuß der mächtigen Kaiserfelsen der schon von weitem sichtbaren Hütte zustrebt. Hat man links die Abzweigung zur Steinernen Rinne passiert, windet sich der Weg nochmals in engen und steilen Serpentinen zum Stripsenjoch hinauf.
Hinter dem auf dem Joch thronenden **Stripsenjochhaus** 02 steigt man am

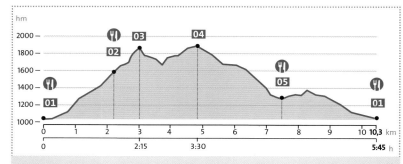

01 Griesner Alm, 1024 m; **02** Stripsenjochhaus, 1577 m; **03** Stripsenkopf, 1807 m;
04 Feldberg, 1813 m; **05** Vordere Ranggenalm, 1226 m

Tavonaro-Kreuz vorbei über den zuerst grasigen, dann zunehmend schrofigen Hang hinauf bis zur Verzweigung. Links ist der Weg zum Stripsenkopf ausgeschildert (15 Min.), rechts quert der bequemere Weg (anfangs ein Drahtseil) unterhalb der Felsen Richtung Feldberg den Hang. Der steile Pfad zum **Stripsenkopf 03** hinauf ist mit Drahtseilen, Metall- und Holzstufen gesichert. Vom breiten Gipfelplateau aus präsentiert sich der Wilde ebenso wie der Zahme Kaiser äußerst eindrucksvoll. Unterhalb der Ackerlspitze schimmert die Fritz-Pflaum-Hütte im Griesener Kar herüber. Der Weiterweg führt wieder abwärts und über drei kleinere Zwischenerhebungen in teilweise felsigem Gelände – zwischendurch am Tristecken nochmals Drahtseilsicherungen – am Grat entlang zum **Feldberg 04**. Originell ist die so genannte Frankenländernadel, ein bizarrer Felsturm rechts des Weges kurz vor dem Tristecken. Das kümmerliche hölzerne Kreuz am breiten Feldberggipfel lädt zu einer aussichts-

reichen Rast ein. Im Norden ist neben dem Gipfelzug des Zahmen Kaisers rechts der Walchsee zu sehen, und in der Ferne kann man schon einen Teil des Chiemsees erblicken.

Ein Schild weist den Abstiegsweg über den mit Latschen bewachsenen Ostgrat hinunter. Eine erste Abzweigungsmöglichkeit mit einem deutlichen „STOP-Schild" nach rechts passierend gelangt man zu einem einladenden grasigen Sattel. Hier folgt man der Beschilderung nach rechts hinunter zur Vorderen Ranggenalm sowie zur Griesner Alm und Fischbachalm. Beim Materiallift der **Vordere Ranggenalm 05** hält man sich rechts, folgt dem Schild „Griesner Alm-Parkplätze" und quert am Hang entlang nach Westen (zwischendurch nochmals leicht ansteigend) zur renovierten Hinteren Ranggenalm, 1284 m, hinüber. Nun geht es auf breitem Weg in ausholenden Serpentinen rasch hinab zum Ausgangspunkt, dem längst sichtbaren – und meist gut gefüllten – Parkplatz bei der Griesner Alm.

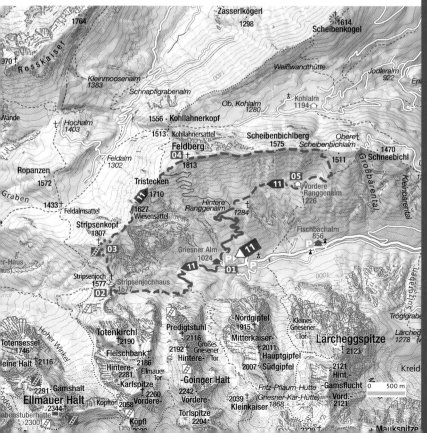

HOCHALM IM WILDEN KAISER

Moose und Kandelaberfichte im Naturschutzgebiet

  13 km 4:00–5:00 h 750 hm 750 hm  9 09

START | Parkplatz beim Erzbach, oberhalb von Oed.
[GPS: UTM Zone 33   x: 298.474 m   y: 5.279.187 m]
ZUFAHRT | Der Parkplatz ist ausgeschildert und von der Gemeinde Walchsee über Oed erreichbar.
CHARAKTER | Forstwege und Steige.
TOUR MIT GUIDE | Schutzgebietsbetreuung Schwemm und Kaisergebirge, Tel. +43/(0)676/885087886, www.natur.tirol.at

Buchen-Schleimrübling
(Foto: Reinhard Hölzl)

Gleich zu Beginn der Wanderung hat man einen wunderschönen Ausblick auf den Walchsee, die umgrenzenden Berge wie das Locher Horn oder den Brennkopf sowie auf die Moorbereiche, die sich deutlich vom Grünland abheben. Am Waldrand wachsen Fichten mit Kandelaberwuchs – eine besondere Wuchsform, die an einen Armleuchter erinnert. Verblüffend ist der weite Blick

in einen Buchenreinbestand, einen klassischen Buchen-Bergwald, entstanden aufgrund der hohen Steinschlag- und Lawinenbelastung in diesem Gebiet. Ob im Wald, in den Wiesen, im Moor, im Bach oder auch nur in einem der Lesesteinhaufen, es ist unglaublich, was man hier bei genauerer Betrachtung alles an Leben finden kann. Der Blick in die Ferne zeigt Geröllfelder und Kalkfelswände als klassische Landschaftselemente der kalkalpinen Bergwelt, die eine oder andere Gämse und die beeindruckenden Gipfel des wunderschönen Kaisergebirges.

▶ Vom **Ausgangspunkt 01** in der Nähe des Erzbaches folgt man dem Wanderweg Nr. 88 Richtung **Gwirchtalm 02** (auch Kleinmoosenalm), die auf Forstwegen mit angenehmer Steigung erreicht wird. Auch der Weiterweg folgt dem Wanderweg Nr. 88. Er zweigt knapp vor einer Kehre nach rechts ab und führt

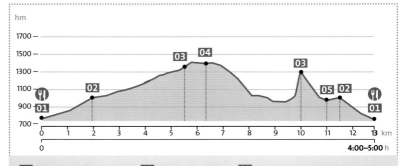

01 Parkplatz Erzbach, 740 m; 02 Gwirchtalm, 975 m; 03 Kleinmoosenalm, 1383 m;
04 Hochalm, 1405 m; 05 Habersauer Almen, 915 m

Buchenwald im Herbst (Foto: Reinhard Hölzl)

über einen Steig in das Habersautal. Immer leicht ansteigend geht der Weg zur **Kleinmoosenalm** 03 (1383 m), von dort ist es nur noch ein kurzes Stück zur **Hochalm** 04. Den Rückweg tritt man zuerst auf derselben Strecke an, bis etwa 10 Minuten nach der Kleinmoosenalm ein Steig nach rechts hinab ins

Habersautal führt. Steil geht es bergab, bis man auf einen Fahrweg trifft, über den man zu den **Habersauer Almen** 05 gelangt. Dort gabelt sich der Weg und man folgt dem linken Forstweg zurück zur Gwirchtalm und von dort demselben Weg wie beim Aufstieg zurück zum Parkplatz.

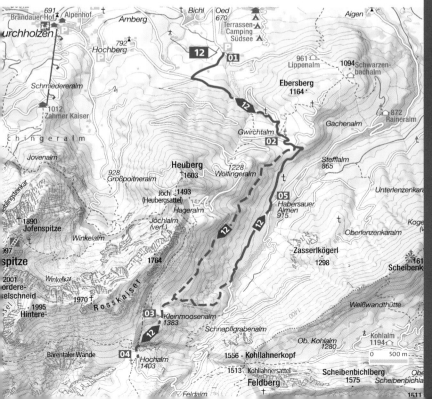

„SCHWEMM" BEI WALCHSEE

Einzigartige Moore im Natura-2000-Gebiet

  8,6 km 2:00–3:00 h 50 hm 50 hm 9 10 09

START | Hotel Schick, Walchsee.
[GPS: UTM Zone 33   x: 298.775 m   y: 5.281.006 m]
ZUFAHRT | Das Hotel Schick liegt im Zentrum von Walchsee.
CHARAKTER | Gute, breite Spazierwege.
TOUR MIT GUIDE | Schutzgebietsbetreuung Schwemm und Kaisergebirge,
Tel. +43/(0)676/885087886, www.natur.tirol.at

Die Schwemm ist das weitaus größte Moorgebiet Nordtirols. Die große Bedeutung von Mooren liegt vor allem in ihrer Eigenschaft als Lebensraum für seltene Pflanzen und Tiere. Im südlichen Teil des Naturschutzgebiets gibt es noch freie Wasserflächen. Dort wachsen Schwimmpflanzen, am nassen Ufer gedeihen Schilf und Seggen und in den Feuchtwiesen findet man Sumpfdotterblume, Mädesüß, Schlangenknöterich und Kuckucks-Lichtnelke. Wichtigster Bestandsbildner des Hochmoores sind die Torfmoose, die für den hohen Säuregehalt im Moor verantwortlich

Graureiher (Foto: Reinhard Hölzl)

sind. Aus den unter Luftabschluss versunkenen Pflanzenresten entsteht Torf. Infolge der Torfgewinnung sind solche Lebensräume sehr selten geworden. Da in der Schwemm nur in geringem Ausmaß Torf abgebaut wurde, konnte sich diese einmalige Landschaft großflächig erhalten.

▶ Vom **Hotel Schick** **01** wendet man sich in Richtung Gemeindezentrum. Der Weg in die Schwemm ist gut gekennzeichnet und führt eine wenig befahrene Straße entlang. Bis zum **Moarhof** **02** (Golfplatz) folgt der Spazierweg der Straße und bietet schöne Einblicke in das Moorgebiet. Beim Moarhof folgt man leicht ansteigend dem Fahrweg bis zur Abzweigung Richtung Schwaigs. Der Abstecher ist vor allem an heißen Tagen empfehlenswert, führt er doch in die kühle Schlucht des Staudinger Baches. Schon auf dem Rückweg vom Bach erkennt man gut das nächste Ziel: die Kapelle direkt bei einem kleinen Weiher. Dem Fahrweg folgend erreicht man die Häuser von Ankerwald. Auch hier lohnt

Fieberklee (Foto: Reinhard Hölzl)

01 Hotel Schick, 659 m; 02 Moarhof, 686 m; 03 Schlangglsee, 728 m

sich der Abstecher zum **Schlangglsee** 03 – schon aufgrund des herrlichen Ausblicks auf das berühmte Moorgebiet. Dafür nimmt man den Feldweg gegenüber dem ersten Haus von Ankerwald. Zurück auf dem Fahrweg geht die Umrundung der Schwemm bald zu Ende und man erreicht wieder Walchsee.

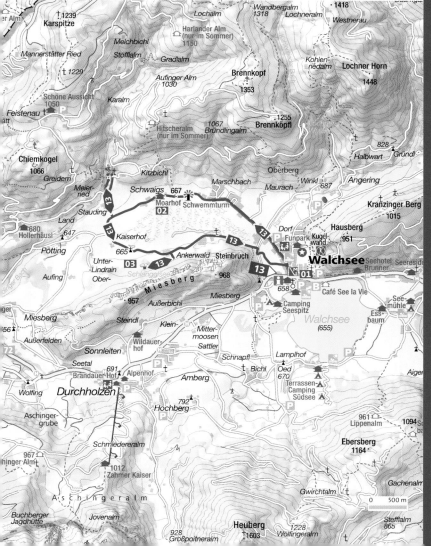

ZAHMER-KAISER-RUNDTOUR AUS DEM KAISERTAL

Kombination von Höhenweg und Talwanderung

  20,5 km 8:15 h 1496 hm  1496 hm 9 09

START | Kufstein/Sparchen, 501 m (gebührenpflichtiger Parkplatz gegenüber Einstieg Kaisertalweg bzw. bei der Talstation der Sesselbahn Wilder Kaiser). [GPS: UTM Zone 33   x: 287.779 m   y: 5.273.448 m]
ZUFAHRT | Auf der Autobahn bis Kufstein-Nord und in den Stadtteil Sparchen.
CHARAKTER | Sehr lange, aber technisch unschwierige Tour, die bei Bedarf in der Vorderkaiserfeldenhütte oder in Hinterbärenbad unterbrochen werden kann.

Blick vom Gamskogel auf die Südseite des Zahmen Kaisers, über die unsere große Rundtour verläuft

Die bei vielen Bergfreunden geschätzte Plateauwanderung entlang des Gipfelkamms des Zahmen Kaisers lässt sich noch verlängern, wenn man den Abstieg über Hinterbärenbad wählt und durch das Kaisertal zurück nach Kufstein wandert. Ein langer Weg, der aber unterwegs zwei Hütten zur Übernachtung anbietet und dem Wanderer alle Möglichkeiten zur Auswahl offen lässt.

▶ Vom Stadtteil Sparchen in **Kufstein** **01** geht es zuerst über Stufen, dann auf breitem Weg ins Kaisertal. Bald nach dem Veitenhof zweigt links der Bergweg 816 über die **Ritzaualm 02** zur **Vorderkaiserfeldenhütte 03**, 1388 m, ab. Von dort folgt man der Beschilderung auf das **Petersköpfl 04**, 1745 m, und dann in leichtem Auf und Ab dem aussichtsreichen Plateauweg bis zur **Pyramidenspitze 05**, 1997 m, dem Kulminationspunkt dreier Anstiegswege, mit eindrucksvoller Panoramasicht.

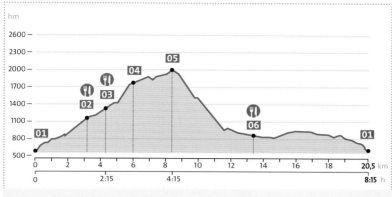

01 Kufstein, 501 m; **02** Ritzaualm, 1160 m; **03** Vorderkaiserfeldenhütte, 1388 m; **04** Petersköpfl, 1745 m; **05** Pyramidenspitz, 1997 m; **06** Anton Karg Haus, 829 m

Beim Abstieg hält man sich an den markierten Pfad nach Süden in eine Senke hinab. Von hier aus können ganz Unentwegte noch einen kurzen Abstecher zum höchsten Punkt des Zahmen Kaisers unternehmen, zur Vorderen Kesselschneid, 2001 m. Der Abstiegsweg führt sehr steil hinab ins Ochsenweidkar, vorbei an den Wegabzweigungen des Höhenwegs 811, dem Verbindungsweg zwischen Vorderkaiserfeldenhütte und Stripsenjochhaus und gelangt zur Abzweigung Hinterbärenbad/**Anton-Karg-Haus** **06**. Der Steig führt nun steil und schmal durch den Wald hinab (bei Nässe unangenehm) zu einer Brücke, und mit einer kleinen Gegenanstieg gelangt man hinab nach Hinterbärenbad.

Über den Kaisertalweg wandert man gemütlich zum Ausgangspunkt zurück. Wenn man noch Zeit und Lust hat mit einem Abstecher über die Antoniuskapelle.

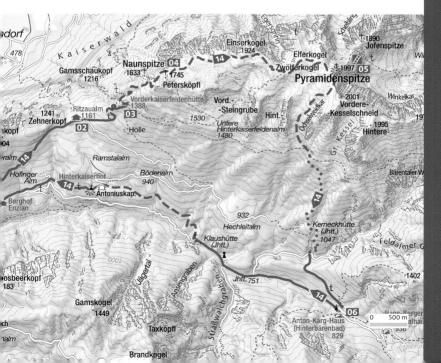

GAMSKOGEL • 1449 m

Wenn am Fuß des Kaisers die Schneerosen blühen

⟳ ⬈ 8,5 km 🕐 2:15 h ⬈ 245 hm ⬊ 245 hm 📑 9 / 09

START | Bergstation Brentenjoch, 1230 m (Parkplatz bei der Talstation der Sesselbahn Wilder Kaiser).
[GPS: UTM Zone 33 x: 290.353 m y: 5.273.217 m]
ZUFAHRT | Auf der Autobahn bis Kufstein-Nord und in den Stadtteil Sparchen.
CHARAKTER | Leichte Wanderung auf Fahrweg, Wanderweg und Waldpfad.
GÜNSTIGSTE JAHRESZEIT | November – Juni.

Um 8.30 Uhr startet die erste Sesselbahn hoch zum Brentenjoch, mit Umsteigen bei der Duxeralm, 897 m, sodass man sich um 9.00 Uhr auf den Weg machen kann. Man sollte auch nicht vergessen, dass um 16.00 Uhr die letzte Talfahrt erfolgt, wenn man nicht zu Fuß nach Kufstein hinunterwandern möchte.

▶ Von der **Bergstation Brentenjoch 01** folgt man zuerst dem breiten Fahrweg, der Richtung Kaindlhütte, Duxeralm,

Gamskogel ausgeschildert ist, bis man hinter der Brentenjochalm auf eine Wegverzweigung trifft. Dort beginnt der Wanderpfad, der in leichter Steigung über einen Wiesen- und Waldrücken zum **Gamskogel 02** hinaufführt. Kaum dass der Schnee schmilzt, kann man an den buschigen Hängen entlang des Anstiegsweges schon auf die weiß bis dunkelrosa blühenden Schneerosen (Christrosen) treffen. Der bescheidene Gipfel entpuppt sich auch als prächti-

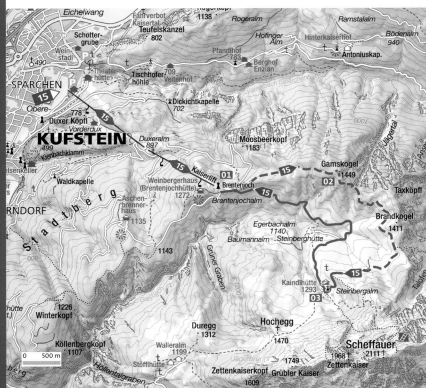

Ein erster Frühlingsgruß für Gamskogel-Besucher: die Schneerose (Christrose)

ger Aussichtsort mit einem herrlichen Rundum-Panorama.

Ein markierter Steig führt über die Hochfläche – zuerst hinab zu einem Sattel, wo der Pfad auf den von Bärenbad heraufkommenden Bettlersteig trifft. Über grasige Hänge geht es dann leicht hinab zu den Gebäuden der Steinbergalm und schließlich zur **Kaindlhütte** 03, 1293 m, einer auch bei Mountainbikern beliebten Einkehrstätte.

Der bequeme Rückweg verläuft auf dem breiten Fahrweg an der Steinberghütte vorbei und führt in einer knappen Stunde zurück zur Bergstation Brentenjoch, 1230 m.

Nach dieser verhältnismäßig kurzen Tour kann man noch einen kurzen Abstecher auf dem Panoramaweg in Richtung Berghaus Aschenbrenner anhängen, ehe man wieder mit der Sesselbahn Wilder Kaiser nach Kufstein hinunterschwebt.

01 Brentenjoch-Bergstation, 1230 m; 02 Gamskogel, 1449 m; 03 Kaindlhütte, 1293 m

SCHEFFAUER • 2111 m

Aussichtsreicher Höhenweg von Süden

  7,7 km 5:15 h 1193 hm 1193 hm  9 09

START | Gasthof Bärnstatt, 918 m, am Hintersteiner See, bei Scheffau.
[GPS: UTM Zone 33 x: 291.755 m y: 5.269.156 m]
ZUFAHRT | Auf der Autobahn bis Kufstein-Süd und auf der B 173 zur B 312 (Wörgl–St. Johann) bis Scheffau. Zufahrt zum Hinterteiner See.
CHARAKTER | Im ersten Abschnitt bequemer Wald- und Wiesenpfad, dann folgen latschenbewachsene Rinnen und zum Schluss mehrere steile, teilweise nur dürftig gesicherte und steinschlaggefährdete Aufschwünge. Trittsicherheit und Schwindelfreiheit erforderlich. Bei Nässe nicht zu empfehlen!

Der Anstieg von Süden auf den Scheffauer ist voll der Sonne ausgesetzt. Das sollte man berücksichtigen und Startzeit sowie Getränkevorrat entsprechend planen!

▶ Direkt neben dem weißen Wallfahrtskirchlein beim **Gasthof Bärnstatt** **01** weist ein Schild den Weg in Richtung Scheffauer. Zuerst geht es bequem durch lichten Bergwald in angenehmer Steigung hoch. Bei einer Tafel hält man sich links und wandert in weiten Serpentinen über den Wiesenhang zu einem Sattel hinauf. Dort hält man sich wieder links und erreicht bald darauf die **Steiner-Hochalm** **02**, 1257 m. Hier kann man erstmals die schöne Aussicht hinüber zur Hohen Salve genießen.

An der Alm vorbei geht es zunächst geradeaus weiter, dann leicht rechts durch den Wald bis man an ein breites

Tiefblick vom Scheffauer zum Hintersteiner See und zum Pölven

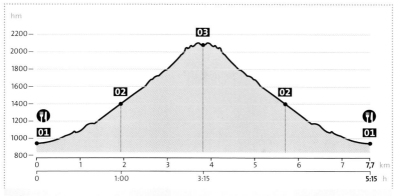

01 Gasthof Bärnstatt, 918 m; **02** Steiner-Hochalm, 1257 m; **03** Scheffauer, 2111 m

Geröllfeld gelangt. Diese Schuttreißen aufwärts querend stoßen wir auf die Wegverzweigung zur Kaiser-Hochalm, 1417 m. Hier hält man sich links und steigt über steile latschenbewachsene Rinnen zu grünen Absätzen hoch.

Nach einer Felsspalte quert man entlang der Felswand den Berghang in westlicher Richtung und stößt kurz danach auf eine drahtseilgesicherte glatte Platte. Unter einem bauchigen Felsüberhang hindurch und durch mehrere recht steile Rinnen steigt man – teilweise ohne Sicherungen – aber gerölig

und relativ steinschlaggefährdet dem Grat zu! Bei Hitze kann dieser Abschnitt sehr schweißtreibend sein – bei Nässe besteht allerdings große Rutschgefahr, da ist dieser Anstieg gar nicht zu empfehlen!

Endlich hat man einen weiteren Grassattel erreicht. Hier mündet auch der Anstiegsweg über den Widauersteig ein, und man gelangt nach wenigen Minuten zum kreuzgeschmückten **Gipfel** **03**, der eine herrliche Aussicht bietet. Der Rückweg erfolgt auf dem Anstiegsweg.

SONNECK • 2260 m

Bequeme Almwanderung und Gipfeltour

10,6 km   7:00 h   1320 hm   1320 hm   9 09

START | Jagerwirt, 940 m, in Scheffau am Wilden Kaiser.
[GPS: UTM Zone 33   x: 294.249 m   y: 5.268.418 m]
ZUFAHRT | Auf der Autobahn bis Kufstein-Süd und auf der B 173 zur B 312 (Wörgl– St. Johann) bis Scheffau. Nach der Kirche rechts ab zum Jagerwirt (Parkplatz).
CHARAKTER | Teils steile, schottrige Anstiegspfade, am Grat Drahtseilsicherung. Trittsicherheit und Kondition sind gefragt!

Bis zur Kaiser-Hochalm, 1410 m, einer Station des Wilden-Kaiser-Steigs, der von Kufstein nach St. Johann verläuft, handelt es sich um eine eher beschauliche Almwanderung, dann aber wird es zu einer recht schweißtreibenden Angelegenheit, die dennoch sauberes Gehen erfordert, damit nachsteigende Berggeher nicht durch Steinschlag gefährdet werden!

▶ Vom Ausgangspunkt **01** wandert man auf der Forststraße (Schranke) eben Richtung Norden, überquert den Bach und erreicht zum Schluss leicht ansteigend die Wegscheid-Niederalm. Dort verlässt man die Straße und geht – der Markierung „Scheffauer" folgend – geradeaus weiter. Auf einem Steg überquert man den Bach, wendet sich nach links und wandert auf die bereits sichtbare **Kaiseralm 02**, 1146 m, zu.

Dort geht man nach rechts und schreitet auf dem gut sichtbaren Weg zur höher gelegenen **Kaiser-Hochalm 03** hinauf.
Auf dem breiten Weg geht man links am Almgebäude vorbei, bis nach wenigen Metern rechts ein unbezeichneter Pfad abzweigt, der zum Fuß des Sonnensteins, 1714 m, hinaufführt. Auf dem schattenlosen Pfad steigt man im Sonnensteinkar in sehr steilen, gerölligen Kehren direkt an den Felsen entlang hoch. Nach dieser etwas mühsamen Passage erreicht man eine grüne Kuppe, steigt wiederum sehr steil durch Latschen zu einem weiteren Absatz hinauf und folgt einer felsigen Rinne. Anschließend sind noch mühsame Serpentinen zu bewältigen, ehe man schließlich den Grat erreicht (Blick ins gegenüberliegende Kaiserbachtal). Man folgt dem jetzt nur noch leicht ansteigenden

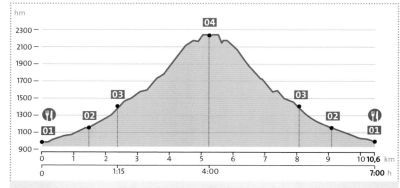

01 Jagerwirt, 940 m; **02** Kaiseralm, 1146 m; **03** Kaiser-Hochalm, 1410 m; **04** Sonneck, 2260 m

Kamm, der ausgesetzter und schmaler wird und dann plötzlich in eine Senke abbricht. Hier helfen Drahtseile, um die wenigen Höhenmeter abzusteigen. Auf der gegenüberliegenden Seite steigt man von der Senke wieder zum Grat hoch und gelangt schließlich – an einer schneegefüllten Mulde vorbei – zum Gipfelkreuz des **Sonnecks** **04** .

Der Abstieg verläuft über den Anstiegsweg. Entsprechende Vorsicht und das Vermeiden von Steinschlag ist bei den Schotterpassagen auch im Abstieg geboten.

Über den begrasten, eher harmlosen Rücken (rechts im Bild) verläuft der Anstiegsweg zum Sonneckgipfel.

ELLMAUER HALT • 2344 m

Die höchste Spitze im Wilden Kaiser

  9,3 km 8:00 h 1259 hm 1259 hm 9 09

START | Wochenbrunner Alm, 1085 m, in Ellmau.
[GPS: UTM Zone 33   x: 298.257 m   y: 5.268.783 m]
ZUFAHRT | Auf der Autobahn bis Kufstein-Süd und auf der B 173 zur B 312 (Wörgl– St. Johann) bis Ellmau. Auf der Mautstraße zur Wochenbrunner Alm (Parkplätze).
CHARAKTER | Der Klettersteig zur Ellmauer Halt verlangt Trittsicherheit, Schwindelfreiheit und Bergerfahrung. Entsprechende Ausrüstung ist Voraussetzung, trockenes Wetter Bedingung!

Natürlich darf der höchste Punkt des Kaisergebirges in einer Tiroler Touren-sammlung nicht fehlen, auch wenn die Besteigung der Ellmauer Halt kein aus-gesprochener Wandergipfel ist, sondern durchaus den erfahrenen Bergwanderer verlangt. Denn dieser Gipfel bietet ne-ben tollen Ausblicken auch sehr span-nende, teils luftige und ausgesetzte Klettersteigpassagen.

▶ Von der **Wochenbrunner Alm** `01` steigt man zum Wald hoch und weiter auf bequemem Weg zu einer mächtigen Geröllhalde. Diese wird nach rechts auf-wärts gequert, und in weiten Serpen-tinen gelangt man schließlich auf ei-nen Wiesensattel, von wo aus man in wenigen Minuten die bereits sichtbare **Gruttenhütte** `02` erreicht.
Hinter der Hütte steigt der Weg allmählich an. Man hält sich links und

Alpines Notsignal

In einer Minute wird sechsmal in regelmäßigen Abständen – also alle zehn Sekunden – ein hörbares oder sichtbares Zeichen (Rufen, Pfeifen, Blinken, Winken) gegeben. Dazwischen folgt jeweils eine Mi-nute Pause. Die Antwort kommt mit drei Zeichen pro Minute.
Die wichtigsten Notruf-Nummern bei einem Alpinunfall in Österreich sind:
112 Euro-Notruf
140 Alpin-Notruf
144 Rettungs-Notruf

gelangt in einen Kessel, der die Schutt-reißen und Schneefelder vom Kopftörl und von der Ellmauer Halt aufnimmt.

Die höchste Spitze im Wilden Kaiser: Ellmauer Halt, 2344 m – im Vordergrund die Gruttenhütte, 1620 m

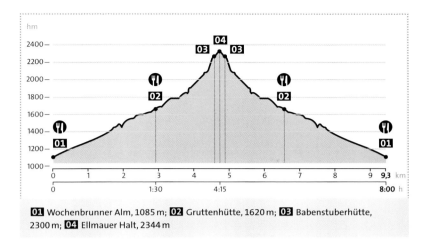

01 Wochenbrunner Alm, 1085 m; **02** Gruttenhütte, 1620 m; **03** Babenstuberhütte, 2300 m; **04** Ellmauer Halt, 2344 m

Zunehmend steiler steigt man über die Grashänge hoch (oft über Altschneefelder) bis zu den Felsen (Marterl), wo Drahtseilsicherungen helfen, die Steilstufen zu überwinden. Man quert in der latschendurchsetzten Wand nach links oben, bis man wieder auf eine Steilstufe stößt, die nach rechts oben weiterführt (von hier fantastischer Tiefblick u. a. zur Gruttenhütte hinunter). Über Eisenstifte und an Drahtseilen geht es weiter steil hoch und über eine kleine Scharte rechts um einen Felsturm herum. Man passiert eine glatte Felswand

(Eisentritte), steigt eine schmale Rinne hinauf und steht vor der Entscheidung: links oder rechts.

Die linke Variante führt am Drahtseil und über eine Leiter direkt hoch; etwas ausgesetzter und luftiger bietet sich der rechte Weg an (Eisenstifte). Links haltend gelangt man zur kleinen **Babenstuberhütte** **03**, eine immer offen stehende holzverschindelte Notunterkunftshütte. Rechts oben ist das nahe **Gipfelkreuz** **04** bereits zu sehen, das man über plattigen Fels schnell erreicht.

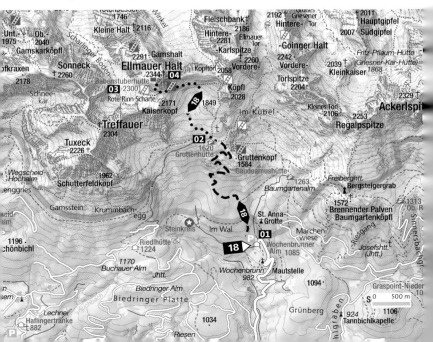

Kombination von Höhenweg und Talwanderung

  12 km  4:45–5:00 h 493 hm 493 hm 9
09

START | Gasthof Schneeberg (Mitterland), beim Pfarrwirt rechts abbiegen; großer, gebührenpflichtiger Parkplatz.
[GPS: UTM Zone 33   x: 281.459 m   y: 5.273.741 m]
ZUFAHRT | Von Kufstein über Vorderthiersee nach Mitterland, 11 km.
CHARAKTER | Schöne Rundwanderung mit aussichtsreichen Passagen und zwei Hüttenstützpunkten.

So eindrucksvoll sich der Pendling dem aus Norden auf der Inntalautobahn anreisenden Autofahrer zeigt, so beeindruckend ist andererseits der Blick von diesem herrlichen Aussichtsberg ins Inntal hinab – und natürlich darüber hinaus ins Kaisergebirge und bei klarem Wetter bis zum Großglockner und Großvenediger.

▶ Vom **Gasthof Schneeberg** `01` in Hinterthiersee folgt man dem Schild „Pendling". Bei der ersten Wegverzweigung hält man sich links, bei der zweiten rechts, bis man zu einem schönen Ruheplatz gelangt. Dort erläutert uns eine Tafel, dass wir uns „Auf den Spuren Ludwig Steub's" befinden.
Der überwiegend schattige und an heißen Tagen angenehme Anstiegsweg führt direkt unter die Felswand. Aller-

dings ist – gerade wegen der schattigen Lage – oft bis ins späte Frühjahr hinein mit Schneeresten zu rechnen. Dies ist zu berücksichtigen, wenn man kurz vor der Kammhöhe eine Wegteilung erreicht. Der geradeaus führende Dr.-Höss-Weg ist manchmal aus Sicherheitsgründen gesperrt. Dann hält man sich rechts und steigt über den Kamm direkt zum Gipfelkreuz des aussichtsreichen Pendlings auf. Wenige Meter weiter steht beim **Pendling-Schutzhaus** `02`, 1537 m, ein zweites Kreuz. Der Weiterweg führt über den Kamm nach Südwesten. Im Frühjahr, wenn die Markierungen vom Restschnee verdeckt sind, kann der Wegverlauf schwer erkennbar sein!
Bei der Kalaalm weist das Schild „Höhlenstein" den weiteren Weg, dem man einem Bach entlang folgt. Ein kurzer, steiler Abstieg an den Felsen und

Blick über den Thiersee zum Pendling, 1563 m

01 Gasthof Schneeberg, 1070 m; **02** Pendling-Schutzhaus, 1537 m; **03** Jochalm, 1275 m; **04** Höhlensteinhaus, 1330 m

ein kleiner Gegenanstieg führen in ebenes, freies Gelände, wo man hintereinander auf zwei Forststraßen trifft. Kurz danach gelangt man zur **Jochalm** **03**. Dort zeigt eine Holztafel den Weg zum **Höhlensteinhaus** **04**, 1330 m. Der bequeme Abstieg zum Gasthof Schneeberg in Thiersee/Mitterland erfolgt entlang der Schilder auf der Trasse des „Rodelwegs".

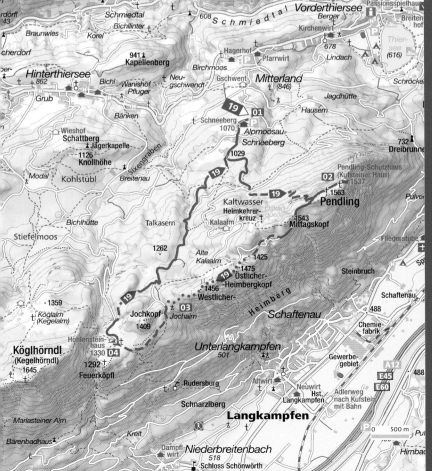

VOLDÖPPBERG • 1509 m

Die ruhigere Anstiegsvariante von Brandenberg

  9,8 km   3:00–3:30 h   559 hm   559 hm   28

START | Zielhäuschen der Rodelbahn am südlichen Ortsrand von Brandenberg, 950 m (Parkmöglichkeit).
[GPS: UTM Zone 32   x: 717.961 m   y: 5.263.144 m]
ZUFAHRT | A 12 bis Kramsach und 6,5 km nach Brandenberg.
CHARAKTER | Leichte und kurze Wanderung auf Forststraßen bzw. Trasse der „Rodelbahn". Aussichtsreicher Steig zum Gipfel. Schattige, nordseitige Waldhänge lassen es auch im Hochsommer nicht zu heiß werden. Gut für ältere Kinder geeignet.

Blick vom Voldöppberg nach Norden auf Brandenberg

In den Brandenberger Alpen ist es noch weitgehend ruhig geblieben. Auch die waldbewachsene Kuppe des Voldöppbergs (auch Brandenberger Joch genannt) ist eher einheimischen Wanderern oder Mountainbikern bekannt. Es ist eine Tour für heiße Sommertage, an denen man den schat-

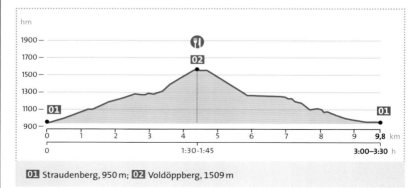

01 Straudenberg, 950 m; 02 Voldöppberg, 1509 m

wechslungsreicher, aber anstrengender und lauter – durch den Lärm, der von der Inntalautobahn heraufzieht.

▶▶ Vom **Parkplatz** **01** bei der Rodelbahn geht man am Schranken vorbei auf der Forststraße (im Winter Rodelbahn) nach Südwesten in den Wald und in Kehren den Berg hoch. Nach dem Starthäuschen zieht der Weg 30 Minuten gegen Osten – über weite Strecken ziemlich eben – dahin. Bei einer Wegkreuzung folgt man dem Wegweiser zur Heumöseralm nach rechts (Süden). Noch vor der Alm zweigt rechts ein Bergpfad ab, der steil durch den Wald ansteigt und neben einer Quelle einen kleinen Rastplatz erreicht. Oberhalb dieses Fleckchens verzweigt sich der Pfad und führt rechts über einen steilen Wiesenhang aufwärts. Beim nächsten Rastplatz rechts auf dem Bergweg zum Südgipfel hinauf. Von dort sind es nur noch wenige Minuten zum Nordgipfel des **Volldöppbergs** **02** hinüber.

Südgipfel des Voldöppbergs

tenspendenden Wald schätzt. Das gilt besonders, wenn man sich für die hier vorgeschlagene Route über die Nordseite des Berges entscheidet. Es gibt auch Anstiegsmöglichkeiten vom Inntal herauf oder von der Zufahrtsstraße nach Brandenberg. Sie sind vielleicht ab-

Abstieg: Entlang der Aufstiegsroute oder von der Heumöseralm 400 Meter auf dem Anstiegs-Fahrweg, dann auf dem rechts abzweigenden Forstweg ostwärts und im Süden von Brandenberg zurück zum Ausgangspunkt.

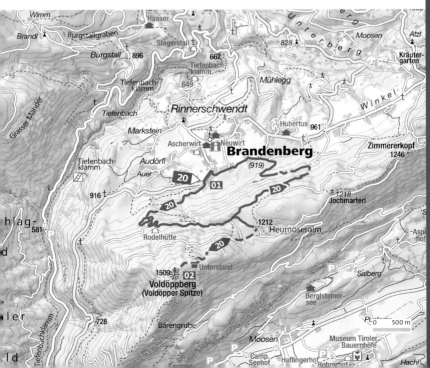

ZIREINER SEE – ROFANSPITZE • 2259 m

Sanfte Almen und schroffe Wände

  8,6 km 6:00–6:30 h 474 hm 474 hm 28 027

START | Kramsach/Mariathal, Talstation der Sonnwendjoch-Bergbahn.
[GPS: UTM Zone 32   x: 713.187 m   y: 5.260.531 m]
ZUFAHRT | Von Innsbruck oder Kufstein auf der A 12 bis Kramsach. Auf der Nebenstraße bis zur Talstation der Sonnwendjoch-Bergbahn; Parkplatz.
CHARAKTER | Tageswanderung in eindrucksvoller Berglandschaft mit Steilwänden, Schrofen, Almflächen, Bergsee und herrlichem Ausblick auf das Inntal. Wer die kurze Klettersteigpassage am Sagzahn (Trittsicherheit!) scheut, kann diese westlich umgehen.

▶ Diese abwechslungsreiche Bergtour ins Zentrum des Rofan beginnt als bequeme Auffahrt mit der Sonnwendjoch-Bergbahn in Kramsach/Mariathal. An der **Bergstation** 01 zeigt bereits

der Wegweiser in Richtung Roßkogel, 1940 m, dessen Gipfelkreuz in 10 Minuten erreicht wird. Die Rundsicht reicht von den Bayerischen Voralpen über das Kaisergebirge, die Kitzbüheler und Zil-

01 Sonnwendjochhaus, 1785 m; **02** Südufer Zireiner See, 1828 m; **03** Marchgatterl, 1905 m; **04** Rofanspitze, 2259 m; **05** Zireiner Alm, 1698 m

lertaler Alpen bis zu den Stubaier Alpen. Nur ungern trennt man sich von dieser Aussicht, bevor man zum fotogenen **Zireiner See** **02** wandert, der zu einer

entspannenden Rast oder einem Erfrischungsbad einlädt.
Der Wanderweg Nr. 401 führt dem See entlang hinauf zum Marchgatterl,

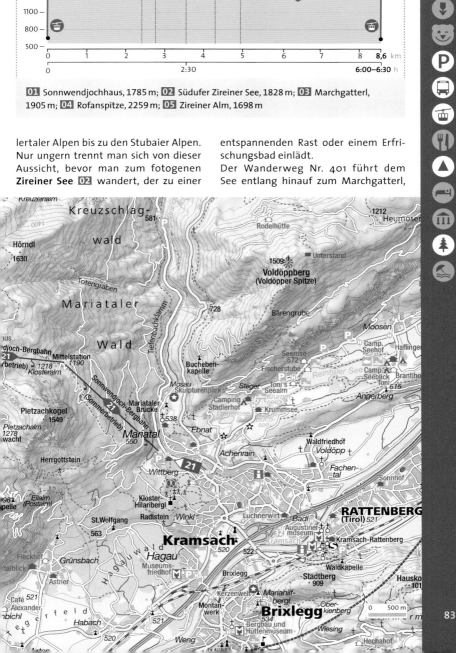

1905 m, und am Schafsteig unterhalb der Rofan-Ostwand steil und teilweise drahtseilgesichert hinauf in den Schafsteigsattel. Über eine Wiese gelangt man zum Gipfel der aussichtsreichen **Rofanspitze** 04, 2259 m (Aufstieg: 2:30 Std.). Vom Gipfelkreuz geht es zurück in den Schafsteigsattel und über das Marchgatterl nach rechts über die **Zireiner Alm** 05 zurück zum Sonnwendjochhaus.
Variante: Vom Schafsteigsattel und am Felspfad mit Klettersteigpassage zum Sagzahn, 2228 m (30 Min.). Wer den kurzen Klettersteig scheut, kann die kleine

Wand umgehen und auf dem Grasrücken zum Gipfel aufsteigen. Dem Weg Nr. 19 auf dem Grasrücken nach Süden folgend erreicht man das Vordere Sonnwendjoch, 2224 m (15 Min.), das einen großartigen Ausblick auf das Inntal und die Zillertaler Alpen gewährt. Über Schrofen und Gras führt der Steig Nr. 20 hinab zur Bayreuther Hütte, 1576 m (1:00 Std.).
Über die Zireiner Alm zur Bergstation (1:30 Std.).
Abstiegsvariante: Über das Rote Gschöss nach Kramsach; Abstieg: 2:00 Std.

Der romantische Zireiner See mit Rofanspitze, 2259 m

SCHWAIGBERGHORN • 1990 m

Höhenwanderung über sanfte Bergkämme

  10,3 km 4:30 h  817 hm 817 hm 28 027

START | Alpengasthof Schönangeralm in Auffach/Wildschönau.
[GPS: UTM Zone 33   x: 277.775 m   y: 5.249.632 m]
ZUFAHRT | A 12 über Kufstein-Kiefersfelden bis zur Ausfahrt Wörgl-Ost,
im Zentrum von Wörgl zweigt die Straße in die Wildschönau ab (14 km bis
Auffach); Parkplatz.
CHARAKTER | Almwanderung über Bergkuppen mit Felspassagen. Schöne
Aussicht über die Kitzbüheler Alpen zum Kaisergebirge und in die Zillertaler
Alpen.

▶ Ausgangspunkt dieser nicht sehr anstrengenden, aber lohnenswerten Bergwanderung ist die **Schönangeralm** **01** in Auffach/Wildschönau. Knapp hinter dem Alpengasthof geht man anfangs auf dem Güterweg, der zur Schaukäserei führt. Schon nach 50 Metern zweigt rechts der markierte Weg Nr. 4 ab, der zum Waldrand hinaufführt. Hier biegt der Weg nach links ab und zieht über aussichtsreiche Lichtungen im Bergwald zur **Breiteggalm** **02**, 1529 m, hinauf (30 Min.).

Schaukäserei

In der Schaukäserei des Alpengasthofs Schönangeralm, 1173 m, werden alle Stationen der Käseproduktion bis zum Lagerkeller gezeigt (Mai – Oktober), Tel. +43 5339 8526.

Dort geht man links an der Alm vorbei zu einem Güterweg, dem man nach links in Richtung Hintere Feldalm folgt.

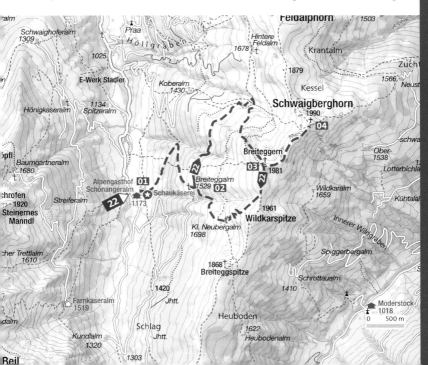

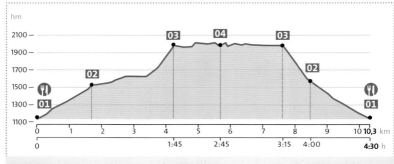

01 Alpengasthof Schönangeralm, 1173 m; **02** Breiteggalm, 1529 m; **03** Breiteggern, 1981 m; **04** Schwaigberghorn, 1990 m

Nach 30 Minuten gelangt man zu einem Wegweiser mit dem Schild „Breitegg Gern" (in den Karten „Breiteggern"). In einer steinigen Mulde des Schwaigberghorns steigt man auf markiertem Pfad (Nr. 37) zu einer kleinen Hochfläche an. Dort quert man den Feuchtboden und steigt am Kamm zum **Breiteggern** **03**, 1981 m, hoch.

Für den Weiterweg zum Schwaigberghorn steigt man vom Gipfelkreuz des Breiteggern am Nordostgrat in eine Einsenkung, dann steil hinauf zum Gipfelkreuz des **Schwaigberghorns 04**, 1990 m. Nachdem man ausgiebig den Panoramablick genießen konnte, geht es an den Rückweg.

Auf dem Anstiegsweg steigt man in 30 Minuten zurück zum Breiteggern, dort hält man sich links und wandert

Kleine Neubergalm, 1698 m

auf dem Westrücken bis knapp vor die Wildkarspitze. Dem Wegweiser folgend steigt man auf dem markierten Steig Nr. 4 hinunter zur Kleinen Neubergalm und zur Breiteggalm, wo man auf dem Anstiegsweg zur Schönangeralm zurückwandert (30 Min.).

Blick vom Schwaigberghorn, 1990 m, zum Breiteggern, 1981 m; Aufstieg im ersten Schnee

GRATLSPITZE • 1893 m

Aussichtstour zwischen Alpbachtal und Wildschönau

  9 km 4:00–4:30 h 919 hm 919 hm 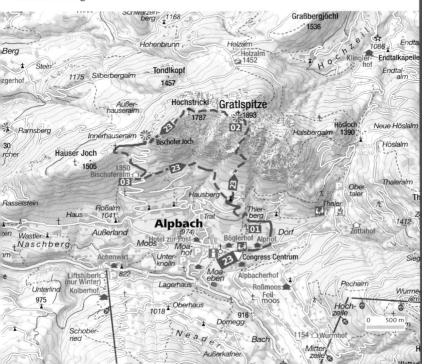 28 027

START | Alpbach, 974 m.
[GPS: UTM Zone 32   x: 722.000 m   y: 5.253.633 m]
ZUFAHRT | A 12 bis zur Ausfahrt Kramsach, weiter nach Brixlegg, Abzweigung nach Alpbach (10,5 km); Parkplatz am Ortseingang.
CHARAKTER | Die teilweise recht steile Bergwanderung lohnt sich allein schon wegen der großartigen Aussicht.

Das Bergdorf Alpbach ist durch das „Europäische Forum Alpbach" zu einem Begriff in Politik, Wirtschaft und Wissenschaft geworden. Das von blumengeschmückten Holzhäusern geprägte Ortsbild lässt kaum vermuten, dass Alpbach auch eine bergmännische Vergangenheit hat. Im Norden der Gratlspitze sind noch Spuren des ehemaligen Silberbergbaus (Knappenlöcher und Abräumhalden) zu finden.

▶ Vom Ortszentrum in **Alpbach** **01** führt die Wanderung am Hotel Böglerhof vorbei nach Osten. Nach wenigen Minuten zweigt links ein Sträßchen ab,

dem man bergauf folgt. Im Wald zweigt der Fußweg (Schild „Gratlspitze") ab, der über Thierberg nach Hausberg führt. Nördlich des Hofs folgt man dem beschilderten Weg zunächst über Wiesen hinauf zum Waldrand. Im Wald steigt man auf dem markierten Weg (A 27) steil bergan. Oberhalb der Waldgrenze windet sich der schmale Steig in engen Kehren durch Latschen und über Fels zum Gipfel der **Gratlspitze** **02**, 1893 m, hinauf.

Der Hausberg der Alpbacher gewährt herrliche Ausblicke auf das Unterinntal mit Rofan und dem Wilden Kaiser. Ob

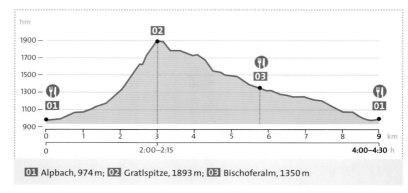

01 Alpbach, 974 m; **02** Gratlspitze, 1893 m; **03** Bischoferalm, 1350 m

Am Gipfel der Gratlspitze

auch 26 Kirchtürme zu sehen sind – wie man so sagt –, konnte nicht festgestellt werden. Wohl aber sieht man die Gletscherberge der Hohen Tauern am südlichen Horizont, die Zillertaler Alpen im Südwesten und das Karwendelgebirge im Westen.

Abstiegsvarianten: a) Über den Westgrat hinunter zum Hauser Joch, 1787 m, und zur **Bischoferalm** **03**. Über Hausberg am Anstiegsweg nach Alpach (2:15 Std.). b) Auf dem Weg A 27 ostwärts zur Halsbergalm und auf dem Steinweg (A 23) über Thierberg nach Alpbach (2:00 Std.).

Frühlingswanderung zur Gratlspitze, 1893 m

GUFFERTSPITZE • 2195 m – VON SÜDEN

Die klassische „Guffertroute"

  11 km   5:30 h   1270 hm   1270 hm   28

START | Steinberg am Rofan, Unterberg, 1000 m.
[GPS: UTM Zone 32   x: 709.931 m   y: 5.266.763 m]
ZUFAHRT | A 12 bis zur Ausfahrt Achensee-Zillertal, weiter auf der B 181 nach Achenkirch/Achental und rechts ab nach Steinberg am Rofan/Unterberg (33 km); Parkplatz.
CHARAKTER | Schöne und steile, aber nicht besonders schwierige Wanderung auf den beliebten Aussichtsgipfel. Wo es für weniger Geübte etwas brenzlig werden könnte, sind Drahtseilsicherungen angebracht.

Die Guffertspitze, 2195 m, zeigt sich von jeder Seite mit einem anderen Gesicht. Am markantesten sieht sie von Westen aus, wo sie wie ein spitz zulaufender Zahn in den Himmel ragt. Von der Nord- und Südseite her wirkt sie wie ein breiter Rücken, und von Osten fehlt ihr das scharf geschnittene Aussehen. Die Guffertspitze ist somit auch ein Berg, der fast für jede Spielart des Alpinismus, vom gemütlichen Wandern mit zackiger Gipfeleinlage bis hin zu strammen Klettertouren, etwas zu bieten hat. Selbst Skitourengeher kommen dort auf ihre Kosten, wenn sie steile Anstiege und noch steilere Abfahrten nicht scheuen.

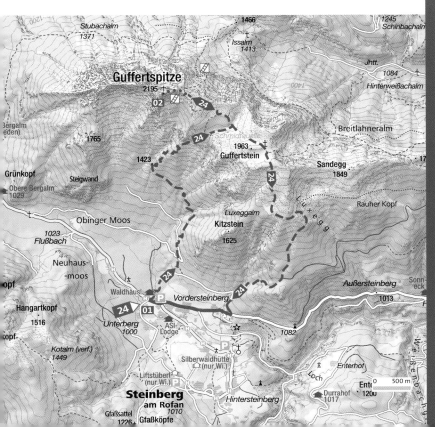

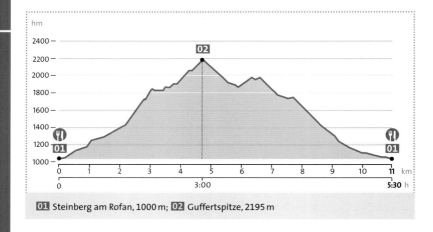

01 Steinberg am Rofan, 1000 m; **02** Guffertspitze, 2195 m

▶ Vom **Gasthaus Waldhäusl** **01** führt ein Wanderweg gegen Norden in den Wald und stößt bald zu einer Forststraße. Nun diese links haltend queren und gleich darauf wieder auf eine Straße, der man kurz nach Norden folgt. Dann auf schmalem, markierten Bergpfad relativ lange gegen Norden

Gipfelglück auf der Guffertspitze, 2195 m

durch den Wald dahin, einige Bachläufe queren und am Punkt 1423 rechts abdrehen.

Nach einigen Serpentinen wird der von Lawinen zerstörte Wald verlassen und man kommt an eine breite Rinne heran. Durch sie steigt man aufwärts und den Markierungszeichen folgend wieder nach rechts aus der Rinne heraus.

Im Felsgelände geht es nach Norden steil bergauf und neben der Rückfallschulter, einer steilen Felswand (Kletter-Übungsgelände), nach einer Kante in flacheres Latschen-Gelände hinein. Bei der Wegverzweigung links haltend steigt man zu einer weiteren Weggabel hoch. Dort hält man sich wieder links und kommt anschließend über mäßig geneigtes Schrofengelände nach Nordwesten zum felsigen Ostgrat. Auf dem Grat ist es stellenweise etwas eng, aber ein Drahtseil hilft dabei, diese Stelle gut zu meistern und zum **Gipfelkreuz** **02** hinaufzusteigen.

Abstieg: Über den Ostgrat der geraden Wegspur folgend steigt man in die Talmulde zwischen Guffertspitze und Guffertstein abwärts. In mäßigem Gefälle führt der markierte Weg durch Latschengebüsch südostwärts auf den breiten Sattel östlich des Guffertsteins und nach Süden hinab. Anfangs im Latschenbuschwerk, später im Wald und über Lichtungen, an der Luxeggalm vorbei, zum Forchkogel und weiter auf einem Ziehweg zu einer Forststraße. Auf ihr wandert man links nach Vordersteinberg hinunter und auf der Straße gegen Westen zum Waldhäusl zurück.

KÖGLJOCH – VORDERUNNÜTZ • 2078 m

Der lange Weg durch das Schönjochtal

  18,6 km  7:00 h 1028 hm 1028 hm 28

START | Steinberg am Rofan, Parkplatz beim Gfaßkopflift, 1050 m.
[GPS: UTM Zone 32   x: 710.196 m   y: 5.265.722 m]
ZUFAHRT | A 12 bis zur Ausfahrt Achensee-Zillertal, weiter auf der B 181 nach Achenkirch/Achental und rechts ab nach Steinberg am Rofan (34 km).
CHARAKTER | Unschwierige, aber lange Wanderung durch das Schönjochtal. Der Anstiegsweg von Steinberg am Rofan zum Kögljoch kann auch gut per Mountainbike bewältigt werden.

Der Unnütz mit seinen drei Gipfeln ist zu allen Jahreszeiten ein beliebtes Bergziel. Allerdings wird er meist auf Routen von Steinberg über den Schlagkopf oder von Achensee über die Köglalm angegangen.

▶ Vom **Gfaßkopflift** 01 folgt man der Forststraße gegen Südosten und in einem weiten Bogen fast eben durch lichten Wald in das Schönjochtal. Oberhalb der tief eingeschnittenen Schlucht des Gaismoosbachs zieht der Forstweg 3 km gegen Westen zu einer Straßenverzweigung. Dort hält man sich rechts und folgt dem Fahrweg in geringer Steigung zur nächsten Abzweigung. Dort schwenkt man nach links, quert den Bach und schreitet an der Wildfütterung vorbei in mäßiger Steigung zur **Schönjochalm** 02 hinauf. Danach geht es wieder eben weiter, bei der Straßenabzweigung dann geradeaus

01 Parkplatz Gfaßkopflift, 1050 m; **02** Schönjochalm, 1287 m; **03** Kögljoch, 1487 m;
04 Vorderunnütz, 2078 m

Bei den Etruskern

Nur 10 Kilometer vom Achensee entfernt erstreckt sich der idyllische Ort Steinberg am Rofan. 1957 fanden zwei Bergwanderer am Schneidjoch eine nach Norden offene Höhle mit eingemeißelten Schriftzeichen, Die Inschriften stammen aus verschiedenen Epochen und weisen auf ein Quellheiligtum hin. Die Höhle mit den etruskischen Felsinschriften wurde zum Europäischen Kulturgut erklärt.
Informationsbüro Achenkirch, Im Rathaus 387, 6215 Achenkirch,
Tel. +43 5246 5321, achenkirch@achensee.info, www.achensee.info/steinberg

und danach ziemlich steil bergauf. Wer mit dem Mountainbike aufgefahren ist, deponiert es am besten nach einer scharfen Straßenkehre bei km 7,1. Am Wanderweg steigt man weiter gegen Westen zum **Kögljoch** **03**, 1487 m, an. Im Joch biegt man rechts ab – der Pfad ist nicht gut zu erkennen – dann steigt man im Wald nordwärts hoch. In einer Höhe von 1700 m geht der Wald in Latschenbuschwerk über, das man erst 200 Höhenmeter unter dem **Gipfel** **04** wieder verlässt und anschließend über weite, freie Hänge zum Gipfel hinaufsteigt.
Abstieg: Entlang der Aufstiegsroute.

Ein schöner Platz: die Köglalm, 1428 m

KOTALMSATTEL • 1978 m

Zauberhafte Felslandschaft am Kotalmsattel

  14,7 km 6:00 h  1028 hm 1028 hm 28

START | Wanderparkplatz oberhalb dem Achenseehof, 950 m.
[GPS: UTM Zone 32   x: 704.457 m   y: 5.262.425 m]
ZUFAHRT | Auf der Achensee-Bundesstraße B 181 von Jenbach oder Achenkirch.
CHARAKTER | Unschwierige, aber 6 Stunden dauernde Wanderung in der abwechslungsreichen Berglandschaft des Rofans.

Wenn auch diese Wanderung keinen Gipfel berührt, so hat sie doch mehrere lohnenswerte Ziele: Da ist zuerst der enge Kotalmsattel oder Steinerne Tor, der höchste Punkt der aussichtsreichen Rundtour, dann die Jausenstation Dalfazalm, 1693 m, wo es dank der Seilbahntouristen meist recht fröhlich zugeht, der schöne Dalfazer Wasserfall, und – wenn man auf den Achenseebus verzichtet – der lange Rückweg.

▶ Vom **Parkplatz** 01 am Kotalmsteig oder auf der etwas längeren Fahrstraße (bei der Abzweigung rechts) zum Kotalm-Niederleger hinauf. Gleich hinter der Alm biegt man links ab und wandert zunächst über eine Wiese, dann durch lichten Wald gegen Osten hinauf. Der markierte Wanderweg schneidet die ausholenden Kehren des Sträßchens ab und ist gut markiert. Wer den Bergpfad zu mühsam empfindet, kann ohne weiteres am Fahrweg bis zum Kotalm-Mittelleger hinaufgehen. Der Weiterweg führt anfangs noch über eine breite Promenade nach Süden dahin, doch verengt sich der Weg immer mehr und führt als schmaler Steig an eine längere Steilstufe heran.

Über diese muss man hinauf, bis das Gelände beim verfallenen Kotalm-Hochleger wieder abflacht. Im weiten Talboden verläuft der Bergpfad an Latschen, eindrucksvollen Felsblöcken und einem Regenmesser vorbei. Dabei wandert man an den senkrecht aufragenden Dalfazer Wänden vorbei, bis man wieder in steileres Gelände gelangt. Der markierte Bergpfad steigt nicht allzu steil an, quert den Hang und zieht mäßig steil zum höchsten Punkt der Rundwanderung, dem **Kotalmsattel** 02, hinauf.
Abstieg: Vom Sattel steigt man anfangs noch etwas steil, bald aber flacher gegen Südwesten abwärts und folgt der

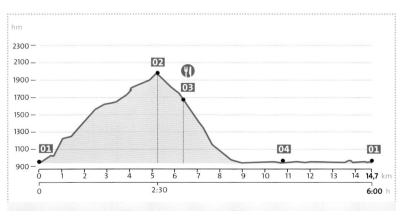

01 Achenseehof, 950 m; 02 Steinernes Tor, 1978 m; 03 Dalfazalm, 1693 m;
04 Bergkristall, 939 m

Dalfazalm, 1693 m

Trittspur durch unschwieriges Bergge-
lände bis zur **Dalfazalm** 03, 1693 m.
Von dort folgt man dem relativ steilen
Weg über Almwiesen zur Teisslalm hinunter und im Wald bis zur Abzweigung
zum Dalfazer Wasserfall. Diesen Abstecher sollte man sich auf keinen Fall
entgehen lassen, denn der Wasserfall
ist ein erfrischendes Erlebnis. Von ihm
folgen wir der Beschilderung bis Buchau
hinab, von wo man mit dem Achenseebus zum Seehof zurückfahren kann. Wer
will, kann am Seeuferweg auch zu Fuß
zum Ausgangspunkt zurückgehen.

Der Kotalmsattel (Steinernes Tor), 1978 m

VOM ACHENSEE ZUM HOCHISS • 2299 m

Abwechslungsreiche Tour mit großem Panorama

  8,7 km 5:15 h 1329 hm 1329 hm  28 027

START | Eben/Maurach am Achensee, Talstation der Rofanseilbahn, 970 m. [GPS: UTM Zone 32   x: 707.563 m   y: 5.255.996 m]
ZUFAHRT | Auf der B 181 bis Buchau (östlicher Ortsanfang); Parkplatz bei der Talstation der Rofanseilbahn in Maurach.
CHARAKTER | Sehr abwechslungsreiche Bergwanderung mit kurzem, steilem Abschnitt unterhalb des Gipfels und einer seilgesicherten Passage im Klamml. Das Rote Klamml erfordert Trittsicherheit und Schwindelfreiheit! Manchmal sind Versteinerungen im Kalk zu sehen.

Der Weg zum Hochiss – dahinter das Spieljoch

Die Route verläuft in weiten Bereichen abseits der stark frequentierten Touristenwege, und wenn man schon früh aufbricht, kann man sich an einer stillen Bergwelt erfreuen. Lohnend ist die Bergwanderung auf den höchsten Rofangipfel schon wegen des eindrucksvollen Rundblicks zu den Gipfeln des Rofangebirges, in das benachbarte Karwendel und in die Zillertaler Alpen.

▶ Von der **Bergstation der Rofanseilbahn** 01 wandert man auf dem gut markierten Weg (Nr. 413) am Gschöllkopf vorbei aufwärts.
Entlang der Bergwiesen wandert man fast eben dahin, ehe man am Westhang des Spieljochs den markanten Felswänden näher kommt. Auf dem schmalen Weg steigt man nun spürbar steiler bergan und muss dabei eine drahtseilgesicherte Stelle überwinden, ehe man bei einer Wegverzweigung den begrünten Bergkamm und gleich darauf den Gipfel des **Hochiss** 02, 2299 m, erreicht. Da es sehr viel zu sehen gibt, sollte man

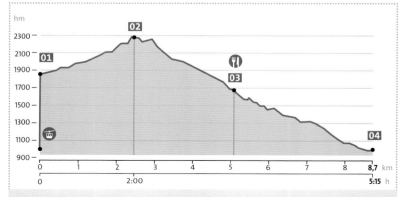

01 Bergstation Rofanseilbahn, 1813 m; 02 Hochiss, 2299 m; 03 Dalfazalm, 1693 m;
04 Talstation Rofanseilbahn, 970 m

schon eine ausgiebige Gipfelrast einplanen, ehe man sich wieder auf den Weg macht. Kurz folgt man dem Anstiegsweg bis zur Wegabzweigung, wechselt dort auf den rechts abbiegenden Steig, der unterhalb des Streichkopfs an das „Rote Klamml" heranführt. Über eine Steiganlage (Trittsicherheit und Schwindelfreiheit erforderlich!) überwindet man die roten Kalkfelsen und gelangt bald danach zum Streichkopfgatterl zwischen Streichkopf und Dalfazer Wände.

Steil führt der Steig über Felsgeröll hinunter zum Kotalmsattel (Steinernes Tor), 1978 m. Bald danach hat man das stärkste Gefälle hinter sich und steigt im Tal zwischen den Dalfazer Wänden und dem Klobenjoch hinunter zur Jausenstation **Dalfazalm 03**, 1693 m.

Auf dem Weg Nr. 13 wandert man über die Durraalm im Wald hinunter zu einem Forstweg, der zur **Talstation der Rofanseilbahn 04** zurückführt.

Nur noch wenige Meter zum Gipfel des Hochiss, 2299 m, – im Hintergrund Seekarlspitze und Roßköpfe

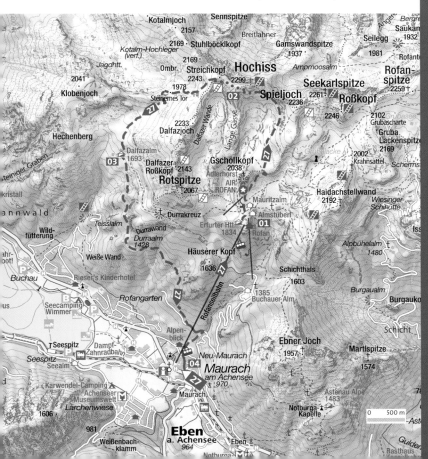

ROSSKOPF • 2845 m

Wandergipfel im Schatten der Reichenspitze

  17,2 km 7:45 h 1425 hm 1425 hm  37 037

START | Wildgerlostal, Hotelgasthof Finkau (Gem. Krimml, Salzburg), 1420 m. [GPS: UTM Zone 33   x: 280.792 m   y: 5.231.812 m]
ZUFAHRT | Von Zell am Ziller auf der B 165 zum Gerlospass und rechts ab auf schmaler Straße zum Hotelgasthof Finkau (Parkplatz).
CHARAKTER | Der steile, teils ausgesetzte, teils felsige und gesicherte Schlussaufstieg zur Zittauer Hütte erfordert Trittsicherheit! Nur bei zuverlässigem Wetter gehen!

▶ Der lange Weg zu diesem anspruchsvollen Gipfelziel mit imponierenden Einblicken in die Venedigergruppe beginnt beim **Hotelgasthof Finkau 01**. Der mit „Zittauerhütte" beschilderte Almweg führt vom Ende eines kleinen farbenprächtigen Sees im lichten Nadelwald durch das Wildgerlostal bergan.
Nach einigen Kehren – manche lassen sich auf einem Steig abkürzen – betritt man bei der Trisslalm die Außenzone des Nationalparks Hohe Tauern. Jenseits des recht lebhaft sprudelnden Wildbachs duckt sich ein Viehstall unter einen markanten Felsklotz. Der frische Atem der Wilden Gerlos nimmt einen von Anfang an gefangen. Über karge Weideböden wandert man auf die beeindruckend scharfe Felsenschneide der Reichenspitz-Pyramide zu – sie wirkt

wie der Inbegriff einer Gipfelmajestät. Links davon ragt der fast ebenso hohe Gabler mit seiner Firnglatze empor, über dem Wildgerloskees sieht man die Wildgerlosspitze und die Schneekarspitze. Nach einer längeren, meist flachen Etappe endet unter dem Sprühnebel eines Mini-Wasserfalls an der Materialseilbahn der Zittauer Hütte der befahrbare Weg.
Hier „Im Grund", befindet man sich am Beginn der langen Seitenmoräne des vormals bedeutend größeren Gletschers. Ein Steig leitet nun am Gletscherbach über eine Trümmerhalde hinein in die Kernzone des Naturparks. Später steigt man auf dem immer steiler werdenden Pfad durch die etwas ausgesetzte Schwachstelle einer Schrofenzone, das so genannte Klamml. In einer Schleife strebt man teils über den vom Gletscher völlig glatt gehobelten Fels, den Auslauf des malerischen Unteren Gerlossees überschreitend, der auf einer begrünten Karschwelle stehenden **Zittauer Hütte 02**, 2328 m, entgegen.
Den See umgehend benützt man anschließend den Steig, der in Richtung Roßkarscharte hinaufzieht. Nach kurzem Anstieg über einen Geröllhang verflacht sich das Gelände beim Oberen Gerlossee erneut. Daraufhin folgt man dem markierten Steig auf einen blockbedeckten Rücken hinauf. Kurz vor der Roßkarscharte zweigt der ebenfalls bezeichnete Gipfelsteig ab, auf dem man in wenigen Minuten über den Nordwesthang und zum Schluss über den Westrücken ohne Probleme den **Roßkopf 03** erreicht.

Wildgerlostal mit Speicher Durlassboden

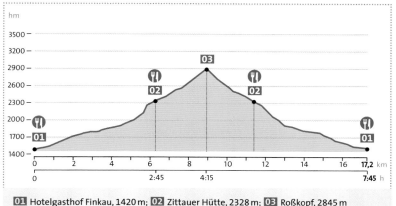

01 Hotelgasthof Finkau, 1420 m; **02** Zittauer Hütte, 2328 m; **03** Roßkopf, 2845 m

WASSERFALLWEG IN HINTERTUX

Urgewalt des Wassers

SWAROVSKI
OPTIK

  3,1 km 2:00–3:00 h 300 hm 300 hm
34
37
36
037

START | Hotel Neuhintertux.
[GPS: UTM Zone 32   x: 702.981 m   y: 5.220.609 m]
ZUFAHRT | Mit dem Auto nach Hintertux; Autobusverbindung ab Mayrhofen (Endstation).
CHARAKTER | Wanderweg, Steig
TOUR MIT GUIDE | Hotel Neuhintertux, Hintertux, Tel. +43/(0)5287/8580, www.tirol.at/natur

Wald-Storchenschnabel (Foto: Reinhard Hölzl)

Donnernd und tosend stürzen die Tuxer Wasserfälle ins Tal. Ein imposantes Naturschauspiel erwartet den naturbegeisterten Wanderer. Tiefe Felsenkessel, natürliche Felsbrücken, Höhlen, Schluchten und der geschützte Schraubenwasserfall versetzen den Betrachter in Staunen! Wenn man davor steht, werden einem die gewaltigen Kräfte des Wassers bewusst.

Die Wanderung führt durch einen wunderschönen Wald aus Lärchen und Zirben zu einem Niedermoor. In diesem feuchten Lebensraum sieht man Wollgras und Seggen (Sauergräser) als typische Vegetation.
Einen scharfen Gegensatz dazu bildet die Felsvegetation, die an extreme Trockenheit angepasst ist. Eine Augenweide im Vergleich sind die üppi-

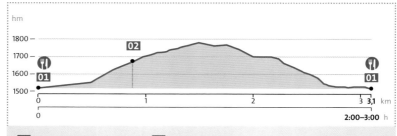

01 Hotel Neuhintertux, 1518 m; **02** Kesselfall, 1680 m

Admiral (Foto: Reinhard Hölzl)

gen Blumenwiesen mit ihrer großen Vielfalt an unterschiedlichen Pflanzen: Orchideen, Wald-Storchenschnabel, Gold-Pippau und vielen anderen.

 Bei der **Talstation 01** der Hintertuxer Gletscherbahn folgt man dem Wanderweg 526 Richtung Spannagelhaus (Beschilderung: Wasserfallweg). Über einen kleinen Steig und ein kurzes Stück Forststraße – vorbei an den Wasserfäl-len **Kesselfall 02** und Schraubenwasserfall – erreicht man den Wanderweg Nummer 16. Auf diesem hält man sich rechts Richtung Sommerberg, biegt aber vor dem Sommerberg (Mittelstation der Gletscherbahn) nach rechts wieder ins Tal. Über den wunderschönen Talkessel „Waldeben" und die Tuxbachklamm folgt man nun wieder dem Wanderweg Nummer 16 zurück zur Talstation der Gletscherbahn.

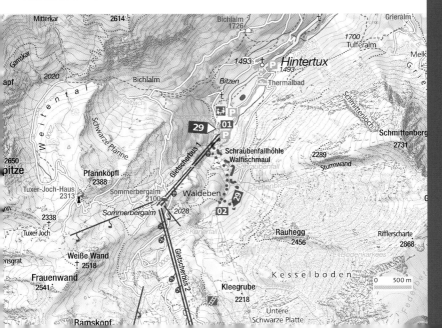

GERLOSSTEINWAND • 2166 m

Der Bulle von Hainzenberg

  5,1 km 3:00 h 526 hm 526 hm 37 037

START | Hainzenberg, Bushaltestelle bei der Gerlossteinbahn-Talstation, 920 m.
[GPS: UTM Zone 32   x: 719.584 m   y: 5.233.454 m]
ZUFAHRT | Von Zell am Ziller auf der B 165 nach Hainzenberg (Parkplatz Talstation).
CHARAKTER | Im oberen Bereich steiler Aufstieg zur Schulter auf dem Westrücken. Ansonsten gut bezeichnete Pfade und mitunter felsige Steige, zuletzt Almweg.

▶ Eines der nachhaltigsten mittelhohen Bergziele im Zillertal ist die finster dreinschauende Gerlossteinwand über der Öffnung des Gerlostals, der Eckpfosten im Zillerkamm. Eine überaus stolze Erscheinung, die sehr viel leichter zugänglich ist, als es den Anschein erweckt.

Mit der Gondel der Gerlossteinbahn lässt man sich bequem von Hainzenberg zur **Bergstation** 01 nahe des Berghotels Gerlosstein „hinauftragen". Zu Beginn entscheidet man sich für den Pfad in Richtung Arbiskogel. Gemütlich geht es anfangs über eine Skiabfahrt bergauf. An Wegverzweigungen richtet man sich nach dem Wegweiser „Gerlossteinwand". Abweisend wie eine mächtige Trutzburg starrt uns das horizontal gebänderte Riesengemäuer an.

Im weiteren Verlauf leitet ein Steig durch die Krummholzzone mit Lärchen und Zirben empor. Die Steilheit des Geländes bekommt man nun immer kräftiger zu spüren. Ab einer Bergschulter folgt man dem Westrücken mit dichtem Latschenbewuchs. Bald sorgen ein paar leichte Felsstufen für eine gewisse Würze. Erst kurz vor dem Gipfel der **Gerlossteinwand** 02, der mit vielen Enzianen, Trollblumen und so manch weiteren botanischen Farbtupfern reich geschmückt ist, beginnt der Kraftakt nachzulassen.

Erhebend ist jedoch die Schau hinaus durchs lange Zillertal und zum Kreuzjoch, aber auch in die Tuxer Bergwelt sowie ins Gerlosgebiet. Aber vielleicht liegt für manche der Nervenkitzel im atemberaubenden Tiefblick über die lotrechten Wandabbrüche.

Für den Abstieg wählt man die mit „Heimjöchl" ausgeschilderte Route. Anfangs behält man die Höhe bis zum kleinen Sattel am Freikopf bei. Dort führt dann ein Grassteig hinunter zu einem bereits sichtbaren Tümpel. Steinig, aber nur noch leicht fallend zeigt sich das mit üppiger Zwergstrauch-

Das trutzige Gemäuer der Gerlossteinwand

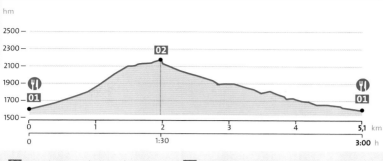

01 Bergstation Gerlossteinbahn, 1620 m; **02** Gerlossteinwand, 2166 m

vegetation bewachsene Gelände zum Heimjöchl. Später führt zum Teil ein recht bequemer Graspfad vollends um die Gerlossteinwand herum, wobei man nochmals einen unvergesslichen Eindruck vom überschrittenen Charakterberg gewinnt. Nach dem Abstieg durch lockeren Wald schließt sich bei einem Almweg bei der Bergstation die alpine Runde. Die Bergbahn bringt uns zurück nach Hainzenberg.

Stängelloser Enzian

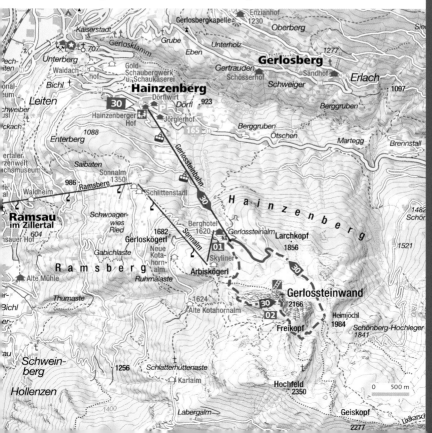

Gleißende Gletscher und bizarre Eisbrüche

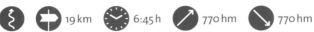

19 km   6:45 h   770 hm   770 hm   37 037

START | Finkenberg/Restaurant Schlegeis, Bushaltestelle (Parkplatz), 1800 m.
[GPS: UTM Zone 32   x: 705.384 m   y: 5.213.201 m]
ZUFAHRT | Auf der B 169 über Mayrhofen nach Ginzling und hinauf zum Schlegeisspeicher (Mautstraße).
CHARAKTER | Langer steiler Hüttenaufstieg. Ausreichend bezeichnete Güterwege und Steige, anfangs Sträßchen. Nur bei zuverlässigem Wetter gehen!

 Der eindrucksvolle Weg ins Reich der Gletscher beginnt beim **Restaurant Schlegeis 01** und führt auf dem Sträßchen am Schlegeisspeicher unter dem Riepenbach-Wasserfall vorbei. An der Brücke über den Zamser Bach wählt man den Güterweg zum Furtschaglhaus, einen Abschnitt des Berliner Höhenwegs. Nach dem Restaurant Zamsereck zieht der Weg unter den steilen, mit Waldstreifen überzogenen Bergflanken des Hochstellerkamms im Schlegeisgrund am Südwestufer des Sees entlang in den Talschluss.

Am Ende des Sees werden ein paar Geröllhalden gequert. Danach kommt man durch einen winzigen Lärchenwald und überschreitet das breite, schottergefüllte Bett des Schlegeisbachs. Über einer kleinen, „rollenden" Jausenstation schießen der Große Greiner und die Talggenköpfe in die Höhe.

Eine Weile schlendert man im Furtschaglboden noch am Bachufer entlang, bevor an einem Moränenstrom bei der Materialseilbahn der Steig über eine anfangs latschenbewachsene Grasflanke zum **Furtschaglhaus 02**, 2295 m, ansetzt. Die erst kurz vor der geräumigen Berghütte nachlassende Steigung in schier endlosen Kehren bringt einen ordentlich ins Schwitzen. Doch was für ein Lohn! Gibt es eine schönere Aussichtswarte für die blau schimmernde eisgepanzerte Hochfeiler-Nordwand, als diesen AV-Stützpunkt der Sektion Berlin? Kein Nachbar vermag dem Regenten über die Zillertaler Alpen seinen Rang streitig zu machen.

Nahe der Schutzhütte quert man den Oberlauf des Furtschaglbachs und wandert zu Füßen des vergletscherten Großen Möselers mit seinen scharfen Gratschneiden an einer Gabelung rechts Richtung Nevessattel. Über die Moränenböden „Auf der Stiege" und über teils felsiges Gelände gelangt man auf der leichten Höhenwanderung

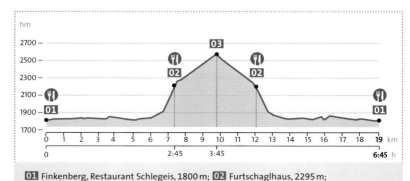

01 Finkenberg, Restaurant Schlegeis, 1800 m; **02** Furtschaglhaus, 2295 m;
03 Schlegeiskees, 2604 m

unter dem kantigen Breitnock zur zerfurchten Zunge am **Schlegeiskees** 03 (ca. 2600 m). Die hochalpine Welt der gleißenden Gletschertücher und bizarren Eisbrüche muss man einfach eine Weile auf sich einwirken lassen, bevor man sich wieder auf den Rückweg macht.

Hochfeiler-Nordwand

BERGMÄHDERWEG BRANDBERG BEI MAYRHOFEN

Blütenpracht auf dem Weg zum Kolmhaus

  7,6 km 3:00–4:00 h 750 hm 750 hm 37 037

SWAROVSKI OPTIK

START | Parkplatz Gasthaus Thanner in Brandberg.
[GPS: UTM Zone 33   x: 719.811 m   y: 5.227.896 m]
ZUFAHRT | Mit dem Auto nach Brandberg (Tunneleinfahrt knapp vor Mayrhofen) – Parkplatz kostenlos, aber begrenzt; Linienbus ab Mayrhofen.
CHARAKTER | Wiesenwege, Fahrwege und Steig.
TOUR MIT GUIDE | Hochgebirgs-Naturpark Zillertaler Alpen, Ginzling, Tel. +43/(0)5286/52181, www.tirol.at/natur

Der Bergmähderweg führt durch die Jahrhunderte lang genutzte Kulturlandschaft auf der Sonnenseite der Zillertaler Alpen. Die Bergwiesen rund um das Sonnendorf Brandberg sind die Grundlage für die Viehwirtschaft der Naturparkgemeinde. Das Nebeneinander von gemähten und ungemähten Wiesen, von Wäldern und Weiden, von Kalk- und Silikatgestein bildet die Voraussetzung für die artenreiche Flora entlang des Bergmähderwegs. So werden die Mühen des Aufstiegs nicht nur durch viele bunte Alpenblumen wie Orchideen – 16 verschiedene Arten! – oder Enzian belohnt, sondern auch durch den grandiosen Ausblick vom Kolmhaus auf die Bergwelt der Zillertaler Alpen. An ei-

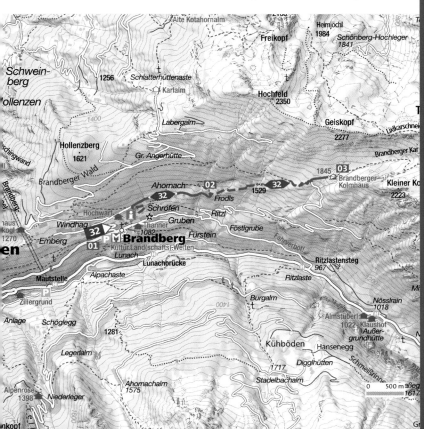

01 Gasthaus Thanner, 1060 m; **02** Hof Frodls, 1350 m; **03** Brandberger Kolmhaus, 1845 m

nem Gebirgsbach und an einem kleinen Tümpel hat man die Möglichkeit, den Lebensraum Wasser mit den unterschiedlichsten Lebewesen, wie Insektenlarven und Bergmolchen, zu bestaunen.

▶ Direkt beim **Gasthof Thanner** **01** folgt man dem Wiesenweg nach Ahornach. Nach etwa 30 Minuten stößt man auf einen Fahrweg, dem man bis zum **Hof Frodls** **02** folgt. Von hier führt ein Steig durch die Bergmähder von Brandberg auf das Kolmhaus (Beschilderung „Bergmähderweg"). Über steile Wiesen erreicht man bald den Steinerkoglweg, der von links kommend einmündet. An dieser Kreuzung folgt man dem Bergmähderweg (Nummer 8 bzw. 513) zum **Brandberger Kolmhaus** **03**.

Den Rückweg tritt man entweder auf demselben Weg an oder nutzt den neu angelegten Forstweg, der bei der Abzweigung zum Steinerkogel („Große Angerhütte") links abgeht. Er ist weniger steil und führt gemütlich über Ritzl zurück zum Gasthof Thanner.

Seidelbast mit Beeren (Foto: Reinhard Hölzl)

Rotes Kohlröschen (Foto: Reinhard Hölzl)

108

AHORNSPITZE • 2973 m

Die stolzeste Berggestalt des Zillertals

  9,6 km 5:30–6:00 h 1023 hm 1023 hm  37 037

START | Mayrhofen, Bushaltestelle an der Ahornbahn (Parkplatz), 670 m.
[GPS: UTM Zone 32   x: 717.679 m   y: 5.224.318 m]
ZUFAHRT | Auf der B 169 nach Mayrhofen.
CHARAKTER | Der steile Schlussaufstieg erfordert Trittsicherheit, Achtsamkeit (Steinschlag!) und zuverlässiges Wetter. Gut markierter Pfad und Steig.

Die pyramidenförmige Ahornspitze ist der Zillertaler Rang-und-Namen-Berg schlechthin. Die erste touristische Ersteigung erfolgte zu Beginn des 19. Jahrhunderts. Heute drängen sich an schö- nen Wochenenden zahlreiche Bewerber an ihrer anstrengenden Felsflanke. Den grandiosen Rundblick auflisten zu wollen, wäre müßig. Die „unverbaute" Umgebung dieses Fast-Dreitausenders,

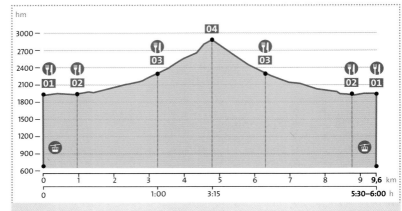

01 Bergstation Ahornbahn, 1966 m; **02** Filzenstadl, 1975 m; **03** Karl-von-Edel-Hütte, 2238 m; **04** Ahornspitze, 2973 m

Am Wegrand: „Felsgemälde" der Natur

dessen Gipfel die Mayrhofener Talsohle um mehr als 2300 m überragt, spricht für sich.

▶ Mit der Ahornbahn fährt man von Mayrhofen zur **Bergstation** **01** mit

Die Ahornspitze vom Penkengebiet aus betrachtet

dem Restaurant **Filzenstadl** **02**. Der Panoramaweg, ein gemütlicher Pfad, führt bergan zu der mit Krummholz bewachsenen Erhebung Hahnpfalz. Von der anschließenden Routenkreuzung geht es flach durch das Filzenkar und zwischen ein paar Fichten hindurch. Nur unmerklich ansteigend quert man die Steilflanken unter dem Filzenkogel und der Filzenschneide zu der am Fuß der Ahornspitze stehenden **Edelhütte** **03**, 2238 m, der AV-Sektion Würzburg.

Ein breit ausgetretener Steig leitet mäßig steil über wellige Moränen-Grasböden des Fellenbergkars. Im weiteren Verlauf ziehen sich viele enge Kehren deutlich steiler über einen Geröllhang empor zum Ansatz der respekteinflößenden Gipfelpyramide. Doch das Ganze ist weniger wild als es aussieht.

Das Finale erweist sich aber dann dennoch als ziemlich sportliche Aktion. Der westgerichtete Schrofenrücken steilt sich zunehmend anstrengender zur Gipfelflanke auf. Je mehr Vorausgeher unterwegs sind, desto mehr sollte man auf eventuellen Steinschlag achten. Zuletzt sind noch einige blockige, aber leichte Felspartien mit abschüssigen, deutlich markierten Passagen zu überwinden, bevor man das Gipfelkreuz der **Ahornspitze** **04** erreicht. In wenigen Minuten gewinnt man ebenfalls problemlos den Steinmann auf dem wenige Meter höheren Hauptgipfel. Auf keinem anderen Zillertaler Wanderberg hat man mehr Luft unter den Sohlen.

MAXHÜTTE • 1445 m

Nostalgische Bergeinkehr in der Gunggl

  6 km   3:45 h   460 hm   460 hm  37 037

START | Mayrhofen/Ginzling, Bushaltestelle (Parkplatz), 985 m.
[GPS: UTM Zone 32 x: 713.228 m y: 5.220.146 m]
ZUFAHRT | Auf der B 169 nach Mayrhofen-Ginzling.
CHARAKTER | Langer kräftiger Aufstieg im Mittelteil. Gut bezeichneter Pfad und Steig, kurzer Ziehweg, zu Beginn Sträßchen.

Wenn der Waldaufstieg in die Gunggl auch nicht besonders lang ist, so entpuppt er sich doch bald als ein wenig „gesalzen". Den Schweißverlust kann man jedoch während eines geruhsamen Aufenthalts in der sympathischen Maxhütte, 1445 m, wieder wettmachen. Obwohl das Gunggltal eines der letzten Zillertaler Täler ist, in denen Almwirtschaft noch ohne Fahrweganschluss betrieben wird, mangelt es dort oben an nichts. Der Materialaufzug und mit dem Helikopter eingeflogene Traktoren machen diesen freundlichen Service möglich. Erfahrene „Konditionsbolzen", die aus dem Wirtshaus-Ausflug gerne eine echte Zillertaler Mammutrunde machen wollen, könnten durch die Gunggl

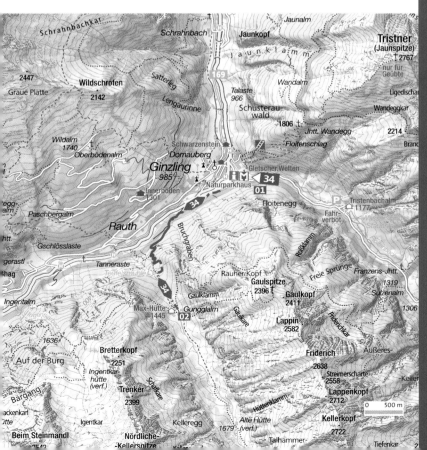

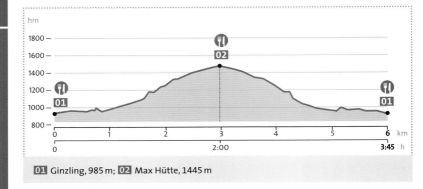

01 Ginzling, 985 m; **02** Max Hütte, 1445 m

auf dem AV-Weg Nr. 522 über die 2814 m hohe Melkerscharte, zum Eissee und zuletzt entlang dem Schwarzensee, 2472 m, zur Berliner Hütte, 2042 m, wandern und weiter durch den Zemmgrund zur Straße im Ortsteil Breitlahner.

▶ Von **Ginzling** **01** folgt man dem schmalen Sträßchen kurz ins Floitental. In der zweiten Kehre zweigt ein mit „Gunggltal" beschilderter Pfad ab. Der flache, reizvolle Wanderkurs verläuft oberhalb des Dorfes meist im Wald und mündet in einen leicht ansteigenden Forstweg. Dieser wird ein wenig später vom steilen Alpsteig Richtung Maxhütte abgelöst.

Recht steil führt der Steig im Zickzack über eine anstrengende Bergflanke hinauf. Es ist kaum zu glauben, dass das Vieh jährlich diesen schmalen, anstrengenden Weg emporstapft. Erst wenn man aus dem Wald tritt, geht der steile Steig in einen sanfteren Almpfad über. Zuletzt wird man von einem munteren Sturzbach begleitet, dessen Katarakte immer wieder zum Innehalten zwingen. Über einen einfachen Steg erreicht man die „schnuckelige" **Maxhütte** **02**, 1445 m, mit der nebenstehenden Gunggalm, die von zwei Bauern bewirtschaftet wird.

Bei den redseligen Wirtsleuten fühlt man sich sofort in besten Händen, lässt sich kulinarisch verwöhnen und vergisst dabei ganz, wie die Zeit verstreicht.

Vielleicht sollte man noch ein paar Schritte in die Gunggl wandern, dieses verhältnismäßig kurze, stimmungsvolle Hochtal mit dem überraschend alpinen Abschluss. Im Hintergrund ragen die mächtigen Gipfel der Zsigmondyspitze, 3089 m, und des Ochsners, 3107 m, empor.

Bei der Maxhütte öffnet sich dem Wanderer die romantische Gunggl

NEUMARKTER RUNDE

Hochgebirge zum Anfassen

  10,2 km 4:00–5:00 h 650 hm 650 hm

34
82
37
037

START | Parkplatz bzw. Bushaltestelle Bergrestaurant Schlegeis.
[GPS: UTM Zone 32   x: 705.341 m   y: 5.213.102 m]
ZUFAHRT | Mit dem Auto über die kostenpflichtige Schlegeis-Mautstraße –
Parkplatz kostenlos; alternativ Linienbus bis Bergrestaurant Schlegeis.
CHARAKTER | Neu angelegter, zum Teil mit Steinplatten versehener Weg im
Bereich des Aufstiegs und Höhenwegs. Der Abstieg erfolgt über einen gut
gepflegten Steig.
TOUR MIT GUIDE | Hochgebirgs-Naturpark Zillertaler Alpen, Ginzling,
Tel. +43/(0)5286/52181, www.tirol.at/natur

Ein Highlight der Tour ist schon der Blick von unten auf die Bergwelt des Hochgebirgs-Naturparks Zillertaler Alpen. Der Hochfeiler, der höchste Berg des Naturparks, der Große Möseler und der Weißzint bilden gemeinsam mit anderen prächtigen Bergen eine Landschaft, die man nicht vergessen wird. Der Zamser

Grund, ein Trogtal, hat durch den Gletscherschliff seine Form erhalten, so wie das ganze Gebiet glazial geprägt ist.
Beim Aufstieg schön zu sehen sind die verschiedenen Vegetationszonen mit ihren typischen Vertretern. Submontan findet man einen Wald aus Fichten, Tannen und Buchen, weiter oben dann

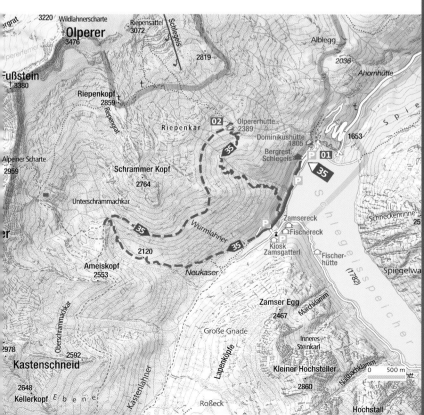

01 Bergrestaurant Schlegeis, 1793 m; **02** Olpererhütte, 2389 m

Fichten, Lärchen und Zirben. Zirben wachsen sehr langsam und halten Temperaturen bis zu -50 °C aus. Ihr Holz ist beliebt wegen des angenehmen Geruches. Nach oben hin wird die Vegetation immer kleinwüchsiger. So findet man in der alpinen Zone noch Polsterpflanzen und alpine Rasen.

Bei den landkartenähnlichen Gewächsen auf den Felsen handelt es sich um Flechten, Überlebenskünstler der besonderen Art. Flechten sind eine Lebensgemeinschaft von einem Pilz mit einer Alge und sind in der Lage, auch die unwirtlichsten Lebensräume zu besiedeln.

▶ Zunächst geht man den Schlegeisspeicher entlang zum Zamsgatterl. Hier hält man sich rechts und nimmt den Wanderweg 535 zum Unterschrammachkar, in das man auf dem – am Schluss steilen – Alpenvereinssteig gelangt. Dort wendet man sich nach rechts auf den Tiroler Höhenweg Nummer 502. Dieser neu errichtete Plattenweg führt mit herrlicher Aussicht zur ebenfalls neu errichteten **Olperer Hütte** **02**.

Man macht sich dann an den steilen Abstieg durch den Latschen- und Zirbenwald zurück zum **Bergrestaurant Schegeis 01**.

Im Schlegeisgrund mit Olperer (Foto: Reinhard Hölzl)

TORSEE IN DEN TUXER ALPEN

Almwirtschaft und Blumenwiesen

SWAROVSKI
OPTIK

  11,2 km 5:00 h 600 hm 500 hm 34
37
037

START | Nasse-Tuxalm.
[GPS: UTM Zone 32   x: 704.501 m   y: 5.228.485 m]
ZUFAHRT | Mit dem Wandertaxi ab Tux (Informationen unter
Tel. +43/(0)664/2160216) oder mit dem Auto bis zu den Geiselhöfen – von dort
in 30 Minuten zu Fuß zur Nasse-Tuxalm.
CHARAKTER | Unschwierige und gemütliche Tagestour über Wiesen- und
Bergwege. Lediglich das Teilstück Torsee – Ramsjoch – Zilljöchl beinhaltet
steilere Passagen und erfordert Trittsicherheit.
TOUR MIT GUIDE | Hochgebirgs-Naturpark Zillertaler Alpen, Ginzling,
Tel. +43/(0)5286/52181; Hotel Neuhintertux, Hintertux, Tel. +43/(0)5287/8580,
www.tirol.at/natur

Für die alpenländische Kulturlandschaft im Tal sind die Bergbauern unverzichtbar. Sie erhalten die Wiesenflächen, die Almen und den Wald. So auch die bunten, mit Kräutern durchsetzten Blumenwiesen um die Nasse Tuxalm. Verschie-

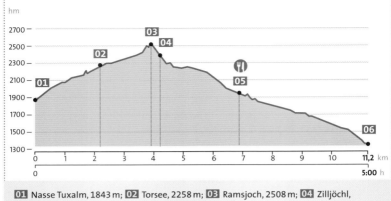

01 Nasse Tuxalm, 1843 m; **02** Torsee, 2258 m; **03** Ramsjoch, 2508 m; **04** Zilljöchl, 2395 m; **05** Stoankasern-Alm, 1984 m; **06** Juns, 1340 m

dene Enziane, Lichtnelken, Thymian und Hahnenfußgewächse sind Vertreter einer Vielfalt unterschiedlicher Pflanzen in diesen Wiesen. Ein Highlight der Tour ist der idyllisch gelegene Torsee, gesäumt mit Wollgras – eine geschützte Pflanze und Indikator für nasse Lebensräume. Hier wächst auch die Königin der Alpenblumen, das Edelweiß, dessen ursprüngliche Heimat im Himalaya liegt. Der See ist ein guter Platz, um innezuhalten und das Pfeifen der Murmeltiere zu hören. Beim Blick auf den Hintertuxer Gletscher sieht man die Reste der letzten großen Eiszeit, die die gesamte Landschaft geprägt hat. Mit dem original Zillertaler Bergkäse in der Bergkäserei Stoankasern hat die Tour auch einen kulinarischen Höhepunkt zu bieten.

▶ Von der **Nasse Tuxalm** **01** (1843 m) führt der Adlerweg gemütlich und langsam ansteigend durch die blumenreiche Almregion bis zum beeindruckend gelegenen **Torsee** **02** (2258 m).

Von dort steigt man über einen steiler werdenden Bergweg hinauf zum **Ramsjoch** **03** (2508 m) mit dem „Tuxer Stammgästekreuz". In einigen Kehren geht es steil hinab zum **Zilljöchl** **04** (2395 m). Hier hält man sich rechts und wandert, sanft an Höhe verlierend, weiter bis zur Bergkäserei **Stoankasern** **05** (1984 m).

Von Stoankasern ist der Abstieg nach **Juns** **06** (1340 m) entweder zu Fuß möglich – Gehzeit ca. 1 Std. – oder auf Bestellung mit dem Tuxer Wandertaxi.

Stoankasern-Alm (Foto: Reinhard Hölzl)

GSCHÖSSWAND – PENKENJOCH • 2095 m

In die Welt der Zirben und Alpenrosen

  12,3 km 4:00–4:30 h 301 hm 301 hm 37 037

START | Mayrhofen im Zillertal, Bergstation der Penkenbahn, 1794 m.
[GPS: UTM Zone 32   x: 714.350 m   y: 5.228.523 m]
ZUFAHRT | Auf der B 169 nach Mayrhofen, Parkplatz bei der Penkenbahn-Talstation.
CHARAKTER | Bequeme Auffahrt mit der Seilbahn zum Ausgangspunkt. Aussichtsreiche und bequeme Blumenwanderung.
GÜNSTIGSTE JAHRESZEIT | Juni – August.

Der Bergsteigerort Mayrhofen im Zillertal ist Ausgangspunkt für zahlreiche Bergfahrten und Wanderungen in die hochalpine Landschaft der Zillertaler- und Tuxer Alpen. Eine eher sanfte Bergfahrt beginnt in der Ortsmitte und führt in westlicher Richtung zum Penkenjoch. Hierzu bietet sich die elegante Seilschwebebahn an, mit der bequem in wenigen Minuten die Bergstation auf der Gschößwand, 1794 m, erreicht wird. Die Bergstation und die nahe liegende Gschößwandhütte sind in äußerst günstiger Position errichtet, sodass auch von diesem Standort eine prächtige Aussicht über das Tal und die großartige Bergwelt der Zillertaler Alpen gegeben ist.

▶▶ Die eigentliche Wanderung beginnt hinter dem **Bauwerk** 01, auf einem gut befestigten Weg in westlicher Richtung zum Gschößberg, 2005 m, dem ersten Abschnittsziel. Es geht stetig, aber mäßig aufwärts, an Felsblöcken, kleineren Baumbeständen, Matten und blumenübersäten Bergwiesen vorbei in das Reich der Alpenblumen. Auf dem **Gschößberg** 02 schwenkt der Weg nach Südwesten und zieht gleichmäßig am Grat entlang zum Penkenjoch, der höchsten Erhebung, 2095 m. Dieser Wegabschnitt trägt die Bezeichnung „Zirbenweg" wohl zu Recht, führt er doch durch prachtvollen, uralten Zirbenbestand, der zudem noch mit einer Flut von leuchtend roten Alpenrosen durchsetzt ist.
Oberhalb der Baumgrenze erwartet den Wanderer dann die größte Überraschung – Alpenrosen soweit der Blick auch reicht! Südseitig sind es vorwiegend blaue Enziane, Orchideen, Arnika

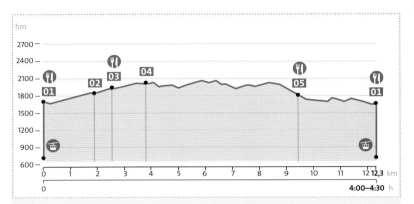

01 Bergstation Penkenbahn, 1794 m; 02 Gschößberg, 2005 m; 03 Penkenalm, 1880 m; 04 Penkenjoch, 2095 m; 05 Penkenhaus, 1814 m

Fest im kargen Boden verankert: die Zirbe

und Ferkelkraut, nordseitig hingegen unglaubliche Alpenrosenbestände, die den Vordergrund zur grandiosen Bergkulisse bilden. Wer von den Alpenblumenfreunden diese glanzvolle Schau, dieses Massenblühen, länger bewun-

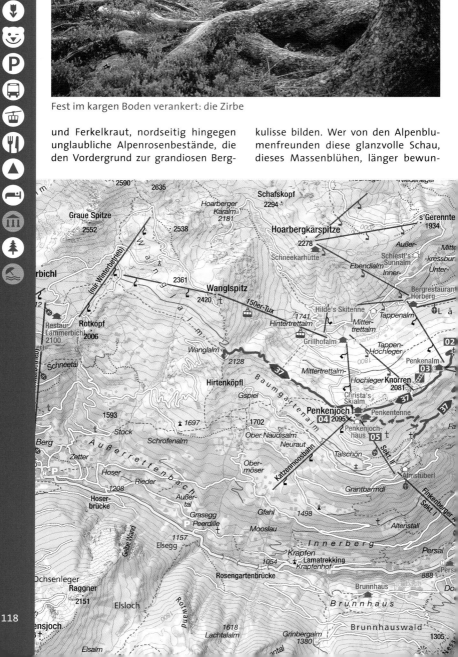

Bodenhaftung

Für die Vegetation ist der Boden entscheidend. Das Zusammenwirken zwischen Gesteinsuntergrund, Klima und Mikroorganismus ist nicht immer auf den ersten Blick erkennbar. In einem Gebirgsland wie Tirol ist der Weg für Baumwurzeln oft „steinig". Zusammen mit der Lärche steigt die Zirbe hoch hinauf bis an die Waldgrenze. Wenn sie dank ihrer tief reichenden Wurzeln auch keinen Krummwuchs wie die Latsche annimmt, so wird ihr Stamm je nach Standort doch gekrümmt und nimmt manchmal interessante Gestalten und Formen an.

dern möchte, hat in diesem Gelände ausgiebig Gelegenheit. Die vorgeschlagene Wanderroute sieht allerdings vor, am **Penkenjoch 04** umzukehren und nach genussvoller Bergrast die Rückwanderung auf dem Finkenberger Zirben-Panoramaweg anzutreten. Auf dem Weg zur Bergstation kann man nochmal das herrliche Panorama und

die begleitenden Alpenrosenflächen bewundern. Bald erreicht man wieder die Berggasthöfe und wandert über die südwärts gerichteten Bergwiesen zurück zum Ausgangspunkt bei der Bergstation. Den Abschluss dieser Höhen-Blumenwanderung bildet die genussvolle Talfahrt mit der Penkenbahn nach Mayrhofen.

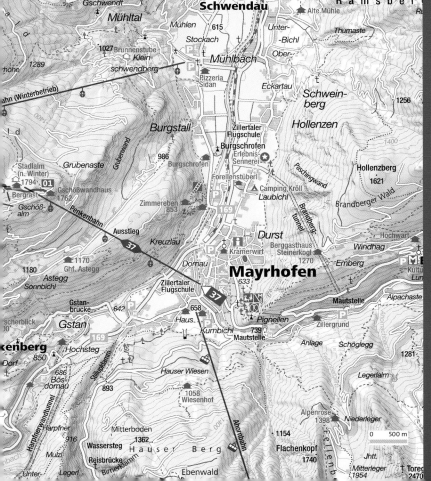

FRAUENWAND • 2541 m
UND WEISSE WAND • 2518 m

Die leichtesten Wände der Tuxer Alpen

  6 km   3:15 h   1041 hm 1041 hm 36 37 037

START | Tux/Hintertux, Bushaltestelle bei den Zillertaler Gletscherbahnen (Parkplatz), 1500 m.
[GPS: UTM Zone 32   x: 702.094 m   y: 5.219.400 m]
ZUFAHRT | Auf der B 169 nach Mayrhofen und über Finkenberg nach Hintertux.
CHARAKTER | Mittelteil zum Kaserer Schartl kurzzeitig steil. Für den Gipfel der Frauenwand Trittsicherheit erforderlich! Bei Nässe nicht empfehlenswert! Bis auf die Überschreitung der Weißen Wand bestens bezeichnete Pfade, Steige und Almwege.

Gründe und Keese

Die von den Gletschern ausgeschürften trogförmigen Täler werden im Zillertal „Gründe" genannt. Grund genug, diese faszinierende Hochgebirgslandschaft wandernd zu erleben. Bäche schlängeln sich durch flache Almwiesen, bevor sie über Steilstufen und durch enge Felsschluchten in die Haupttäler münden. Die bekanntesten Gründe sind der Zillergrund mit dem Speicher Zillergründl, Schlegeisgrund mit dem Schlegeisspeicher, Stillupgrund mit dem Speicher Stillup, Floitengrund, Zemmgrund, Bodengrund, Gunggl und Hundskehlgrund. Die 85 Gletscher des Hochgebirgs-Naturparks Zillertaler Alpen bedecken eine Fläche von mehr als 40 km². Im Zillertal werden die Gletscher „Keese" genannt. Die größten sind: Schlegeiskees (5,39 km²), Floitenkees (4,97 km²), Schwarzensteinkees (4,63 km²), Waxeggkees (3,88 km²) und Hornkees (5,39 km²).

Wegen einer Besteigung des nach Expedition klingenden Gipfelduos braucht man zuvor keineswegs schlaflose Nächte zu verbringen. Es sind keine Wände zu bezwingen, und die höchsten Punkte der beiden „Wandziele" entpuppen sich zum Schluss als überraschend harmlose Grasbuckel. Dennoch sind die anregenden Abbrüche im Schlussaufstieg mit großer Vorsicht zu genießen!

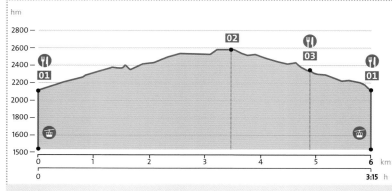

01 Sommerbergalm, 2100 m; **02** Frauenwand, 2541 m; **03** Tuxer-Joch Haus, 2313 m

▶▶ Mit der Sektion I der Zillertaler Gletscherbahnen fährt man von Hintertux zur **Sommerbergalm** `01` hoch. Dem Wegweiser „Tuxer Joch" folgend wechselt man sogleich vom Almweg auf den mit „Kasererscharte" beschilderten Pfad. Umgeben von Alpenrosen steigt man mit Ausblick auf Riffler und Gefrorene-Wand-Spitzen über ein Skigebiet leicht bergan.

Unter der Weißen Wand quert der Steig eine blumenreiche Steilflanke, wobei man bei einer Gabelung weiter dem Schild „Kasererscharte" folgt. Von Pfif-

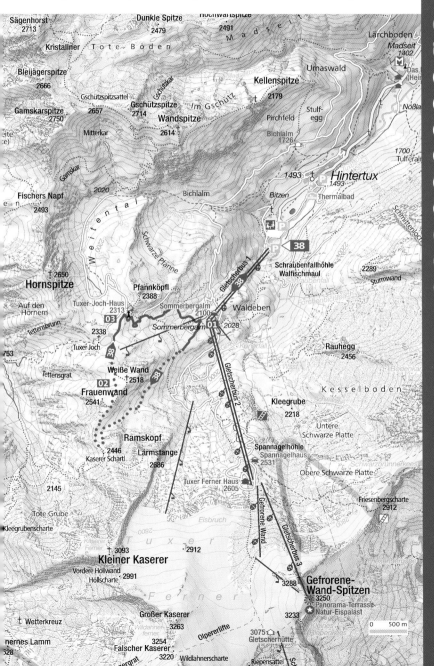

Am Schlussaufstieg zur Frauenwand

fen der Murmeltiere begleitet steigt man durch die Ramsen-Hochwanne. In der Kasererscharte sieht man die Firnzacken der Stubaier Alpen.

Jetzt erst kommt die gewonnene Höhe so richtig zum Ausdruck. Über respekteinflößenden Abbrüchen ist eine letzte Hangquerung fällig. Ohne Probleme und Anstrengung gelangen wir rechts des Südwestgrates an einem Felsturm vorbei und in einer kaum auffallenden Einsenkung in Kürze zum wenig ausgeprägten Grasgipfel der **Frauenwand** `02`.

An der Verzweigung geht's auf einem Pfad über einen flachen Rücken zum ebenso unscheinbaren Nachbargipfel Weiße Wand mit kleinem Kreuz. Ebenfalls ein gemütlicher Pfad führt uns nun über die wesentlich harmlosere Seite hinab zur Bergstation eines Sessellifts. Auf einem Fahrweg trifft man beim **Tuxer-Joch-Haus** `03` ein. Zurück zur Sommerbergalm kürzt ein Steig die oberen Wegschleifen ab. Dann lassen wir uns zufrieden hinunter nach Hintertux gondeln.

FRIESENBERGSCHARTE • 2910 m
UND OLPERERHÜTTE • 2388 m

Fesselnder Berliner Höhenweg

  13,6 km 7:15 h  1105 hm 1105 hm 36 37 037

START | Finkenberg, Dominikushütte, 1805 m.
[GPS: UTM Zone 32 x: 705.282 m   y: 5.213.118 m]
ZUFAHRT | Auf der B 169 nach Mayrhofen und weiter nach Finkenberg.
CHARAKTER | Der zuletzt gesicherte, lange Steilaufstieg vom Friesenbergsee zur Friesenbergscharte setzt Trittsicherheit voraus! Gut markierte, mitunter unbequeme Steige, zum Schluss Sträßchen. Nur bei zuverlässigem Wetter zu empfehlen!

Die hochalpine Traum-Panoramaroute vom Schlegeisspeicher über die Friesenbergscharte zum Olpererhaus ist unbedingt zwei Tourtage mit Übernachtung auf dem Friesenberghaus, 2498 m, wert (Tel. +43 (0) 676/7497550).

► Der Steig zur Friesenbergscharte, 2912 m, schlägt vom **Friesenberghaus** 02 einen Bogen um den gleichnamigen, hübschen See, in dem sich die Gefrorene-Wand-Spitzen und der majestätische Hochfeiler spiegeln. Weiter geht es über

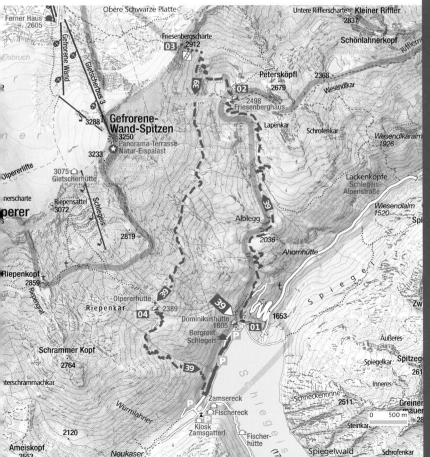

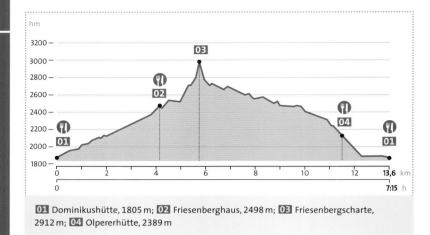

01 Dominikushütte, 1805 m; **02** Friesenberghaus, 2498 m; **03** Friesenbergscharte, 2912 m; **04** Olpererhütte, 2389 m

eine Schutthalde und im weiteren Verlauf an einer wadenschindenden Schrofenflanke empor. Nochmals schieben sich Rasenhänge dazwischen, dann steht man am Rande einer wüsten Hochgebirgs-Moränenlandschaft. An der nächsten Verzweigung leitet der gewohnte Wegweiser wieder eine mildere Steigung über ein Geröllfeld ein. Sicherungen erleichtern das Überwinden eines anspruchsvollen Felsriegels. Im Zickzack geht es über einen steilen Schrofenhang hinauf zur **Friesenbergscharte 03** mit Tiefblick in den Hintertuxer Talschluss. Den hektisch-schrillen Sommer-Skizirkus trennt das Friesenbergkees von unserem einsamen Zwischenziel.

Zurück an der Wegverzweigung beginnt eine Höhenwanderung, die zum Schwärmen verleitet. Unter der Station der Gletscherbahnen sind ausgedehnte Geröll- und Blockhalden zu überschrei-

ten. Damit es nicht zu einfach wird, legt sich eine Reihe von Bachrinnen quer. An einer Wegteilung mündet die Route zur Olpererhütte, 2389 m, in den Berliner Höhenweg ein, der vom Friesenberghaus heraufzieht. Hinunter zur Gamsleiten beginnt der Steig leicht zu fallen. Grasflecken mischen sich wieder in das Ödland. Über dem Schlegeissee erkennt man die scharfen Grate des Großen Möseler, 3480 m. Der Kurs zieht sich wegen der oftmals erforderlichen „Turnerei" über Felsplatten in die Länge. Endlich taucht die ersehnte **Olpererhütte 04** auf, die zur verdienten Rast einlädt. Anschließend windet sich ein angenehmer Hüttensteig talwärts. Begleitet vom Rauschen des Riepenbachs steigt man durch Latschenfelder hinunter zum Stausee. Zum Schluss wandert man auf der Schlegeisstraße zurück zum Ausgangspunkt beim Parkplatz Schlegeisspeicher.

Friesenberghaus, 2498 m, vor dem Hohen Riffler, 3231 m

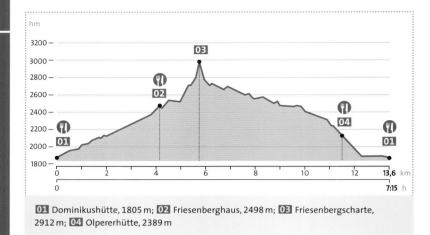

Schutzgebiete mit besonderem Flair

  9,8 km 5:00 h  500 hm 500 hm 28 182 27

START | Pertisau am Achensee, Bergstation der Karwendelbahn, 1491 m.
[GPS: UTM Zone 32   x: 703.325 m   y: 5.256.180 m]
ZUFAHRT | A 12 bis Ausfahrt Achensee-Zillertal und auf der B 180 nach Pertisau.
CHARAKTER | Gemütliche Wanderung zur Bärenbadalm; steile und felsige
Passagen beim Gipfelanstieg zum Bärenkopf. Herrliche Gipfelrundschau auf
Achensee, Rofan und Karwendel.

Das Landschaftsschutzgebiet Bärenkopf liegt im Karwendelgebirge zwischen Achensee und Stanser Joch. Bären
sind hier nicht anzutreffen, wohl aber
Bergwanderer, die von der grandiosen
Gipfelrundschau angetan sind, die den
Achensee in seiner ganzen Länge, das

Rofan, weite Karwendelbereiche und
jenseits des Inns auch noch den Alpen-
hauptkamm zeigt. Auch für Naturliebhaber gibt es noch viel zu entdecken wie
den Schluchtwald im Weißenbachtal
oder das Hochmoor am Grat unterhalb
des Bärenkopfs (Am Filz). Durch die Auf-

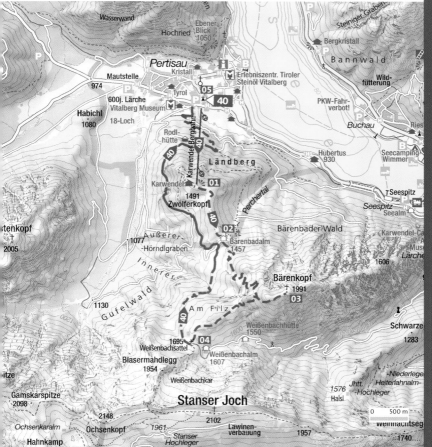

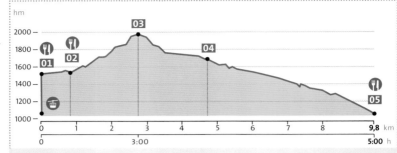

40

01 Bergstation Karwendlbahn, 1491 m; **02** Bärenbadalm, 1457 m; **03** Bärenkopf, 1991 m; **04** Weißenbachsattel, 1695 m; **05** Talstation Karwendelbahn, 1020 m

fahrt mit der Gondelbahn von Pertisau zum Zwölferkopf spart man eine gute Stunde Anstiegszeit ein.

▶ Von der **Bergstation** **01** am Zwölferkopf folgt man dem Wegweiser und wandert auf dem sanften Bergrücken in leichtem Auf und Ab zur bewirtschafteten **Bärenbadalm** **02**, 1457 m.
Dort hält man sich links und steigt in etlichen Kehren steil nach Südosten an, quert einen steinigen Steilhang (Vorsicht bei Nässe!) und dreht im Latschenbestand auf die Südseite des Bärenkopfs.

Komfortable Anfahrt von Pertisau

An den Felsenriegeln vorbei geht man steil zu einem Latschenrücken hinauf und bequem zum **Gipfelkreuz** **03**, 1991 m. Für den Abstieg zur Bärenbadalm geht man vom Gipfel kurz auf dem Anstiegsweg (Nr. 31) zurück, wechselt aber bei der nächsten Abzweigung nach links auf den rot markierten Steig, der über das Hochmoor „Am Filz" zum **Weißenbachsattel** **04**, 1695 m, hinunterführt.
Dort hält man sich rechts und wandert durch lichten Bergwald zur Bärenbadalm hinunter. Die inmitten saftiger Wiesen liegende Alm ist auch eine beliebte Jausenstation, die mit Tiroler Spezialitäten aufwartet.
Von der Bärenbadalm kann man entweder zur Bergstation Zwölferkopf hinüberwandern und mit der Seilbahn zu **Tal** **05** fahren oder am Fahrweg talwärts wandern.
In einer scharfen Linkskehre des Fahrwegs zweigt geradeaus ein breiter Wanderweg ab, der durch zwei Felsentunnel und zu einer Fahrwegverzweigung führt. Auf einen schmalen Pfad links abbiegend zu einem Sträßchen hinab und zurück zum Ausgangspunkt.

Aufstieg zum Bärenkopf: Blick vom Gipfelhang zur Weißenbachalm

Ein spannender Steig über dem Westufer

  15,3 km 2:30 h  200 hm 200 hm

28
182
027

START | Achenkirch/Ortsteil Scholastika am Nordufer des Achensees, 924 m.
[GPS: UTM Zone 32   x: 704.041 m   y: 5.264.224 m]
ZUFAHRT | A 12 bis Ausfahrt Achensee-Zillertal und auf der B 181 nach Achenkirch/Ortsteil Scholastika (Parkplatz).
CHARAKTER | Landschaftlich sehr schöne und stellenweise spannende Wanderung über dem westlichen Seeufer (Trittsicherheit notwendig, einige Passagen sind mit Drahtseilen gesichert!).

Je nach Stimmung und Wetter glaubt man sich auf diesem beliebten Wanderweg an eine südländische Felsenküste oder einen düsteren norwegischen Fjord versetzt. Die erste Etappe verläuft auf dem spannenden Gaisalmsteig. Weniger aufregend ist der Mariensteig, der von der Gaisalm nach Pertisau weiterführt. Er ist tagsüber ziemlich überlaufen. Deshalb empfiehlt es sich, die Wanderung schon am frühen Morgen zu beginnen, noch bevor die Achenseeschiffe unterwegs sind.

▶ Vom Ortsteil **Scholastika** 01 geht man entlang der Seepromenade gegen Norden zum **Fischerwirt** 02. Dort folgt man dem Wegweiser zum Mariensteig – Pertisau der Straße entlang gegen Westen. Dabei wird der Campingplatz weit umrundet. Beim Wegkreuz hält man sich links und wandert in einen Waldgürtel hinein nach Hinterwinkel. Wegweiser zeigen nach rechts, über einen Bachlauf. Wenn dieser Wasser führt, muss man geradeaus über die Brücke

und dann durch einen Hof gehen. Eine eingezäunte Wiese umgeht man in weitem Bogen und wendet sich nach Süden dem Achensee zu.

Dort beginnt der Gaisalmsteig. Nach dem Drehkreuz führt der Bergpfad gleich an einen Steilhang. In ständigem Auf und Ab folgt man dem vorbildlich ausgebauten Steig in südlicher Richtung. Immer wieder gibt er schöne Blicke auf den See und das Rofangebirge frei. Mehrmals steigt man über teilweise recht steile Treppenstufen hinauf und wieder hinunter, an Sturzbächen und wilden Felsengräben vorbei, und kurz vor der **Gaisalm** 03, 995 m, auf die Scheitelstrecke der Wanderung. Nach einigen spannenden Routenabschnitten fällt der Weg über eine lange, fast ein wenig Schwindelfreiheit gebietende Treppe steil zum Achensee und zur Gaisalm ab.

An den **Schiffsanlegestellen** 04 führt eine Uferpromenade direkt am See entlang. Schließlich kommt man an den breiten Geröllauslauf der eindrucksvol-

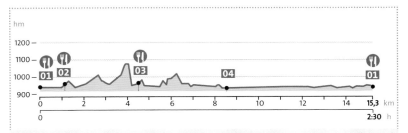

01 Scholastika, 924 m; 02 Fischerwirt, 948 m; 03 Gaisalm, 938 m; 04 Schiffsanlegestelle, 940 m

len Gaisalmklamm. Dort kann bis in den Sommer hinein Lawinenschnee liegen, der sich aus den steilen Flanken der Seekarspitze gelöst hat. Der Wanderpfad taucht nun in schattigen Wald ein und führt weitgehend eben dahin.

Nun ist der Mariensteig erreicht, der ganz allmählich in Latschenkrummholz hineinführt. Knapp über dem See führt der gute Bergweg nun ein wenig auf und ab. Besonders interessant ist ein Wasserfall, der direkt auf den Wanderpfad trifft. Damit man dort einigermaßen trocken vorbeikommt, gibt es eine

Blechdachkonstruktion, die allerdings auch nicht ganz dicht ist ...

Bald dahinter quert der Weg die breite Geröllhalde des Breitgrieses. Dahinter weitet sich der Weg zu einer breiten Promenade, von der nach rechts ein Weglein zum Schaubergwerk der Tiroler Steinölwerke abzweigt. Die Promenade fällt zum Ufer ab und führt zur Schiffsanlegestelle nach Pertisau hinaus. Dort heißt es dann: „Ein Schiff wird kommen" – zur Rückfahrt nach Achenkirch/Ortsteil Scholastika. Achensee-Schifffahrt: Tel. +43 5243 5253-0.

Wie an einem norwegischen Fjord liegt die Gaisalm am Achensee

Für Bergbummler und Spaziergänger

  12,8 km 3:00–4:00 h 445 hm 445 hm
6
26
182
027

START | Rißbachbrücke in der Karwendelau, östlich von Hinterriß, 958 m.
[GPS: UTM Zone 32   x: 688.608 m   y: 5.259.617 m]
ZUFAHRT | Österreich: Jenbach – Achenkirch – Vorderriß – Hinterriß.
Deutschland: Bad Tölz – Lenggries – Vorderriß – Hinterriß oder vom Tegernsee
über Achenpass – Vorderriß – Hinterriß.
CHARAKTER | Einfache, aber recht lange Wanderung. Besonders schön zur
Herbstzeit. Eignet sich gut für Mountainbiker!

Alpenpark Karwendel

Der Alpenpark Karwendel ist eines der ältesten zusammenhängenden, grenzüberschreitenden Schutzgebiete der Welt. Im Besucherzentrum erfahren Sie
vieles über Höhlen im Karwendel, alte Bergbaubetriebe, Bodenschätze, Jagd,
Holznutzung und über die heimischen Baumarten im Hochgebirge. Neben vielen Darstellungen in Wort und Bild können Sie sich auch mittels Multivision
über den Alpenpark informieren.
Alpenpark Karwendel, Naturparkhaus/Infozentrum Hinterriß, Hinterriß 4,
6215 Vomp, Tel. +43 5245 28914, info@karwendel.org, www.karwendel.org
Geöffnet: Mai – Oktober, tägl. 9 – 17 Uhr

Das Pendant zum Großen Ahornboden, der vornehmlich im Herbst von
Menschenmassen überlaufen wird, ist
der Kleine Ahornboden. Auch er wurde –
wie übrigens an vielen Stellen im Alpen-
bereich – dereinst angelegt, um dem
Weidevieh unter den Schatten spen-
denden Ahornbäumen Schutz vor der
Sonne zu gewähren. Im Oktober, zum
Höhepunkt der Laubfärbung, ist es dort
besonders schön, und es ist weitaus ru-
higer als in der Eng hinten. Dafür muss
man sich mit etwas bescheideneren
Landschaftseindrücken zufrieden geben.

▶ Wer mag, kann schon beim „Alpen-
hof" weggehen und sich durch den
längeren Zuweg die Maut für die Fahrstraße ersparen. Ansonsten geht man
von der **Rißbachbrücke** 01 am Sträßchen über eine Wiese gegen Westen dahin, in den Wald und in das Johannistal
hinein. Nach einem etwas steileren

01 Rißbachbrücke in der Karwendelau, 958 m; 02 Johannistalalm, 1083 m; 03 Denkmal
Hermann von Barth zu Harmating, 1403 m

Aufschwung führt der Fahrweg an den oberen Rand einer tiefen Klamm, durch die der Johannisbach rauscht. Nach den eindrucksvollen Tiefblicken geht es mehrmals auf und ab, und unterhalb der Filzwand wird die Straße dann doch noch mächtig steil. Nach einem längeren, lichten Waldstück führt sie fast eben zum **Denkmal** `03` des großen und bekannten Karwendelerschließers Hermann von Barth zu Harmating. Damit ist auch der Kleine Ahornboden erreicht. Wer gar nicht genug bekommen kann geht weiter zur Falkenhütte oder zum Karwendelhaus und hat dann die idealen Ausgangspunkte für viele Gipfeltouren erreicht.

Abstieg: wie Aufstiegsroute.

Blick über den Kleinen Ahornboden zur Birkarspitze

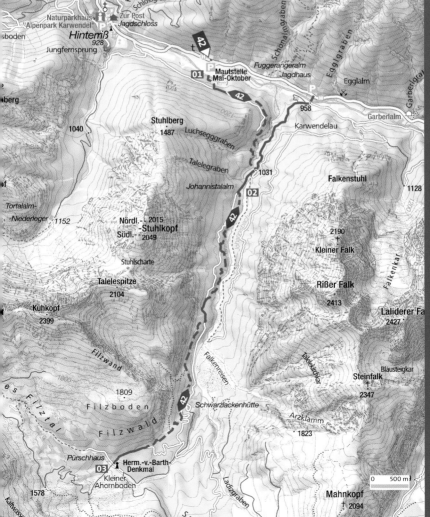

LAMSENSPITZE • 2508 m

Begehrtes Gipfelziel mit Klettersteig

  11,5 km 6:30 h  1305 hm 1305 hm 26 182 027

START | Gramaialm, 1263 m.
[GPS: UTM Zone 32   x: 697:441 m   y: 5:253:267 m]
ZUFAHRT | A 12 bis Ausfahrt Achensee-Zillertal, B 180 nach Pertisau am Achensee und auf der Mautstraße zur Gramaialm.
CHARAKTER | Anspruchsvolle Bergtour, die Trittsicherheit und Schwindelfreiheit erfordert (II–). Steinschlaggefahr! Vorsicht, wenn noch Schnee liegt!

Gerwentils Gebirge

Vom Kar kommt es nicht das Wort „Karwendel" und auch nicht von den Fels-wänden. Ein Mann namens Gerwentil soll sich vor tausend Jahren im heutigen Hinterautal sesshaft gemacht haben – er wird als „Taufpate" angesehen. Seit dem 13. Jh. ist der Name „Gerwendel" urkundlich belegt, um 1500 lautete er schon „Garwendel", bevor er endgültig zum Karwendel wurde. Allerdings bezog sich der Name nur auf den Besitz des „Ur-Karwendlers". Zur Bezeichnung für die gesamte Gebirgsgruppe wurde das Karwendel erst im 19. Jahrhundert vor allem durch die Werke Hermann von Barths.

Der gewaltige Gipfelzahn der Lam-senspitze überragt den Gramaier Grund und ist Blickfang von der Sonnenter-rasse des Wirtshauses Gramaialm. Auch wenn es vom Tal gar nicht so aussieht, man kann zum Gipfel hinauf, allerdings nur, wenn man die etwas anspruchs-volle Herausforderung annimmt. Die Tour wurde durch den Ausbau des von Steinschlag gefährdeten Gipfelsteiges zwar etwas entschärft, trotzdem darf sie keinesfalls unterschätzt werden.

▶ Von der **Gramaialm 01** geht man gegen Süden und über den meist trockenen Bachlauf in den Gramaier Grund hinein. Nach dem kleinen Lärchenwald folgt Latschenbestand, und danach kommt man in karge Ge-röllböden. Der ziemlich flache Weg dreht etwas nach links, später wieder rechts und führt dann in recht mode-rater Steigung unter dem Schneiderkar weiter.
Anschließend dreht er in die Mitte des

Lamsenjochhütte und Lamsenspitze, 2508 m

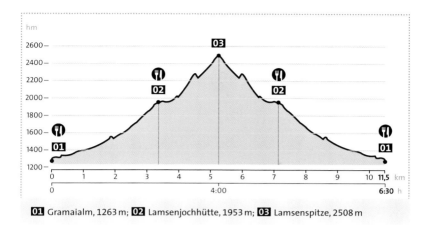

01 Gramaialm, 1263 m; **02** Lamsenjochhütte, 1953 m; **03** Lamsenspitze, 2508 m

Talbodens und schwingt sich immer mehr auf. In vielen Kehren steigt er bis in das breite Östliche Lamsenjoch an, wo die gleichnamige **Hütte** **02** steht. Dort muss man sich rechts halten und auf die steile Ostwand der Lamsenspitze zugehen. Unterhalb der Felswand knickt der Steig links nach Süden ab und führt über einen breiten Geröllhang in Felsgelände. Oberhalb einer glatten Felsplatte sind einige Drahtseile gespannt, denen man in die Lamsenscharte folgt. Man kann aber auch auf dem luftigen Klettersteig durch den Brudertunnel hier heraufkommen.

In der Lamsenscharte schwenkt man nach rechts und folgt der Pfadspur über breite Geröllhänge nach Nordwesten. Die Markierungszeichen führen an eine steile Felsenrinne heran. Diese Rinne muss man nun wegen der Steinschlaggefahr vorsichtig und schnell queren, dann folgt man dem etwas ausgesetzten Klettersteig, der am oberen Rand der Steiganlage nach links über eine steile Geröllflanke und anschließend in leichter Kletterei entlang einer Felsrinne nach rechts hinaufführt und am **Gipfelkreuz** **03** endet.

Abstieg: Entlang der Aufstiegsroute.

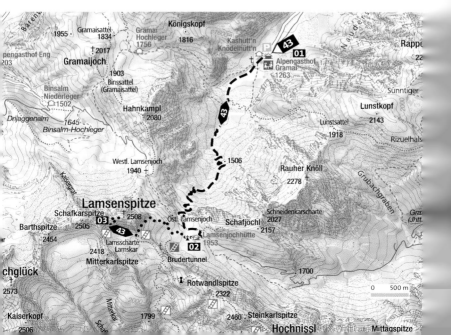

ST. GEORGENBERG – SCHLOSS TRATZBERG

Erlebniswanderung durch die Wolfsklamm

 11 km | 4:00 h | 400 hm | 400 hm | 26 027

START | Stans, 563 m, nördlich von Schwaz.
[GPS: UTM Zone 32 x: 704.934 m y: 5.249.929 m]
ZUFAHRT | A 12 bis Ausfahrt Schwaz, Landesstraße bis Stans. Parkplatz 200 m vor dem Eingang in die Wolfsklamm.
CHARAKTER | Eindrucksvolle Schluchtwanderung auf gut gesicherten Steigen; Rückweg auf problemlosen Güter- und Waldwegen, auch für Kinder interessant. Die Wolfsklamm ist von Anfang Mai bis Ende Oktober begehbar (Eintrittsgebühr).

Der uralte Wallfahrtsort
St. Georgenberg (12. Jh.)

Die Region um die historische „Silberstadt" Schwaz ist ein Schmuckstück im Tiroler Unterland. An der „Ostecke" des Karwendelgebirges bietet sie ein ganz besonderes Ausflugsziel, das aus gleich drei Elementen besteht: der Wolfsklamm, dem mittelalterlichen Kloster St. Georgenberg und dem spätgotischen „Märchenschloss" Tratzberg.

▶ Wir beginnen unsere Rundtour in **Stans** 01 mit der „schönsten Wildbachbegehung Tirols", wie der Prospekt nicht zu Unrecht verheißt. In ihrem zentralen Bereich zeigt sich die Wolfsklamm als wilde Felsschlucht; der Steig, der sie seit 1906 erschließt, ist gut gesichert – er führt über 354 Stufen, einige Brücken und sogar durch einen kleinen Tunnel. Dann erblickt man plötzlich das **Kloster** 02 mit seinem bergfriedartigen Turm hoch droben auf einem Felsen – überwältigend! Über eine gedeckte Holzbrücke, die bereits im Mittelalter hohe Bedeutung hatte, gelangt man ins Innere der Anlage, hält stille Einkehr in der Wallfahrtskirche und stärkt sich sodann im Biergarten des angeschlossenen Gasthauses.
Dann geht es wieder ein kurzes Stück retour, bis unmittelbar nach der schindelgedeckten Steinbogenbrücke links der Waldpfad Richtung Tratzberg abzweigt.

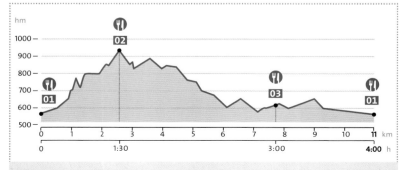

01 Stans, 563 m; 02 Felsenkloster St. Georgenberg, 906 m; 03 Schloss Tratzberg, 631 m

Schloss Tratzberg (1500–1550)

Er führt zu einem Güterweg, der hoch über dem Inntal am Weiler Heuberg vorbei zur kleinen Wallfahrtskirche Maria Tax führt. Bald danach mündet der Weg in eine Straße. Man folgt ihr kurz abwärts und biegt links in den Weg zum **Schloss Tratzberg 03** ein.

Das sehenswerte Schloss (13. Jh.) diente ursprünglich als landesfürstliche Grenzfestung gegen Bayern. Noch heute sind hier sowohl Gotik- als auch Renaissance-Elemente gleichermaßen vertreten. Die Führung durch das Schloss dauert etwa 1 Stunde, danach lockt das Café zum Schlosswirt zur gemütlichen Rast. Der Abstieg zum Ausgangspunkt erfolgt auf gut beschilderten Steigen und Wegen, vorbei am Bauernhof Ried.

Die Wolfsklamm – eine wildromantische Felsschlucht

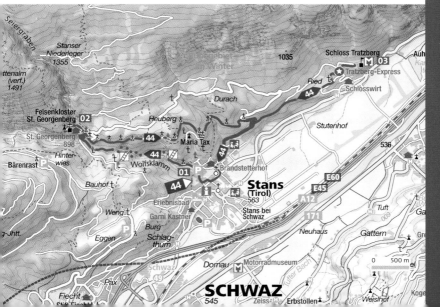

14,5 km 2:00 h 1100 hm 1100 hm  26 36

START | Absam, Parkplatz nördlich des Ortes am Eingang in das Halltal (für den öffentlichen Verkehr gesperrt).
[GPS: UTM Zone 32   x: 690.387 m   y: 5.242.460 m]
ZUFAHRT | A 12 bis Ausfahrt Hall-Mitte und bei der Hauptkreuzung Hall in Richtung Norden der Beschilderung „Absam" folgend.
CHARAKTER | Landschaftlich und historisch interessante Bergwanderung auf gut bezeichneten, aber stellenweise felsigen Steigen, zum Teil mit Drahtseilsicherung.

Oberhalb von Hall in Tirol beginnt eine eigene Welt: 2000 m unter dem Gipfelkreuz des mächtigen Bettelwurfs wandert man auf den Spuren der Bergknappen, die einst im Halltal für die Salzgewinnung sorgten. Eilige Wanderer konnten früher die Mautstraße ins Halltal benutzen und die Aufstiegszeit dadurch auf 2 Std. verringern – es ist aber viel schöner, diesen urigen Felsschlund per pedes zu erkunden. Dazu führt neben der Straße ein breiter Wanderweg am Berghang taleinwärts.

▶ Bei der Bergerkapelle beginnt der „Fluchtsteig", auf dem die Knappen auch bei Lawinengefahr noch das Tal erreichen konnten. Diesem historischen „Fluchtweg" folgt man durch schroffe Felsen an der Nordseite des Zunderkopfs (Drahtseile, Holzstege, Felsstufen), hoch über dem Halltal-Kraftwerk. Von der mittleren der drei „Ladhütten" im Halltal – diese dienten als Zwischenlager beim Gütertransport – wandert man links zum alten Ansitz **St. Magdalena** 02 (Berggasthof), einem ehemaligen Frauenkloster, hinauf. Auf dem Fahrweg gelangt man wieder in den Talgrund, aus dem man bald danach links auf einem Pfad zu den **Herrenhäusern** 03 ansteigt.

Hinter der dazugehörigen Marienkapelle beginnt der steile Steig zum **Törl** 04 bzw. Richtung Zunderkopf: Er schlängelt sich durch lichten Wald, an einer Forststraßenkurve vorbei und durch ein Kar in den Sattel (Törl) oberhalb der Thaurer Alm. Nun lohnt sich der kurze Abstecher zur bereits sicht-

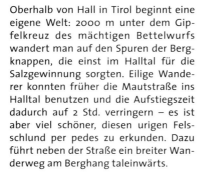

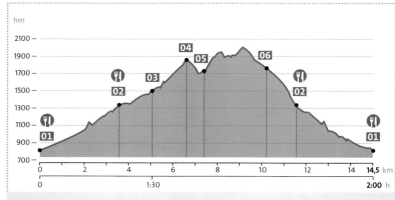

01 Absam, 776 m; 02 St. Magdalena, 1287 m; 03 Herrenhäuser, 1494 m; 04 Törl, 1773 m;
05 Kaisersäule, 1700 m; 06 Hochmahdkopf, 1738 m

baren **„Kaisersäule"** `05`: Man errichtete diese Kalksteinpyramide anno 1838 zur Erinnerung an Kaiser Franz I., der sich 23 Jahre zuvor auf diesen idealen Aussichtsplatz hoch über dem Inntal tragen ließ. Noch schöner ist das Panorama natürlich 200 Höhenmeter weiter oben auf dem Thaurer Zunderkopf, 1918 m, denn dort tritt auch der urgewaltige Bettelwurf wieder ins Blickfeld. Der Übergang zum etwas höheren Haller Zunderkopf bereitet kaum Probleme. Der Abstieg zum östlich vorgelagerten **Hochmahdkopf** `06`, 1738 m, führt an einen Steilabbruch heran (Drahtseilsicherung) und zwischen Latschen hinunter zu einer kleinen Wiese, dann links steil durch den Wald nach St. Magdalena. Für Ungeübte ist es besser, vom Haller Zunderkopf auf dem Anstiegsweg zum Törl zurückzuwandern und zur Thaurer Alm abzusteigen. Von dort wandert man teils auf dem Fahrweg, teils auf einem

Thaurer Zunderkopf, 1918 m, mit Ausblick auf das Bettelwurfmassiv

Abkürzungspfad zum romantisch gelegenen Romedikirchl oberhalb von Thaur hinunter. Dann sind es noch rund 3 km bis zum Ausgangspunkt; man kann aber auch ins Ortszentrum hinuntergehen und mit dem „Dörferbus" nach Absam zurückfahren.

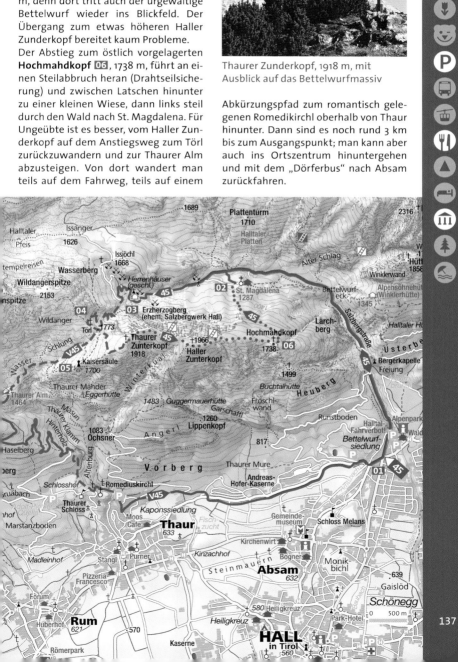

GROSSER BETTELWURF • 2726 m

Steil hinauf zum Klettersteig

  10 km  8:00 h 1666 hm 1666 hm 26

START | im Halltal beim Bettelwurfbründl, 1060 m. Taxi-Zufahrt ab Hall oder Absam (Tel. +43/(0)5223/45500 oder 56111).
[GPS: UTM Zone 32   x: 689.446 m   y: 5.244.486 m]
ZUFAHRT | A 12 bis Ausfahrt Hall-Mitte und bei der Hauptkreuzung Hall in Richtung Norden nach Absam.
CHARAKTER | Lange und anstrengende, beim Gipfelanstieg anspruchsvolle Tour. Trittsicherheit, Schwindelfreiheit und Ausdauer erforderlich! 300 Höhenmeter Klettersteig; Steinschlaggefahr (nur mit Helm gehen!); südseitig und ohne Schattenspender, deshalb im Sommer oft heiß.

Der Große Bettelwurf zählt zu den raren Karwendelbergen, welche die 2700-Meter-Marke überschreiten. Er überragt deshalb all seine felsigen Nachbarn und gewährt großartige Aussicht. Der Klettersteig von der Bettelwurfhütte zum Gipfel ist zwar nicht besonders schwierig, darf aber wegen seiner Länge (300 m) keinesfalls unterschätzt werden.

▶ Vom **Parkplatz 01** geht man gegen Norden in den Wald und quert den Bach. Gleich danach muss man rechts abdrehen, in steile Geröllhänge hineingehen und sich bei der Verzweigung links hal-

Blick zu Bettelwurfhütte, Wildangerspitze, Stempeljochspitze, Lafatscher- und Speckkarspitze

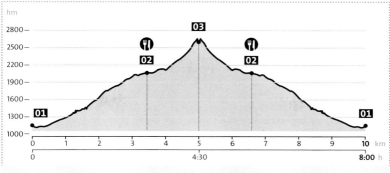

01 Parkplatz Bettelwurfbründl, 1060 m; **02** Bettelwurfhütte, 2077 m; **03** Großer Bettelwurf, 2726 m

ten. Nach steilen Schotterfeldern steigt die Spur in felsiges Latschengelände gegen Norden an. Zwischendurch geht es am Drahtseil weiter bis zur Abzweigung auf etwa 2000 m Höhe.

Von dort kann man nach links zur **Bettelwurfhütte** **02**, 2077 m, wandern, die an und für sich schon ein lohnendes Tourziel darstellt. Oder man steigt geradeaus direkt zu einer Geländerippe über dem Bettelwurfkar auf. Man muss sich entscheiden, ob man mit dem Bier noch bis zum Abstieg warten will. Sinnvoll wäre das schon, denn der Gipfelanstieg verlangt volle Konzentration. Auf der Rippe über dem Bettelwurfkar steigt

man, zwischendurch etwas ausgesetzt, weiter hoch, bis der solide ausgebaute Klettersteig beginnt. Am Steig folgt man immer den steil gespannten Drahtseilen – streckenweise recht ausgesetzt, bis der **Gipfel** **03** erreicht ist.

Abstieg: Entlang der Aufstiegsroute. Wer es sich zutraut, kann auch den Kleinen Bettelwurf, 2650 m, am markierten, aber sehr anspruchsvollen Steig (teilweise Drahtseile) noch besuchen und über eine lange Gratrippe steil nach Süden zur Bettelwurfhütte und von hier am Anstiegsweg zum Parkplatz absteigen (ACHTUNG: nur für Geübte).

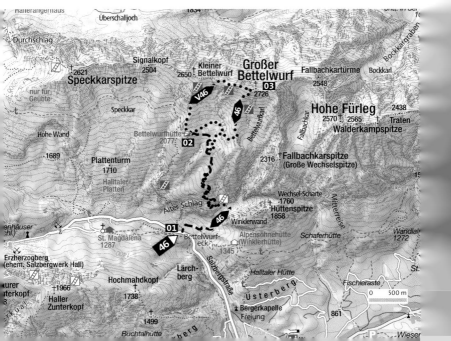

HALLTAL

Tour zum Issanger

SWAROVSKI
OPTIK
36
34
26
036

 5,2 km   2:00–3:00 h   350 hm   350 hm   036

START | Parkplatz unterhalb der Herrenhäuser. Taxi-Zufahrt ab Hall oder Absam (Tel. +43/(0)5223/45500 oder 56111).
[GPS: UTM Zone 32   x: 687.728 m   y: 5.244.447 m]
ZUFAHRT | Mit dem Auto nach Hall oder Absam.
CHARAKTER | Wanderweg, Steig.
TOUR MIT GUIDE | Alpenpark Karwendel, Scharnitz, Tel. +43/(0)5245/28914; Alpenhotel Speckbacher Hof, Gnadenwald, Tel. +43/(0)5223/52511, www.tirol.at/natur

Blauer Eisenhut (Foto: Reinhard Hölzl)

Im Halltal befindet man sich bereits inmitten der schroffen Gebirgswelt des Alpenpark Karwendel. Vor dem Hirschbadl passiert man einen Grauerlenbestand mit Hochstauden wie dem Blauen Eisenhut, der giftigsten Pflanze der Alpen, im Unterwuchs. Schon wenige Gramm des Giftstoffes sind tödlich. Vorsicht, auch bei Hautkontakt wird das Gift aufgenommen! Auf den Feuchtwiesen sind typische Blumen wie Trollblume, Sumpfdotterblume oder Kuckucks-Lichtnelke zu finden. Den Höhepunkt der Tour bildet der Issanger mit seinen Tümpeln, Bächen und Wiesen. Neben dem grandiosen Ausblick sind es die Tiere im Tümpel und die Pflanzen und Insekten auf den Wiesen, die faszinieren. Von großer historischer Bedeutung ist der Salzbergbau im Halltal. Die Herrenhäuser und zahlreiche verfallene, aber auch erhaltene Stollen zeugen von dieser Zeit. Die Herrenhäuser waren die Unterkünfte der Bergoffiziere und Berg-

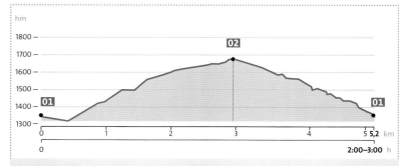

01 Parkplatz unterhalb der Herrenhäuser; **02** Issljöchl, 1668 m

Issanger und Stempeljoch-Spitze (Foto: Reinhard Hölzl)

meister, teilweise auch der Knappen. Ein lohnender Abschluss der Tour ist ein Besuch im ehemaligen Kloster St. Magdalena mit seiner Jausenstation.

▶ Vom **Parkplatz Herrenhäuser** 01 geht man zuerst wenige Minuten die Straße zurück, bis auf der linken Seite eine Brücke über den Halltalbach führt. Diese überquert man und geht den

schmalen „Hirschbadsteig" entlang zum Hirschbadl. Von dort geht es mit konstanter Steigung weiter zur freien Fläche des Issanger. Hier hält man sich links auf dem Forstweg in Richtung Herrenhäuser.
Rasch erreicht man das **Issjöchl** 02 und die ersten Bergwerkshäuser. Von hier führt ein breiter Weg hinab zu den Herrenhäusern und zum Parkplatz.

KLEINE STEMPELJOCHSPITZE • 2529 m

Frauenkloster, Herrenhäuser und Stempeljoch

  9,6 km 5:45–6:15 h 1130 hm 1130 hm  26 36 036

START | Isstal im Halltal, ca. 1400 m.
Taxi-Zufahrt ab Hall oder Absam (Tel. +43/(0)5223/45500 oder 56111).
[GPS: UTM Zone 32   x: 687.728 m   y: 5.244.447 m]
ZUFAHRT | A 12 bis Ausfahrt Hall-Mitte und bei der Hauptkreuzung Hall in Richtung Norden nach Absam.
CHARAKTER | In den Stempelreißen und am (weglosen) Gipfelanstieg ist Trittsicherheit erforderlich. Auf dieser Route wandert man auf den Spuren des Haller Salzbergbaus, der 1967 zu Ende ging.

Aufstieg zum Stempeljoch

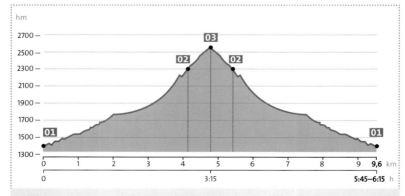

01 Parkplatz Isstal, 1400 m; **02** Stempeljoch, 2215 m; **03** Kleine Stempeljochspitze, 2529 m

Das Stempeljoch

Das Stempeljoch erinnert an das einstige Salzbergwerk im Halltal. Das in den Wäldern um Scharnitz geschlägerte Holz wurde in der „Christensag" (Amtssäge) zu Stempeln zugeschnitten und durch das Samertal auf das Stempeljoch geliefert. Auf dem Joch wurden die Stempel zwischengelagert, und im Frühjahr ließ man sie über die Schneefelder zum Issanger hinabgleiten, wo sie als Stempelholz in den Bergwerksstollen benötigt wurden. Um 1270 wurde im Halltal der erste Stollen angeschlagen – 1967 wurde das Bergwerk nach 700-jähriger Nutzung stillgelegt. Heute erinnert das Bergbaumuseum der Stadt Hall an den Abbau im Halltal.

Hall und das Salz-Bergbaumuseum, Oberer Stadtplatz, 6060 Hall in Tirol, office@regionhall.at

Ein markantes Felsenbollwerk trennt das Samertal vom Halltal. Dort gibt es nur einen schmalen Durchschlupf, das Stempeljoch. Und gleich darüber erhebt sich die Große Stempeljochspitze, 2543 m, die nur selten Besuch erhält. Nicht einmal ein markiertes Weglein führt zum Gipfel hinauf.

▶ Vom **Parkplatz** 01 folgt man der Straße zu den Herrenhäusern und weiter bis kurz vor das Issjöchl. Dort biegt nach links ein Wanderweg ab und führt in den Wald hinein. Anfangs steigt er recht steil an, flacht aber gottlob bald deutlich ab und führt in Latschenkrummholz hinein. Er verläuft nun ziemlich eben nach Westen dahin in das ausgedehnte, aber steile Schottergelände der Stempelreißen hinein. Man quert die tristen Geröllrinnen unter der Lattenspitze, bis sich der Pfad links wendet und sehr steil in Kehren, stellenweise mit Drahtseil gesichert, zum markanten **Stempeljoch** 02, 2215 m, aufsteigt. Im Joch geht man nach rechts weiter und gegen Norden an skurrilen Felsgebilden vorbei auf den Grashang unter der Stempeljochspitze zu. Trittspuren zeigen den Aufstieg.

Es wird zusehends steiler und felsiger. Auf der Grathöhe muss man sich etwas links halten, um hoch über dem Pfeistal gegen Norden und zuletzt ziemlich eben zum **Gipfelkreuz** 03 zu gehen.

Abstieg: Entlang der Aufstiegsroute. Wer Mut hat und sein Schuhwerk nicht schonen will, kann verwegen und extrem steil durch die Stempelreißen „abfahren".

VOM HAFELEKAR IN DIE PFEIS

Einer der schönsten Höhenwege der Kalkalpen

  14,3 km 5:45–6:15 h 270 hm 1645 hm 26

START | Innsbruck, Bergstation der Nordkettenbahn am Hafelekar, 2269 m.
[GPS: UTM Zone 32   x: 680.170 m   y: 5.242.605 m]
ZUFAHRT | Von Innsbruck mit der Hungerburgbahn oder mit dem Auto zur Hungerburg und mit der Nordkettenbahn auf das Hafelekar.
CHARAKTER | Aussichtsreiche Höhenwanderung mit langem Abstieg zum Teil über steile Schotterreißen und Felssteige.

Pfeishütte, 1922 m

Mit der modernen Hungerburgbahn fährt man vom Stadtzentrum beim Congress Innsbruck zunächst teils unterirdisch, teils auf oberirdischer Bahntrasse zur Hungerburg. In zwei Sektionen schwebt man mit der Nord-kettenbahn rasch hinauf zur Seegrube und zur Bergstation Hafelekar, 2269 m. Schon bei der Auffahrt bekommt man einen Vorgeschmack auf das zu erwartende Panorama.

▶ Von der **Hafelekar-Bergstation 01** gelangt man auf dem breiten, in bequemen Stufen angelegten Weg in 10 Minuten zur **Hafelekarspitze 02**, 2334 m. Bevor man den Weiterweg antritt, sollte man noch von der Aussichtsplattform die Sicht auf Innsbruck, das Inntal und die Zillertaler und Stubaier Alpen genießen. Von der Gipfelplattform geht es kurz zurück, dann biegt man nach rechts ab und folgt dem markierten „Goetheweg", der stets in Kammnähe gegen Osten führt. Nach mehrmaligem Auf und

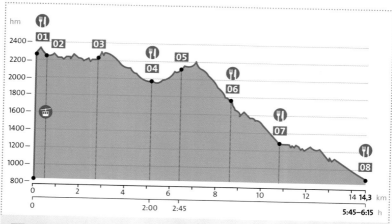

01 Bergstation Nordkettenbahn, 2269 m; **02** Hafelekarspitze, 2334 m; **03** Mandlscharte, 2314 m; **04** Pfeishütte, 1922 m; **05** Kreuzjöchl, 2121 m; **06** Vintlalm, 1567 m; **07** Rumer Alm, 1243 m; **08** Hungerburg, 1067 m

Ab und immer neuen Einblicken in das Karwendel überschreitet man bei der Mühlkarscharte den Kamm und gelangt auf die Nordseite, wo in manchen Jahren bis in den Sommer hinein Altschneefelder zu überqueren sind. Im kurzen, aber steilen Gegenanstieg erreicht man die **Mandlscharte** `03`, 2314 m.

Nach kurzem Abstieg betritt man die weiten, mit Latschen durchsetzten Wiesen, über die man gemächlich zur **Pfeishütte** `04`, 1922 m, hinüberwandert. Die Pfeishütte ist ein schöner Ort zum Genießen und Schauen. Auf dem AV-Weg Nr. 221 steigt man weiter zum **Kreuzjöchl** `05`, 2121 m. Wenn man nicht zur Gipfelkuppe ansteigen will, biegt man zuvor rechts ab und steigt über Geröllhalden und zwischen Latschen zur **Vintlalm** `06`, 1567 m, und weiter zur **Ru-**

Gewitterstimmung am Goetheweg: Blick auf die Gleirschzähne und die Karwendelgipfel

mer Alm `07`, 1243 m, hinunter. Über die Arzler Alm, 1067 m, geht es zurück zur **Hungerburg** `08`.

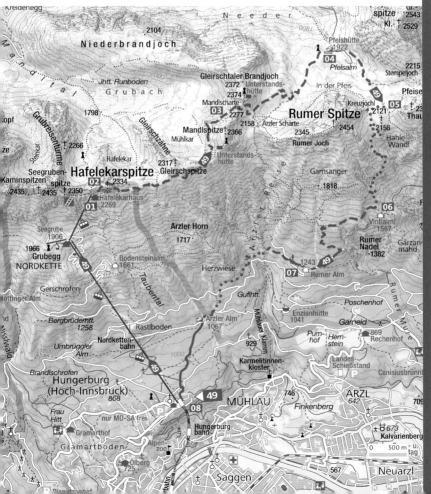

ALPENPARK KARWENDEL

Tirols größtes Schutzgebiet

SWAROVSKI
OPTIK

  4,7 km 2:00 h 70 hm 70 hm
36
26
34
036

START | Nature Watch Alpenhotel Speckbacher Hof.
[GPS: UTM Zone 32   x: 693.000 m   y: 5.243.874 m]
ZUFAHRT | Inntalautobahn Ausfahrt „Hall-Mitte", über die Brücke und die große Kreuzung weiter nach Absam und von dort nach Gnadenwald.
CHARAKTER | Forstweg, Wanderweg.
TOUR MIT GUIDE | Alpenpark Karwendel, Scharnitz, Tel. +43/(0)5245/28914; Alpenhotel Speckbacher Hof, Gnadenwald, Tel. +43/(0)5223/52511, www.tirol.at/natur

Berg-Ahorn (Foto: Reinhard Hölzl)

Auf dem Waldweg nach St. Michael hat man die Möglichkeit, viele verschiedene Bäume und Sträucher kennenzulernen. So wächst hier zum Beispiel der Bergahorn, der sich durch Langlebigkeit und große Widerstandskraft auszeichnet, oder die Rotbuche, einer der wichtigsten Forstbäume. Interessant ist der Einfluss des Standorts auf das Vorkommen der Pflanzen. So gedeiht der Wacholder in lichten, trockenen Wäldern, die Vogelbeere kommt am Waldrand vor und zeigt eher lehmigen Boden an. Die Waldrebe wiederum bevorzugt nährstoffreiche, meist kalkhaltige Böden.

Gegenüber dem Waldweg kann man sehr schön die von Bergbauern bewirtschafteten Höfe sehen. Die Kulturlandschaft der Almen, wie wir sie heute kennen, ist das Ergebnis harter und kostenintensiver Arbeit des Menschen. Neben Futterquelle für das Vieh sind die Almwiesen auch Heimat seltener Pflanzen. Auf den Wiesen entlang des Weges wachsen viele Heilkräuter. Der Spitzwegerich als Mittel gegen Husten, der Augentrost als Hilfe bei Augenleiden oder die Schafgarbe zur Behandlung von Magen- und Darmkrankheiten sind nur einige Arten aus der Apotheke der Natur.

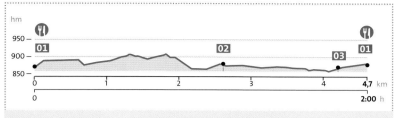

01 Alpenhotel Speckbacherhof, 883 m; **02** Michaelerhof, 886 m; **03** Martinstube, 860 m

▶ Die Wanderung führt vom **Nature Watch Alpenhotel Speckbacherhof** **01** Richtung Norden, vorbei am Labyrinth, bis zum Kloster St. Martin. Anschließend geht man, mit einer wunderbaren Aussicht auf die Zentralalpen, meist am Waldrand entlang bis nach **St. Michael** **02**. Dort verlässt man den Waldweg, überquert die Straße und geht retour in Richtung Speckbacherhof. Nach einem kurzen Stück auf der Straße geht es über Wiesen- und Waldwege vorbei an der Speckbacherkapelle.

Eberesche (Foto: Reinhard Hölzl)

Maiglöckchen (Foto: Reinhard Hölzl)

VORDERE BRANDJOCHSPITZE • 2559 m

Schutzgebiete mit besonderem Flair

  10 km 6:00–6:30 h 654 hm 1691 hm 26 036

START | Innsbruck, Mittelstation Nordkettenbahn Seegrube, 1905 m.
[GPS: UTM Zone 32   x: 679.861 m   y: 5.241.978 m]
ZUFAHRT | Von Innsbruck mit der neuen Hungerburgbahn oder mit dem Auto zur Hungerburg und mit der Nordkettenbahn zur Mittelstation Seegrube (Nordpark).
CHARAKTER | Fast eben bis unterhalb des Kemachers, dann auf dem grasdurchsetztem Schmidhubersteig mäßig steil, zuletzt stark ansteigend in den Frau-Hitt-Sattel. Auf dem stellenweise seilversicherten Ostgrat-Felssteig steil hinauf zum Gipfel. Schwindelfreiheit und Trittsicherheit erforderlich!

In wenigen Minuten gelangt man mit der Nordkettenbahn in den Alpenpark Karwendel – nahe der Stadt Innsbruck und doch weit weg vom Lärm des Alltags. Im Süden glänzen die Gletschergipfel der Stubaier Alpen und im Norden blickt man in das Karwendel hinein.

▶ Von der **Mittelstation Nordkettenbahn Seegrube 01** steigt man in 10 Min. am Rande des Nordpark Freestyle-Geländes zum **Grubegg 02**, 1966 m, hinauf. Leicht bergab, dann fast eben geht es auf dem Hangweg nach Westen. Beim Wegweiser hält man sich rechts und folgt dem markierten Schmidhubersteig mäßig ansteigend in das schrofige Felsgelände. Deutlich steiler führt der schmale Felssteig in vielen Kehren zum **Frau-Hitt-Sattel 03**, 2270 m, hinauf. Diese Felsgestalt hat schon immer zu Geschichten und Sagen angeregt – so wird sie in einer Sage als hartherzige Königin zu Stein verwandelt. Der Weg zur Vorderen Brandjochspitze wendet am Frau-Hitt-Sattel nach links

Vordere Brandjochspitze, 2559 m, im Abendlicht; rechts die Felsgestalt der „Frau Hitt"

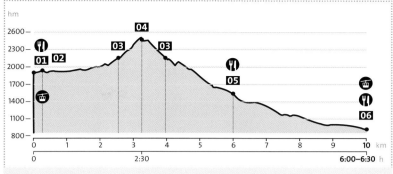

01 Mittelstation Nordkettenbahn Seegrube, 1905 m; **02** Grubegg, 1966 m; **03** Frau-Hitt-Sattel, 2270 m; **04** Vordere Brandjochspitze, 2559 m; **05** Höttinger Alm, 1487 m; **06** Talstation Nordkettenbahn, 868 m

und führt am Ostgrat des Berges steil und stellenweise seilversichert zum Gipfel der **Vorderen Brandjochspitze** **04**, 2559 m, hinauf.

Die Aussicht ist prächtig, und mit etwas Glück kann man im Kar unterhalb der Brandjochspitze einen Steinbock sehen. Der Abstieg erfolgt auf dem Anstiegsweg bis zum Schmidhubersteig. Dann hält man sich rechts und wandert auf dem Steig (Nr. 215) hangabwärts der **Höttinger Alm** **05** zu. Gleich nach dem Gastgarten zweigt rechts der Nisslsteig zur **Hungerburg** **06** ab, dem man über Wiesen und durch Wald folgt.

Am Ostgrat zum Brandjochgipfel

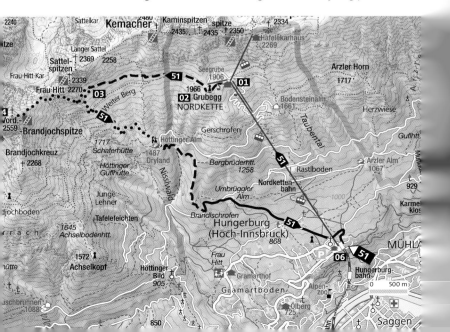

GLEIRSCHKLAMM UND ZUNTERKOPF • 1661 m

Ruhige Tour mit interessantem Klammdurchstieg

 12,8 km   5:15 h   750 hm   750 hm   5 26 026

START | Wanderparkplatz in Scharnitz beim INFO-Zentrum Alpenpark Karwendel, 964 m.
[GPS: UTM Zone 32   x: 671.548 m   y: 5.250.330 m]
ZUFAHRT | Auf der Hauptstraße von Seefeld oder Mittenwald (D) zum INFO-Zentrum.
CHARAKTER | Spannender Klammweg (Schwierigkeit je nach Zustand der Steige) und einfache, aber lange Gipfelwanderung.

Oberbrunnalm, 1523 m

Lange Routen auf Fahrwegen und ein imposanter Klammdurchstieg kontrastieren mit einem bescheidenen, aber ruhigen Gipfelerlebnis.

▶ Vom gebührenpflichtigen **Wanderparkplatz** 01 geht man neben der Isar aufwärts und dann auf einem Sträßchen zur Brücke. Der Zustieg führt am Isarsteig südlich der Isar oder in Gehrichtung links der Isar auf der Straße

dahin, dreht vor dem Schotterwerk rechts ab, quert die Isar und führt am Nederweg weiter, zuletzt 50 Höhenmeter bergab zur Gleirschklamm. Ein mit Drahtseil gesicherter Pfad zwängt sich durch die Klamm, dem wilden Gleirschbach entlang, bis er rechts aus der Klamm heraussteigt und gegen Südwesten zu einem markierten Pfad stößt. Weiter ansteigend bis zu einem breiten Forstweg, der ins Isertal hinaufführt. Dort biegt man rechts ab und geht am Forstweg weiter, bis das Isertal auf der Höhe von 1355 m nach links in einen weiten Almboden ansteigt.

Anfangs führen dort Fahrspuren hinauf, später nur noch ein Pfad, bis wieder die Straße erreicht wird. Die Route knickt links ab und führt zu einer Verzweigung, bei der man rechts abbiegt und in zwei Minuten zur **Oberbrunnalm** 03, 1523 m, gelangt.

Anschließend verläuft der Pfad über einen steilen Weidehang und führt bei der Routenverzweigung rechts weiter.

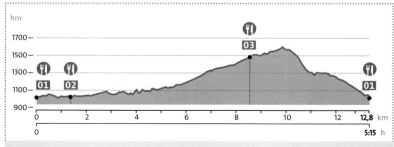

01 Wanderparkplatz Scharnitz, 964 m; 02 Scharnitzer Alm, 1003 m; 03 Oberbrunnalm, 1523 m

Er steigt gegen Nordosten an, dreht links ab und in die weite Kreidensenke. Dort kann man den Bergpfad nach rechts verlassen und weglos, aber leicht über den schütter bewaldeten Rücken gegen Nordosten zur Kuppe des **Zunterkopfs**, 1661 m, aufsteigen.

Abstieg: Der Rückweg vom Gipfel verläuft zunächst entlang der Aufstiegsroute. Von der Kreidensenke fällt das Weglein moderat gegen Nordwesten, später in weit ausholenden Kehren zu einer kleinen Hütte ab und gleich darauf in den Vorderen Kreidengraben. Den Markierungszeichen folgend quert man ein Sträßchen und geht auf der linken Seite des Grabens in den Wald hinein. Nach kurzem Gegenanstieg trifft man am Holzplatz auf einen schmalen Fahrweg, quert auch dieses Sträßchen und nimmt den Weg zur Teufelslochklamm. Am oberen Rand der Klamm

Wildromantischer Weg durch die Gleirschklamm

ist ein schmaler Bach zu queren, und das Weglein führt lange durch schönen Mischwald zu einem Sträßchen. Auf ihm drehen wir links ab, beim Gries wieder rechts, und kehren wieder nach Scharnitz zurück.

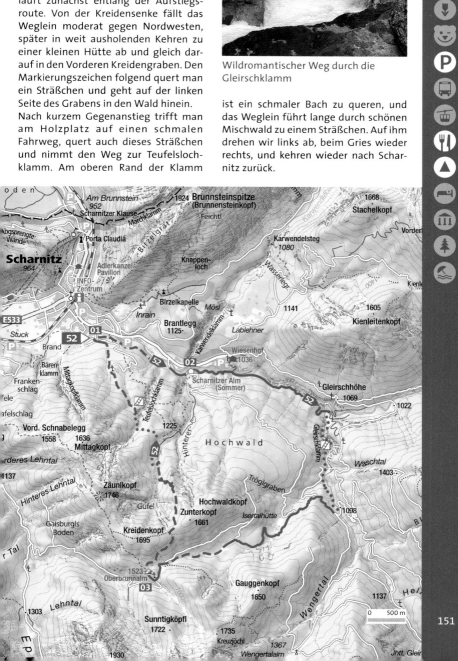

KARWENDELSCHLUCHT BEI SCHARNITZ

Im Reich des Steinadlers

SWAROVSKI
OPTIK

  4,6 km 2:00–3:00 h 150 hm 150 hm 26
5
026

START | Zentrum Scharnitz.
[GPS: UTM Zone 32   x: 670.935 m   y: 5.250.919 m]
ZUFAHRT | Scharnitz ist über die E 533 erreichbar.
CHARAKTER | Markierter Wanderweg, Steig.
TOUR MIT GUIDE | Alpenpark Karwendel, Scharnitz, Tel. +43/(0)5245/28914,
www.tirol.at/natur

Steinadler (Foto: Reinhard Hölzl)

Im Tal bei Scharnitz findet man wunderschöne, artenreiche Blumenwiesen. Neben häufigen Arten wie der Witwenblume oder der Tauben-Skabiose wächst hier auch die Prachtnelke, die in Nordtirol sehr selten vorkommt. Im Karwendeltal hingegen sieht man Pflanzen, die sich mit sehr kargen Schotterbänken zufrieden geben müssen.

Beim Blick nach oben, zu den schroffen Gipfeln des Karwendels, kann man mit hoher Wahrscheinlichkeit in einem Kar ein Gamsrudel erblicken. Das Gebirge ist auch Lebensraum des Königs der Lüfte, des Steinadlers.

Beeindruckend ist der Blick in die Ferne – ins Karwendeltal. Die Schlucht des Karwendelbaches und die Teufelslochklamm mit einem imposanten Wasserfall zeugen von den immensen Kräften des Wassers. Etwas sanfter stellt sich die Landschaft zum Ausklang der Wanderung dar. Am verzweigten Flusslauf in den Isarauen mit ihren Schotterbänken tummeln sich Molche und viele Wasserinsekten. Als Besonderheit unter den Vögeln gilt die Wasseramsel, der einzige heimische Singvogel, der tauchen kann.

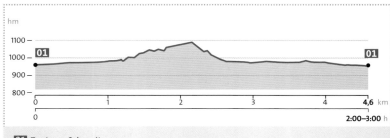

01 Zentrum Scharnitz

Von der Kirche in **Scharnitz** **01** geht man die Isar entlang flussaufwärts bis zur ersten Brücke. Direkt nach der Brücke zweigt links der breite Weg ins Karwendeltal ab. Ihm folgt man bis auf eine Höhe von etwa 1100 m zur Aussichtsbank „Karwendeltal". Hier zweigt nach rechts ein steiler Weg ab: der Karwendelklammsteig. Auf ihm geht es in einigen Kehren hinab bis zur Mündung des Karwendelbaches in die Isar. Am Talboden angelangt, wendet man sich rechts talauswärts, um zur Brücke über die Isar zu gelangen und wandert von dort zurück ins Zentrum von Scharnitz.

Karwendelbach (Foto: Reinhard Hölzl)

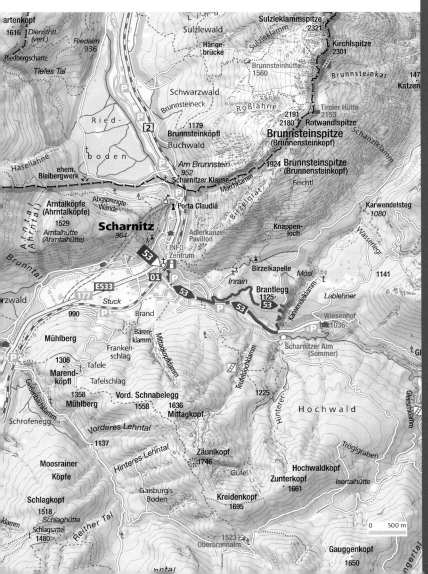

ZIRBENWEG – GLUNGEZER • 2677 m

Naturschönheit nahe der Alpenstadt Innsbruck

  15,8 km 5:00–5:30 h 713 hm 713 hm 36

START | Innsbruck-Igls, Bergstation der Patscherkofelbahn, 1964 m.
[GPS: UTM Zone 32   x: 685.721 m   y: 5.231.582 m]
ZUFAHRT | Von Innsbruck bequem mit der IVB-Buslinie J oder mit dem Auto bis
zur Talstation der Patscherkofelbahn.
CHARAKTER | Aussichtsreiche Höhenwanderung teils auf dem familien-
freundlichen Zirbenweg (Naturlehrweg), teils auf schmalem, steinigen
Bergweg zum Glungezer. Rückweg über Blockgestein und am Zirbenweg.

Diese lohnende Bergwanderung besteht aus zwei unterschiedlichen Tour-
abschnitten: Der 7 Kilometer lange
Zirbenweg ist ein bequemer, auch
für Kinder geeigneter Wander- und

Naturlehrweg mit geringen Steigungen; der Anstieg vom Zirbenweg zum
Glungezer ist allein schon wegen des
größeren Höhenunterschieds anstrengender und länger, bietet aber herrliche

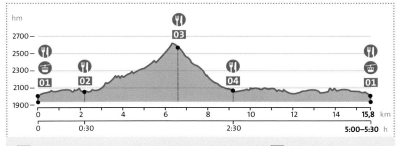

01 Innsbruck-Igls-Bergstation der Patscherkofelbahn, 1964 m; **02** Boscheben, 2035 m; **03** Glungezerhütte, 2610 m; **04** Tulfeinalm, 2035 m

Ausblicke auf das Karwendelgebirge im Norden und die Tuxer und Zillertaler Alpen im Osten und Süden.

▶ Von der **Bergstation der Patscherkofel-Seilbahn** **01** steigt man kurz an und wandert in 30 Minuten auf dem berühmten Zirbenweg (Nr. 350) am Grünbichl vorbei nach **Boscheben** **02** (im Sommer bewirtsch.), 2035 m. Nach 15 Minuten zweigt nach rechts der Glungezer-Höhenweg Nr. 46 ab, der unterhalb der Viggarspitze über Blockhalden und durch Latschenbestände

Der Zirbenweg

Der sieben Kilometer lange Naturlehrpfad durchquert das Landschaftsschutzgebiet Patscherkofel-Zirmberg von der Patscherkofelbahn-Bergstation bis zur Tulfeinalm unterhalb des Glungezers. Uralte Zirbenbestände, flechtenbewachsene Blockschutthalden und ausgedehnte Latschenfelder vermitteln einen Eindruck von der Vielfalt und Schönheit der Alpenlandschaft.

Westlich der Patscherkofel-Bergstation befindet sich der höchstgelegene botanische Garten Österreichs mit einem beschilderten Rundwanderweg, der über die Naturschönheiten dieser Gebirgslandschaft eindrucksvoll informiert.

höher zieht. Kleine Almwiesen und interessante Felsgestalten gestalten den Anstieg abwechslungsreich. Bei einem Wegweiser (rechts ginge es in das Viggartal hinunter) wandert man geradeaus weiter. An der Südseite der Sonnenspitze steigt man auf mäßig steilem Weg in Kehren zu einer Felsmulde hoch, an deren Rand die **Glungezerhütte** 03, 2610 m, liegt. Am Bergkamm erreicht man über den gerölligen Felssteig in wenigen Minuten den aussichtsreichen Gipfel des Glungezers, 2677 m.

Der Abstieg führt zuerst wieder zur Glungezerhütte und folgt rechts dem markierten Steig Nr. 333 über blockiges Felsgelände steil hinunter zum Tulfeinjöchl, 2278 m, wo man auf einen Fahrweg trifft, der nahe der Sessellifttrasse zur **Tulfeinalm** 04, 2035 m, hinunterführt.

Auf dem Zirbenweg wandert man durch uralte Zirbenbestände und Blockhalden bequem zurück zur Patscherkofel-Bergstation.

Naturerlebnis Zirbenweg: Flechtenbewachsene Steine, Lärchen-Zirbenwald und der freie Blick zum Glungezer

PATSCHERKOFEL

Zirbenweg im Landschaftsschutzgebiet

  4,3 km 1:00 h  100 hm 100 hm
34
36
83
036

START | Innsbruck-Igls-Bergstation Patscherkofelbahn, 1964 m.
[GPS: UTM Zone 32   x: 685.721 m   y: 5.231.582 m]
ZUFAHRT | Mit der IVB-Buslinie J von Innsbruck nach Igls, Endhaltestelle „Patscherkofelbahn"; oder mit dem Auto über Igls, großer Parkplatz.
CHARAKTER | Markierter Wanderweg.

Der Zirbenweg durchquert das Schutzgebiet und führt durch uralte Zirbenbestände. Kaum zu glauben, was es hier oben, auf immerhin 2000 m Höhe, noch alles an Leben gibt. Die Zirbe als die kältebeständigste Baumart verträgt Temperaturen von bis zu -50 °C. Zwischen den Bäumen findet man den Stängellosen Enzian oder die Meisterwurz sowie ausgedehnte Zwergstrauchheiden mit Heidelbeeren, Rauschbeeren oder Krähenbeeren. Mit Beeren nicht zu verwechseln sind die „Alpenrosenäpfel", Wucherungen auf der Alpenrose, die

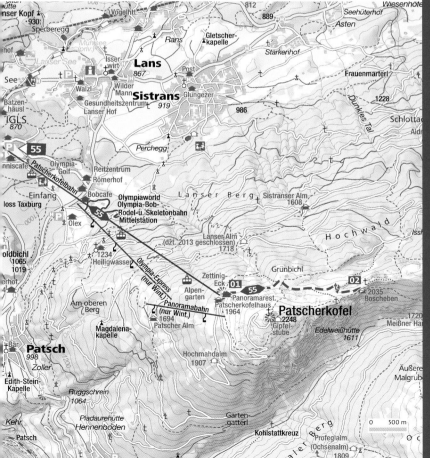

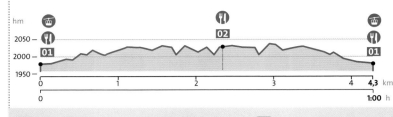

01 Innsbruck-Igls-Bergstation Patscherkofelbahn, 1964 m; 02 Boscheben, 2035 m

durch einen Pilz hervorgerufen werden. Spezialisten für extreme Bedingungen sind die Flechten, die man auch hier immer wieder auf den Steinen beobachten kann.

Ein guter Freund der Zirbe ist der Tannenhäher, hier auch „Zirbengratsch" genannt. Er vergräbt für den Winter einen großen Vorrat an Zirbelnüssen, von denen dann jedes Jahr aus den nicht gefundenen neue Zirben wachsen.

Über eine Wiese mit Gebirgskräutern und vielen verschiedenen Insekten führt, mit Blick ins schöne Viggartal, der Weg zum Grünbichl, wo man in einer Senke den Rest eines Niedermoores mit typischer Moorvegetation bestaunen kann: Torfmoos als wichtigster Bestandesbildner, Igelsegge, Fadenbinse und Wollgras.

▶ Von der **Bergstation der Patscherkofelbahn** 01 folgt man dem gut beschilderten Zirbenweg (Lehrweg) bis zum Alpengasthof **Boscheben** 02. Die Steigung ist sehr moderat, der Weg geht gemütlich dahin und bietet eine beeindruckende Aussicht. Vom Alpengasthaus zurück zur Bergstation nimmt man denselben Weg.

Tannenhäher auf Fichte
(Foto: Reinhard Hölzl)

Rostrote Alpenrose mit Galle
(Foto: Reinhard Hölzl)

ROSENGARTEN BEI PATSCH

Vogelrastplatz im Naturschutzgebiet

  1,7 km 1:00 h  100 hm 100 hm
36
34
83
036

START | Hotel Grünwalderhof.
[GPS: UTM Zone 32   x: 682.981 m   y: 5.231.550 m]
ZUFAHRT | Mit dem Bus vom Innsbrucker Hauptbahnhof bis zur Haltestelle Grünwalderhof; mit dem Auto Autobahnausfahrt Innsbruck-Mitte, Richtung Igls nach Patsch.
CHARAKTER | Spazierweg, kurzes Wegstück schmaler Pfad mit kleiner Steigung.

Das Schutzgebiet, eines der ältesten Tirols, umfasst ca. 60 ha und liegt am Eingang des Wipptals. Die Föhrenwaldinsel am Beginn der Tour birgt einige Besonderheiten, da sich aufgrund des warmen Mikroklimas innerhalb der Insel hier wärmeliebende Pflanzen wie das Sonnenröschen oder die Kartäuser-Nelke angesiedelt haben. Das Großblütige Sonnenröschen gehört zur Familie der Zistrosengewächse, die vor allem im Mittelmeergebiet verbreitet sind. Da

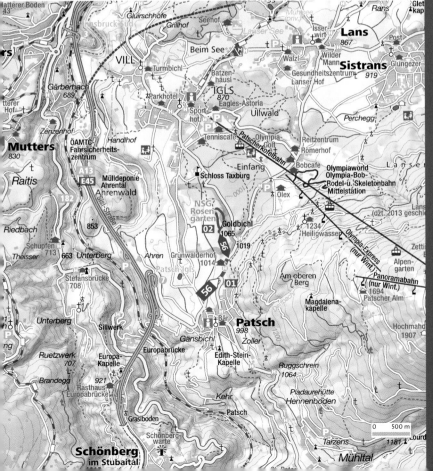

Mäusebussard (Foto: Reinhard Hölzl)

seine Inhaltsstoffe beruhigend wirken und gegen panische Zustände helfen, ist das Sonnenröschen ein Bestandteil der Bachblüten-Notfalltropfen. Die Kartäuser-Nelke ist eine geschützte Pflanze und verdankt ihren Namen dem Eremitenorden der Kartäuser. Die Mönche nutzten die seifigen Inhaltsstoffe – die Saponine – gegen Muskelschmerzen und Rheuma. Die Karthäuser-Nelke ist mit ihrem dichtrasigen Wuchs und ihren derben linealischen, wachsbereiften Blättern sehr gut an Trockenheit angepasst.

Zaunkönig
(Foto: Reinhard Hölzl)

Auf geheimnisvollen, verschlungenen Pfaden geht es in einen artenreichen Mischwald hinein, wo ein alter Kraftplatz erklommen wird. Bemerkenswert ist hier das Vorkommen der Zirbe an sehr tief gelegenen Standorten.

▶ Vom **Hotel Grünwalderhof** **01** wendet man sich nach links, am Parkplatz vorbei, bis man nach etwa 50 Metern links auf einem breiten Spazierweg in das **Naturschutzgebiet** **02** einbiegen kann. Über die Wiesen steigt man leicht an, hält sich bei einer Weggabelung rechts bis zu einem kleinen Föhrenwald. Nach dem Waldstück zweigt man rechts vom breiten Spazierweg ab und steigt, sich leicht links haltend, über Wiesen auf den Wald zu. Im Wald führt ein kleiner Weg auf den Rosenhügel, von dem man, sich links haltend, wieder zum Waldrand gelangt. Diesem folgend macht man sich auf den Rückweg und kommt bald zu dem oben erwähnten schönen Föhrenwäldchen.

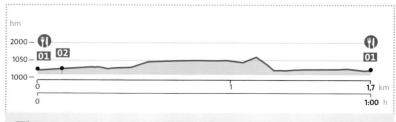

01 Hotel Grünwalderdorf, 1018 m; **02** Naturschutzgebiet, 1025 m

PADAUNER KOGEL • 2066 m

Blumenberg am Eingang ins Valser Tal

  5,5 km 4:30–5:00 h 496 hm 496 hm 36 036

START | Vals, Alpengasthof Steckholzer, 1570 m.
[GPS: UTM Zone 32   x: 691.337 m   y: 5.212.522 m]
ZUFAHRT | A 13 Brennerautobahn bis Ausfahrt Matrei-Steinach und auf der B 182 bis Stafflach, dort links ab nach St. Jodok und Vals.
CHARAKTER | Lohnenswerte Rundwanderung für Naturliebhaber (besonders im Bergfrühling). Schöne Ausblicke zu den Tuxer und Zillertaler Alpen sowie ins Wipptal, Valser Tal und Obernbergtal.
GÜNSTIGSTE JAHRESZEIT | Mai – August.

Das Valser Tal, ein Seitental des Wipptals, übt wegen seiner unberührten Landschaft auf Naturliebhaber einen besonderen Reiz aus. Der Großteil des Valser Tales steht unter Naturschutz und wurde in das Programm Natura 2000 aufgenommen. Der durch seine Form auffallende Padauner Kogel ist wegen seiner Blumenvielfalt ein lohnendes Wanderziel.

▶ Entweder auf dem Fußweg von St. Jodok zum Waldrand und auf dem Jubiläumsweg Nr. 82 zum Alpengasthof Steckholzer (1 Std.) oder mit dem Auto von St. Jodok nach Vals, dort rechts ab über die Valser-Bach-Brücke und auf dem Bergsträßchen hinauf zum **Alpengasthof Steckholzer 01**, 1570 m. Vom kleinen Parkplatz oberhalb des Gasthofs geht man auf dem Asphaltsträßchen südwärts zum **Lar-**cherhof **02**, wo sich der Blick ins Wipptal, zum Sattelberg und zum Brenner öffnet.

Beim kleinen Parkplatz neben dem Larcherhof hält man sich rechts und folgt dem Wegweiser „Padauner Kogel" (Nr. 83) dem Zaun entlang zum Waldrand (schöne Raststelle). Von dort geht es recht steil in Kehren durch den Bergwald, bis man bei einer kleinen Materialseilbahn die Padauner Mäder erreicht. Schon hier wird man von Trollblumen, Enzianen und Knabenkräutern begrüßt. Auf dem breiten Bergrücken wandert man nach Norden dem Gipfel zu – im Mai kann man entlang des Weges auch schon die blassgelbe Schwefel-Küchenschelle bewundern.

Die Gipfelkuppe des **Padauner Kogels 03** bietet herrliche Tiefblicke ins Valser Tal, Wipptal und Obernbergtal. Der Abstiegsweg (Nr. 83) führt vom schlich-

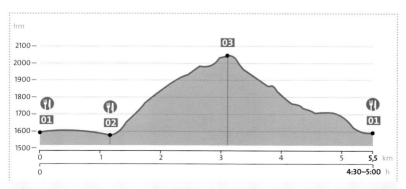

01 Alpengasthof Steckholzer, 1570 m; **02** Larcherhof, 1567 m; **03** Padauner Kogel, 2066 m

ten Gipfelkreuz auf dem Nordostrücken steil hinunter auf eine kleine Bergwiese mit knorrigen Zirben. Dem Hinweisschild „Gasthaus Steckholzer, Padaun" folgend hält man sich rechts und steigt auf dem Waldweg in Serpentinen abwärts. Auf dem gut markierten Steig

geht es in wechselndem Gefälle bergab. Bei einer Wegverzweigung folgt man nach rechts dem Hinweisschild „Gasthaus Steckholzer" (Nr. 82 A), wo man auf dem etwas steilen Waldweg zu einem Karrenweg gelangt, der zum Alpengasthof Steckholzer zurückführt.

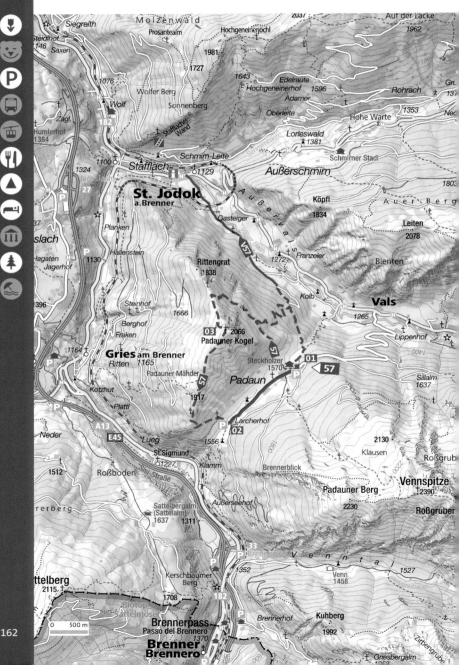

Valser Tal · Natura 2000

Das 6 Kilometer lange Valser Tal, ein Seitental des Wipptals, erstreckt sich von St. Jodok bis zum Tuxer Hauptkamm mit seinen mächtigen Berggestalten. Über 35 km² des inneren Valsertals stehen unter Naturschutz (Natura-2000-Gebiet). Der Name Valser Tal leitet sich wie das gleichnamige Tal in der Schweiz vom lateinischen „vallis" (Tal) ab und wurde einst von rätoromanischen Bauern als Almgebiet genutzt. Bemerkenswert ist die vielfältige Vegetation dieses Gebiets. Mehr als 400 Pflanzenarten besiedeln dieses Gebiet, darunter zahlreiche seltene und geschützte Arten. Der für seinen Blumenreichtum bekannte Padauner Kogel erhebt sich am westlichen Rand des Naturschutzgebiets Valser Tal.

Blick zum Padauner Kogel, 2066 m

SALFAINS • 2000 m

Kleiner Bergsee mit „Dolomitenblick"

  11,3 km 5:00–5:30 h 1016 hm 1016 hm  36 83

START | Grinzens, 984 m (Bushaltestelle). Gebührenpflichtiger Parkplatz beim Sport-Café.
[GPS: UTM Zone 32   x: 670.381 m   y: 5.232.534 m]
ZUFAHRT | A 12 bis Ausfahrt Zirl-Ost, Landesstraße über Axams nach Grinzens oder vom Brenner auf der A 13 bis Ausfahrt Innsbruck-Süd, Landesstraße über Mutters nach Axams und Grinzens.
CHARAKTER | Einfache Bergwanderung zu einem fantastischen Aussichtspunkt; Forststraßen sowie stellenweise schmale und steile Waldpfade.

Kalkkögel: da werden selbst die Dolomiten neidisch ...

Ein Platz zum Träumen: Stille und Weite ringsum, ein Horizont von der Zugspitze bis zu den Sellrainer Dreitausendern, – und in einer stillen Lacke spiegelt sich die imposante Zackenparade der Kalkkögel ...

▶ Der Weg zum nördlichen Eckpunkt des Fotscher Kammes ist nicht schwierig. Man wandert auf der anfangs noch asphaltierten Straße in Richtung Kemater Alm durch das bewaldete Senderstal aufwärts, vor-

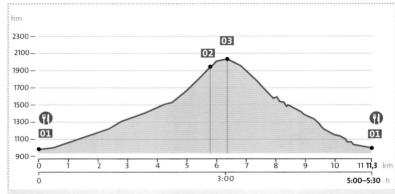

01 Parkplatz Sportcafe, 984 m; 02 Östliches Ufer Salfainssee, 1972 m; 03 Salfains, 2000 m

Schaflegerkogel

Auch von der Kemater Alm aus empfiehlt sich Salfains als Tourziel. Ist man durch das Senderstal zur Abzweigung hinabgewandert und zum Schönangerl aufgestiegen, kann man anschließend den östlichen Fotscher Kamm überschreiten. Stets die Kalkkögel vor Augen, geht es über den Grieskogel, den Breitschwemmkogel und den Angerbergkopf bis zum Kreuz auf dem Schaflegerkogel, 2405 m, anfangs auf einem Pfad, später weglos durch Gras- und Blockgelände. Schließlich steigt man erst rechts, dann links neben dem Grat ins Kreuzjöchl ab, wendet sich auf dem Weg Nr. 119 links ins hintere Senderstal hinab und gelangt auf einem rauen Fahrweg zurück zur Kemater Alm (gesamt 6:00 Std., Trittsicherheit notwendig!).

bei an zwei Holzkapellen. Nach etwa 4 km erreicht man die freien Flächen der Wechselmähder (Kaserl). Kurz nach dem Weiderost geht es rechts über die Brücke (Wegweiser „Salfains-Alm, Salfains") und auf der ansteigenden Forststraße durch den Wald zu einer Wiese. Bei der Abzweigung hält man sich links und biegt kurz danach scharf rechts auf den beschilderten Wanderweg ab, der durch eine breite Waldschneise aufwärts führt. An einer Straßenkehre vorbei gelangt man zur Hütte der Salfainsalm.

Dem Wegweiser „Salfains" folgt man durch lichten Zirbenwald auf eine Anhöhe mit Kreuz, links durch ein grünes Hochtal und schließlich rechts zum **Salfainssee 02** (Schönangerlsee). Darüber erhebt sich die höchste Kuppe auf **Salfains 03**.
Abstieg zum vorgelagerten Kreuz („Figl") nach Norden und auf dem Waldrücken zur Wiese mit der Nederer Hütte. Auf dem Steig durch den Nederer Amtswald – vorbei an einer Quelle – zu einem Forstweg, auf dem man rechts nach Grinzens absteigt.

MUTTERER ALM

Molche in der Hirschlacke

  4,3 km 2:00 h 0 hm 770 hm 36
83
036

START | Talstation der Mutterer-Alm-Bahn.
[GPS: UTM Zone 32   x: 679.151 m   y: 5.232.640 m]
ZUFAHRT | Die Talstation der Mutterer-Alm-Bahn liegt am südwestlichen Ende von Mutters. Die Zufahrt ist im Zentrum von Mutters gut beschildert.
CHARAKTER | Wanderweg.
TOUR MIT GUIDE | Hotel Seppl, Mutters, Tel. +43/(0)512/548455, www.tirol.at/natur

Sumpfdotterblume (Foto: Reinhard Hölzl)

Lohnenswert ist schon der Rundumblick von der Bergstation auf die Gipfel des Ruhegebietes der Kalkkögel und auf das Inntal mit seiner markanten Nordkette. Grob lassen sich selbst von weitem die verschiedenen Vegetationszonen auf den Bergen erkennen: Laubwald im Tal, Fichten im Bergwald und Latschen oberhalb der Waldgrenze.

Vorbei an künstlich angelegten Speicherteichen, die Erdkröten und Grasfrösche schon als Laichplatz erobert haben, kommt man in einen angenehm kühlen Fichtenwald. Hier wachsen unterschiedliche Farne wie der Adlerfarn oder der Rippenfarn.

Im Wald befindet sich die Hirschlacke, eine kleine Senke mit einem Moortümpel, die umgeben ist von Sumpfdotterblumen und Torfmoosen und Lebensraum für eine Vielzahl von Amphibien und Insekten bietet. Libellen wie die Große Königslibelle oder der Vierfleck

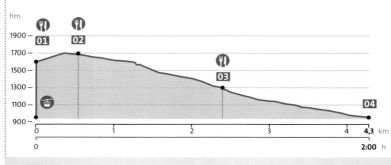

01 Bergstation Mutterer-Alm-Bahn, 1608 m; **02** Sennalm, 1597 m; **03** Nockhof, 1264 m;
04 Talstation Mutterer-Alm-Bahn, 953 m

Erdkröte (Foto: Reinhard Hölzl)

tummeln sich in der Luft. Im Wasser findet man Bergmolche, Wasserläufer, Ruderwanzen und Wasserkäfer.

▶ Nach der **Bergfahrt** `01` mit der Mutterer-Alm-Bahn wendet man sich nach rechts und geht die wenigen Meter zum Speicherteich. Nun folgt man dem breiten „Neuen Almweg" an der **Sennalm** `02` vorbei, bis nach links der Weg zur Hirschlacke abzweigt (Wegweiser). Von dieser erreicht man durch den Wald absteigend wieder den „Neuen Almweg".

Ihm folgt man bis zur zweiten, breiten Schiabfahrt. Man steigt die Schipiste hinab bis zum **Nockhof** `03`. Bei dem Gasthof biegt man rechts ab und kommt abermals auf den „Neuen Almweg", dem man etwa 100 Meter nach links folgt. Hier zweigt ein Steig rechts in den Wald ab, über den man leicht ansteigend zum Mühlbach gelangt. Der Weg bleibt im Tal, das der kleine Bach gebildet hat, und erreicht kurz vor der **Talstation der Mutterer-Alm-Bahn** `04` wieder den breiten Fahrweg.

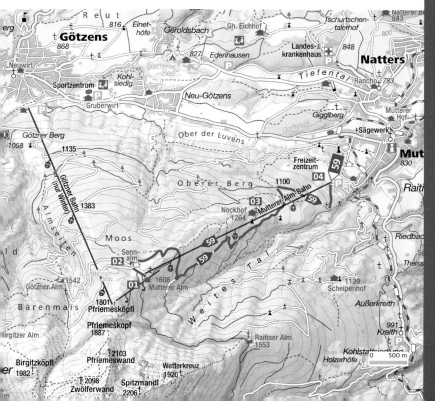

RAITISER FELDER BEI MUTTERS

Sonnenhänge mit Schmarotzerpflanzen

SWAROVSKI
OPTIK

 5,5 km 2:00 h 100 hm 100 hm 36 036 83

START | Hotel Seppl in Mutters.
[GPS: UTM Zone 32   x: 679.925 m   y: 5.233.462 m]
ZUFAHRT | Autobahnausfahrt Innsbruck-Süd, beim Kreisverkehr nach
Mutters, kurz vor dem Zentrum von Mutters rechts in die Natterer Straße
einbiegen. Das Hotel Seppl liegt dann gleich rechter Hand unterhalb der
Straße.
CHARAKTER | Wanderweg.
TOUR MIT GUIDE | Hotel Seppl, Mutters, Tel. +43/(0)512/548455,
www.tirol.at/natur

Bei der gemütlichen Wanderung durch
Wald und Wiesen gibt es neben der
wunderschönen Aussicht auf die umliegenden Kalkgebirge sehr viel an Natur
zu entdecken. Eine abgestorbene Ulme
am Weg erinnert an das Ulmenster-
ben. Ursache dafür ist ein aus Ostasien
eingeschleppter Pilz, der durch den Ul-
mensplintkäfer verbreitet wird. Ein weiterer Baumschädling ist der Buchdru-
cker, der in der Rinde von Bäumen das
Bastgewebe zerstört.
Heraus aus dem Wald kommt man
vorbei an brachen Äckern mit Pflanzen
wie Franzosenkraut, Hirtentäschel und
Flohknöterich – alles so genannte „Un-
kräuter", einjährige Pflanzen, die neue
Lebensräume rasch und umfangreich

Wiesen-Löwenzahn (Foto: Reinhard Hölzl)

besiedeln können. Im Gegensatz dazu
wachsen auf den Wirtschaftswiesen
konkurrenzstarke, mehrjährige Arten
wie der Löwenzahn.

Buchfink, männlich (Foto: Reinhard Hölzl)

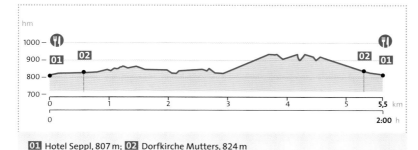

01 Hotel Seppl, 807 m; **02** Dorfkirche Mutters, 824 m

Interessant ist die Lebensweise so genannter Schmarotzerpflanzen, die ihre organische Nahrung ganz oder teilweise auf Kosten anderer Pflanzen beziehen. Sommerwurz, Mistel, Wachtelweizen und Klappertopf sind Beispiele für solche Parasiten.

▶ Vom **Hotel Seppl** **01** geht man zuerst zur **Dorfkirche von Mutters** **02**, hält sich am Kirchplatz links und kommt in eine Straße namens „Rauschgraben". Hier zweigt rechter Hand der Mühlleitensteig ab, der quer über einen sonnigen Steilhang ins Wol-

fensbergl, einen kleinen Föhrenwald, führt. Über eine Holzbrücke überquert man den Mühlbach, bis man nach einem kurzen Anstieg ganz unerwartet vor dem Patscherkofel steht und damit auf dem Plateau von Raitis angekommen ist. Durch den Stillerhof geht es vorbei an der Haltestelle Raitis zur Straße nach Kreith. Diese wird überquert und man gelangt auf den Rundweg Raitis, der am Waldrand entlang der Raitiser Felder führt. Beim Hof Moar kommt man wieder zurück auf die Asphaltstraße nach Mutters und im Rauschgraben mündet die Strecke wieder in den Hinweg.

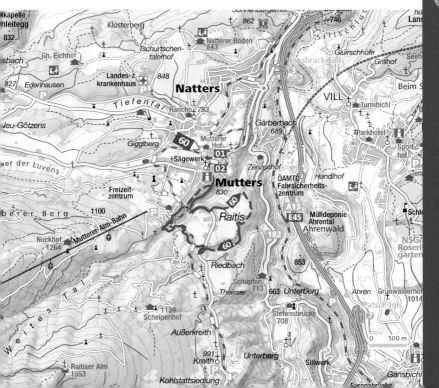

RUND UM DIE KALKKÖGEL

Großes Panorama und schroffe Felsen

  19 km　 8:00–9:00 h　 1000 hm　 2150 hm　 36 83

START | Fulpmes, 937 m; Parkplatz bei der Talstation Schlick 2000.
[GPS: UTM Zone 32　x: 677.662 m　y: 5.225.134 m]
ZUFAHRT | A 13 bis Ausfahrt Schönberg-Stubaital, B 183 bis Fulpmes.
CHARAKTER | Schönste Umrundung der Kalkkögel, gut bezeichnete Wege, mäßig schwierig, herrliche Aussicht; Ausdauer erforderlich!

▶ Schon die Auffahrt von Fulpmes mit der Gondelbahn „Schlick 2000" eröffnet ab der Zwischenstation Froneben herrliche Ausblicke auf den Serleskamm im Süden und die Kalkkögel im Norden. Vom aussichtsreichen Plateau bei der **Kreuzjoch-Bergstation** 01, 2100 m, geht es zunächst leicht bergab zur **Zirmachalm** 02, 1936 m. Dort zweigt vom breiten Almweg links der markierte Wanderweg ab, der mäßig ansteigend zuerst auf Almwiesen, dann über zwei Felsplateaus auf schottrigem Steig zum **Schlicker Schartl** 03, 2456 m, hinaufführt (2 Std.).
Durch Geröll am Fuß der Schlicker Seespitze zieht der markierte Steig Nr. 116 an zwei kleinen Seen vorbei zum **Seejöchl** 04, 2518 m. Nordseitig des Jöchls geht es zuerst auf einem Bergpfad, dann auf breitem Weg über Bergwiesen in 1:30 Std. hinunter zur **Adolf-Pichler-Hütte** 05, 1977 m. Um mehr Zeit zum Schauen und Fotografieren zu haben, oder auch um die Kräfte zu schonen, ist eine Übernachtung zu empfehlen.
Von der Adolf-Pichler-Hütte zieht der Weg 17/113 über Geröll steil nach oben zur Einmündung in den vom Seejöchl herführenden Pfad, den man wählen kann, wenn kein Hüttenbesuch geplant ist.
Unter den Felswänden des Steingrubenkogels und der Hochtennspitze folgt man dem Steig bis vor den Hoadlsattel, 2264 m. Dort biegt man rechts ab und wandert auf dem Hochtennbodensteig Nr. 16/111, auf den **Widdersbergsattel** 06, 2262 m (2 Std.), und jenseits hinab ins Lizumer Kar. Unter den Nordabstürzen der Marchreisenspitze und des

Ampfersteins geht es auf eine aussichtsreiche, mit Latschen bewachsene Kuppe und absteigend zum Halsl, 1992 m. Hier wenden wir uns nach rechts und gehen zum Issboden, 1672 m, hinunter, wo uns ein Wegweiser die Abstiegsmöglichkeiten anzeigt: über die **Pfarrachalm** 07,

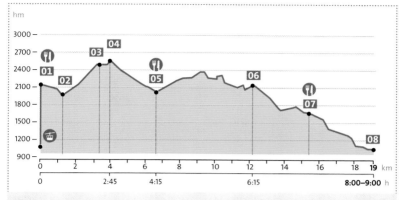

01 Bergstation Schlick 2000, 2100 m; **02** Zirmachalm, 1936 m; **03** Schlicker Schartl, 2456 m; **04** Seejöchl, 2518 m; **05** Adolf-Pichler-Hütte, 1977 m; **06** Widdersbergsattel, 2262 m; **07** Pfarrachalm, 1740 m; **08** Talstation Schlick 2000, 1937 m

1740 m, auf dem Forstweg oder auf steilem Fußweg durch Wald nach Telfes und weiter zur **Talstation** **08** der Gondelbahn.

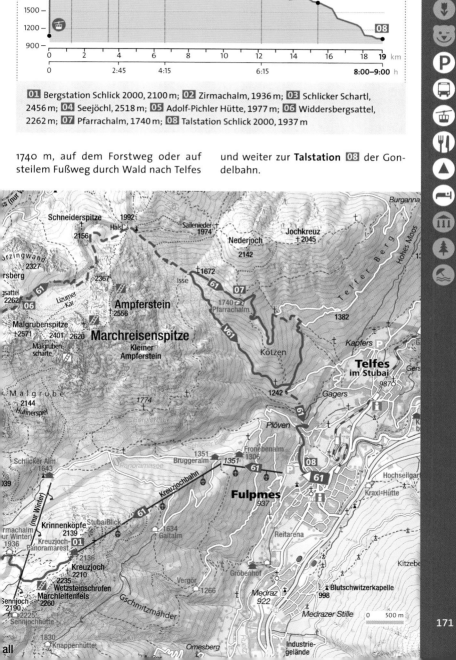

Zu den höchstgelegenen Schwaighöfen im Stubai

  19,9 km 6:00–6:30 h 716 hm 716 hm 36 83

START | Neustift im Stubaital, Milders, 1026 m.
[GPS: UTM Zone 32   x: 673.934 m   y: 5.219.206 m]
ZUFAHRT | Brenner-Autobahn A 13 bis Ausfahrt Schönberg-Stubaital, auf der B 183 nach Neustift und im Ortszentrum rechts nach Milders.
CHARAKTER | Leichte, aber sehr abwechslungsreiche und für Naturliebhaber sehr reizvolle Talwanderung über üppige Almwiesen zu den ältesten Schwaighöfen des Stubais.
GÜNSTIGSTE JAHRESZEIT | Juni – August.

An den Sonnenhängen des Oberbergtals entstanden schon im 12. und 13. Jahrhundert „Schwaighöfe" – hochgelegene Bauernanwesen, deren Bewohner aufgrund der klimatischen Bedingungen fast ausschließlich von der Viehwirtschaft leben mussten. Diese jahrhundertealte Kulturlandschaft mit ihrer kräuter- und blütenreichen Almflora sorgt nicht nur für gesunde Naturprodukte, sondern hält auch für Naturliebhaber nachhaltige Eindrücke und Begegnungen bereit.

▶ Die Route beginnt am nordöstlichen Ortsrand von **Milders 01** und führt anfangs als Fußweg, dann auf der Fahrstraße entlang des Oberbergbachs in das Oberbergtal. Wo die Straße bei der Brücke scharf nach rechts biegt, geht man geradeaus auf dem Wanderweg weiter zur ersten Talsiedlung mit den Gasthöfen **Alt Bärenbad 02** und **Bärenbad 03**, 1261 m (45 Min.). Hier wechselt man über die Brücke auf die Sonnseite nach Oberberg. Im Auf und Ab werden die Höfe Teiser, Salcher, Roacher und

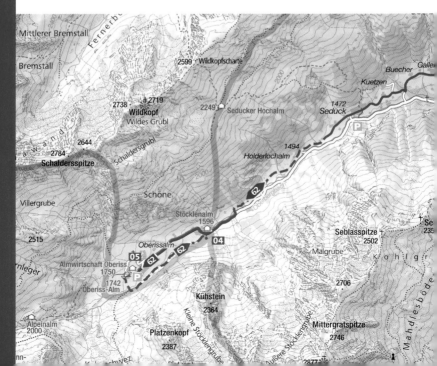

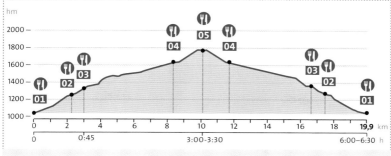

01 Neustift im Stubaital, Milders, 1026 m; **02** Alt Bärenbad, 1248 m; **03** Alpengasthof Bärenbad, 1261 m; **04** Stöcklenalm, 1596 m; **05** Oberisshütte, 1742 m

Galler passiert, ehe man beim Gasthof Alpenfrieden in Seduck, 1472 m, eintrifft. Die eigentliche Fahrstraße und der Wanderweg verlaufen bis zur **Stöcklenalm 04**, 1596 m, im hinteren Talabschnitt, auf der rechten Seite des Oberbergbaches. Der eingangs den Weg säumende lichte Bergwald tritt zur Talmitte deutlich zurück und macht Mähwiesen und Weideflächen Platz, gleichzeitig treten vermehrt Blütenpflanzen wie Alpenrosen, Habichtskräuter, Nelken und Enziane in den Vordergrund. Eine weitere Steigerung in der Farbenvielfalt erfährt die Blumenflora im erweiterten Talbe-

reich, zwischen der Stöcklenalm und der **Oberisshütte 05**, 1742 m.

Diese kleine Almsiedlung ist auch Ziel- und Umkehrpunkt dieser Hochtal-Wanderung. Nach Rast und Stärkung beginnt der Rückweg auf der rechten Bachseite in Richtung Stöcklenalm. Talauswärts, dem stetig leicht fallenden Weg folgend, bietet sich Gelegenheit, all die auffallenden Blumenschönheiten nochmals zu genießen. Neben den herrlichen Blumen tragen auch die alten Bauernhöfe und Siedlungen dazu bei, dass diese Wanderung zum Erlebnis wird.

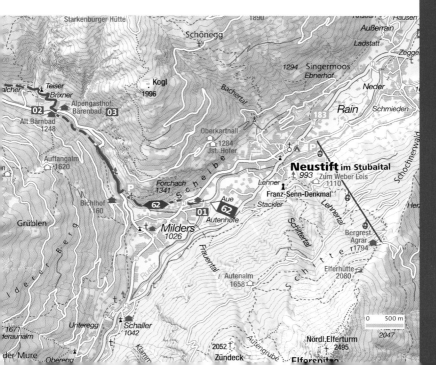

FRANZ-SENN-HÜTTE • 2149 m – RINNENSEE – RINNENSPITZE • 3000 m

Gipfelglück mit Gletscherblick

  10,8 km 8:30–9:00 h 1250 hm 1250 hm 36 83

START | Oberisshütte im hinteren Oberbergtal, 1742 m.
[GPS: UTM Zone 32   x: 666.507 m   y: 5.218.023 m]
ZUFAHRT | Brenner-Autobahn A 13 bis Ausfahrt Schönberg-Stubaital, auf der
B 183 nach Neustift, im Ortszentrum rechts nach Milders und wieder rechts in
das Oberbergtal (gebührenpflichtiger Parkplatz).
CHARAKTER | Großartige Bergwanderung auf gut markierten, aber stellenweise
steilen und steinigen Steigen, die in hochalpines Gelände führen. Der
Gipfelanstieg zur Rinnenspitze erfordert Trittsicherheit und Schwindelfreiheit!

Der „Namenspatron" erlebte die Eröffnung der nach ihm benannten Hütte im Alpeiner Tal, dem hochalpinen Hintergrund des Oberbergtals, nicht mehr: Der „Gletscherpfarrer" Franz Senn, einer der Gründer des Deutschen Alpenvereins, starb 1884 in Neustift, wo er seine letzten Lebensjahre verbrachte. Das mittlerweile stattliche Schutzhaus steht nach wie vor in seiner Tradition – als bestens bewirtschaftetes Zentrum einer „alpinen Erlebniswelt", deren Angebot vom gemütlichen Familienspaziergang zum Alpeiner Ferner über den spektakulären Schlucht-Klettersteig im „Höllenrachen" bis zu der Eistour auf die Ruderhofspitze reicht.

▶ Der Hüttenzustieg ist nicht zu verfehlen. Er führt als anfangs breite Trasse (Nr. 131) von der **Oberissalm** 01 taleinwärts. Bei der folgenden Abzweigung geht man nach rechts und auf dem schmäleren Weg in vielen Serpentinen durch den schütter bewaldeten Hang zum Appler hinauf. In geringer Steigung zum moorigen Boden der **Alpeinalm** 02 (links zur Almhütte). Über eine Steilstufe steigt man zur weithin sichtbaren **Franz-Senn-Hütte** 03, 2149 m, hoch. Hinter der Hütte überquert man auf einem Holzsteg den Bach, biegt rechts auf den Franz-Senn-Weg Nr. 132 in Richtung Starkenburger Hütte ab und steigt zu einem felsigen Eck über einer kleinen

Eisige Schönheit: Blick von der Rinnenspitze, 3000 m, auf den Lüsener Ferner

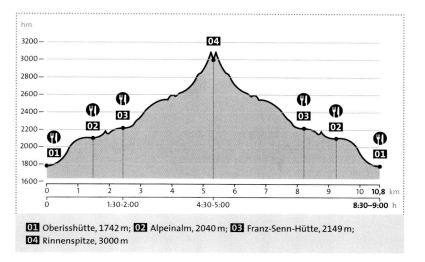

hm

01 Oberisshütte, 1742 m; **02** Alpeinalm, 2040 m; **03** Franz-Senn-Hütte, 2149 m;
04 Rinnenspitze, 3000 m

Schlucht empor. Dahinter teilt sich der Weg. Man folgt dem Steig in Richtung „Rinnensee" quer durch den steilen Gras- und Schutthang auf eine Kuppe (Bank und herrlicher Gletscherblick). Nach rechts, über einige Wasserläufe in einer Mulde („Rinnensumpf") und über einen weiteren Hang hinauf. Bei der folgenden Abzweigung lohnt es sich, durch das Blockchaos zur Rinnengrube hochzusteigen, wo der malerische Rinnensee liegt. Vom Rinnensee geht man auf der nach rechts führenden Wegspur durch Block-

werk dem Ostgrat der Rinnenspitze zu. Beim Grat angelangt, steigt man auf dem klettersteigähnlichen Felssteig, manchmal recht luftig, dem **Gipfelkreuz 04** zu.

Der Abstieg gewährt nochmal beeindruckende Tiefblicke auf den Lüsener Ferner, erfordert aber ganze Aufmerksamkeit und Vorsicht! Nach der „Gratkletterei" gelangt man auf dem Anstiegsweg wieder über Blockwerk und zum Rasten einladende Bergwiesen hinunter zur Franz-Senn-Hütte.

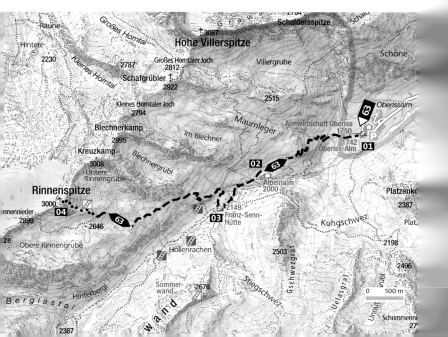

OBERNBERGER SEE

Bergsturz und Blumenwiesen

SWAROVSKI
OPTIK

  9,8 km   3:00–4:00 h   250 hm   250 hm
34
36
44
83

START | Almi's Berghotel.
[GPS: UTM Zone 32   x: 684.108 m   y: 5.209.851 m]
ZUFAHRT | Nach Obernberg, kurz vor der Kirche auf der linken Seite.
CHARAKTER | Forstweg, markierter Wanderweg.

Obernberger See im Herbst
(Foto: Reinhard Hölzl)

Auf den Weideflächen im Tal gedeihen unglaublich viele verschiedene Pflanzenarten, darunter auch Alpenschwemmlinge. Die Gebirgspflanzen, deren Samen durch Flüsse hierher ins Tal gebracht wurden, kommen mit dem kargen Untergrund gut zurecht. Ein magischer Platz ist Siebenquellen, wo drei Bäche zusammenkommen und man noch einen weitgehend natürlichen Bachverlauf vorfindet. Das saubere, kühle Wasser schmeckt köstlich. Es bietet Lebensraum für verschiedene Tiere wie Wasseramseln oder Bachforellen. Glanzlicht der faszinierenden Landschaft ist der Obernberger See, eingebettet zwischen den schroffen Dolomit-Felsen des Tribulaun und den sanften Kuppen der Allerleigrubenspitze.

▶ Von **Almi's Berghotel** **01** gelangt man über den Parkplatz zum Wanderweg Richtung Obernberger See. Es geht den Seebach entlang über Weidewiesen und durch einen lichten Lärchenwald zu den Siebenquellen. Hier treffen drei

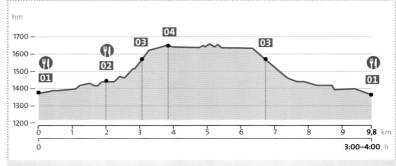

01 Almi's Berghotel, 1385 m; **02** Waldesruh, 1439 m; **03** Obernberger See, 1594 m;
04 Kapelle Maria am See, 1618 m

Bäche zusammen: der Quellbach, der Seebach und der Bach von Hinterenns – sofern er Wasser führt. Die Strecke folgt nun ein kurzes Stück dem Fahrweg zum Obernberger See, bis bei der Unterreinsalm links ein Steig zur Oberreinsalm abbiegt. Dieser Weg führt über Almwiesen recht steil hinauf zum **Obernberger See 03** (derzeit kein Gastbetrieb). Nun folgt man dem Fahrweg auf der linken Seite des Sees, vorbei an der **Kapelle Maria am See 04**, bis zur Abzweigung zur Steineralm. Hier hält man sich rechts und geht das Seeufer entlang durch einen Fichtenblockwald zu zwei Jagdhütten. Ein kleiner Steig, der rechts abgeht, führt wieder zurück zum See und immer direkt am Ufer entlang zum Gasthof Obernberger See. Für den Rückweg nimmt man am besten den gemütlichen

Rehgeiß (Foto: Reinhard Hölzl)

Fahrweg, der in einigen Kehren zurück zur Waldesruh und den Siebenquellen führt. Zum Ausgangspunkt gelangt man entweder über die wenig befahrene Straße oder über den Wiesenweg.

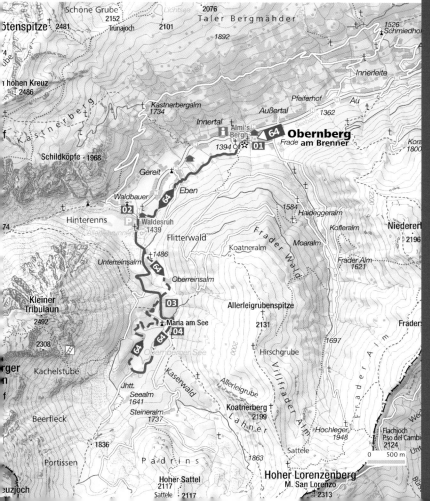

LICHTSEE IN OBERNBERG

Lärchenwiesen und Enziane

SWAROVSKI
OPTIK

  9,3 km   3:00–4:00 h   700 hm   700 hm

34
36
44
83

START | Almi's Berghotel.
[GPS: UTM Zone 32   x: 684.108 m   y: 5.209.851 m]
ZUFAHRT | Nach Obernberg, kurz vor der Kirche auf der linken Seite.
CHARAKTER | Markierter Wanderweg.

Bekannt ist das Schutzgebiet von Obernberg für seine ausgedehnten Lärchenwiesen. Es sind die größten Bestände Tirols, im 15./16. Jahrhundert durch selektive Ausholzung entstanden. Zur Waldgrenze hin lichtet sich der Wald, die Lärchen und Fichten werden spärlicher und von Grünerlengebüsch abgelöst. Auf über 2000 m Seehöhe liegt idyllisch inmitten der Bergmähder der Lichtsee, in dem sich der mächtige Obernberger Tribulaun spiegelt. Im Spätsommer sind Heidel- und Preiselbeeren hier oben eine willkommene Jause. Zwischen den Zwergsträuchern gedeihen Flechten wie das Isländische Moos oder die Rentierflechte. Beim Abstieg über die Bergwiesen kann man neben dem Silikat-Glocken-Enzian auch den selten gewordenen Punktierten Enzian sehen.

Auf den Schutthalden des ehemaligen Bergbaugebietes in Hinterenns lassen sich wunderschöne Mineralien finden. Mit etwas Glück sieht man dort sogar einen Adler in der Thermik kreisen.

▶ Der Weg zum Lichtsee startet direkt gegenüber vom **Nature Watch Almi's Berghotel** 01 und ist von Anfang an recht steil. Man überquert die Bundesstraße und folgt einer alten Seilbahn, mit der früher Heu ins Tal geführt wurde. Gleichbleibend steil geht es bergan, eine Forststraße wird gequert. Erst oberhalb der Waldgrenze, kurz bevor man den malerischen **Lichtsee** 02 erreicht, wird der Anstieg sanfter.
Der Abstieg durch blumenreiche Bergwiesen ist gemütlich, ab der **Kastnerbergalm** 03 (1734 m) sogar sehr einfach. Man folgt am besten dem brei-

Gelbe Lärchen bei Obernberg (Foto: Reinhard Hölzl)

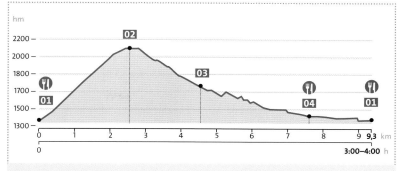

01 Almi's Berghotel, 1385 m; **02** Südufer Lichtsee, 2101 m; **03** Kastnerbergalm, 1734 m; **04** Waldesruh, 1439 m

ten Fahrweg Richtung Hinterenns. Von dort gelangt man in wenigen Minuten zur **Waldesruh** **04** und dem großen Parkplatz von Obernberg. Durch den lichten Lärchenwald und über die Wei-

den im Tal führt ein gemütlicher Wanderweg zu einer Brücke über den Seebach. Weiter geht es über die Wiesen des Obernbergtales zurück zum Ausgangspunkt.

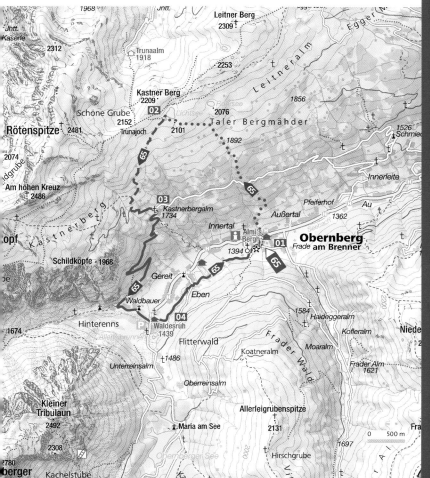

PEILJOCH • 2672 m

Dresdner Hütte, 2308 m – Sulzenauhütte, 2191 m
„Gletscher schauen" auf dem Stubaier Höhenweg

  9,5 km 5:00 h 360 hm 970 hm  36
83

START | Mutterberger Alm am Ende der Straße durch das Stubaital, Talstation
der Stubaier Gletscherbahn, 1720 m (Bushaltestelle, Parkplatz). Mit der Seilbahn
zur Mittelstation bei der Dresdner Hütte, 2308 m.
[GPS: UTM Zone 32   x: 662.681 m   y: 5.207.066 m]
ZUFAHRT | Brenner-Autobahn A 13 bis Ausfahrt Schönberg-Stubaital, auf der
B 183 nach Neustift und weiter zur Stubaier Gletscherbahn im Talschluss.
CHARAKTER | Hochalpine Bergwanderung ins Gletschergebiet auf schmalen,
aber gut markierten Pfaden – stellenweise auch im lockeren Moränenschutt,
der besondere Trittsicherheit erfordert. Bei Schneelage und Vereisung ist die
Peiljoch-Tour gefährlich!

Es gibt nicht viele Übergänge vom Schlag des Peiljochs. Der Blick vom Joch zum Sulzenauferner, der direkt gegenüber wie ein Eis gewordener Wasserfall vom Zuckerhütl und vom Wilden Pfaff herabhängt, ist atemberaubend. Dieses Gipfelpanorama ist ein Erlebnis, das man sich erwandern sollte.

► Von der **Seilbahnstation 01** wandern wir auf dem Zentralalpenweg 02/102 Richtung Sulzenauhütte über den Fernaubach und bald steiler über Schutt zu einer Wegteilung hinauf. Rechts weiter auf dem Weg 02/102 zum Peiljoch abzweigen und in Serpentinen zu einer Felskante empor. Dahinter durch ein flaches Schuttkar ins **Peiljoch 02** (2672 m) unter dem Großen Trögler.
Zur Sulzenauhütte geht's durch einen steilen Hang zum Moränenrücken über dem Sulzenauferner hinab. Davor rechts auf den „WildeWasserWeg" auf den Moränenrücken und auf der anderen Seite zum untersten Eisfeld hinunter. Links am Eissee vorbei, über Felsplatten und durch den Schutthang neben dem Gletscherbach abwärts. Unten auf dem flachen Talboden mündet der alte Abstiegsweg vom Peiljoch ein; danach zeigt der Wegweiser zum Lübecker Weg/Aperen Freiger rechts den Abstecher zur Blauen Lacke an (ca. 10 Min.). Geradeaus erreicht man die Einmündung eines Pfades, der vom Großen Trögler herabzieht, und bald darauf die **Sulzenauhütte 03** (2191 m).

Auf dem Weg Nr. 136 wandern wir nun in den Kessel der Sulzenaualm hinunter – erst links durch die steile Flanke, dann rechts auf dem „WildeWasserWeg" neben den Katarakten des Sulzenaubachs. Kurz vor der **Sulzenaualm 04** (1857 m, erreicht nach etwa 45 Min.), treffen die beiden Abstiegswege wieder zusammen. Hinter der Alm geht's auf einem breiten Weg über den ebenen Talboden und zwei Brücken hinaus, dann links auf dem schmaleren Pfad durch die Steilhänge

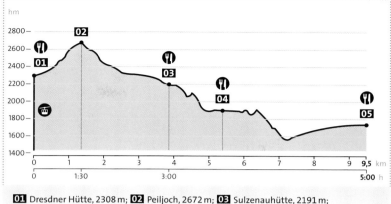

01 Dresdner Hütte, 2308 m; **02** Peiljoch, 2672 m; **03** Sulzenauhütte, 2191 m;
04 Sulzenaualm, 1857 m; **05** Talstation der Stubaier Gletscherbahnen, 1707 m

unterm Sulzegg. Ein dritter Wegweiser des „WildeWasserWeges" leitet rechts zu einer Plattform oberhalb des Grawa-Wasserfalls hinab. Weiter im Zickzack durch den Wald, vorbei an einer zweiten Aussichts-Plattform und links ins Unterbergtal, durch das die Straße zur Stubaier Gletscherbahn führt. Rechts ist über dem Bach die Grawa-Alm (1534 m) sichtbar (kurzer Zugang, Bushaltestelle). Zurück zum **Ausgangspunkt 05** geht's geradeaus auf einem breiten Weg neben der Ruetz taleinwärts.

Am Peiljoch, 2672 m, wird man von Steinmanndln begrüßt

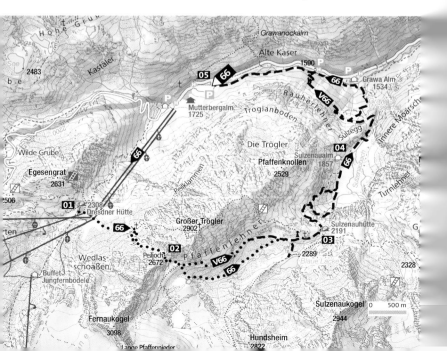

Seenzauber und Gletscherblick

   10,2 km 4:00 h 380 hm 960 hm 36 83

START | Hotel Mutterberg am Ende der Straße durch das Stubaital, Talstation der Stubaier Gletscherbahn, 1720 m (Bushaltestelle, Parkplatz). Mit der Seilbahn zur Mittelstation bei der Dresdner Hütte, 2308 m.
[GPS: UTM Zone 32   x: 662.681 m   y: 5.207.066 m]
ZUFAHRT | Brenner-Autobahn A 13 bis Ausfahrt Schönberg-Stubaital, auf der B 183 nach Neustift und weiter zur Stubaier Gletscherbahn.
CHARAKTER | Schöne Bergwanderung durch hochalpines Gelände; gute, aber stellenweise steile und felsige Steige. Die Route über den Egesensee ist zuletzt weglos und erfordert ein bisschen Gespür für die beste Abstiegsmöglichkeit.

Hoch über der einstigen Mutterbergeralm glitzern zahlreiche, meist kleine Wasserspiegel. Der größte und schönste davon ist der Mutterberger See, aus dem zwei kleine Inseln tauchen. Wie ein Topfrand umfassen Moränenwälle und glatt geschliffene Felsbuckel das Bergwasser, in dem sich mächtige Dreitausender wie der Hintere Daunkopf oder die Mutterberger Seespitze spiegeln, aber – wenn man ein Stück über seinem Nordufer emporklettert – auch die Gletschergipfel über die Feuersteine vom Zuckerhütl bis zur Schaufelspitze.

▶ Von der Seilbahn-Mittelstation geht man kurz zur benachbarten **Dresdner Hütte** **02**. Man könnte nun über die Skipiste aufsteigen, nach einer Furt rechts einschwenken (Beschilderung „Regensburger Hütte, Mutterberger See") und auf dem Pfad Nr. 135 zur Scharte der Ege-

sennieder wandern. Schöner und kaum schwieriger ist es jedoch, gleich nach der Hütte rechts auf den schmalen Steig zum „Egesengrat" abzubiegen. Er führt unter einem Übungs-Klettersteig vorbei und in Serpentinen zum kleinen Egesensee hinauf. Gleich dahinter liegt eine Lacke mit einem Steinmann mittendrin. Hier verlässt man den markierten Pfad nach links, steigt weglos, aber ohne Schwierigkeiten durch eine Mulde zu einem weiteren Mini-See an und steht kurz danach an der Abbruchkante des Egesengrats (man könnte auch auf dem markierten Pfad zum Gipfel hinaufgehen und dann links über den Blockgrat hierher absteigen). Hier nach links und auf grasigen Bändern durch die steile Flanke hinab zum ausgetretenen Steig, der zur Egesennieder führt.
Nun steigt man auf dem Weg Nr. 135 durch Schutt und über glatte Platten

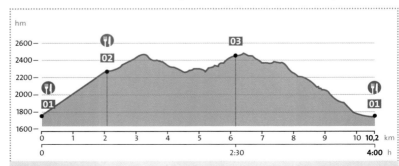

01 Talstation Stubaier Gletscherbahn, 1720 m; **02** Dresdner Hütte, 2308 m; **03** Ostufer Mutterberger See, 2483 m

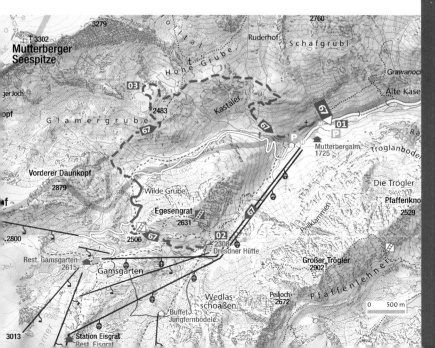

Die Stubaier Gletscherberge spiegeln sich im Mutterberger See

(Seilsicherung) zu einer Schotterstraße ab. Auf dieser (oder dem alten, leider nicht mehr markierten Steig, nochmals über glatt geschliffene Platten) zu einem Boden auf etwa 2100 m Seehöhe hinunter. Dort biegt man links auf den Steig Nr. 138 Richtung „Mutterberger See" ab. Ein Steg übersetzt den Gletscherbach, dann geht es im sanften Anstieg unter der Glamergrube vorbei. Nach Durchquerung steiler Hänge erreicht man am Zuntenkopf eine Wegteilung. Links nach der Beschilderung über einen Moränenrücken zum **Mutterberger See 03** hinauf, rechts dem Ufer entlang, bis sich der Pfad nach rechts entfernt und ins Untere Hölltal

mit seinem verlandeten See hinabführt. Unterhalb davon erreicht man wieder den quer verlaufenden Steig, auf dem man links kurz ansteigt und einen Bach übersetzt. Bei der folgenden Wegteilung rechts Richtung „Mutterberg" weiter, auf einen Moränenwall (Bank) empor und in die Hohe Grube hinunter. Neben dem Moor vorbei, dann über steile Grashänge abwärts. Zwischen Zirben, durch Latschenfelder und unter Wasserfällen geht es talwärts. Vom ehemaligen Mutterberger Leger folgt man der rechten, gut markierten Route neben der Schlucht des Gletscherbachs und auf dem alten Almweg zum Hotel Mutterberg.

BLASER • 2241 m – PEILSPITZE • 2392 m

Trollblumen, Küchenschellen, Enzian und Edelweiß

 10,3 km 🕐 7:00 h ↗ 1218 hm ↘ 1218 hm 📄 36 83

START | Trins, 1235 m, Ortszentrum (Bushaltestelle).
[GPS: UTM Zone 32   x: 683.131 m   y: 5.217.340 m]
ZUFAHRT | Brenner-Autobahn A 13 bis Ausfahrt Matrei-Steinach, auf der B 182 nach Steinach am Brenner und auf der Landesstraße ins Gschnitztal nach Trins.
CHARAKTER | Aussichtsreiche Bergwanderung auf guten, aber stellenweise steilen Wegen und Steigen; besonders lohnend zur Blütezeit im Frühsommer.

Blick vom Blaser, 2241 m, zur Serles, 2717 m

Der Blaser gilt als „der" Blumenberg Tirols: Im Frühsommer blüht rund um seine Gipfelhütte fast alles, was botanisch Rang und Namen hat. Seinen Namen verdankt er wohl eher dem Föhnwind, der oft kräftig über seinen flachen Gipfel faucht.

„Steinknappe" am Nordhang der Peilspitze

▶▶ Der Zustieg vom Gschnitztal beginnt rechts neben dem Parkplatz im Ortszentrum **Trins** 01, wo eine Treppe zur Kirche hinaufführt. Auf der oberen Straße geht man links durch die Siedlung Leiten bis zum Auslauf eines Grabens. Hier folgt man dem Wegweiser „Blaserhütte" und wandert auf dem Steig Nr. 30 etwa 200 m zu einer Quelle hinauf und dort rechts auf einem aufgemauerten Weg („Hablerberg, Blaser") in den Wald.

In Kehren ansteigend gelangt man über eine Lichtung zur Blaser-Forststraße und weiter zur steilen Wiese der Platzer Mähder. Vorbei an vielen Heuhütten wandert man in den Sattel zwischen dem Blaser und dem Hablerberg.

Hier hält man sich links, geht auf der Almstraße und einem Abkürzungssteig über die Grashänge empor und durch

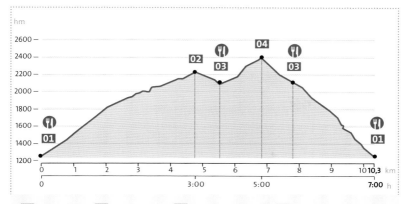

01 Trins, 1235 m; **02** Blaser, 2241 m; **03** Blaserhütte, 2180 m; **04** Peilspitze, 2392 m

eine Mulde zur **Blaserhütte** **03**, 2180 m. Wenige Meter davor biegt man rechts zu einem Gedenkstein ab und steigt auf dem Rücken zum **Gipfelkreuz** **02** hinauf. Abstieg auf der gleichen Route. Als „schnellere" Abstiegsvariante bietet sich der Steig Nr. 31 („Trins über Zwieselmahd") an. Er führt von der Hütte nach Südwesten in ein Wiesental (Fahrweg) und links durch den sehr steilen Graben der „Schlucht" zur Blaserstraße hinunter. Durch das steile Tal steigt man abwärts zum Anstiegsweg, dem man bis nach Trins folgt.

Eine lohnende Zugabe zur Wanderung auf den Blaser ist die Bergwanderung zur nordwestlich aufragenden **Peilspitze** **04**, 2392 m. Von der Blaserhütte, 2180 m, wandert man auf dem Weg Nr. 13 nach Nordwesten in einen breiten Sattel hinunter. Der Gegenanstieg führt steil über die blumenreichen Kalbenjochmähder auf den Kamm der Peilspitze zu. Anfangs zwischen Lawinenbauten, dann nahe der schroffen Nordabstürze steigt man zum Gipfel der Peilspitze hoch. Abstieg auf dem Anstiegsweg.

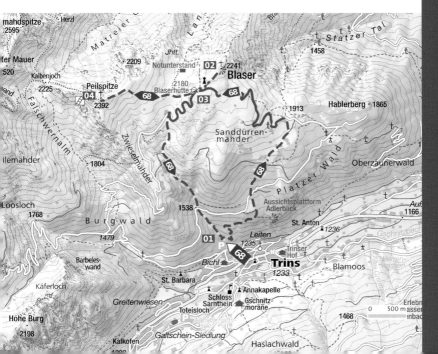

„Ihr Felsen und Bäche preiset den Herrn"

  7,4 km 3:00 h  396 hm 396 hm 36 83

START | Neder bei Neustift, 970 m (Bushaltestelle).
[GPS: UTM Zone 32   x: 676.467 m   y: 5.221.319 m]
ZUFAHRT | Brenner-Autobahn A 13 bis Ausfahrt Schönberg-Stubaital, auf der
B 183 nach Neder bei Neustift.
CHARAKTER | Interessante Bergwanderung auf Forststraßen und einem
schmalen, stellenweise steilen und mit vielen Stufen versehenen Pfad, der
Trittsicherheit erfordert (ausgesetzte Passagen sind gut abgesichert).

Schutzengel an der höchsten Wegstelle

Die „Handschrift" Hansjörg Ranalters ist unverkennbar: Der Neustifter Bildhauer gestaltete die Stationen eines ungewöhnlichen Weges, der 1996/97 auf Anregung von Pfarrer Edi Niederwieser vom Arbeitskreis „Kirche und Tourismus" hoch über dem Pinnistal angelegt wurde.

▶ Beim **Hotel Forster** 01 überquert man die Hauptstraße und geht den Pinnisweg aufwärts. Weiter oben über den Pinnisbach, links zu den obersten Häusern und auf der Forststraße ins enge Pinnistal.
Nach einer Abzweigung beginnt der Besinnungsweg links bei einem Gedenkstein über die alttestamentarische Geschichte der drei Jünglinge im Feuerofen. Der schmale Stufenweg führt in Serpentinen durch den Waldhang unter der Kesselmahd hinauf, vorbei an künstlerisch gestalteten Ruheplätzen, die zum Rasten und Meditieren einladen. Ein Kreuz auf etwa 1400 m Seehöhe markiert den höchsten Punkt. Kurz darauf verlässt man den Wald und steigt durch steiles, latschenbewachsenes Felsgelände hoch über dem Pinnistal ab – ausgesetzte Passagen sind mit Geländern und Stahlseilen gesichert.

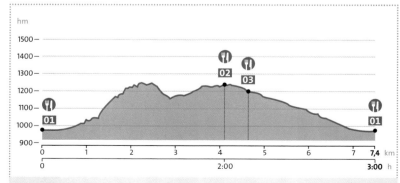

01 Neder bei Neustift, 970 m; 02 Issenangeralm, 1366 m; 03 Herzebener Almwirt, 1338 m

Tourziel: Issenangeralm, 1366 m, dahinter der Gebirgszug der Kesselspitze

Knapp über dem Talgrund durchquert man eine kleine Schlucht, an deren Felswand der Psalmtext „Ihr Felsen und Bäche preiset den Herrn" dargestellt ist. Bald steigt der Pfad neuerlich an und erreicht bei einem Graben eine Abzweigung. Rechts geht es zum nahen Herzebener Almwirt, 1338 m, geradeaus gelangt man in kurzer Zeit zur **Issenangeralm** **02**. Zuletzt wandert man auf dem Fahrweg talwärts. Bei der

Abzweigung unterhalb des **Herzebener Almwirts** **03** links zur unbewirtschafteten, aber sehr urigen Herzebenalm. Dort wandert man rechts in Richtung „Neder, Neustift" und auf einem Pfad neben einer Hütte vorbei, bis man auf einem steilen Schotterweg wieder zur Pinnistal-Almstraße gelangt, die nach Neder hinausführt. Dort geht man links auf dem breiten Weg der Ruetz entlang zum Ausgangspunkt zurück.

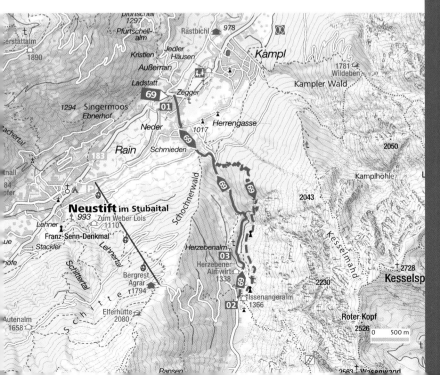

Naturgenuss auf dem Panoramaweg

  11,3 km 5:00–5:30 h 286 hm 1087 hm 36 83

START | Neustift im Stubaital, Bergstation der Elferbahn, 1794 m.
[GPS: UTM Zone 32   x: 676.320 m   y: 5.218.733 m]
ZUFAHRT | Brenner-Autobahn A 13 bis Abfahrt Stubaital und auf der B 183 nach Neustift.
CHARAKTER | Bequeme Bergfahrt mit der Gondelbahn. Von der Bergstation kurzer Anstieg zur aussichtsreich gelegenen Elferhütte. Die vielen Bergblumen und das großartige Panorama machen die Tour zum Erlebnis.
GÜNSTIGSTE JAHRESZEIT | Ende Mai – September.

Issenangerkapelle mit Kirchdachspitze, 2840 m

▶ Man fährt mit der Gondelbahn des Elferlifts von Neustift im Stubaital hinauf zur **Bergstation** 01, 1794 m (Talstation 05226/2270). Hier öffnet sich nach der Auffahrt erstmals die eindrucksvolle Sicht auf das äußere Stubaital und den zerklüfteten Serleskamm. Von hier könnte man in 1 Std. zur Pinnisalm hinunterwandern. Der interessantere, aber anstrengendere Weg führt in 30 Minuten hinauf zur **Elferhütte** 02, 2080 m, die auf einer aussichtsreichen Gratkuppe steht. Über dem tief darunter liegenden Stubaital erheben sich gegen Norden eindrucksvoll die Zacken der Kalkkögel und südseitig ragen im Osten der Serleskamm und im Westen der markante Habicht und die Gletscherberge der Stubaier Alpen auf.
Der Panoramaweg zur Pinnisalm führt von der Elferhütte leicht ansteigend über Bergwiesen am Südosthang der Elferspitze zum Gratzengrübl, das vom Zwölfernieder herunterzieht. Bei ei-

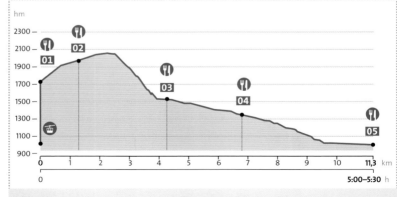

01 Bergstation der Elferbahn, 1794 m; 02 Elferhütte, 2080 m; 03 Pinnisalm, 1560 m;
04 Issenangeralm, 1366 m; 05 Talstation der Elferbahn, 981 m

nem Wegweiser beginnt nun der steile, direkte Abstieg. Auf dem markierten Steig geht es teils durch Latschenbestand, teils über Lichtungen und Bergwiesen, auf denen Schwefelanemonen, Küchenschellen und Stängelloser Enzian zu sehen sind, hinunter zur **Pinnisalm** **03**, 1560 m (30–40 Min.) im hinteren Talboden.

Die auf sattgrüner Matte am klaren Pinnisbach gelegene Alm ist bewirtschaftet und animiert zu Rast und Stärkung. Im Angesicht der schroffen Gipfel und Felswände des Serleskamms und des wuchtigen Habichts schätzt man eine gemütliche Einkehr besonders. Von der Pinnisalm folgt man dem Forstweg in nordöstlicher Richtung talauswärts,

abwechselnd links oder rechts des Pinnisbachs auf der Talsohle und teilweise am Hang.

Im hinteren und mittleren Abschnitt schlängelt sich der Wanderweg über saftige, blumenübersäte Almmatten und vorbei an kleineren Hochstaudenfluren mit langstängeligen Blütenpflanzen. Bevor der Weg stärker abfallend in das wesentlich weitere Stubaital einmündet, gelangt man auf die Wiesen bei der **Issenangeralm** **04** mit der romantischen Bergkapelle.

Den abschließenden Rückweg von der Siedlung Neder zum **Ausgangspunkt** **05** in der Ortschaft Neustift säumen beiderseits hübsche, bunt blühende Wiesen.

VIER-SEEN-WANDERUNG IM KÜHTAI UND GAISKOGEL • 2820 m

Kleine Seenrunde und/oder Gipfeltour

  5,5 km 1:30 h 57 hm 294 hm 35 43 83

START | Kühtai, Bergstation der DreiSeenBahn, 2400 m.
[GPS: UTM Zone 32   x: 654.446 m   y: 5.229.951 m]
ZUFAHRT | Von Oetz (17 km) oder von Kematen über Sellrain (25 km) bis zum westlichen Ortsrand von Kühtai, Talstation der DreiSeenBahn, 1960 m (Parkplätze).
CHARAKTER | Bei der Seenwanderung problemlose Steige, zum Gaiskogel teilweise nur Pfadspuren (Trittsicherheit erforderlich), eine Steilstufe mit rutschigem Geröll (bei Schnee oder Nässe Rutschgefahr!).

Von den Kühtaier Skiliften verkehrt in der Sommersaison nur der Vierer-Sessellift ins Plenderleskar. So kann man ganz gemütlich in diese Region der Bergseen hinaufschweben und die vier blauen Wasserflächen besuchen, ohne dass längere Anstiege nötig wären. Die beiden Kare, in denen sich die Seen verstecken, werden von teilweise recht markanten Felsbergen und -graten eingerahmt. Auch der höchste Gipfel im Rund lässt sich von geschickten Bergwanderern erreichen, falls es keine störenden Schneefelder unter der Scharte gibt. In den Karten wird dieser Gipfel meist „Gaishorn" geschrieben, obwohl der Name ohne Zweifel von Geiß = Ziege stammt.

▶ Mit der DreiSeenBahn lässt man sich bequem zur 2400 m hoch gelegenen **Bergstation** 01 am Nordrand des Plenderleskars befördern. Auf dem breiten Weg geht es zum Oberen Plenderlessee hinunter, dann weiter nach rechts zur bewirtschafteten **Drei-Seen-Hütte** 02, 2311 m, oberhalb des Unteren Plenderlessees. Von der gemütlichen Jausenstation nach Norden kurz hinunter auf einen feuchten Boden. Beim Wegkreuz steigt man nach Nordosten wieder ein Stückchen empor auf eine Schulter und zwischen Blockwerk hinunter in das Kar mit dem **Mittleren Plenderlessee** 03, 2317 m.
Dieser Name ist nicht ganz nachvollziehbar, da der See ja nicht zwischen dem oberen und unteren See, sondern in einem anderen Kar liegt. Der markierte Weg führt am Nordufer des Sees entlang und noch kurz gegen Osten, dann durch eine Mulde und schließlich über eine Stufe abwärts zum **Hirschebensee** 04, 2166 m. Von diesem schö-

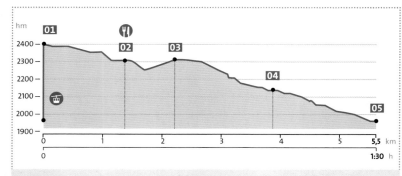

01 Bergstation DreiSeenBahn, 2400 m; 02 Drei-Seen-Hütte, 2311 m; 03 Nordufer Mittlerer Plenderlessee, 2317 m; 04 Westufer Hirschebensee, 2166 m; 05 Kühtai Talstation

nen Rastplatz wandert man auf breiterem Weg an den Hängen hinab nach **Kühtai 05**.

Die Route auf den Gaiskogel (Geißkogel) beginnt östlich unter der Bergstation und führt zwischen Blockwerk in den hinteren Winkel des Plenderleskars. Auf der linken Seite über den bald recht steilen Hang empor, dann in rutschigem Geröll ziemlich direkt und deshalb etwas mühsam in die Gaiskogelscharte, 2658 m.

Nun weiter auf dem Grat über Gras, feinen Schutt und Blockwerk zum felsigen Gipfelaufbau und wiederum über Blöcke zum höchsten Punkt, 2820 m (Trittsicherheit erforderlich).

Gipfeltour

Wählt man die Gipfeltour, so ist zu beachten, dass es sich dabei um eine schwere Tour handelt, bei der Trittsicherheit erforderlich ist und ein Höhenunterschied von 803 m zu bewältigen ist.

Drei-Seen-Hütte, 2311 m, im Hintergrund der Gaiskogel, 2820 m

Oberer Plenderlessee, 2344 m

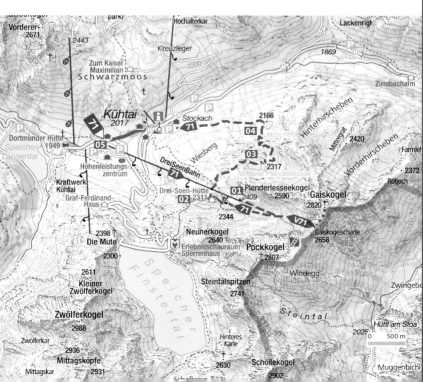

ROSSKOGEL • 2646 m – KRIMPENBACHALM

Auf dem Nordgrat zum Gipfel

  14,8 km 6:30–7:00 h 1283 hm 1283 hm  35 36 83

START | Oberperfuss, Gasthof Stiglreith, 1363 m (Parkplatz).
[GPS: UTM Zone 32   x: 667.973 m   y: 5.233.961 m]
ZUFAHRT | Von Innsbruck auf der A 12 bis Ausfahrt Zirl-Ost und auf der
Landesstraße über Kematen in Tirol nach Oberperfuss und am südlichen
Ortsende rechts hinauf zum Gasthof Stiglreith.
CHARAKTER | Interessante Bergwanderung auf Forststraße, Almwegen
und einem Felssteig, der am Grat entlangführt und Trittsicherheit sowie
Schwindelfreiheit erfordert! Das Gebiet um den Krimpenbachsee war, wie
Funde belegen, ein mittelsteinzeitlicher Jagdrastplatz.

▶ Ausgangspunkt dieser Bergtour ist der **Gasthof Stiglreith 01**. Vom gebührenpflichtigen Parkplatz folgt man dem Fahrweg aufwärts zum Waldrand, dann rechts bis zur Lifttrasse. Am Waldrand steigt man direkt bis zur Höhe der Roßkogelhütte, 1777 m, hinauf. Hier könnte man in wenigen Minuten links zur Schutzhütte gehen und von dort zum Krimpenbachsee hinaufwandern. Wenn man geradeaus dem Steig an der Lifttrasse folgt, gelangt man direkt zum **Rangger Köpfl 02**, 1939 m, mit Gipfelkreuz, Rastbänken und prächtiger Aussicht.
Vom Gipfelkreuz wandert man auf dem „Alpenrosensteig" in südwestlicher Richtung fast eben zum **Krimpenbachsattel 03**, 1899 m. Neben dem Zaun führt der Weg zunehmend steiler werdend am Südwestrücken des Windeggs zu einem markanten Steinmandl hoch. Auf dem markierten Weg Nr. 11, 155 steigt man vom Windegg anfangs noch auf dem Grasrücken höher, aber schon bald gelangt man in den Felsbereich des Roßkogels. Über teilweise brüchiges Gestein steigt man am Nordgrat des **Roßkogels 04** aufwärts. Trittsicherheit und Schwindelfreiheit sind Voraussetzung für die Anstiegsroute über den Nordgrat!
Für den Abstieg umgeht man den Ostgrat südlich und folgt dem markierten, etwas schottrigen steilen Steig Nr. 11 abwärts. Bei einer Wegabzweigung hält man sich links und folgt dem Weg Nr. 11 in Gratnähe zum Rifflkreuz in einen Sat-

tel. Hier könnte man über Geröll steil zur Krimpenbachalm absteigen. Angenehmer ist der Weg über das Kögele, 2195 m, weiter nach Osten, bis nach 400 Metern der Weg scharf links am Nordrücken des Kögeles zum fast verlandeten Krimpenbachsee hinunterführt. Unmittelbar danach gelangt man zur Krimpenbachalm, wo man nach rechts auf den sanften Wiesenweg abzweigt, der später in einen Forstweg mündet, auf dem man durch den Wald zum Gasthof Stiglreith zurückwandert.

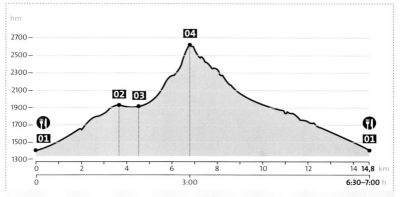

01 Oberperfuss, Gasthof Stiglreith, 1363 m; **02** Rangger Köpfl, 1939 m; **03** Krimpenbachsattel, 1899 m; **04** Roßkogel, 2646 m

Vom „Steinmandl" Windegg geht man noch 1:45 Std. bis zum Roßkogel, 2646 m

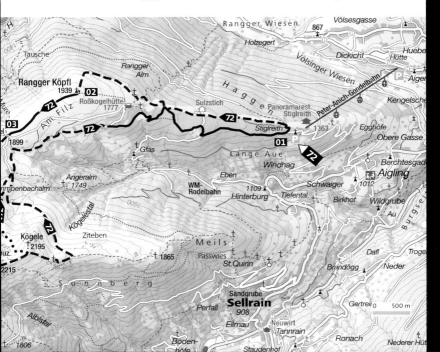

SULZKOGEL • 3016 m

Alpine Steige auf einen Dreitausender

  14,5 km 5:30–6:00 h 1056 hm 1056 hm 35 43 83

START | Kühtai, Bergstation der DreiSeenBahn, 2400 m-
[GPS: UTM Zone 32   x: 654.446 m   y: 5.229.951 m]
ZUFAHRT | Auf der Landesstraße von Oetz 17 km; von Kematen 25 km.
CHARAKTER | Reizvolle Hochtour zu einem großen Stausee und durch eine
urwüchsige Berglandschaft; alpiner Steig; Schneefelder bis in den Sommer!

Speicher Finstertal im Kühtai

Der wuchtige, aus dunklen Gneisen bestehende und mit einem wilden gezackten Nordgrat geschmückte Sulzkogel ist eine ideale Möglichkeit, um das Abenteuer „Dreitausender" auch einmal als Bergwanderer auszuprobieren. Ein Steig führt bis hinauf zum aussichtsreichen Gipfel; wegen der großen Höhe und der Nordlage muss man aber oft bis weit in den Sommer hinein mit Schneefeldern rechnen.

Man kommt unterwegs an nicht weniger als vier Bergseen vorbei, den beiden „natürlichen" Plenderlesseen, dem aufgestauten, 1,7 Kilometer langen Finstertalspeicher, unter dessen Wassermassen zwei flachere Seen und schöne Almflächen verschwunden sind, und einem durch den Gletscherrückgang neu entstandenen Karsee.

▶ Von der **Bergstation 01** des Drei-Seen-Liftes, 2400 m, auf einem breiten Weg etwas abwärts an zwei der Plenderlesseen und der **Drei-Seen-Hütte 02** vorbei, dann links über einen kleinen Sattel und schließlich quer durch die Steilhänge zum Staudamm des Finster-

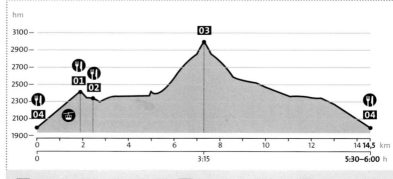

01 Bergstation DreiSeenBahn, 2400 m; **02** Drei-Seen-Hütte, 2311 m; **03** Sulzkogel, 3016 m; **04** Kühtai Talstation, 1960 m;

talspeichers, 2300 m. Am Ostufer entlang mit etwas Auf und Ab zum Südende der Wasserfläche, dann auf dem nun kleineren Steig über Gras-, bald jedoch verstärkt über Blockhänge empor und über eine Steilstufe in das flache Becken des fast verschwundenen Gamskogelferners mit dem „neu geborenen" See. Am nördlichen Rand der Mulde entlang in den hintersten Karwinkel und über einen steilen hohen Geröll-/Schneehang in die Scharte am Südfuß des Sulzkogels. Schließlich über grobes Blockwerk rasch auf den überragenden **Gipfel** 03 mit hindernislosem Rundblick.

Abstieg: Auf der gleichen Route zurück bis zum Staudamm. Von hier wäre ein Rückweg zur Bergstation umständlich, und deshalb: ganz kurz auf der Werksstraße abwärts, dann stets auf breitem, aber teilweise steilem, steinigem Pfad über schöne Hänge ins Tal hinab. Nach links auf einen Fahrweg und zurück zur **Talstation** 04.

Sulzkogel und Gamskogel von der Hohen Wasserfalle

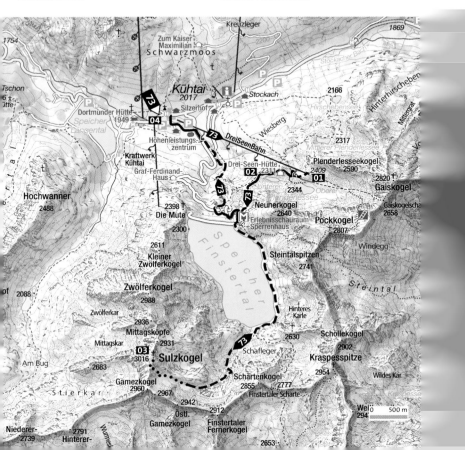

RAUTHHÜTTE • 1605 m – ZUGSPITZBLICK

Bergwanderung am Fuße der Hohen Munde

  7,6 km 4:30–5:00 h 490 hm 490 hm 5 25 35 026

START | Leutasch, Ortsteil Obern, 1176 m (Parkplatz bei der ehemaligen Talstation des Mundelifts; Parkmöglichkeit in Obern).
[GPS: UTM Zone 32   x: 660.017 m   y: 5.246.956 m]
ZUFAHRT | Von Seefeld (12 km), von Telfs (13 km) von Mittenwald (D) 18 km.
CHARAKTER | Nicht allzu zeitaufwändige Bergwanderung auf markierten Wegen und Steigen, die zur Rauthhütte und weiter zum aussichtsreichen Jöchl führen. Rückweg entlang des reizvollen Hochmoors.

Ein reizvoller Bergwald umgibt die Hohe Munde, 2662 m, im Bereich der Moosalm

01 Leutasch, 1176 m; **02** Rauthhütte, 1605 m; **03** Zugspitzblick, 1630 m

Schon von weitem ist die Hohe Munde, 2662 m, als ebenmäßiger Bergkegel zu sehen. Er wirkt als östlicher Eckpfeiler der Mieminger Berge sehr eindrucksvoll, und es drängt sich der Wunsch auf, zumindest bis zu seinen „Füßen" hinaufzusteigen und von dort die prächtige Aussicht zu genießen. Der Blick reicht vom Leutaschtal bis ins Inntal, vom Karwendel im Osten, den Tuxer- und Stubaier Alpen im Süden und den Ötztaler Alpen im Südwesten. Am meisten beeindruckt wohl die Sicht über die Latschenfelder zum Wettersteingebirge mit der Zugspitze.

 Vom Ortsteil Obern der Gemeinde **Leutasch** 01 wandert man auf dem Forstweg (Nr. 8) dem Wald zu. Nach ca. 200 m sieht man rechts eine Lichtung mit Gebäude und Lagerplatz (beschränkte Parkmöglichkeit). Man folgt zunächst dem Forstweg 500 m und geht bei einer Linkskurve geradeaus weiter auf dem beschilderten Rauthhüttenweg, der zunehmend steiler ansteigt. Nach rund 1 Stunde Gehzeit verlässt man den Wald und gelangt auf

die Lichtung der Moosalm. Bergblumen säumen den sonnigen Weg (Nr. 8), der in 15 Minuten zur **Rauthhütte** 02, 1605 m, führt. Die herrliche Aussichtslage lädt zum Rasten und Genießen ein. Bei günstigem Wetter kann man von hier auch die Drachenflieger beim Starten beobachten.

Es lohnt sich auf jeden Fall auf dem Weg Nr. 8 durch das Latschengehölz zum Jöchl hinaufzuwandern und den **„Zugspitzblick"** 03 zu genießen. Von hier wären es dem Wegweiser nach „nur" noch" 2 Std. Gehzeit zum Ostgipfel der Hohen Munde, 2592 m – vielleicht ein andermal …

Für den Rückweg folgt man dem Weg Nr. 99 am Sendemast vorbei in südöstlicher Richtung über viele Buchenwurzeln im Alblwald hinunter in das Katzenloch. Dem Wegweiser folgend geht man nach links auf dem Weg Nr. 24 bis zu einer Rechtskurve und biegt dort links auf einen Steig ab (blau markiert), der das Hochmoor quert und durch das Rappental nach Moos führt. Auf dem beschilderten Weg wandert man zurück nach Obern.

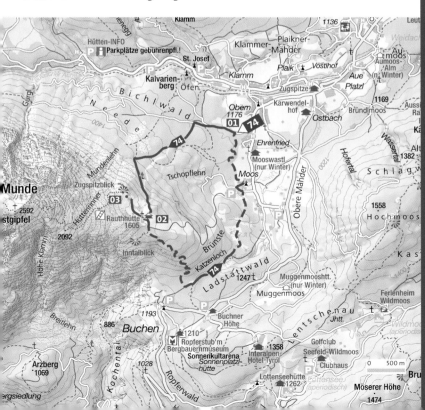

HÖHENWEG AM WETTERSTEIN

Stiller Bergweg unter steilen Wänden

  15,5 km 6:00–6:30 h 915 hm 915 hm 5 25 35 026

START | Leutasch, Ortsteil Klamm, 1205 m; hinterster Parkplatz im Gaistal (gebührenpflichtig), Infostelle. Busverbindung von Seefeld und Mittenwald (D). [GPS: UTM Zone 32   x: 658.208 m   y: 5.247.752 m]
ZUFAHRT | Von Seefeld (12 km), von Telfs (13 km) von Mittenwald (D) 18 km.
CHARAKTER | Unschwierig, aber durch wechselnde An- und Abstiege streckenweise etwas mühsam. Großartige Bergkulisse und abwechslungsreiche Geländeformen.

Fast bis zu den Steilwänden des Wettersteins steigt das Grün der Almweiden, Bergfichten und Latschen vom Gaistal hinauf. Vor den fünf- bis sechshundert Meter hohen Wänden prägen Felsblöcke und Schotterreißen das Landschaftsbild. Vom Scharnitztal bis zur Rotmoosalm wandert man auf dem Südwandsteig über Kare und grüne Vorgipfel in die unberührte Berglandschaft des Wettersteins.

▶ Ausgangspunkt ist der hinterste **Parkplatz** 01 im Gaistal. Von der Infostelle folgt man dem breiten Weg entlang dem Salzbach nach Nordwesten. Nach 30 Minuten gelangt man zu einer Wegabzweigung, wo man sich rechts hält und auf dem markierten Steig Nr. 41 im Wald zum Schönegg, 1624 m, hinaufwandert. Auf dem „Wurzigen Steig" erreicht man in

15 Minuten die **Wettersteinhütte** 02, 1717 m.
Kurz folgt man dem breiten Zufahrtsweg bis zum Klammbach und biegt links auf den Fahrweg ab, der zur Jausenstation **Wangalm** 03, 1753 m, hinaufführt. Am Osthang des Scharnitztals steigt man auf dem Weg Nr. 817 über Almwiesen zum Bergsteiger-Denkmal beim **Hermann-Buhl-Klettergarten** 04 hoch. Dort biegt der markierte Weg scharf nach links ab und zieht steil in das Joch zwischen Rossberg, 2096 m und Plattach hinauf. Auf dem Steig Nr. 12 quert man nordwestlich über Bachgräben und Lawinenrinnen die kargen Hänge am Schafleger, ehe man auf dem Rücken des Schönbergs, 2142 m, hinaufsteigt und nach ein paar Metern Abstieg die **Rotmoosalm** 05, 2030 m, erreicht.
Von dort geht es nur noch bergab … Für den Rückweg in das Gaistal geht man

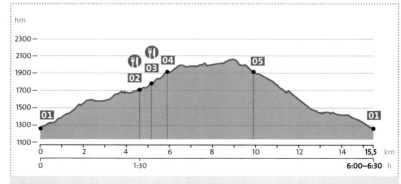

01 Parkplatz im Gaistal, 1205 m; **02** Wettersteinhütte, 1717 m; **03** Wangalm, 1753 m; **04** Hermann-Buhl-Klettergarten, 1928 m; **05** Rotmoosalm, 2030 m

Unterwegs am Südwandsteig: Blick vom Schafleger zum Rossberg

auf dem Güterweg talwärts. Nach der 7. Kehre zweigt links ein Steig ab, der rechts des Leitenbachs abwärts führt. In 15 Minuten gelangt man auf einen Forstweg, der unterhalb der Häm-mermoosalm, 1417 m, zu einer Wegverzweigung führt.

Auf dem beschilderten „Ganghoferweg" wandert man gemächlich hinunter zum Parkplatz mit Infostand.

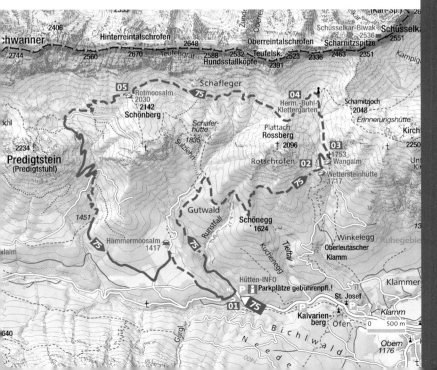

HOCHOETZ – WETTERKREUZKOGEL • 2591 m

Beliebter Aussichtsberg und stilles Hochtal

  16,1 km 3:30 h  571 hm 571 hm 35 43 83

START | Hochoetz, 2020 m, Auffahrt entweder mit der Acherkogelbahn von Oetz, 820 m, oder mit der Gondelbahn Ochsengarten, 1538 m.
[GPS: UTM Zone 32   x: 646.309 m   y: 5.230.565 m]
ZUFAHRT | A 12 bis Ausfahrt Ötztal und auf der B 186 nach Oetz.
CHARAKTER | Alpine Wanderwege in steinigem Gelände, jedoch ohne besondere Gefahrenstellen.

Herrlicher Aussichtspunkt nahe der Bielefelder Hütte, 2112 m

Der Wetterkreuzkogel wird wegen seines Panoramas gerne besucht – ungleich stiller ist der Abstieg durchs Wörgetal mit seinen kleinen Seen und den vielen Alpenrosen. Im 15./16. Jh. schürften hier Bergknappen nach Kupfer und Blei. Das Berghaus oberhalb des Pochersees und der mit Steinen gesäumte „Knappenweg" erinnern daran.

▶ Aufstieg auf den Wetterkreuzkogel: Von Oetz mit der **Acherkogelbahn 01** nach **Hochoetz 02**, 2020 m. Auf breitem Weg zur nahen **Bielefelder Hütte 03**, die zwischen einzelnen Zirben auf einem Vorsprung thront. Kurz empor, dann rechtshaltend auf alpinem Steig durch ein steiles Latschenfeld zur Verzweigung vor dem Bacheinschnitt. Links bleibend durch die Latschen- und Grashänge zum kleinen Sattel an den

Roßköpfen 04, 2399 m (ganz kurzer Abstecher). Immer rechts unter dem Grat empor auf die Hochfläche des Wetterkreuzkogels, 2591 m; der höchste Punkt liegt im Norden.
Abstieg durchs Wörgetal: Vom Sattel am **Wetterkreuzkogel 05** nach Osten erst steil abwärts, dann in kleiner, aber ausgeprägter Mulde zum obersten Wörgesee, 2395 m. Zwischen Blockwerk und über Gras in weitem Bogen in den Boden des Wörgetals hinab, dann schräg nach rechts über eine Steilstufe ins untere Tal. Immer östlich des Baches, dann

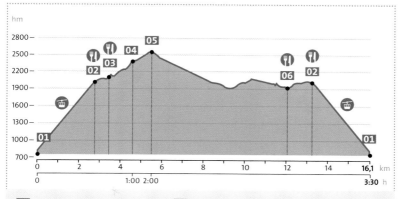

01 Talstation Acherkogelbahn, 820 m; **02** Bergstation Acherkogelbahn, 2020 m;
03 Bielefelder Hütte, 2112 m; **04** Roßköpfe, 2399 m; **05** Wetterkreuzkogel, 2591 m;
06 Balbach-Sennhütte, 1955 m

bei den ersten Zirben nach rechts aus dem Tal und zu dem weiten Absatz der ehemaligen Oberen Issalm. Von dort in lichtem Wald hinab zur Straße Ochsengarten – Kühtai, 1730 m (Bushaltestelle). Einkehrmöglichkeit **Balbach-Sennhütte** **06**; Rückfahrt nach Oetz. Eventuell noch zu Fuß nach Ochsengarten: Über die Brücke, dann gleich links auf einem Fahrweg quer durch die

Hänge zum Gh. Marail. Jetzt zwei Möglichkeiten:
a) Über die Höllwiesen zur Straße hinab und auf ihr noch gut 1 km zum Ortsrand (1:15 Std.).
b) Deutlich länger: Von Marail auf dem Hangweg etwas aufwärts durch steiles Gelände zum Gasthaus Marlstein, 1770 m, und auf dem Fahrweg ein gutes Stück hinab zum Ziel.

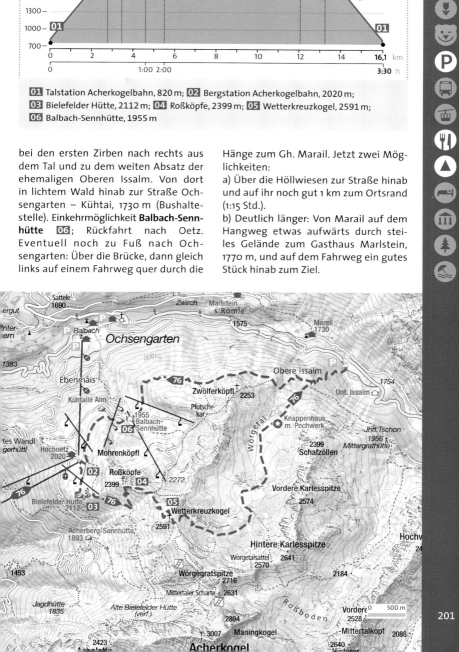

Große Rundtour am höchsten Wasserfall Tirols

  8,2 km 2:50 h 457 hm  457 hm
35
43
83

START | Von der Umgehungsstraße in die Ortsmitte von Umhausen, 1031 m, bei der Kirche über den Horlachbach und 500 m zum Parkplatz bei der Tennis-anlage.
[GPS: UTM Zone 32   x: 646.384 m   y: 5.221.649 m]
ZUFAHRT | A 12 bis Ausfahrt Ötztal und auf der B 186 nach Umhausen.
CHARAKTER | Zugang auf breiten Feldwegen, bald nach Stuiböbele kräftig steigender Fußpfad, Abstecher nach Höfle und Abstieg auf breiten Wegen.

Natur-Wasserspiele

150 m stürzt der Stuibenfall in zwei Stufen in die Tiefe. Knapp unter-halb der ersten Hangkante hat sich der Horlachbach durch das Gestein „gefräst" und dabei zwei gut ge-formte Steinbrücken entstehen lassen. An seinem Ursprung strömt das Wasser aus den Gletschertor-en, vereint sich mit zahlreichen Rinnsalen zu kleinen, dann mäch-tigeren Bächen, die sich im Hor-lachbach vereinen und der Ötztaler Ache zufließen. Wenn das Wasser in den Felskessel donnert und der Wasserstaub durch die Luft wir-belt, dann meint man eine melo-dische Abwechslung in den Tönen und Geräuschen zu hören.

In zwei Stufen stürzen die Wassermas-sen des Horlachbaches 150 m in die Tiefe; so gilt der Stuibenfall als der höchste Wasserfall in ganz Tirol. Die Bezeichnung „Stuiben" kommt von „stauben"; schon von weit außerhalb sieht man die entsprechenden weißen Wolken. Niemand sollte sich außerdem einen Abstecher nach Höfle, einem Wei-ler, der zu Niederthai gehört, entgehen lassen; der Blick von dort ist herrlich!
Wer Zeit und Muße hat, kann noch tal-einwärts nach Niederthai wandern (We-ge von Höfle und vom Gasthaus Stui-benfall, 20 Min.), das in einem weiten Wiesenboden auf dem Murkegel des Horlachbachs liegt.

▶ Von den **Tennisplätzen** `01` auf ei-nem Sträßchen über die freien Wiesen-flächen taleinwärts (oder vom Park-platz kurz zurück, dann links ab und zur Horlachbachbrücke beim Campingplatz; nun auf schmälerem Weg immer am Bach entlang). Weiter zur Jausenstation **Stuiböbele** `02`, wo man die Wasser be-reits stauben sieht.
In dem nun engen Tal bis hinter den Stuibenfall, dann im steilen Wald auf Steinstufen zu den Aussichtskanzeln 150 Höhenmeter empor, über eine kleine Brücke und wieder flach zum **Gasthof Stuibenfall** `03`, 1480 m, neben dem Bach. Empfehlenswert ist der Weiter-weg in einer nach Norden ausholen-den Schleife zum Höfle, 1570 m, das in herrlicher Aussichtslage zum Verweilen einlädt.
Rückweg: Vom Gasthaus Stuibenfall auf dem unteren, breiten Weg am Hor-

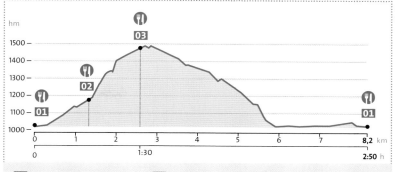

01 Umhausen Parkplatz, 1031 m; **02** Stuiböbele, 1170 m; **03** Gasthof Stuiböfall, 1480 m

lachbach entlang, dann rechts immer schräg abwärts durch teilweise sehr steile Hänge (schöne Ausblicke) zur Abzweigung eines Fußwegs. Auf ihm, an einer Kapelle vorbei, hinab in den Ortsteil Roßlach. Dann nach links und 500 m zurück zum Parkplatz.

Der wieder errichtete Waalweg (Bewässerungswaalweg) führt vom Parkplatz Bischofsplatz zum Stuibenfall und zählt zu den wenigen erhaltenen und funktionierenden Waalwegen in Österreich.

Höfle (Niederthai), 500 m über dem Ötztal gelegen

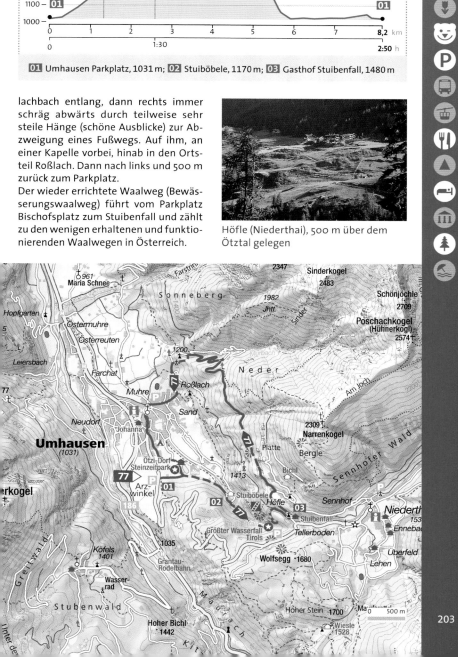

STUIBENFALL BEI NIEDERTHAI

Die Kraft des Wassers am höchsten Wasserfall Tirols

SWAROVSKI
OPTIK

 5,6 km   2:00 h   150 hm   150 hm   35 43 83

START | Hotel Falknerhof.
[GPS: UTM Zone 32   x: 649.371 m   y: 5.221.080 m]
ZUFAHRT | Niederthai, nach der Kirche rechts hinauf zum Falknerhof.
CHARAKTER | Fahrweg, Wanderweg.
TOUR MIT GUIDE | Naturpark Ötztal, Obergurgl, Tel. +43/(0)5256/22957;
Hotel Falknerhof, Niederthai, Tel. +43/(0)5255/5588, www.tirol.at/natur

Berg-Hauswurz (Foto: Reinhard Hölzl)

Von weitem schon hört man sein Rauschen. Wenn man dann vor dem mit 150 m höchsten Wasserfall Tirols steht, kann man nur mehr staunen. Entstanden ist der Wasserfall, nachdem die großen Felsmassen des Bergsturzes von Köfels den Horlachbach gestaut haben. Er suchte sich ein neues Bachbett, wo heute sein Wasser als Stuibenfall herabstürzt. Der Wasserfall, das intensive Grün an den gegenüberliegenden, mit Grünerlen, Hasenlattich und Wald-Engelwurz bewachsenen Hängen – und vielleicht sogar noch ein Regenbogen – ergeben ein Bild, das man nicht mehr vergessen wird.

Einen schönen Ausklang zum Thema Wasser bietet der Horlachbach mit sei-

01 Hotel Falknerhof, 1565 m; **02** Bichl, 1600 m; **03** Stuibenfall Aussichtsplattform, 1480 m

nem glasklaren Wasser und all seinen Bewohnern: Bachforellen, Saiblinge, Regenbogenforellen, Wasseramsel und Bachstelze beleben den Bach.

 Vom **Hotel Falknerhof** `01` erreicht man den großen Parkplatz in Niederthai in wenigen Minuten. Hier überquert man den Horlachbach, geht – vorbei am neuen Mehrzweckgebäude – in nördlicher Richtung zum Sennhof und folgt dem asphaltierten Fahrweg talauswärts Richtung Ötztal. Nach wenigen Minuten ist man bei den Häusern von Höfle und folgt dem Fahrweg zum **Gasthof Bichl** `02` und weiter bis zum „Kraftplatz" (Gletscherschliff) bei einer Kehre. Denselben Weg geht es zurück. Bei der Kreuzung unterhalb vom Gasthof Bichl hält man sich nun rechts bis zum Horlachbach. Von hier gelangt man über einen Wanderweg zur **Aussichtsplattform Stuibenfall** `03`. Der Rückweg nach Niederthai folgt dem linken Ufer des Horlachbaches. Auf der alten Straße kommt man wieder zurück zum Parkplatz in Niederthai und zum Ausgangspunkt.

Stuibenfall
(Foto: Manfred Schreiber © Ötztal Tourismus)

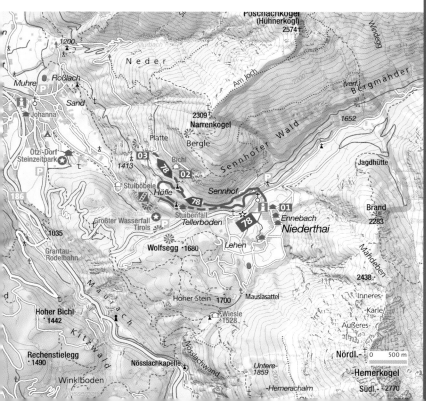

TAUFERBERG BEI NIEDERTHAI

Bergsturzlandschaft im Naturpark Ötztal

SWAROVSKI
OPTIK

  4 km   2:00 h   100 hm   100 hm   43 35 83

START | Hotel Falknerhof.
[GPS: UTM Zone 32   x: 649.371 m   y: 5.221.080 m]
ZUFAHRT | Niederthai, nach der Kirche rechts hinauf zum Falknerhof.
CHARAKTER | Fahrweg, Wanderweg.
TOUR MIT GUIDE | Naturpark Ötztal, Obergurgl, Tel. +43/(0)5256/22957;
Hotel Falknerhof, Niederthai, Tel. +43/(0)5255/5588, www.tirol.at/natur

Preiselbeere (Foto: Reinhard Hölzl)

Beim Durchstreifen der Niederthaier Wiesen mit ihrer Vielfalt an Blütenpflanzen kann man in einer hochalpinen Berglandschaft den Ausblick auf die beeindruckenden Ötztaler Gletscher genießen. Die heutigen Wiesen um Nie-

derthai wurden bis ins 20. Jahrhundert als Ackerflächen für den Anbau von Kartoffeln, Flachs und Getreide genutzt. Am Tauferberg, der zur Gänze aus Bergsturzmaterial besteht, überwiegen die trockenheitstoleranten Föhren, die an kargen Standorten gut wachsen können. Der typische Bergwald des Ötztals ist von der Fichte geprägt, weiter zur Waldgrenze hin findet man auch Zirben und Lärchen. Der Wald ist Lebensraum für viele Tiere. Die selten gewordenen Raufußhühner finden hier Schutz. Der Hausrotschwanz, ein Vogel, der in den Felsen brütet, ist bis zur nivalen Zone hinauf zu sehen. Auch Hirsche und Rehe finden hier Unterschlupf. Nicht ratsam ist es, sich in die Nähe der Nester der Roten Waldameise zu setzen, die in sonnigen Lagen im Wald zu finden sind. Der Rückweg führt durch das Bergsturzgebiet zurück nach Niederthai, in eine historisch gewachsene Siedlung aus alten Einzelhöfen und moderner Architektur.

▶ Vom **Hotel Falknerhof** 01 folgt man dem Fahrweg über die Wiesen zu einem Gatter. Hinter dem Gatter führt

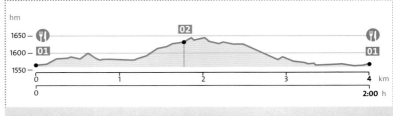

01 Hotel Falknerhof, 1565 m; 02 Mauslasattel, 1620 m

Birkhuhn (Foto: Reinhard Hölzl)

den Waldrand entlang ein gemütlicher, breiter Weg. Bei der Vernässungsfläche Poschach vereinigt sich dieser Weg mit einem Fahrweg. Auf diesen Weg biegt man links in den Wald ein. Der Forstweg führt mit mehreren Kehren in den **Mauslasattel** 02 und zum na-

hen Mauslasee. Weiter geht es an einer Wildfütterung vorbei, in den Wald des Tauferbergs. Ein gut erkennbarer, markierter Pfad führt auf eine Forststraße, auf der man gemütlich nach Niederthai und zum Hotel Falknerhof zurückwandert.

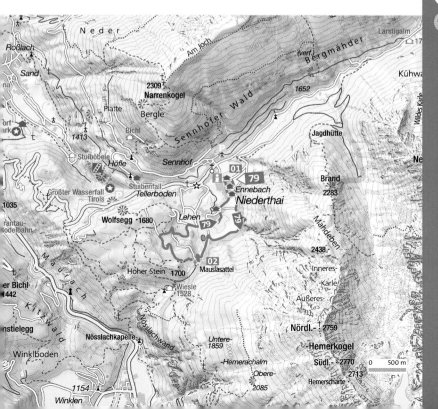

GRASTALSEE • 2533 m

Stiller Bergsee in wilder Urlandschaft

  11 km 3:15 h 995 hm 995 hm 43 83

START | Von Umhausen hinauf nach Niederthai, 1538 m, 7,5 km, und zum kleinen Parkplatz an der Horlach kurz nach der Kirche.
[GPS: UTM Zone 32 x: 649.234 m y: 5.221.302 m]
ZUFAHRT | A 12 bis Ausfahrt Ötztal und auf der B 186 nach Umhausen. Südlich des Ortes Abzweigung nach Niederthai.
CHARAKTER | Gute, später schmale Wege und Steige in ein stilles, von hohen Felswänden überragtes Tal zu einem erstaunlich großen See in wilder Urlandschaft. Die Überschreitung des Hemerkogels ist nur geübten Bergwanderern zu empfehlen!

Die gewaltigen, kantigen und bis zu 800 Meter hohen Felswände des Grastaler Grieskogels, 3168 m, erzeugen eine äußerst eindrucksvolle Kulisse über dem Grastal, das manchmal auch „Grasstalltal" benannt wird.
Im hinteren Abschnitt wird dieses Tal rau und hochalpin. Fels und Schnee beherrschen das Bild; umso erstaunlicher ist das plötzliche Auftauchen einer Wasserfläche dort oben, die nicht weniger als einen halben Kilometer lang ist – der Grastalsee. Erfahrene und konditionsstarke Berggeher können über steiles Gelände noch zum Hemerkogel, 2770 m, hinaufsteigen, einem Aussichtsbalkon, der sehr steil und eindrucksvoll über dem Ötztal thront.

▶▶ 250 Meter (oder ca. 5 Min.) wandert man auf dem Fahrweg neben der Horlach zum Waldeck, biegt rechts auf ei-

nem Steig ab, der kurz danach in eine Forststraße mündet. Auf ihr geht man durch lichten Wald mit schönen Ausblicken etwa 20 Minuten bequem aufwärts, bis ein weiterer Fußweg abzweigt und in einem Bogen durch lichten Lärchenwald ins untere Grastal führt.
Auf der anderen Seite des wasserreichen Bachs zwischen Bäumen hindurch, bald jedoch auf Gras in den flachen Boden des Tales, 2100 m. Weiter geht es in den Talhintergrund hinein und links des Baches über blockreiche Hänge steil aufwärts und hinein zum See **02**.
Abstieg auf dem Anstiegsweg oder – für besonders konditionsstarke Berggeher – Überschreitung des Hemerkogels.
Über den Hemerkogel, 2770 m: Diese Gipfeltour eignet sich nur für Bergwanderer mit alpiner Erfahrung!
Die anstrengende Route führt westlich über dem See aufwärts, dann durch eine

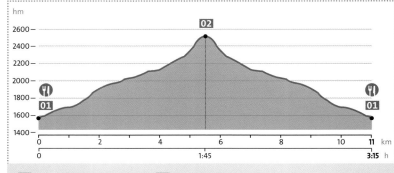

01 Parkplatz Niederthai, 1538 m; **02** Grastalsee, 2533 m

Grastalsee, 2533 m, Blick gegen Poschachkogel, 2574 m

sehr steile Flanke aus Gras und Geröll zur Hemerscharte, 2713 m, mit überraschendem Blick nach Westen.

Immer auf der linken Seite der Schneide steigt man quer durch das ebenfalls sehr steile Gelände zu einer Verzweigung. Kurzer Abstecher auf den Gipfel des Hemerkogels (1 Std. ab See). An-

schließend nicht weniger als 650 Höhenmeter auf dem kleinen Steig über die glatten Steilhänge hinab zur Oberen Hemerachalm, 2085 m, und nun etwas bequemer zur unteren Alm, die schon im Wald liegt. Ebenfalls im Wald zum Mauslasattel und zurück nach.

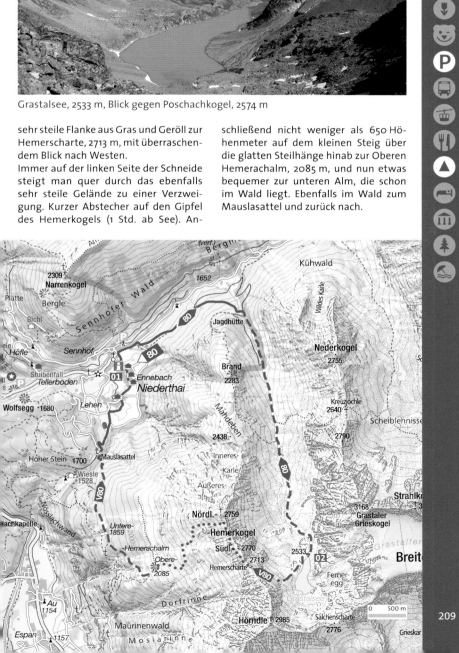

BRAND – BURGSTEIN – PLATTER GRUBE

Höhenwege über Längenfeld und Huben

  8,2 km 3:10 h 669 hm 669 hm 43 83

START | Oberlängenfeld, 1180 m, Start an der Brücke über den Fischbach mitten im Ort.
[GPS: UTM Zone 32   x: 649.592 m   y: 5.215.167 m]
ZUFAHRT | A 12 bis Ausfahrt Ötztal und auf der B 186 nach Längenfeld (Parkplatz).
CHARAKTER | Zwischen Brand und Burgstein schmaler, abwechslungsreicher Steig in sehr steilem Gelände; auch an der Platter Grube anspruchsvolle Pfade.

Einen Besuch von Burgstein, 1424 m, sollte niemand versäumen! Im Tal bei Astlehn bewundert man die 200 Meter hohen, äußerst steilen Wände (in denen es inzwischen einen Klettersteig gibt), doch keiner erwartet darüber eine kilometerbreite, sanfte, von Wiesen überzogene Hochfläche mit dem Dörfchen Burgstein und den herrlichen Ausblicken.

Den Besuch der Hochfläche wird man dann mit dem abwechslungsreichen Übergang von Brand durch recht steiles Gelände ergänzen. Und wer noch etwas richtig Ausgefallenes erleben will, steigt zu den Wiesen der Platter Grube empor, einem herrlichen „Lug-ins-Land", rund 700 Meter fast senkrecht über dem Ötztal. Zusammengefasst: ein stilles Bergland am Fuße des Gamskogels, schmale Steige und großartige Ausblicke.

▶ Von **Längenfeld** `01` nach Burgstein: Am Fischbach entlang 200 m taleinwärts, dann rechts auf dem Anrainersträßchen oberhalb der Kirche vorbei in dem anfangs steilen, dann flacheren Wald in Schleifen aufwärts zu den schönen Wiesenflächen von **Brand** `02` mit seinem Bergbauernhof (Jausenstation) und dem Kirchlein, 1385 m.

Von Brand geht man zum südlichen Waldrand, dann mit etwas Auf und Ab auf teilweise gesichertem Steig quer durch die felsdurchsetzten Hänge zu den unerwartet weiträumigen Wiesen von **Burgstein** `03`. Zu den Häusern, 1424 m, hinauf. Von dort kann man auf der alten Zufahrtsstraße mit ihren Kreuzweg-Stationen durch teilweise felsiges Steilgelände (Tunnel) nach Oberlängenfeld zurückkehren. Über die Platter Grube nach Huben: In Burgstein

Das Kirchlein beim Bergbauernhof Brand. Von hier reicht der Blick talauswärts bis zur Zugspitze.

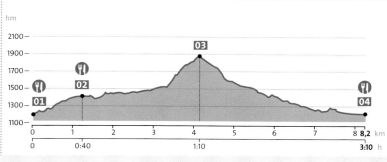

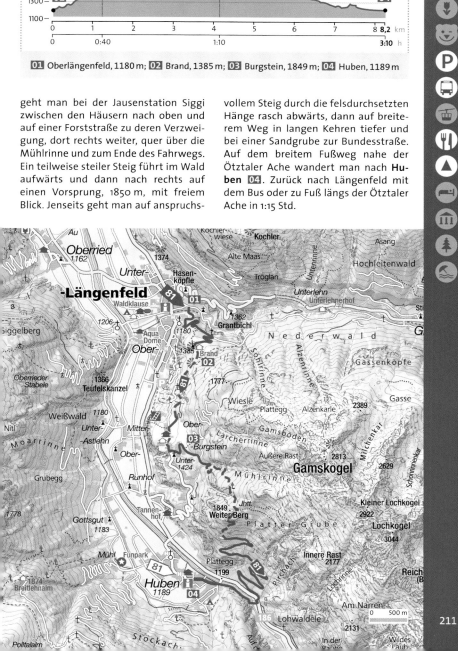

01 Oberlängenfeld, 1180 m; **02** Brand, 1385 m; **03** Burgstein, 1849 m; **04** Huben, 1189 m

geht man bei der Jausenstation Siggi zwischen den Häusern nach oben und auf einer Forststraße zu deren Verzweigung, dort rechts weiter, quer über die Mühlrinne und zum Ende des Fahrwegs. Ein teilweise steiler Steig führt im Wald aufwärts und dann nach rechts auf einen Vorsprung, 1850 m, mit freiem Blick. Jenseits geht man auf anspruchs-

vollem Steig durch die felsdurchsetzten Hänge rasch abwärts, dann auf breiterem Weg in langen Kehren tiefer und bei einer Sandgrube zur Bundesstraße. Auf dem breitem Fußweg nahe der Ötztaler Ache wandert man nach **Huben** **04**. Zurück nach Längenfeld mit dem Bus oder zu Fuß längs der Ötztaler Ache in 1:15 Std.

GAMSKOGEL • 2813 m – SCHÖNRINNENSEE

Im Tourenbereich der Nisslalm, 2051 m

  8,3 km 7:00 h 1244 hm 1244 hm 43 83

START | Gries (Gemeinde Längenfeld), 1569 m.
[GPS: UTM Zone 32   x: 653.875 m   y: 5.214.891 m]
ZUFAHRT | A 12 bis Ausfahrt Ötztal, auf der B 186 nach Längenfeld und auf 5 km langer, guter Bergstraße nach Gries (Parkplatz am Ortsende).
CHARAKTER | Steiler Fußweg oder mäßig ansteigender Fahrweg zur Nisslalm; schmaler Pfad in das stille Hochkar mit dem Schönrinnensee; Bergpfad auf den Gamskogel, Trittsicherheit erforderlich!

Alpen-Küchenschelle auf der Nisslalm

Im Süden von Gries steigen hohe, sehr steile und dicht von Wald überzogene Hänge an. Knapp oberhalb liegt die malerische, aus Holz errichtete Nisslalm, 2051 m, ein reizvolles Ausflugsziel. Der Kamm über dieser Alm besteht aus auffallend wilden, dunklen Felsbergen um den Lochkogel, 3044 m, die nahezu nie bestiegen werden. In einem schmalen

Kar zwischen ihnen versteckt sich der Schönrinnensee; eine Wanderung dorthin ist die ideale Ergänzung zum Almausflug.

Doch wer ein weites Panorama und einen Vogelschaublick in das Ötztal schätzt, steigt auf den Gamskogel, den letzten Vorposten des erwähnten Kammes.

▶ Aufstieg zur Nisslalm: Mitten in **Gries 01** beim Sulztaler Hof geht man von der Hauptstraße südwärts zum nahen Fischbach hinunter, auf der anderen Seite zum Waldrand, dort kurz nach links, dann auf dem Steig in zahllosen Kehren durch den Wald steil aufwärts. In 1820 m Höhe quert man eine Forststraße, die man nahe dem oberen Waldrand nochmals trifft. Durch Zirben und Alpenrosen wandert man rechts zur malerischen **Nisslalm 02**, 2051 m. Wenn

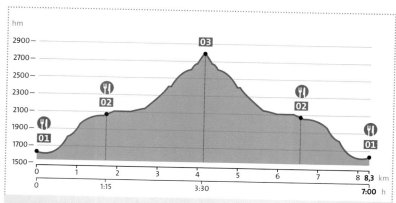

01 Gries, 1569 m; **02** Nisslalm, 2051 m; **03** Gamskogel, 2813 m

Blick von der Nisslalm in das Sulztal zum Schrankogel, 3497 m

man bequemer zur Nisslalm ansteigen will, geht man entlang des Fischbachs taleinwärts und folgt bei der Vögelasbrücke dem Fahrweg hinauf zur Nisslalm.

Weiterweg zum Schönrinnensee: Von der Alm kurz nach Westen, dann auf den anfangs üppig bewachsenen Hängen zum Beginn des Schönrinnenkars und über zwei Stufen zum gleichnamigen, 200 m langen See in 2353 m Höhe. Eindrucksvolles, von wuchtigen Felsgraten eingerahmtes Hochkar!

Auf den Gamskogel: Von der Alm, immer oberhalb des Waldrandes, nur mäßig steigend nach Westen auf einen grünen Boden (Gasse), 2120 m. Über Gras und Gletscherschlifffelsen windet sich der Bergweg über eine Felsstufe an den Rand des Milchenkars hinauf, 2389 m. Von dort über recht steile Hänge zum Nordostgrat des Gipfels empor und – mit herrlichen Ausblicken – über den Grat (Trittsicherheit erforderlich!) über Blockwerk hinauf zum **Gipfelkreuz** **03**.

Abstieg: Auf dem Anstiegsweg zurück zur Nisslalm und ins Sulztal nach Gries.

ZIRBENWALD IN OBERGURGL

„Mit Gratschen ratschen"

SWAROVSKI
OPTIK

  5,6 km 1:00–2:00 h 150 hm 150 hm 43
042

START | Hotel Alpenaussicht.
[GPS: UTM Zone 32   x: 654.716 m   y: 5.193.166 m]
ZUFAHRT | Ortseinfahrt Obergurgl, gleich links kostenlose Parkplätze bei der Festkogelbahn-Talstation, von dort ca. 3 Min. Gehzeit zum Ausgangspunkt.
CHARAKTER | Wanderweg.
TOUR MIT GUIDE | Naturpark Ötztal, Obergurgl, Tel. +43/(0)5256/22957, www.tirol.at/natur

Der Zirbenwald in Obergurgl umfasst ca. 20 ha und befindet sich im Bereich der Waldgrenze auf 2000 m Höhe. 1963 wurde er zum Naturdenkmal erklärt. Beim Wandern durch den wunderschönen lichten Wald versteht man, warum. Geht man zwischen den teilweise über 300 Jahre alten Bäumen mit ihren bizarren Wurzeln und Ästen hindurch, erlebt man hautnah den Lebensraum Zirbenwald mit all seiner Vielfalt an Leben: Heidelbeeren, Krähenbeeren und Rauschbeeren säumen den Weg. Alpenrosen und Heidekraut bringen Farbe ins Bild. Das Pfeifen der Murmeltiere und der Gesang einer Vielzahl verschiedener Vögel begleiten den Wanderer. Man hört etwa das Wintergoldhähnchen, den kleinsten Vogel Europas, oder den Mauerläufer, der in Felswänden brütet. Ein besonderer Kamerad der Zirbe ist der Tannenhäher, hier auch „Zirmgratsch" genannt. Er ist ein so genannter „Aufforstungsgehilfe". Vor dem Winter legt er zahlreiche Vorratsverstecke mit Zirbensamen an, von denen dann einige nicht wieder geholte zu Keimlingen wachsen.

Nicht versäumen sollte man auch einen Schluck vom berühmten Zirbengeist.

Zirbe im Herbst (Foto: Reinhard Hölzl)

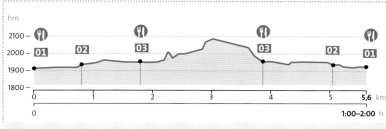

01 Hotel Alpenaussicht, 1912 m; **02** Univeritätszentrum Obergurgl, 1930 m; **03** Davids Hütte, 1944 m

▶ Vom **Hotel Alpenaussicht** **01** kommt man über die breite Dorfstraße zum **Universitätszentrum Obergurgl** **02**. Dort folgt man dem Fahrweg Richtung Davids Hütte bzw. dem „Lehrpfad Zirbenwald". Nach einer Brücke geht es etwas bergauf zur **Hütte** **03**, an der man rechts vorbeigeht. Nun wandert man eben dahin, bis links der „Lehrpfad Zirbenwald" abzweigt. In einer länglichen Schleife folgt man den Tafeln und kehrt dann auf demselben Weg nach Obergurgl zurück.

Tannenhäher (Foto: Reinhard Hölzl)

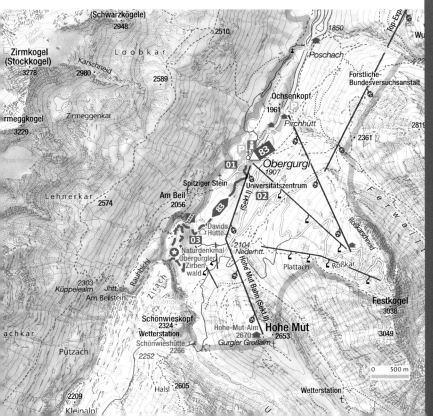

OCHSENKOPF IN OBERGURGL

Natur auf höchster Ebene

3,3 km   1:00 h   100 hm   100 hm   43 042

START | Hotel Alpenaussicht.
[GPS: UTM Zone 32   x: 654.716 m   y: 5.193.166 m]
ZUFAHRT | Ortseinfahrt Obergurgl, rechte Seite.
CHARAKTER | Wanderweg.
TOUR MIT GUIDE | Naturpark Ötztal, Obergurgl, Tel. +43/(0)5256/22957,
www.tirol.at/natur

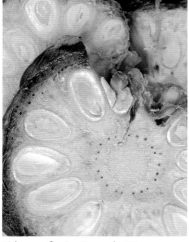

Zirbenzapfen im Querschnitt
(Foto: Reinhard Hölzl)

Der Naturpark Ötztal umfasst ca. 380 km² zumeist hochalpines Gebiet und ist der jüngste Naturpark in Österreich. Das Bergdorf Obergurgl liegt auf fast 2000 m Höhe im Herzen des Naturparks – der optimale Ort, um die wunderschöne hochalpine Landschaft mit ihrer speziell angepassten Flora und Fauna zu erleben.

Die Umgebung von Obergurgl bietet viele satte Bergwiesen mit Pflanzen wie Schafgarbe, Flockenblume oder Leimkraut und einer Menge verschiedener Insekten. Doch neben der typischen Wiesenvegetation findet man hier auch Pflanzen wie die Berg-Hauswurz, typische Vertreter der Felspflanzen, die hier auf den Gletscherschliffen wachsen.

Die abgeschliffenen Felsen sind Relikte der Gletscher der letzten Eiszeit, deren Kräfte die Landschaft des ganzen Ötztals geprägt haben. Beim Blick in die Ferne auf die vergletscherten Dreitausender sieht man die Reste des ehemals zur Gänze vergletscherten Gebietes.

▶ Vom **Hotel Alpenaussicht** **01** gelangt man im Norden direkt auf die sanften Wiesen des Ochsenkopfs. Über diese geht man weglos zur Bergstation des kleinen Liftes und erreicht bald den höchsten Punkt des Ochsenkopfs. Hier führt ein kleiner Steig an mehreren kleinen Mooren entlang durch den lichten

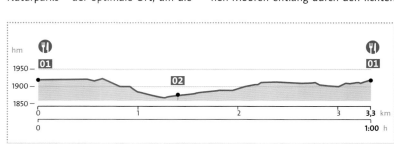

01 Hotel Alpenaussicht, 1912 m; **02** Hof Alt Poschach, 1860 m

Heidelbeere (Blaubeere) (Foto: Reinhard Hölzl)

Zirbenwald. Der Steig wird steiler und endet schließlich beim **Hof Alt Poschach** 02. Hierher kann man auch entlang des Baches gelangen, wenn man lieber den markierten Fernwanderweg 02 nimmt. In Poschach überquert man auf einer kleinen Brücke den Gurgler Bach und wendet sich auf dem gemütlichen Wanderweg wieder Obergurgl zu. Bei einem Wegkreuz zweigt rechts der Archäologische Wanderweg ab, die Route führt aber geradeaus zur Pirchhütter Brücke, über die man wieder zurück nach Obergurgl gelangt.

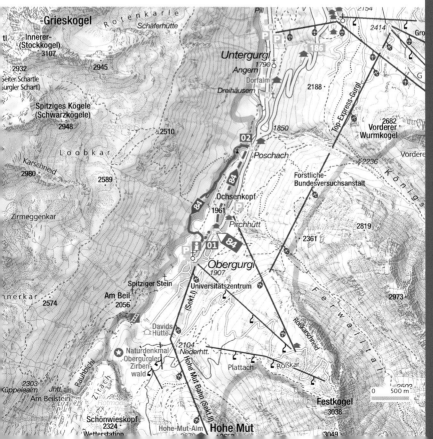

FRISCHMANNHÜTTE • 2192 m, ODER WENDERKOGEL • 2200 m

Bergwanderungen auf dem Sonnenbalkon des Ötztals

  10,8 km 4:30–5:00 h 799 hm 799 hm 43 83

START | Umhausen-Köfels, 1401 m.
[GPS: UTM Zone 32 x: 645.415 m y: 5.220.215 m]
ZUFAHRT | A 12 bis Ausfahrt Ötztal, auf der B 186 nach Umhausen, etwa 1,5 km taleinwärts, dann rechts über die Innbrücke und auf meist guter Bergstraße 3 km empor nach Köfels (Parkplatz).
CHARAKTER | Überwiegend gute Bergwege, teilweise steil; stellenweise Trittsicherheit erforderlich!

370 m über der Ötztaler Ache versteckt sich in einem weiten, sonnigen Wiesenkessel das Dörfchen Köfels, 1401 m, mit ein paar sehr malerischen alten Häusern und einem reizvollen Blick auf die Stubaier Berge, zwischen denen der Strahlkogel mit seinen 3295 m den Blickfang bildet. Dort oben lassen sich interessante Touren durchführen, so etwa zu dem völlig frei stehenden Wenderkogel oder zu der kleinen Frischmannhütte des ÖTK (Österreichischer Touristenklub).
Ein weiteres, ungewöhnliches Ziel erreicht man auf teilweise steilem Pfad und mit ein bisschen Blockkletterei am Gipfelgrat zum Fundusfeiler, 3079 m (2:45 Std. von der Hütte), einem Aussichtsgipfel der Extraklasse.

▶ Frischmannhütte, 2192 m: Direkt vom **Parkplatz** 01 geht man zu einer Forststraße hoch und am Ortsrand halbrechts in einem Bogen zum obe-

Altes Wasserrad in Köfels

ren Winkel der Wiesen. In der Mulde wandert man auf einem Fußweg in dem zunehmend steiler werdenden Gelände aufwärts. Dreimal quert man die Forststraße, dann geht es in vielen kleinen Serpentinen im Wald, zwischen Buschwerk und in freiem Gelände, am Schluss steil ansteigend ins **Schartle** 02, 2084 m.

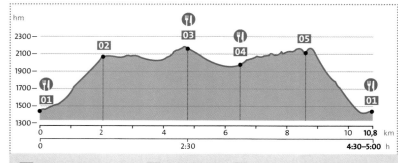

01 Umhausen-Köfels, 1401 m; 02 Schartle, 2084 m; 03 Fischmannhütte, 2192 m;
04 Hintere Fundusalm, 1964 m; 05 Wenderkogel, 2200 m

Von dort geht man 1 km flach über den Westhang des Kamms nach Süden (Blick auf den Blockkogel, 3097 m, mit kleinem Gletscher), dann entweder hinab in den Talboden und wieder hinauf zur längst sichtbaren kleinen **Hütte 03**, oder man quert die Hänge im Talhintergrund. Beim Rückweg kann man zum großen Fundussee und zur **Hinteren Fundusalm 04**, 1964 m, absteigen, um von dort in 20-minütigem Anstieg wieder das Schartle zu erreichen.

Route Wenderkogel, 2200 m: Vom Schartle über den sehr langen, teilweise bewachsenen Kamm auf den **Wenderkogel 05**.

Abstieg: Kurz über den Kamm zurück, dann nach Osten weit über die Steilhänge hinab, schließlich halbrechts über eine Stufe zu einer Forststraße. Weiter auf Fußwegen meist im Wald zu den Köfler Wiesen und am Kirchlein vorbei zurück zum Ausgangspunkt (Wiesenweg vom Gasthaus zum Parkplatz).

Blick von Umhausen auf den Wenderkogel, 2200 m

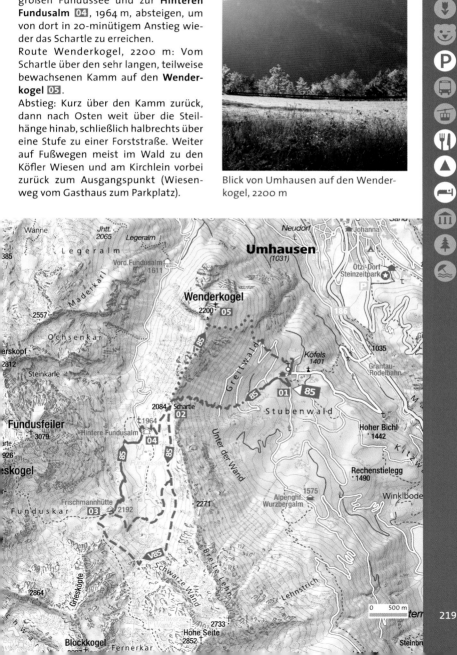

HAHLKOGELHAUS • 2042 m, ODER POLLESALM • 1776 m

Im Reich der wilden Felsberge

  9,2 km   5:00 h 587 hm 587 hm   43 83

START | Längenfeld-Huben, 1189 m.
[GPS: UTM Zone 32   x: 650.319 m   y: 5.211.511 m]
ZUFAHRT | A 12 bis Ausfahrt Ötztal, auf der B 186 nach Längenfeld und 4 km zur Abzweigung nach Huben; Parken bei den ersten Häusern.
CHARAKTER | Zur Pollesalm bequeme, breite Wege (nur während der ersten 15 Min. ein Steig), zum Hahlkogelhaus jedoch schmale Fußwege in steilem, anspruchsvollem Gelände.

Mittleres Ötztal mit den Ortschaften Astlehn und Huben. Im Hintergrund Schartlaskogel (Mitte) und Hahlkogel (rechts).

„Thema mit Variationen" könnte man die Möglichkeiten in diesem Gebiet charakterisieren, das mit seinen auffallend wilden Felsbergen stets für eine malerische, fotogene Szenerie sorgt. Die Tour zur Vorderen Pollesalm ist einfach, während die beiden anderen beschriebenen Routen mit ihren steilen Pfaden einige Geschicklichkeit voraussetzen. Alle drei Routen lassen sich ergänzen. So könnte man noch stundenlang im Pollestal einwärts wandern, dem Äußeren Hahlkogel, 2655 m, ab Hahlkogelhaus (Trittsicherheit nötig!) aufs kegelförmige Haupt steigen (1:45 Std.) oder oberhalb der Waldgrenze weit hinüber zur Breitlehnalm, 1874 m, wandern.

▶ Route zum Hahlkogelhaus: Zwischen Feuerwehr und Musikpavillon zum Zaun, an ihm links vorbei, dann schräg über den Hang empor in eine Mulde. Hier über Lichtungen und durch Wald aufwärts, bis man auf eine Forststraße trifft. Kurz danach zweigt von dieser rechts ein Fußweg ab. Zwischen Bäumen empor zur Steilstufe, schräg nach links zwischen Buschwerk und Fels steil aufwärts zu den ersten Almmatten mit lockeren Baumbeständen (meist Zirben). Nun geht es wieder bequemer zur Ebenalm und noch ein gutes Stück flach nach rechts zu dem auf einem Vorsprung – mit weitem Blick – thronenden Hahlkogelhaus, 2042 m.

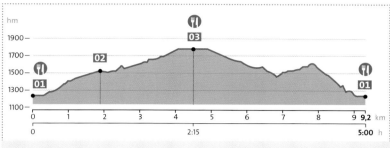

01 Längenfeld-Huben, 1189 m; **02** Sattelalm, 1505 m; **03** Pollesalm, 1776 m

Route zur Sattelalm und Pollesalm: Wie oben beschrieben zur Forststraße in der Mulde. Auf ihr bleibend durch das nun flache Tal zur **Sattelalm 02**, 1505 m. Von dort quert das Almsträßchen unter gewaltigen Steilhängen ins unterste Pollestal und führt dann gemütlich talein – oberhalb die wilden 800-Meter-Wände von Peerler Kogel und Schartlaskogel – zur **Pollesalm 03**, 1776 m. Beim Abstieg lässt sich von der Sattelalm aus der Rücken „Auf dem Egg", 1610 m (20 Minuten Gegenanstieg) überschreiten.

Übergang zum Hahlkogelhaus: Von der Pollesalm wandert man wenige Minuten taleinwärts, bleibt bei der Brücke rechts und steigt in einem Seitental neben der Bachschlucht sehr steil aufwärts. Unter den Wartkögeln wendet man sich dann nach rechts und steigt schließlich nach Norden auf eine Geländeschulter, 2300 m, hinauf. Über Wiesenböden wandert man nach Großeben und schräg links am Jubiläumsweg sanft abwärts zum Hahlkogelhaus 2042 m.

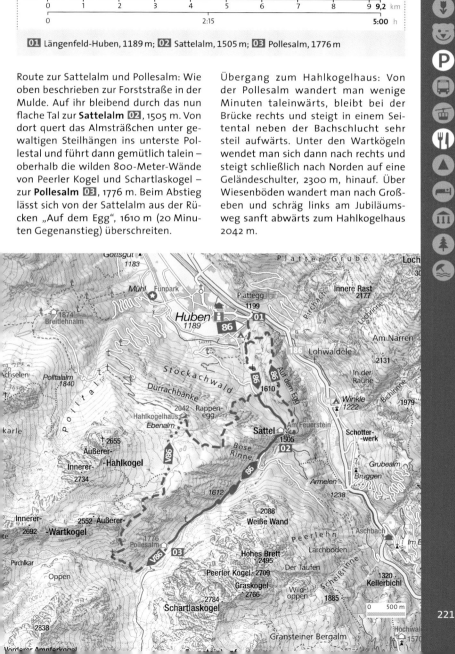

GAISLACHER SEE • 2704 m UND GAISLACH

Abstieg von einem Dreitausender

  15 km 4:30–5:00 h 0 hm 1693 hm 43 042

START | Sölden, Bergstation der Gaislachkogel-Gondelbahn, 3056 m.
[GPS: UTM Zone 32   x: 649.753 m   y: 5.200.618 m]
ZUFAHRT | Auf der Ötztal-Bundesstraße B 186 nach Sölden; von der Ortsmitte knapp 1 km zur Talstation der Gaislachkogel-Gondelbahn (großer Parkplatz).
CHARAKTER | Bergab-Wanderung auf Bergwegen in teilweise ziemlich steilem Gelände; wegen der großen Höhe auf die Verhältnisse achten!

Wenn eine Bergbahn zum Gipfel führt, wird man nicht zu Fuß hinaufsteigen, wie es mancher Führer beim Gaislachkogel empfiehlt. Ein Abstieg erfordert höchstens ein Drittel der Kraft, und so bleibt viel Muße, die großartige Rundsicht zu genießen. In einem Kar versteckt sich der fast runde und immerhin 250 m lange Gaislacher See. Später kommt man dann an der Gaislachalm und in Gaislach in historisches Gebiet, hier ernteten die Bergbauern unter äußerst harten Bedingungen ihr Heu.

▶ Von **Sölden** 01 fährt man mit der Gondelbahn auf den **Gaislachkogel** 02, 3056 m, Gipfelrestaurant, freier Rund-

blick zu den imposanten Gletscherbergen der Stubaier und Ötztaler Alpen.
Vom Gaislachkogel-Gipfelrestaurant, 3056 m, steigt man südostwärts über den ausgeprägten, nur wenig abfallenden Grat auf eine Schulter und an den Steilhängen der rechten Flanke zwischen Blockwerk abwärts zum erstaunlich großen Gaislacher See, in dem sich eindrucksvoll die Gipfel spiegeln. Von dort wandert man neben dem selten Wasser führenden Bachbett etwa 300 Höhenmeter in freiem Gelände meist in direkter Linie abwärts. Dann dreht der Steig nach links und führt durch einen Einschnitt zu den unteren, anfangs sehr steilen Hängen. Bei der ersten Ver-

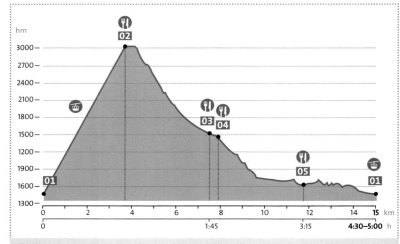

01 Talstation Gaislachkogel-Gondelbahn, 1363 m; 02 Bergstation Gaislachkogel-Gondelbahn, 3056 m; 03 Gaislachalm, 1968 m; 04 Hotel Silbertal, 1938 m; 05 Talherberge Zwieselstein, 1470 m

Äußere Schwarze Schneid und Gaislachkogel

zweigung rechts, bei der zweiten links, danach folgt man dem breiten Weg zur **Gaislachalm 03**, 1968 m, mit zwei Gaststätten.

Weiterer Abstieg: Man könnte von der Gaislachalm auf einem Fahrweg direkt nach Sölden wandern – reizvoller ist jedoch der Abstieg nach Süden. Die Schleifen des Almwegs abkürzend nach Gaislach, das auf einem Absatz steil über dem Venter Tal thront. Von der Ka-

pelle wandert man über Wald- und Felshänge hinab ins Tal, dann 1 km entlang der Fahrstraße, beim Sportplatz über die Achbrücke und über Wiesen nach **Zwieselstein 05**, 1470 m. Mit dem Bus zurück zur Seilbahn-Talstation.

Oder zu Fuß durch die malerische Kühtrainschlucht nach Wildmoos, unterhalb von Platte über die Ache und weiter zur Talstation (etwa 1:00 Std.).

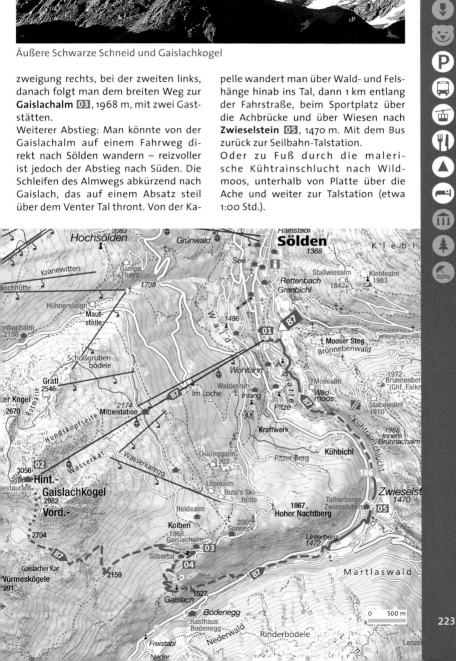

BERGMÄHDER OBERHALB SÖLDEN

Blumenreiche Kulturlandschaft

SWAROVSKI
OPTIK

  3 km 2:00 h 200 hm 200 hm 43
042

START | Hotel Ferienclub Silbertal.
[GPS: UTM Zone 32   x: 651.905 m   y: 5.199.748 m]
ZUFAHRT | Von Sölden zum Ferienclub Silbertal, 7 km auf Forststraßen, zu Fuß 1–2 Stunden; Es kann auch der Taxitransfer des Ferienclubs in Anspruch genommen werden.
CHARAKTER | Gut ausgetretener Pfad, der Abstieg führt durch wegloses Gelände, Trittsicherheit und gute Orientierung notwendig.
TOUR MIT GUIDE | Naturpark Ötztal, Obergurgl, Tel. +43/(0)5256/22957, www.tirol.at/natur

Beim Ausblick in die wunderschöne Ötztaler Bergwelt lassen sich gut die unterschiedlichen Vegetationszonen erkennen: Von grünen Wiesen und Wäldern, über die Waldgrenze, die von Zwergsträuchern und alpinen Rasen abgelöst wird, bis hin zu den kahlen Felsen der Gipfelregionen. Kaum zu glauben, wie viel Leben man hier im Bereich der Waldgrenze, immerhin auf 2000 m, noch finden kann. Auf den Bergmähdern wachsen Pflanzen wie Klappertopf, Margarite, Habichtskraut, Goldpippau oder Fingerkraut. Durch Mahd und Düngung und ihre Auswirkung auf den Nährstoffhaushalt des Bodens wird die Artenzusammensetzung solcher Wiesen stark beeinflusst. Eine botanische Besonderheit hier oben ist das Fettkraut, eine fleischfressende Pflanze, die mit Hilfe eines klebrigen Fangsekretes kleine Insekten verdauen kann.

▶ Vom **Hotel Ferienclub Silbertal** 01 kann man direkt über die Wiesen zum Wanderweg Richtung Gaislachsee aufsteigen. Auf diesem Wanderweg bleibt man nun, überquert eine Forststraße und geht an der Abzweigung Richtung Gaislachkogel geradeaus weiter.
Nun hat man die offenen Wiesenflächen erreicht und wandert gemütlich den Südhang hinauf. Bei einer Weggabelung, bei der es rechts weiter zum Gaislachsee geht, hält man sich geradeaus und erreicht den **Leckbach** 02, der im Gaislachsee entspringt.
Weiter geht es weglos, am Bach entlang, 200 Höhenmeter steil die Wiesen hinab, bis man auf einen deutlich erkennbaren Weg stößt, auf dem man nach links wieder zurück zum Ausgangspunkt, dem Hotel Ferienclub Silbertal, kommt.

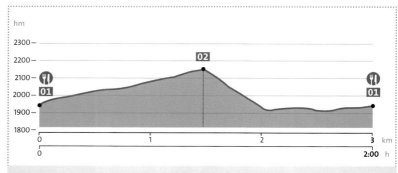

01 Hotel Ferienclub Silbertal, 1938 m; 02 Leckbach, 2159 m

Rotfuchs-Jungtiere (Foto: Reinhard Hölzl)

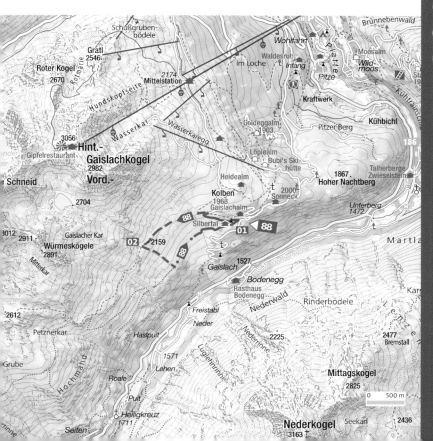

ALTLÖCHRIGES MOOS IM ÖTZTAL

Moor oberhalb von Sölden

SWAROVSKI
OPTIK

  3,7 km 2:00 h 150 hm 150 hm  43
042

START | Hotel Ferienclub Silbertal.
[GPS: UTM Zone 32   x: 651.905 m   y: 5.199.748 m]
ZUFAHRT | Von Sölden zum Ferienclub Silbertal, 7 km auf Forststraßen, zu Fuß
1–2 Std.; Es kann auch der Taxitransfer des Ferienclubs in Anspruch genommen
werden.
CHARAKTER | Forstweg, Wanderweg, Trampelpfad (teilweise weglos).
TOUR MIT GUIDE | Naturpark Ötztal, Obergurgl, Tel. +43/(0)5256/22957,
www.tirol.at/natur

Lärchen im Herbst
(Foto: Reinhard Hölzl)

Die Fichten, Lärchen und Zirben hier an der Waldgrenze sind von Flechten bewachsen, Symbiosen aus Pilz und Alge, die unter extrem trockenen und kalten Bedingungen noch wachsen können und ein guter Indikator für eine saubere Luft sind. Die Wahrscheinlichkeit ist groß, dass man bei einem Bau der Roten Waldameise vorbeikommt, auch Waldpolizei genannt, da sie ein wichtiger Helfer im Kampf gegen Waldschädlinge ist.

Ein besonderer Höhepunkt der Tour sind die Atemlöcher-Möser. Diese Moore beherbergen speziell angepasste Vegetation. Bei den auffallenden „Wollschöpfen" im Moor handelt es sich um die langen Blütenhüllfäden der Wollgräser, die vorwiegend Moorstandorte besiedeln.

Nach diesem nassen Lebensraum bietet der extrem trockene Föhrenwald auf dem Rückweg einen deutlichen Kontrast. Leicht möglich, dass man einen Buntspecht, Schwarzspecht oder Dreizehenspecht zu sehen bekommt,

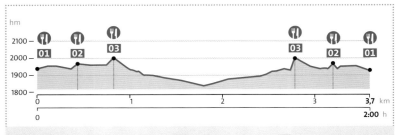

01 Hotel Ferienclub Silbertal, 1938 m; 02 Gaislachalm, 1968 m; 03 Sonneck, 2000 m

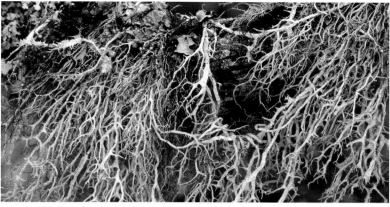

Bartflechte (Sparrige Evernie) (Foto: Reinhard Hölzl)

zumindest aber die Spuren der Vögel an den Bäumen.

▶▶ Vom **Hotel Ferienclub Silbertal** `01` wendet man sich nach rechts Richtung **Gaislachalm** `02`. Diese passiert man unterhalb und wandert auf der Forststraße zum **Gasthof Sonneck** `03`, wo man rechts vorbei und auf der Straße nach Sölden weiter abwärts geht. Durch den dichter werdenden Wald geht es in zwei Kehren abwärts, bis die Straße in einem Tunnel unter der Piste hindurchführt. Hier wendet man sich nach rechts und steigt auf der Piste weglos ab. Bevor die Piste eine langgezogene Kehre macht, erreicht man durch den Wald die Atemlöcher-Möser. In das Moor führt kein Wanderweg, sondern ein Trampelpfad. Die Feuchtgebiete sind aber von der Piste aus schon zu sehen.

Für den Rückweg nimmt man denselben Weg.

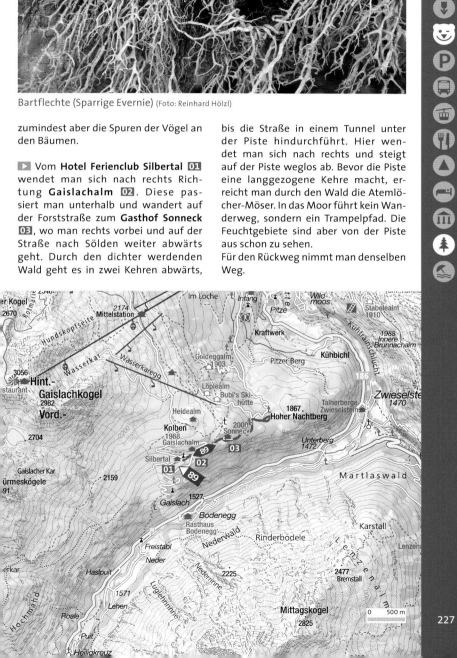

WILDES MANNLE • 3023 m

„Wander"-Dreitausender vor der Wildspitze

  9,3 km 5:30–6:00 h 717 hm 1180 hm 43 042

START | Vent, Bergstation des Stablein-Sessellifts, 2356 m.
[GPS: UTM Zone 32 x: 645.127 m y: 5.191.798 m]
ZUFAHRT | Auf der Ötztal-Bundesstraße B 186 nach Zwieselstein; rechts ab durch das Venter Tal nach Vent; Parkplatz bei der Talstation des Stablein-Sessellifts.
CHARAKTER | Nicht allzu schwierige, aussichtsreiche Bergwanderung auf Steigen, die an den Gletscherrand heranführen. Südroute bei trockenen Verhältnissen einfach; bei der Überschreitung ist Trittsicherheit erforderlich!

Am Gipfel des Wilden Mannle, 3023 m

Die Überquerung dieses mit zwei Steigen erschlossenen Dreitausenders gehört zum reizvollsten überhaupt!

Von Anfang an genießt man bei dieser Tour freie Fernblicke, etwa auf die Eisgipfel des Ramolkamms, bis 3549 m hoch, oder auf die Kreuzspitze mit dem Eisferner. Im oberen Teil gibt es dann noch zwei besondere Attraktionen. Gegenüber ragt die Ostwand der 3768 m hohen Wildspitze in den Himmel, und man gelangt fast auf Tuchfühlung mit den blau schillernden, 150 m hohen Gletscherbrüchen des Rofenkarferners. Zudem lässt sich die Tour mit einem Besuch der Breslauer Hütte, 2844 m, und dem steilen Abstieg nach Rofen und seiner Hängebrücke abrunden.

Tiefblicke auf der Hängebrücke über die Rofenache

▶ Von Vent fährt man mit dem Sessellift zu den Weideflächen von **Stablein** 01, 2356 m. Auf dem breiten Almweg steigt man gut 30 Minuten in Richtung Breslauer Hütte an, bei der oberen Abzweigung hält man sich rechts und steigt über Hänge und einen weiten Rücken – mit freier Rundsicht – empor auf eine grüne Schulter, 2820 m (Verzweigung, idealer Rastplatz). Abwechselnd über Gras, Geröll, dann über Blockwerk steigt man auf den weiträumigen **Gipfel** 02. Auf dem gleichen Weg geht man zurück oder wählt die Überschreitung: Dazu steigt man vom Gipfelkreuz über den flachen, blockreichen Kamm den Steinmännern folgend nach Norden, dann links über eine interessante Felsstufe mit Sicherungen (Blick auf die Eisbrüche des Rofenkarferners und seinem kleinen Gletschersee) hinab auf eine ausgeprägte Moräne. Auf deren Kamm steigt man nach Süden abwärts zur grü-

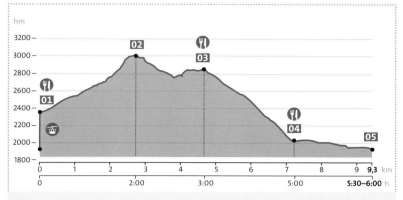

01 Bergstation Stablein-Sessellift, 2356 m; **02** Wildes Mannle, 3023 m; **03** Breslauer Hütte, 2844 m; **04** Rofenhof, 2014 m; **05** Talstation Stablein-Sessellift, 1895 m

nen Schulter, 2820 m. Dafür sind 30 Min. mehr Gehzeit einzuplanen.

Zur Breslauer Hütte, 2844 m: Wie oben auf die „ausgeprägte Moräne" hinab. Von ihrem Ende wandert man noch ein Stück hinab zum Gletscherbach, 2760 m, des Rofenkarferners und dann mit nur mäßigem Gegenanstieg zur nahe gelegenen **Schutzhütte 03**.

Abstieg über Rofen und die Hängebrücke: Von der Hütte auf dem Normalweg in Richtung Vent bis zur Verzweigung vor dem Rofenbach. Dort folgt man dem

markierten Steig nach rechts, der neben der Schlucht über die steilen Grashänge des Kuhbergs hinab zum Weiler **Rofen 04**, 2014 m (Gasthaus) führt. Von den höchstgelegenen dauerbesiedelten Bergbauernhöfen Österreichs geht man entweder auf der asphaltierten Straße hinaus nach Vent oder (empfehlenswerter!) unterhalb von Rofen auf der sanft schwankenden Hängebrücke über die Felsschlucht der Rofenache und auf der anderen Talseite am sanften Wanderweg talauswärts nach **Vent 05**.

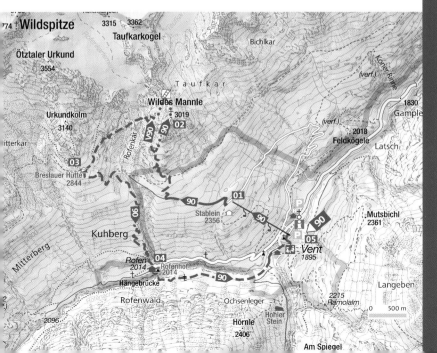

HOHE MUT – ROTMOOSFERNER

Naturerlebnis in der Gletscherregion Obergurgl

  10,4 km 4:30 h 40 hm 783 hm  43 042

START | Obergurgl, 1907 m; Bergstation der Hohe-Mut-Bahn, 2650 m.
[GPS: UTM Zone 32   x: 654.411 m   y: 5.192.681 m]
ZUFAHRT | Autobahn A 12 bis Ausfahrt Ötztal – B 186 Obergurgl-Hochgurgl
CHARAKTER | Bequeme Auffahrt mit der Hohe-Mut-Bahn. Von der Bergstation leicht abwärts, dann in leichter Gratwanderung, später auf mäßig steilem Steig dem Gletscher entgegen. Die reiche Alpinflora und das großartige Panorama kann man bei dieser Bergab-Wanderung besonders genießen.
GÜNSTIGSTE JAHRESZEIT | Juli – August.

Rotmoos-Wasserfall beim Obergurgler Zirbenwald

Das Hoteldorf Obergurgl im hintersten Ötztal ist Ausgangsort zu dieser ungewöhnlichen Wanderung in die hochalpine Bergwelt. Durch die Benützung der neuen Hohe-Mut-Bahn gewinnt man wertvolle Zeit, um die grandiose Kulisse der umliegenden Gipfel zu betrachten und die Alpinflora ausgiebig bewundern zu können. Die Hohe Mut bildet den Abschluss des breiten Grates zwischen Gaisberg- und Rotmoostal, das mit dem „Obergurgler Zirbenwald" ein bemerkenswertes Naturdenkmal aufweist.

▶ Bei der **Bergstation** 01 der neuen Hohe-Mut-Bahn beginnt die eigentliche Wanderung. Auf dem Gratweg geht man leicht bergab südwestwärts in den Mutsattel, 2556 m. Der Weg führt auf dem breiten Grat an der **Wetterstation** 02 vorbei auf den Kirchenkogel zu. Kurz

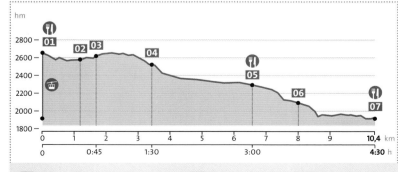

01 Bergstation Hohe-Mut-Bahn, 2650 m; 02 Wetterstation, 2580 m; 03 Abzw. Rotmoosferner, 2610 m; 04 Rotmoosferner, 2520 m; 05 Schönwieshütte, 2266 m; 06 Obergurgler Zirbenwald, 2100 m; 07 Obergurgl, 1907 m

bevor der grasige Grat in einen felsigen, steil ansteigenden Vorgipfel des Kirchenkogels übergeht, steht ein unübersehbarer **Wegweiser** 03, demzufolge der gut ausgetretene Steig zum Rotmoosferner nun halbrechts weiterführt. Durch steile, bewachsene Flanken, über Quellgerinne und an Felsblöcken vorbei, geht es leicht bergab dem **Gletscher** 04 entgegen. Für botanisch interessierte Wanderer ist dieser Abschnitt eine Augenweide der besonderen Art. Dieses Gelände bietet zahlreichen Alpenblumen günstige Lebensvoraussetzungen, sodass hier eine unerwartet reiche Artenfülle an hochalpinen Blütenpflanzen aufscheint. Alpenmannsschild, Gletscherpetersbart, Hornkraut und Edelrauten sind nur einige der wertvollen Geschöpfe, die hier zahlreich zu sehen sind und denen, angesichts der nahen

Eismassen, gebührende Aufmerksamkeit zukommt. Der Rand des Ferners ist Zielpunkt und Anfang des Rückweges durch das Rotmoostal. Anfangs nahe der Eisabbrüche der Gletschermoräne zwischen Felsgeröll, dann auf dem Steig bis zum hinteren Talboden steiler abwärts. Talauswärts verläuft dann der Steig an Felsblöcken vorbei, über bewachsene Matten und letztlich am Rand einer bescheidenen Hochmoorfläche mäßig fallend bis zu der schon weithin sichtbaren **Schönwieshütte** 05, 2266 m. Diese auf sattgrünen Almwiesen gelegene und bewirtschaftete Raststätte kann noch zur Stärkung besucht werden, bevor der letzte Abschnitt dieser Wanderung angetreten wird. Auf dem Lehrpfad des Naturdenkmals **„Obergurgler Zirbenwald"** 06 wandert man zurück nach **Obergurgl** 07.

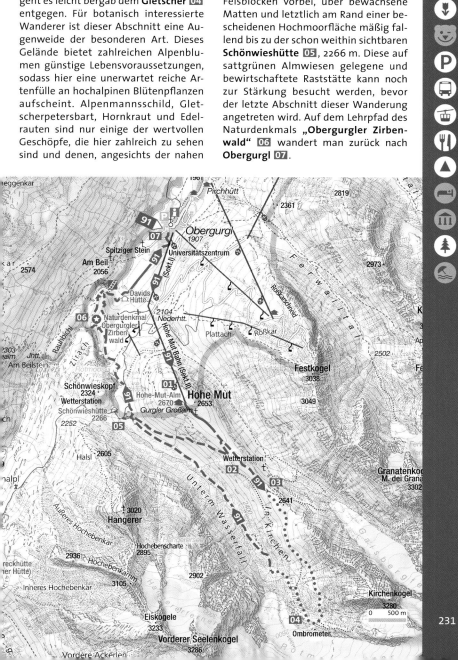

Blumenweg in der Gipfelregion

 15 km 3:00–4:00 h 1453 hm 1453 hm 43

START | Jerzens im Pitztal, 1107 m.
[GPS: UTM Zone 32   x: 632.433 m   y: 5.223.284 m]
ZUFAHRT | Autobahn A 12 bis Ausfahrt Imst/Pitztal – Landesstraße nach Jerzens.
CHARAKTER | Bequeme Auffahrt mit der Hochzeiger-Bergbahn oder mäßig steiler Anstieg über blumenreiche Mähwiesen. Kammwanderung über Gras und Blockwerk auf den Hochzeiger.
GÜNSTIGSTE JAHRESZEIT | Juni – August.

Bergbahnen Hochzeiger-Pitztal

Tel. + 43 5414 87000
Fax 87000-74;
www.hochzeiger.com

 Der Aufstieg zum Hochzeigerhaus, 1829 m, kann bequem mit der Hochzeiger-Gondelbahn erfolgen. Erlebnisreicher ist der Anstieg auf dem Fußweg über blumenreiche Mähwiesen zum Hochzeigerhaus, 1829 m. Mit der beeindruckenden Aussicht auf die Bergwelt trägt auch das farbenprächtige Blütenkleid erheblich zum Reiz dieser Bergwanderung bei. Die im unteren Bereich vorherrschenden Wiesenblumen gehen auf der Höhe des Hochzeigerhauses allmählich in den Bereich der Alpenblumen über. Oberhalb der Jerzner Alm leuchten überall Alpenrosen in ihrem unvergleichlichen Rot sowie die vielen goldgelben Hahnenfüße und Bergnelkenwurzen. In der Nähe des Grates überraschen dann bemerkenswerte Polstergewächse, Alpenhahnenfuß, Soldanellen und Klebrige Primeln in ihrem zarten Blau.

Vom Hochzeigerhaus kann man die Sechszeiger-Doppelsesselbahn benützen, um zum Niederjöchl, 2309 m, zu gelangen, oder man wandert zu Fuß hinauf – anfangs noch gemächlich, dann zunehmend steiler werdend. Am Grat biegt ein Steig links zum Sechszeiger ab. Der andere Steig führt südwärts den Kamm entlang ohne Schwierigkeiten direkt hinauf zum Gipfel des **Hochzeigers** 04, 2560 m. Die mäßige Mühe des Aufstiegs wird mit einer großartigen Aussicht belohnt.

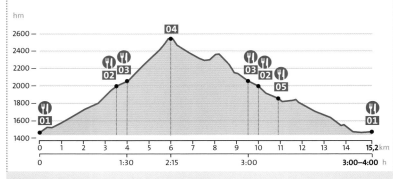

01 Liss, 1468 m; 02 Jerzner Alm 2000 m; 03 Hochzeiger-Restaurant, 2020 m;
04 Hochzeiger, 2560 m; 05 Hochzeigerhaus, 1829 m

Oberhalb der Jerzneralm überwiegt die Alpenrose

Der Rückweg erfolgt bis zum Niederjöchl auf dem gleichen Steig, dann auf gut markiertem Weglein dem Grat entlang zum Sechszeiger, 2392 m. Der abgeflachte, bewachsene Kopf des Sechszeigers bietet eine prächtige Aussicht ins nördliche Alpenland und auf die typischen Blütenpflanzen dieses hochgelegenen Standorts. Von diesen springen Frühlings-Küchenschellen, Behaarte Primeln, Alpen-Azaleen und Schwefelgelbe Anemonen besonders ins Auge. Der Rückweg ins Tal beginnt südlich der Gipfelregion des Sechszeigers (Landschaftsteich), zieht aber schon bald west- und südwärts hinunter zum **Hochzeigerhaus 05**, 1829 m, durch dichte Alpenrosenpolster und vorbei an einem bewundernswerten Zirbenbestand auf der rechten Seite. Sowohl die **Jerzner Alm 02** (Tanzalm) als auch das Hochzeigerhaus verlocken durch ihre schöne Lage zur Einkehr, bevor diese beschauliche Bergwanderung auf dem Waldweg, der zum Parkplatz an der **Talstation 01** führt, ausklingt.

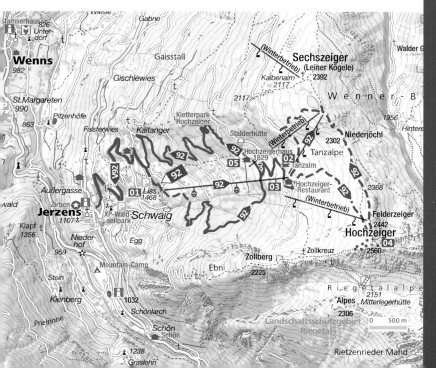

LUDWIGSBURGER HÜTTE • 1935 m

Hüttenanstieg und zünftige Überschreitung

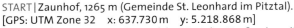

⌇   ⇨ 4,5 km   🕐 3:45 h   ⬈ 670 hm   ⬊ 670 hm   📖 43

START | Zaunhof, 1265 m (Gemeinde St. Leonhard im Pitztal).
[GPS: UTM Zone 32   x: 637.730 m   y: 5.218.868 m]
ZUFAHRT | Von Wenns 10 km auf der Pitztaler Straße, dann links hinauf zur
Kirche von Zaunhof, rechts zu den Häusern von Grüble (1300 m, Hütten-
parkplatz).
CHARAKTER | Von Zaunhof bis zur Hütte wahlweise Fußweg oder kleine
Forst- und Almstraße. Der anspruchsvolle Übergang vom Hochzeigergebiet
in das Landschaftsschutzgebiet Riegetal ist abwechslungsreich, aber nur für
geübte, trittsichere Berggeher!

Ludwigsburger Hütte (ehemals Lehnerjochhütte), 1935 m, mit der Rofelewand

Diese relativ kleine AV-Hütte an der Baumgrenze hoch über dem Pitztal strahlt Ursprünglichkeit und Gemütlichkeit aus. Beim Aufstieg über den Fußweg oder – bequemer, aber weniger spannend – auf einem Sträßchen kann man trotz vieler Bäume immer wieder den freien Blick auf die Berge genießen, vor allem auf die 3353 m hohe Rofelewand mit ihrer wilden, eisverzierten Nordwand. Der Ausgangsort Zaunhof und die an den Steilhängen klebenden Höfe geben Einblicke in die Bedingungen des Bergbauernlebens

von heute, vor allem aber ahnt man, wie hart sich das Leben in vergangenen Zeiten gestaltete. Die Hütte wurde 1973 vom Alpenverein Ludwigsburg übernommen, und so wurde aus der Lehnerjochhütte die Ludwigsburger Hütte.

▶ Von **Grüble** **01** geht man entlang der Straße in Richtung Egg und Oberlehen bis hinter den zweiten Graben (1 km, Kapellchen); hier zweigt der Fußweg ab, der in vielen Kehren über einen weiten Waldrücken emporführt. Später überquert man rechts einen Bacheinschnitt, ehe man wieder in Serpentinen aufwärts mehrmals die Straße überquert (die man auch für den Aufstieg benützen könnte). Schließlich wandert man erneut nach rechts und zum Ziel.
Ein außergewöhnlicher Hüttenzugang mit weiten Ausblicken ist der Übergang aus dem mit Liften erschlossenen Hochzeigergebiet.
Das steile Gelände erfordert allerdings Trittsicherheit und zuverlässiges Wetter! Wie bei Tour 92 fährt man zuerst von Jerzens mit der Gondelbahn und dem Sessellift zum Niederjöchl, 2302 m. Am Grat folgt man dem Steig südwärts zum Gipfel des Hochzeigers, 2560 m.
Vom Hochzeiger folgt man dem Pfad durch die äußerst steilen, felsdurchsetzten Hänge in das mittlere Riegetal hinab und empor zum 140 m langen Großsee, 2416 m. Kurz danach gelangt man zu einer Wegverzweigung, von der man rechts in einem Bogen zum Kugleter See, 2590 m, wan-

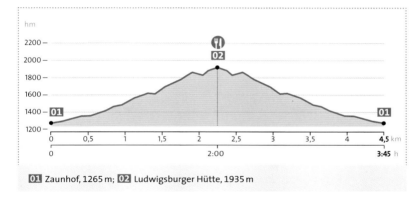

01 Zaunhof, 1265 m; **02** Ludwigsburger Hütte, 1935 m

dert. Vom See steigt man in 35 Minuten zum Hohen Gemeindekopf, 2771 m, hinauf. Auf der Südseite – mit Blick ins Pitztal – steigt man über die meist sehr steilen Hänge abwärts, bis man schließlich über Almmatten an der Baumgrenze die **Ludwigsburger Hütte** **02**, 1935 m, erreicht.

KAUNERGRATHÜTTE • 2817 m

Anspruchsvolle Tour im Bereich der Watzespitze

  13,3 km 6:00 h 1142 hm 1142 hm 43

START | Mandarfen, 1675 m, im inneren Pitztal; großer Parkplatz bei der Rifflseebahn.
[GPS: UTM Zone 32   x: 641.001 m   y: 5.203.187 m]
ZUFAHRT | A 12 bis Ausfahrt Imst-Pitztal, auf der Pitztaler Straße nach Wenns (7 km) und weiter nach Mandarfen (28 km).
CHARAKTER | Der Cottbuser Höhenweg erfordert wegen steiler Felsstellen unbedingt Trittsicherheit! Der Aufstieg von Plangeross wäre einfach – aber weit.

Watzespitze, 3532 m, im Kaunergrat über dem Plangerosstal

seebahn aus den Cottbuser Höhenweg begehen, der „himmelhoch" über dem Pitztal Brand- und Steinkogel quert und eindrucksvolles Felsgelände überwindet. Von der Hütte lässt sich ein Dreitausender besteigen: Schräg über weite Schutthänge nach Osten empor zum Grat und auf die Parstleswand, 3096 m (1 Std.).

▶ Die Route „Cottbuser Höhenweg": Von **Mandarfen** `01` fährt man mit der Kleinkabinenbahn hinauf zum **Bergrestaurant** `02` oberhalb des Rifflsees. Der markierte Weg führt kurz in den nahen Grassattel, dann erst flach nach

Kaunergrat heißt der mit Abstand beeindruckendste Kamm der Ötztaler Alpen; hier steht ein gewaltiger Felsgipfel neben dem anderen. Der höchste und markanteste Berg der Region ist die immerhin 3532 m hohe, mit einem Hängegletscher verzierte Watzespitze. Beim Zugang zur Kaunergrathütte hat man diesen markanten Berg stets vor Augen. Um die Tour wirklich spannend zu gestalten, sollte man von der Riffl-

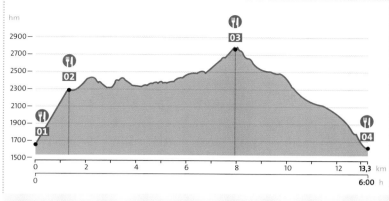

01 Talstation Rifflseebahn, 1675 m; **02** Bergstation Rifflseebahn, 2260 m; **03** Kaunergrathütte, 2817 m; **04** Plangeross, 1612 m

Norden, bald jedoch in steilem Gelände über zwei kurze Stufen etwas nach rechts und schließlich zehn Meter hinab zu einer Verzweigung. Dort steigt man auf einen Rücken, wandert unterhalb der Ostflanke des Brandkogels in ein kleines Kar und an den Fuß der Steinkogel-Steilhänge. Um den Abbrüchen auszuweichen, steigt man kurz ab, quert über schrofiges Gelände und steigt durch eine tief eingeschnittene Felsschlucht (Sicherungen) hinab auf eine kleine Schulter in einer Gratrippe, Muttler genannt. Es folgt eine lange Querung der Nordhänge, dann ein Anstieg in den Boden des Plangerosstals – eindrucksvoller Blick zur Watzespitze!

Man steigt westwärts in dem schuttreichen Kar nach rechts auf den Kamm einer ausgeprägten Moräne und nochmals etwas nach rechts zur **Kaunergrathütte 03**.

Abstieg: Hier erübrigt sich eine detaillierte Beschreibung; man wandert durch das gesamte Plangerosstal hinaus und schließlich im Wald über eine 300-Meter-Steilstufe hinab nach **Plangeross 04**. Busverbindung nach Mandarfen.

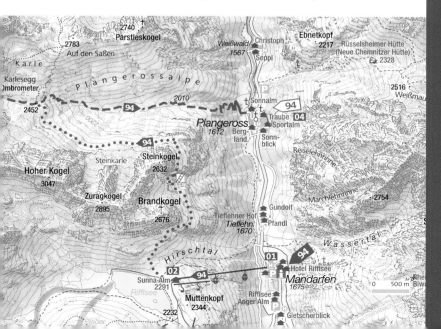

RIFFLSEE UND BRANDKOGEL • 2676 m

See-Umrundung oder pfiffige Gipfeltour (schwer!)

  10,8 km 2:30–3:00 h 416 hm  1001 hm 43

START | Mandarfen, 1675 m, im inneren Pitztal; großer Parkplatz bei der Rifflseebahn.
[GPS: UTM Zone 32 x: 641.001 m y: 5.203.187 m]
ZUFAHRT | A 12 bis Ausfahrt Imst-Pitztal, auf der Pitztaler Straße nach Wenns (7 km) und weiter nach Mandarfen (28 km).
CHARAKTER | Im Seebereich gemütliche Wanderwege. Zum Brandkogel nur ein kleiner, sehr steiler Pfad, der unbedingt Geschicklichkeit erfordert!

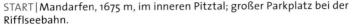

Mit einer Länge von einem Kilometer gehört der Rifflsee zu den größten Wasserflächen in der alpinen Hochregion. Er ist von Grün eingefasst, doch sehr eindrucksvoll zeigt sich der Bergkranz rundum. So steht genau im Westen der Seekogel, 3357 m, einer der wildesten Kletterberge der Ötztaler Alpen, drüben im Südosten hingegen fallen die Gletscher ins Auge, z. B. der Karlesferner an der Inneren Schwarzen Schneide, 3367 m. Ein Besuch des türkisfarbenen Sees lädt so recht zum Bummeln oder zum Faulenzen ein, während man beim kurzen Steilanstieg zum wenig bekannten, aber felsigen Brandkogel hellwach sein muss.

▶ Von Mandarfen fährt man mit der Kleinkabinenbahn hinauf zum **Bergrestaurant 01** oberhalb des Rifflsees.

Die leichte Route: Von dort geht man hinab zum See und auf breitem Weg an seinem Ufer entlang. An seinem Westende folgt man dem Pfad über nasse Grasflächen, bis man beim Rifflbach wieder auf einen breiteren Steig trifft. Auf ihm wandert man zum Abfluss des Sees und kurz empor zur aussichtsreichen **Rifflseehütte 03**, 2289 m. Von der Hütte wandert man entweder am Westhang des Muttenkopfs, 2344 m, zurück zur Bergstation, oder wieder zurück zum Seebach und auf breitem Weg über die von Alpenrosen überwachsenen Hänge hinab ins Taschachtal und zur **Taschachalpe 04**.
Auf dem breiten Fahrweg kehrt man zurück nach **Mandarfen 05**.
Die schwere Route – Gipfeltour auf den Brandkogel (Bewertung schwarz):
Von der Bergstation folgt man zuerst

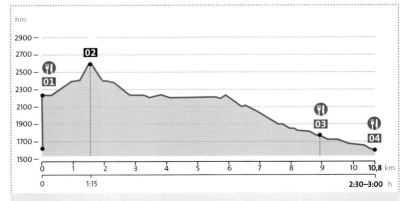

01 Bergstation Rifflseebahn, 2260 m; **02** Brandkogel, 2676 m; **03** Rifflseehütte, 2289 m;
04 Taschachalpe, 1796 m; **05** Mandarfen, 1675 m

Rifflsee, 2232 m, am Fuße des Brandkogels; rechts ragt der Seekogel, 3357 m, empor.

dem Weg in den Grassattel. Von dort führt der markierte Steig Nr. 926 (Kaunergrathütte) erst flach, danach in steilem Gelände über zwei kurze Stufen empor, dann etwas nach rechts und schließlich zehn Meter hinab zur Verzweigung. Nun ziemlich gerade aufwärts in dem von gletschergeschliffenem Fels durchsetzten Steilgrasgelände zum kleinen **Gipfel 02**; manchmal braucht man die Hände dazu, um über die Felsstufen zu klettern Etwas Geschicklichkeit und Schwindelfreiheit sind nötig! Beim Abstieg exakt auf die Route achten!

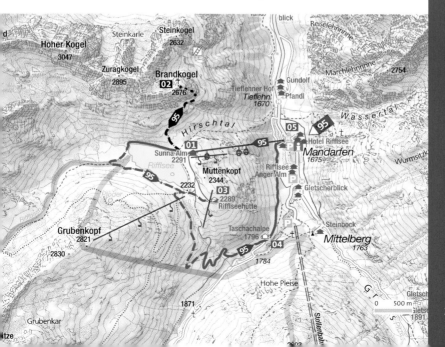

NASSEREITH – FERNSTEINSEE

Familienwanderung an der Via Claudia Augusta

 10,8 km   3:00 h   102 hm   102 hm   5 25 35

START | Nassereith, 838 m; Parkplatz beim Postplatz.
[GPS: UTM Zone 32   x: 638.912 m   y: 5.241.790 m]
ZUFAHRT | Von Telfs auf der B 189 über das Mieminger Plateau; von Imst auf der B 189 durch das Gurgltal und von Ehrwald auf der B 179 über den Fernpass nach Nassereith.
CHARAKTER | Gemütliche Familienwanderung auf fast ebenen Wanderwegen. Freizeitmöglichkeiten: Kneippanlage in Mühlsprung-Nassereith, Tretbootfahren am Fernsteinsee.

Mein lieber Schwan ...

Im nördlichen Talboden des Gurgltals schmiegt sich in die Bergwelt der Mieminger Kette und der Lechtaler Alpen der Ferienort Nassereith. Er zählt zu den wenigen Orten Tirols, in denen die alten Fasnachtsbräuche wie das „Schellerlaufen" noch lebendig sind. Nassereith liegt am südlichen Ende der Fernpassstraße, die schon unter den Römern als „Via Claudia Augusta" große Bedeutung erlangte. Die vorgestellte Wanderroute führt durch lichten Föhren- und Lärchenwald nahe der Römerstraße hinauf zum Fernsteinsee. Er ist bis zu 15 Meter tief und beeindruckt durch sein klares, grün schimmerndes Wasser. Auf einer Insel im See steht die Ruine des Jagdschlosses Sigmundsburg (um 1460 erbaut).

▶ Vom **Postplatz** 01 geht man an der Kirche vorbei in nördliche Richtung. Kurz danach weist ein Schild den Weg zum Fernsteinsee. Das leicht ansteigende Sträßchen (Markierung blaue 2) zieht an einer steilen Felsplatte vorbei nordwärts an den Waldrand. Auf dem breiten Weg wandert man bequem durch Wiesen und Mischwald in die Hügelwelt am Fernsteinsee, die beim Abschmelzen

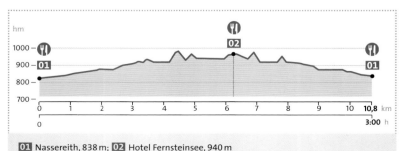

01 Nassereith, 838 m; 02 Hotel Fernsteinsee, 940 m

Ein Wanderziel für die ganze Familie: der smaragdgrüne Fernsteinsee

des letzten Eiszeitgletschers entstanden ist.

Nach knapp einer Stunde gelangt man zur Fernpassstraße, unterquert diese und wandert nun westlich der Straße am Campingplatz vorbei auf dem Fahrweg gemütlich hinauf zum **Hotel Schloss Fernsteinsee** 02. Vom Schlosshotel, in dem auch der bayerische König Ludwig II. des Öfteren logierte, geht man unter der Straße durch zum Seeufer.

Hier beginnt die romantische Seeumrundung des Fernsteinsees, die in einer Stunde zu den schönsten Plätzen am Seeufer führt. Familien werden gerne die Möglichkeit nützen, mit dem Tretboot zu fahren und auf diese Weise den herrlichen See kennenzulernen.

Der Rückweg führt bei der Unterführung unterhalb vom Hotel Fernsteinsee und danach am Campingplatz vorbei wieder zur Straßenunterführung und auf dem breiten Waldweg zurück nach Nassereith.

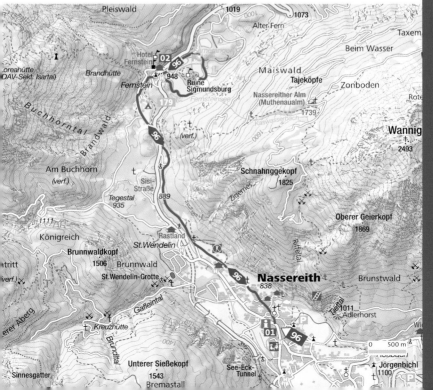

Wallfahrtsweg hoch über dem Gurgltal

  11 km 5:15 h 658 hm 658 hm 24 35

START | Obtarrenz, 1018 m; beschränkte Parkmöglichkeit im Ort.
[GPS: UTM Zone 32   x: 634.037 m   y: 5.237.624 m]
ZUFAHRT | Von Imst oder Nassereith auf der B 189 durch das Gurgltal bis Tarrenz und bei der Abzweigung nach Obtarrenz.
CHARAKTER | Gemütliche Familienwanderung auf altem Wallfahrtsweg. Tourerweiterung zum Sinnesjoch erfordert Ausdauer!

Wallfahrtskirchlein Sinnesbrunn

Tarrenz ist ein typisches Tiroler Bauerndorf in der Kulturlandschaft des Gurgltals, das etliche Naturjuwele aufzuweisen hat: Die wildromantische Salvesenklamm mit ihrem Skulpturenpfad, den idyllischen Starkenberger See oder die herrliche Berglandschaft bei Sinnesbrunn, die allein schon wegen ihres Wallfahrtskirchleins einen Ausflug wert ist. Wenn man höher hinauf will, so bietet sich der leichte Anstieg zum Sinnesgatter, 1676 m (leicht), an, oder man erweitert die Tour zur Bergwanderung auf

das Sinnesjoch, 2273 m (mittelschwer), die wesentlich anstrengender ist.

▶ Am besten beginnt man diese schöne Wanderung in **Obtarrenz** 01. Auffahrt bis kurz vor Sinnesbrunn auch möglich. Von der Kapelle im Ortszentrum folgt man dem asphaltierten Fahrweg nach Norden bis zum Waldrand. Auf dem Forstweg wandert man in nordöstlicher Richtung sanft ansteigend zum Gasthof Waldrast beim **Kappakreuz** 02, 1222 m, hinauf.
Östlich vom Gasthaus zeigt ein Schild den Weg nach **Sinnesbrunn** 03 (40 Min.), dem man entlang der Kreuzwegstationen bis zum Wallfahrtskirchlein folgt (Brunnen, Tisch und Rastbänke). Hinter dem Kirchlein geht es anfangs fast eben, dann sanft ansteigend um den Rücken des Sinneseggs herum auf eine große Feuchtwiese. Hier biegt man rechts ab, überquert auf einer Brücke ein Bächlein und steigt im Wald nordwärts auf eine Geländestufe hinauf. An der Kälberhütte vorbei wan-

Aufstiegsweg vom Sinnesgatter, 1676 m, hinauf zum Sinnesjoch, 2273 m

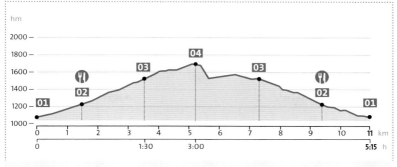

01 Obtarrenz, 1018 m; **02** Kappakreuz, 1222 m; **03** Sinnesbrunn, 1520 m;
04 Sinnesgatter, 1676 m

dert man weiter aufwärts zum **Sinnesgatter** **04**, 1676 m. Ein Wegweiser zeigt die große Auswahl an Wanderzielen an, die sich vom Sinnesgatter aus bietet. MIttelschwere Variante: Links vom Gatter zweigt der markierte Steig zum Sinnesjoch ab, der anfangs dem Holzzaun entlang aufwärts führt, dann die Latschenfelder nach rechts quert und in einer Rinne zur Baumgrenze hinaufführt. Der Bodenmarkierung folgend steigt man im Felsgelände nach rechts zum Gipfelkreuz des Sinnesjochs, 2273 m, hoch (1:30 Std. vom Sinnesgatter, 4:30 Std. von Obtarrenz). Abstieg auf dem An-

stiegsweg hinunter zum Sinnesgatter. Von dort folgt man dem Wegweiser „Gafleinhütte, 1 Std.", auf mäßig steilem Waldpfad in etlichen Serpentinen in ein enges Tal mit der Gafleinhütte. Der Weg führt über den Bach und steigt zum Kohlstattboden an. Hier wurde einst Holzkohle gebrannt, die für die Tarrenzer Nagelschmiede bestimmt war. Hier ist auf die nicht immer gut sichtbare Wegmarkierung zu achten, der man bis zum Kirchlein Sinnesbrunn folgt. Auf dem Anstiegsweg wandert man wieder hinunter zum Kappakreuz und dann weiter nach Obtarrenz.

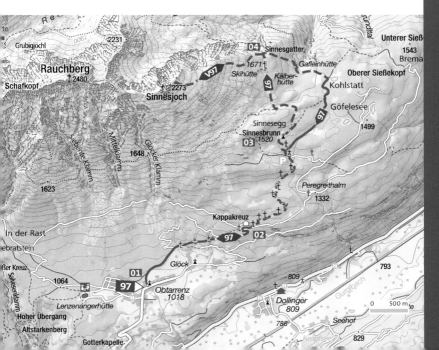

HOCHIMST – MUTTEKOPF • 2774 m

Bunte Steine im Grau der Kalkberge

  12,3 km 6:00 h  1283 hm 1283 hm 24 35

START | Mittelstation Untermarkter Alm oder Bergstation der Imster Bergbahn beim Drischlhaus.
[GPS: UTM Zone 32   x: 626.886 m   y: 5.234.972 m]
ZUFAHRT | Vom Ortszentrum Imst 3 km nach Hochimst (Parkplatz an der Talstation der Imster Bergbahn).
CHARAKTER | Geologisch interessante Wanderung über Almböden und steile Felshänge. Der Drischlsteig ist nur für trittsichere Bergwanderer!

Bergfreunde aus Nepal am Aufstieg von der Muttekopfscharte, 2630 m, zum Muttekopf, 2774 m

Diese Bergwanderung ist so recht dazu geeignet, die Großartigkeit der alpinen Landschaft zu genießen und dabei die malerische Abwechslung der Farben und Formen des Gesteins kennenzulernen. Besonders auffallend ist der von der Umgebung abweichende Gesteinsaufbau aus roten, violetten, grünen und gelben Schottern, die hier in der Kreidezeit zu Fels „gebacken" wurden. Der Weg unter den „Blauen Köpfen" zum Muttekopf ist wie ein Gang durch die Entstehungsgeschichte der Alpen.

▶ Von **Hochimst** 01 fährt man mit der Imster Bergbahn bequem zur **Mittelstation** 02 Untermarkter Alm, 1491 m, hoch. Hier kann man in nordwestlicher Richtung auf dem breiten Weg zur Latschenhütte und weiter zur Muttekopfhütte, 1934 m, ansteigen (1 Std.), oder mit der Bahn von der Mittelstation

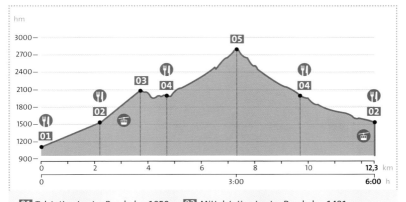

01 Talstation Imster Bergbahn, 1050 m; **02** Mittelstation Imster Bergbahn, 1491 m; **03** Bergstation Imster Bergbahn, 2121 m; **04** Muttekopfhütte, 1934 m; **05** Muttekopf, 2774 m

weiter zur **Bergstation** **03** Drischlhaus unterhalb des Alpjochs, 2121 m, weiterfahren. Auf dem teilweise drahtseilversicherten Drischlsteig (nur für trittsichere Bergwanderer!) steigt man am Nordhang des Alpjochs leicht bergab zur **Muttekopfhütte** **04** (45 Min.).

Von der Hütte steigt man über Almböden und Steilstufen aufwärts. Farbige Felsblöcke und Schuttstreifen mehren sich, und bald gelangt man unterhalb der „Blauen Köpfe" auf den „Imster Höhenweg" (Nr. 622), der in steilen Spitzkehren und über Felsplatten (Vorsicht bei Nässe) in die Muttekopfscharte, 2630 m, hinaufzieht. Von der Scharte steigt man nördlich über Felsplatten und Blockhalden hinauf zum **Muttekopf** **05**, 2774 m, der einen weiten Ausblick auf die Bergwelt bietet (3 Std.).

Der Abstieg erfolgt am Anstiegsweg bis zur Muttekopfhütte und auf dem Weg Nr. 27 über die Latschenhütte zur Mittelstation Untermarkter Alm. Auf der Talfahrt nach Hochimst kann man nochmals den herrlichen Ausblick ins Gurgltal und den Imster Talboden genießen.

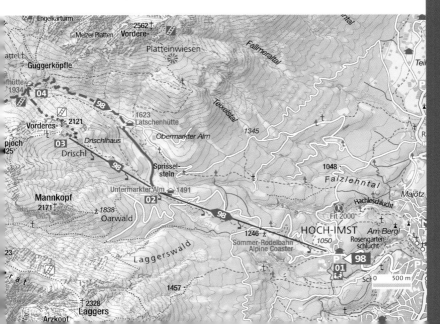

SIMMERING • 2096 m – HAIMINGER ALM

Almwanderung im Osten des Tschirgants

  15 km 6:00–6:30 h 1065 hm 1065 hm 25 35

START | Obsteig, Parkplatz Grünberglift (nicht in Betrieb).
[GPS: UTM Zone 32   x: 644.746 m   y: 5.239.520 m]
ZUFAHRT | A 12 bis Ausfahrt Mötz, Mieminger Bundesstraße 189 bis Obsteig, Abzweigung nach Finsterfiecht; Parkplatz Grünberglift.
CHARAKTER | Aussichtsreiche Wanderung über weite Almwiesen und latschenbewachsene Bergkuppen. Keine schwierigen Abschnitte, aber Ausdauer von Vorteil.

Die Simmeringalm, 1813 m – gemütliches Ausflugsziel oder Zwischenrast für die Überschreitung des Simmerings

An den markanten und schon von weitem sichtbaren Tschirgant schließt im Osten die sanfte Hügelkette des Simmerings an. Weite Almwiesen, die zum gemächlichen Dahinwandern einladen, wechseln mit Hügelkuppen ab, die eine prächtige Aussicht in das Inntal, zu den Mieminger Bergen, den Stubaier und den Ötztaler Alpen bieten.

▶ Ausgangspunkt dieser Tour ist der **Parkplatz an der Talstation des Grünberglifts 01** (nicht mehr in Betrieb!). Anfangs geht man auf dem breiten Forstweg westlich über den Simmeringbach, kurz danach biegt man auf den Alpsteig (Markierung roter Punkt) ab, der anfangs mäßig, dann zunehmend steiler im Wald ansteigt und nach etlichen Windungen aus dem Wald heraus auf einen Fahrweg trifft, der zur **Simmeringalm 02**, 1813 m, hinaufführt. Knapp vor der Almwirtschaft zweigt

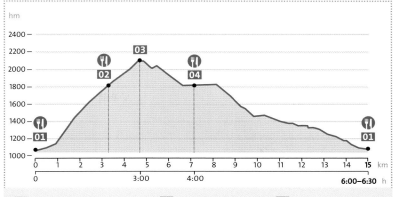

01 Grünberglift-Parkplatz, 1030 m; **02** Simmeringalm, 1813 m; **03** Simmering, 2096 m;
04 Haiminger Alm, 1786 m

links der rot-weiß markierte Steig zum Simmering ab, dem man über herrliche Almwiesen aufwärts folgt. Zunehmend steiler führt der Weg durch Latschenfelder hinauf zum Gipfelkreuz am **Simmering** **03**, 2096 m, wo man die schöne Aussicht genießen kann.

Auf dem Weiterweg zur **Haiminger Alm** **04** wandert man inmitten der Latschen in eine Senke hinunter, die man westwärts durchschreitet, ehe man zum Zunterkopf ansteigt. Hier öffnet sich der Blick von Westen auf den Tschirgant – auf seine überraschend milde Seite.

Blick vom Simmering nach Westen zum Tschirgant

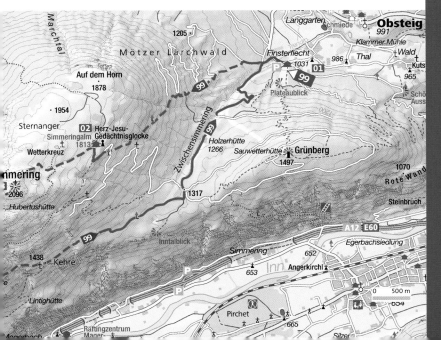

EHRWALD – SEEBENSEE – DRACHENSEE

Blumenwanderung gegenüber der Zugspitze

  18 km 6:30–7:00 h 923 hm 923 hm 5

START | Ehrwald, 994 m.
[GPS: UTM Zone 32   x: 646.279 m   y: 5.250.074 m]
ZUFAHRT | B 187 aus Richtung Garmisch-Partenkirchen; B 179 von Reutte oder über den Fernpass von Nassereith.
CHARAKTER | Unbeschwerlicher Anstieg über blumenreiche Mähwiesen und Almböden zum bezaubernden Seebensee. Der Aufstieg zum Drachensee ist steiler und schottriger.
GÜNSTIGSTE JAHRESZEIT | Juni – September.

▶▶ Von der **Talstation** `01` der Ehrwalder Almbahn führt in südöstlicher Richtung ein breiter Wanderweg bis zum Geißbach, am Anfang der nach Westen hin auslaufenden Wiesen. Einem dort befindlichen Wegweiser zufolge, dreht der Weg zur Ehrwalder Alm nun nach Osten und zieht zwischen lichtem Waldrand und Wiesen stetig aufwärts. Es empfiehlt sich, bereits im ersten Wegabschnitt den Wiesen erhöhte Aufmerksamkeit zu schenken. Ein ungeahnter Reichtum an Blumen offenbart sich dem Auge. Diese Fülle an Formen und Farben ist erstaunlich. Mit zunehmender Höhe gesellen sich immer mehr Alpenblumen zu den Wiesenblumen dazu, und im Bereich der Almböden entfaltet die Alpenflora ihre ganze Schönheit. Am Rande dieser ausgedehnten Weide-

flächen befinden sich die Bergstation, zwei Raststätten und die **Ehrwalder Alm** `02`, 1502 m. Der Wanderweg geht bei der kleinen Bildkapelle unterhalb der Bergstation in den Forstweg zum Seebensee über. Dieser Weg verläuft auf den Weideflächen ostwärts, um dann am Waldrand nochmals den Geißbach zu überqueren und nach Südwesten zu schwenken. Ab der Bachüberquerung geht es zügig aufwärts in einen Waldbereich, der sich bis zur **Seebenalm** `04` ausdehnt. Lichtungen und Aussichtspunkte mit Ruhebänken erlauben zwischendurch immer wieder Ausblicke auf die umgebenden Berge mit ihren steil aufragenden Gipfeln.
Im letzten Abschnitt dieser Wanderung flacht der Weg wieder ab und schwenkt nach Süden. Es öffnet sich ein hoch-

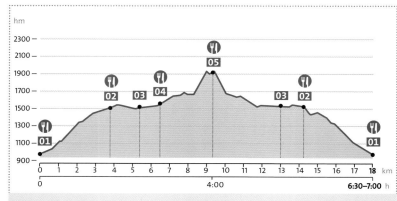

`01` Ehrwald, 994 m; `02` Ehrwalder Alm, 1502 m; `03` Unterstandshütte Ganghofers Rast, 1559 m; `04` Seebenalm, 1575 m; `05` Coburger Hütte, 1917 m

Die Zugspitze spiegelt sich im Seebensee

talartiges Becken, in dem der tiefblaue Seebensee, gesäumt von Wiesen, Legföhren und Lärchen, liegt. In seiner Oberfläche spiegelt sich die großartige Gebirgskulisse.

In 1 Stunde gelangt man steil ansteigend zum Drachensee unterhalb der **Coburger Hütte 05**, 1917 m. Man kann sich kaum vorstellen, dass in die-

ser Höhe und Abgeschiedenheit einst Bergknappen nach Erz schürften (1561–1735).

Der Rückweg erfolgt am Anstiegsweg. Die am Weg liegenden Raststätten geben Gelegenheit zur Stärkung, bevor der Abstieg ins Tal, auf dem Wanderweg oder mit der Kabinenbahn, angetreten wird.

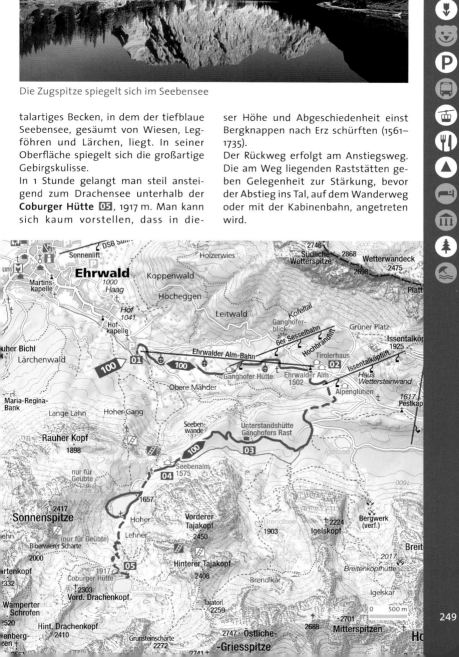

DANIEL • 2340 m

Beliebter Wandergipfel mit stillen Varianten

  14,5 km 6:30 h  1430 hm 1430 hm 4 5

START | Ehrwald, Eisenbahnbrücke nordwestlich des Ortes, 965 m.
[GPS: UTM Zone 32   x: 644.227 m   y: 5.252.238 m]
ZUFAHRT | B 179 von Reutte oder von Nassereith über den Fernpass; B 187 aus Richtung Garmisch-Partenkirchen.
CHARAKTER | Wegen seiner prächtigen Aussicht gern besuchter Gipfel. Ausdauer sowie Trittsicherheit (am Gipfelgrat) und Schwindelfreiheit sind erforderlich! Die Abstiegsvariante über das Kärle ist gefährlich, wenn Schnee liegt!

Der kühn geformte Daniel hat sich als Aussichtswarte einen guten Namen machen können. Deshalb wird er oft besucht und auf der Route über den Grünen Ups ist an schönen Wandertagen recht viel los. Anders sieht es mit der hier vorgestellten Abstiegsvariante aus: den Weg durchs Meirtljoch kennt kaum jemand.

▶ Von der **Ehrwalder Eisenbahnbrücke** 01 geht man auf der Asphaltstraße steil zur zweiten Kehre hinauf, biegt links ab und folgt einem breiten Spazierweg leicht ansteigend gegen Westen.
An einer beschilderten Stelle verlässt man den breiten Weg nach rechts und wandert am Tuftlalmsteig im Wald gleichmäßig ansteigend nach Nordwes-

ten aufwärts. Der Bergweg quert den Kärlesbach, steigt deutlich an und führt durch eine breite Mulde zu einer Wegverzweigung. Dort hält man sich links und steigt über einige Stufen zur **Tuftlalm** 02, 1496 m, hinauf.
Auf dem Fahrweg wandert man nordwestlich aufwärts, bis rechts ein markierter Steig abzweigt. Er führt im Wald und durch Lichtungen gegen Nordwesten in das Krummholz hinein und zum **Grünen Ups** 03 hinauf. Am Grünen Ups geht es rechts über eine breite Rippe steil nach Nordosten hinauf zu einem Gratrücken, wo sich die Wege teilen. Dort steigt man rechts hinauf zur **Upsspitze** 04, 2332 m. Der Bergpfad führt über den Ups und ca. 25 Höhenmeter abwärts zur Abzweigung des Steiges,

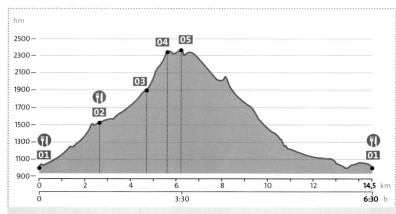

01 Ehrwalder Eisebahnbrücke, 965 m; 02 Tuftlalm, 1496 m; 03 Grüner Ups, 1852 m;
04 Upsspitze, 2332 m; 05 Daniel, 2340 m

der vom Kärle heraufkommt (eine Abstiegsvariante). Dann geht man auf der rechten Gratseite weiter zum Gipfelkreuz des **Daniel** `05`.

Zurück muss man erst einmal wieder über den Gipfelgrat. Wer will, zweigt nach links ab, um oberhalb des Kärle auf markierter Route steil und etwas ausgesetzt gegen Süden zur Kohlstatt abzusteigen, wo die Aufstiegsroute erreicht wird.

Spannender, aber viel weiter ist der Rückweg zum Ups hinab und dann rechts, Richtung Plattberg, um dem behäbigen Rücken bis in einen Sattel, 2200 m, zu folgen. Dort rechts und auf markierter Route in das Büchsental hinunter. Vor einer grünen Rippe schwenkt man rechts in ein Kar, bis wieder ein grüner Absatz erreicht ist, über den man im Kar weiter absteigen kann. Dann steigt man in das schmale Meirtljoch, 1983 m, auf und jenseits des Jochs unter den wilden Nordabstürzen des Daniels steil gegen Osten abwärts.

Durch lichten Wald gelangt man am Althüttenboden auf ein Sträßchen, dem man in südlicher Richtung bis zur Bun-

Gipfelrast auf dem Daniel, 2340 m

desstraße folgt. Auf dem Radweg westlich des Bachs kehrt man zum Ausgangspunkt zurück.

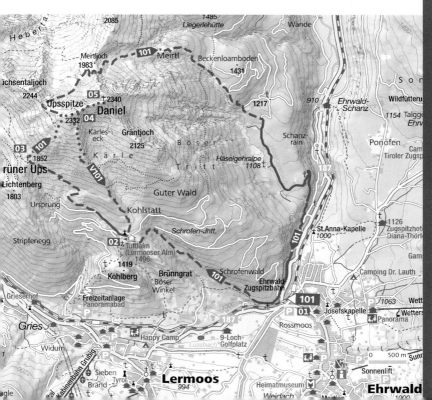

HOCHJOCH • 1823 m, UND SCHELLELESKOPF • 1722 m

Am Zwieselberg hoch über dem Plansee

  14 km 5:00 h 900 hm 900 hm 4 5

START | Plansee, Hotel Forelle, 979 m (Parkplatz).
[GPS: UTM Zone 32   x: 638.366 m   y: 5.260.822 m]
ZUFAHRT | Von Reutte auf der Plansee-Landesstraße bis zum Hotel Forelle (9 km).
CHARAKTER | Leichte Rundtour mit schönen Ausblicken. Etwas Orientierungssinn ist vorteilhaft, da die Route zwar markiert ist, aber abschnittweise auf Pfadspuren verläuft.

Der Zwieselberg steigt direkt vom Ufer des Plansees nach Norden an und gipfelt im Hochjoch. Der lang gezogene Bergrücken ist das ideale Terrain für eine schöne Rundwanderung. Beim Aufstieg dominieren der scharf geschnittene Säuling und die Schau ins Lechtal, während beim Rückweg die Blicke auf den Plansee, zum Thaneller, zum Pitzeneck und zur Kohlbergspitze treffen.

▶ Ein wenig nördlich des **Hotels Forelle am Plansee** 01 beginnt eine Fahrstraße, die nach Reutte führt. Auf ihr geht es anfangs etwas steil gegen Nordwesten, dann flacher dahin. Nach gut 3 km gabelt sich der Fahrweg. Dort zweigt man links ab und geht über eine Wiese nach Süden hinauf, bis eine schmale Trittspur erreicht ist. Sie lässt sich nicht ganz leicht finden und steigt in vielen Kehren über einen steilen Nordhang zu einem Bergrücken an. Auf ihm weist eine undeutliche Pfadspur nach Südosten, auf die Soldatenköpfe zu. Noch vor diesem Gipfel drehen die Markie-

Die Bergeinsamkeit am Hochjoch (Zwieselberg) überragt der markante Säuling

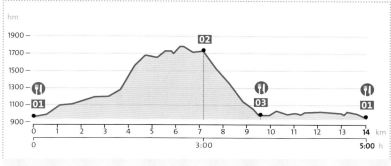

01 Plansee, Hotel Forelle, 979 m; **02** Schelleleskopf, 1722 m; **03** Hotel Seespitze, 980 m

rungszeichen wieder nach Süden und in einem leichten Rechtsknick auf den mit Krummholz bewachsenen Zwieselberg. Der Bergweg verläuft nun nach Westen und zieht sich auf der Nordwestseite des Kammverlaufs hin. In einem kurzen Abstecher steigt man durch Latschendickicht nach links südlich zum Hochjoch, 1823 m, und erreicht damit den höchsten Punkt der Rundwanderung.

Von dort geht man weglos wieder zur markierten Wegspur und nach Westen zum **Schelleleskopf** **02**, 1722 m, weiter.

Am zweiten, unscheinbaren Gipfelziel knickt der Pfad nach Süden ab und fällt in vielen Kehren steil zu einer Wiese ab, in der er sich verliert. Dort schwenkt man etwas rechts und erreicht im Wald wieder eine ausgetretene Spur, die sich gabelt. Der linke Weg lenkt nun steil durch den Wald hinab zum Campingplatz beim **Hotel Seespitze** **03** am Plansee.

Nach kühlem Bad im sattgrünen See kehrt man am Panoramaweg oberhalb der Planseestraße zum Ausgangspunkt zurück.

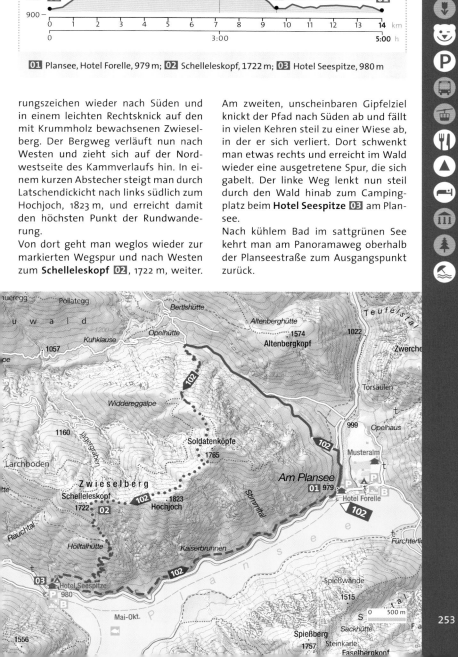

PFLACH – SÄULINGHAUS • 1720 m

Auf dem Fußsteig zu den Hahnenfüßen

  10 km 5:00 h 880 hm 880 hm  4

START | Pflach, 840 m.
[GPS: UTM Zone 32   x: 629.228 m   y: 5.263.738 m]
ZUFAHRT | B 179 aus Reutte oder Füssen (Deutschland).
CHARAKTER | Unbeschwerlicher Anstieg über farbenprächtige Mähwiesen zur Pflacher Alpe. Auf gutem Bergweg zum schön gelegenen Säulinghaus. Besonders lohnende Tour zur Zeit der Alpenrosenblüte. Als Tourerweiterung kann in ca. 1 Std. zum Gipfel des Säulings, 2047 m, angestiegen werden (Schwierigkeitsgrad: Rot). Trittsicherheit erforderlich (teilweise versichert).
GÜNSTIGSTE JAHRESZEIT | Mai – Ende Juni.

„Felsgemälde" aus Flechten

▶▶ Diese botanisch interessante Wanderung beginnt beim Gasthof Schwanen im Dorfzentrum von **Pflach** `01`. Nach Überschreiten des Bahnüberganges folgt man dem markiertem Feldweg mitten durch farbenprächtige Mähwiesen zum eigentlichen Bergfuß des Säulings. Kurz bevor der am Waldrand errichtete **Parkplatz** `02` errichet wird, kreuzt der Säulingweg über eine hohe Brücke, die Umfahrungsstraße Reutte. Knapp dahinter enden die saftigen Mähwiesen und beginnen die Weideflächen mit dem charakteristischen Pflanzenkleid. Gelbblühende Hahnenfüße, Knabenkräuter, Primeln und erstaunliche Bestände an kurzständeligen, blauen Enzianen vermögen den Wanderer zu erfreuen und geleiten zum Aufstieg am bewaldeten Bergfuß. Am Baumplatz, der durch mächtige Fichten und die ehemalige Wildfütterung nicht zu übersehen ist, zweigt der Fußsteig vom Forstweg ab. Zum Aufstieg wählt man den Fußsteig, der halbrechts durch schattigen Mischwald, anfangs steiler ansteigt und zu den Heuwiesen auf halber Höhe führt. Verschiedene Alpenblumen säumen bereits im unteren Abschnitt den Fußsteig, treten aber noch wesentlich vermehrt und vielfältig im Bereich der Heuwiesen in Erscheinung.

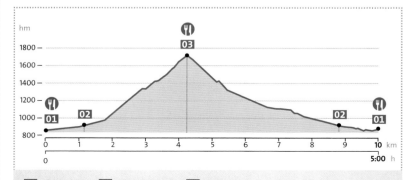

`01` Pflach, 840 m; `02` Parkplatz, 884 m; `03` Säulinghaus, 1720 m

Etwas oberhalb der Wiesen kreuzt dieser Steig den Forstweg zur Pflacher Alpe. Ein gut ersichtlicher Wegweiser informiert über den Weiterweg in Richtung Zielpunkt.

Der letzte Abschnitt des Steiges führt wieder durch den Fichtenbergwald, der östlich bereits von Felsausläufern der Gipfelregion begleitet wird. Auf einem flacheren Geländebereich, direkt unterhalb des Hauptgipfels, steht, umgeben von Felsblöcken und Alpenrosen, das **Säulinghaus** 03, 1720 m. Vom Haus genießt man eine herrliche Aussicht über den ganzen Talkessel von Reutte mit den Tannheimer und Lechtaler Alpen im Hintergrund.

Nach Rast und Labung in der gastlichen Unterkunft folgt man dem Anstiegsweg bis zur Kreuzung des Forstweges. Dort hält man sich an den Wegweiser und wandert dem Forstweg entlang durch die von bunten Blumen übersäten Wiesen, vorbei an wunderschön rotbraun patinierten Heuhütten in Blockbauweise, zum Baumplatz.

Dort wechselt man wieder auf den markiertem Feldweg, der durch die blumenreichen Mähwiesen zurück zum Ausgangspunkt in Pflach führt.

Stängelloser Enzian

Alpenrose

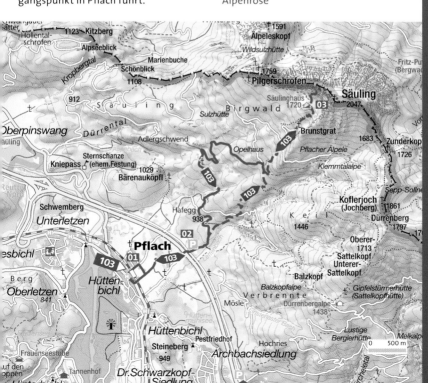

HÖFEN – HAHNENKAMM • 1938 m

Rund um den Alpenblumengarten mit Gipfelbesuch

  9,5 km 4:00 h 180 hm 1015 hm 4 04

START | Höfen, Talstation der Reuttener Hahnenkammbahn, 923 m.
[GPS: UTM Zone 32   x: 626.512 m   y: 5.259.687 m]
ZUFAHRT | Von Reutte an das linke Lechufer und über Wängle und Höfen zur Talstation der Reuttener Bergbahn.
CHARAKTER | Bequeme Bergfahrt mit der Reuttener Hahnenkammbahn. Rundwanderung um den Alpenblumengarten und aussichtsreiche Gipfelwanderung zum Hahnenkamm.
GÜNSTIGSTE JAHRESZEIT | Mitte Juni – Ende September.

 Von Höfen wandert man auf der Bergbahnstraße zum Parkplatz der Reuttener Bergbahnen am Bergfuß. Ein gut markierter Fußsteig beginnt hinter dem Gebäude der **Talstation 04** und führt über das Gelände der Schiabfahrt zur Bergstation. Viel bequemer und müheloser kann man sich mit der Gondelbahn zur **Bergstation 01** im Höfener Almgebiet, etwas unterhalb des Hahnenkammgipfels, bringen lassen. Der Alpenblumengarten befindet sich am Steig zum Gipfel, auf einer vorgelagerten, latschenbewachsenen Geländekuppe und ist ab der Bergstation ohne Anstrengung in 10 Minuten erreichbar. Ein Alpinum bildet das Zentrum des Alpenblumengartens, der durch einen Rundweg und Verbindungswege erschlossen ist und in konzentrierter Form die wichtigsten Blütenpflanzen der nördlichen Kalkalpen aufweist. Um die jeweils blühenden Exemplare in Ruhe

besichtigen und studieren zu können, sollten mindestens 1:30 Std. eingeplant werden.
Für unternehmungslustige Wanderer bietet sich nach der Besichtigung des Alpenblumengartens noch der weitere Aufstieg zum nahe liegenden Hahnenkammgipfel, 1938 m, sowie eine Rundwanderung über den Grat zur Höfener Alpe und von dort zurück zur Bergstation der Gondelbahn an.
Der vom Alpenblumengarten zum Gipfel führende Weg steigt mäßig an, und ist durch die begleitenden Legföhren sowie die unterschiedlichen Alpenblumen an den Wegrändern und vor allem wegen der grandiosen Aussicht sehr abwechslungsreich.
Der Rückweg ist durch Wegweiser gekennzeichnet und zweigt knapp unter dem Gipfel in Richtung des südwärts verlaufenden Grates ab. Auch dieser Grat eröffnet fantastische Ausblicke

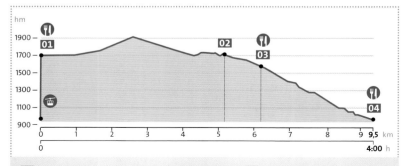

01 Bergstation Reuttener Hahnenkammbahn, 1730 m; **02** Hornbergl, 1755 m;
03 Höfener Alpe, 1677 m; **04** Talstation Reuttener Hahnenkammbahn, 923 m

Alpenblumengarten

Idealistische Mitglieder der Bergwacht-Einsatzstelle Reutte schufen 1976 in vielen freiwilligen Arbeitsstunden den Alpenblumengarten. Das Gelände erstreckt sich in 1700 bis 1800 Meter Seehöhe und hat eine Fläche von rund 80.000 Quadratmeter (Weiden und bewachsenes Gelände oberhalb der Reuttener Bergstation im Gebiet der Höfener Alpe am Hahnenkamm). Etwa 380 Zirben, 350 Lärchen, Laubbäume und an die 480 weitere alpine Pflanzenarten wachsen im Alpenblumengarten.

Hauptblütezeit ist Juni bis Ende August. Durch das Hauptalpinum (12.000 m²) führt ein 800 Meter langer Wanderweg.

Tel. +43 5672 62420
info@reuttener-seilbahnen.at
www.alpenblumengarten.com

über den Talkessel von Reutte bis hin zur Zugspitze, ins Tannheimer Tal und Lechtal mit den vielen umliegenden Berggipfeln.

Der Steig über diesen Grat hat ein leichtes Gefälle, biegt kurz vor dem Alpkopf in östliche Richtung und zweigt vor der nächsten Steigung zum **Hornbergl** 02 nach Norden ab. In Blickrichtung der Bergstation liegt die schöne Höfener Alpe auf der Weidekuppe. Der Wandersteig fällt zunächst noch etwas stärker ab, steigt dann jedoch vom Kesselrand bis zur Almwirtschaft und weiter zur Bergstation wieder sanft an.

Die **Höfener Alpe** 03 und ein Restaurant im Gebäude der Bergstation sind bewirtschaftet und laden zu Rast und Einkehr ein.

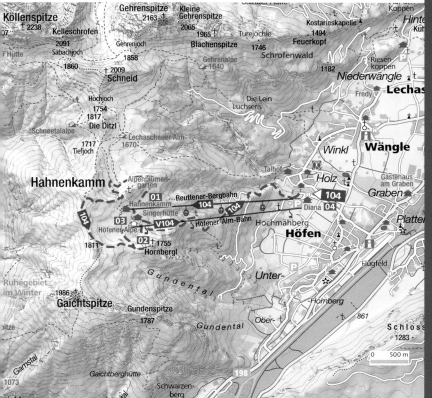

FÜSSENER JÖCHLE

Eintauchen in die Welt der Kalkalpen

SWAROVSKI
OPTIK

  6 km 2:00 h 400 hm 400 hm 4 04

START | Hotel Sonnenhof.
[GPS: UTM Zone 32   x: 617.338 m   y: 5.262.285 m]
ZUFAHRT | Nach Grän, an der Kirche vorbei, Richtung Bergbahn Füssener Jöchle.
CHARAKTER | Wanderweg.
TOUR MIT GUIDE | Hotel Sonnenhof, Grän, Tel. +43/(0)5675/6375,
www.tirol.at/natur

Murmeltiere (Foto: Reinhard Hölzl)

Vom Füssener Jöchle eröffnet sich ein wunderbarer Blick ins bayerische Alpenvorland mit seiner Vielzahl an Seen. Die

Gämse (Foto: Reinhard Hölzl)

meisten dieser Seen haben sich in von Gletschern der letzten Eiszeit hinterlassenen Zungenbecken gebildet. Hier in den Kalkalpen lohnt es sich, verdünnte Salzsäure dabei zu haben. Reiner Kalk, wie man ihn hier findet, braust unter der Säure stark auf.

Mächtig bauen sich die Kalkfelsen von Gimpel und Roter Flüh mit ihren abweisenden Felswänden auf. Richtet man den Blick von der Ferne wieder auf den Weg, fallen besondere alpine Spezialisten auf, die sich in Felsspalten angesiedelt haben. Diese Pflanzen kommen mit wenig Feinerde aus und wachsen nur an der Sonnenseite der Felsen. In dem lichten Wald hingegen wachsen Orchideen, wie zum Beispiel das Gefleckte Knabenkraut. Blickt man in das prächtige Kar des oberen Reintals, kann man mit

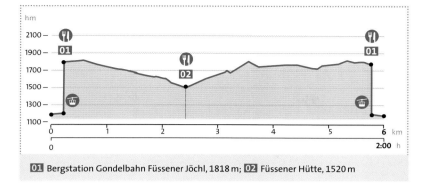

01 Bergstation Gondelbahn Füssener Jöchl, 1818 m; **02** Füssener Hütte, 1520 m

großer Wahrscheinlichkeit Murmeltiere und Gämsen sehen.

▶ Vom Hotel Sonnenhof erreicht man in wenigen Minuten die Talstation der Bergbahn auf das Füssener Jöchle. Bei der **Bergstation 01** angekommen, wendet man sich nach rechts dem Reintaler Jöchle zu. Der Wanderweg führt nun fast eben dahin, bis über einen Steilaufschwung die Vilser Scharte erreicht wird. Von der Vilser Alpe steigt man, ei-

nem steilen Steig folgend, direkt zur **Füssener Hütte 02** ab. Sie ist die rechte der beiden nahe aneinander liegenden Hütten. Von der Hütte folgt man dem Wanderweg taleinwärts, nach dem ersten Aufschwung kommt man zu einem Kriegerdenkmal, bei dem man sich rechts hält. Über einen Steig mit wunderbarer Aussicht erreicht man den bereits bekannten Weg zum Reintaler Jöchle. Von hier ist es nicht mehr weit zum Füssener Jöchle und zurück zur Bergstation.

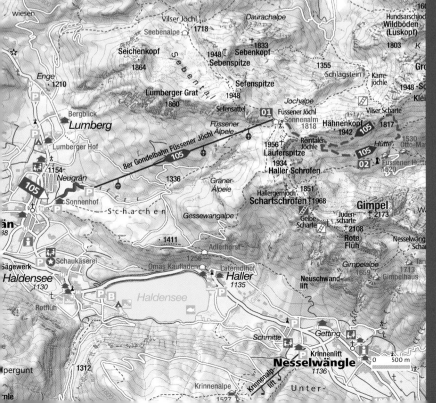

TANNHEIMER HÜTTE • 1730 m

Liebliche Blumenwiesen am Fuß der Kletterberge

 7,2 km   5:00–6:00 h   584 hm   584 hm   4 04

START | Nesselwängle, Parkplatz Neuschwandlift, 1129 m.
[GPS: UTM Zone 32   x: 620.490 m   y: 5.260.656 m]
ZUFAHRT | Von Weißenbach am Lech oder von Deutschland nach Schattwald
und auf der B 198 nach Nesselwängle.
CHARAKTER | Auf guten Wegen über blumenreiche Weidewiesen, später
auf steilen Steigen, die von Alpenblumen gesäumt sind, in die Tannheimer
Kletterberge. Botanisch und geologisch interessantes Gebiet.
GÜNSTIGSTE JAHRESZEIT | Mitte Juni – Ende August.

▶ Vom Parkplatz beim Neuschwand-lift, nördlich der Ortschaft **Nessel-wängle** 01, oder ab der Dorfkirche, wird der nordöstlich zu den Tannheimer Kletterbergen führende Steig erreicht. Ein gut ersichtlicher Wegweiser am oberen Dorfrand informiert über die sich kreuzenden Wanderwege und gibt auch die einzuschlagende Richtung zu der empfohlenen Wanderung an.

Der gut begehbare Steig steigt anfangs über Weidewiesen leicht an und geht ab dem Waldrand ins steilere Gelände über. Beachtenswerte Wiesenblumen säumen den Wandersteig bereits von Beginn an, treten am Waldrand eher etwas zurück, um den Alpenblumen Platz zu machen, die den Serpentinensteig zum Gimpelhaus flankieren. Die erste Hauptstation dieser Rundwanderung ist das in exponierter Position, auf einem Felsvorsprung errichtete, **Gimpelhaus** 02, 1659 m. Von diesem gastlichen Unterkunftshaus bietet sich

ein fantastischer Talblick und herrliche Aussicht auf die umliegenden Gipfel der Allgäuer und Lechtaler Alpen. Nur wenige Gehminuten oberhalb des Gimpelhauses zweigt der Steig zur Köllenspitze, 2238 m, zur Roten Flüh und zum Gimpel, 2173 m, ab.

Der Steig zum Hahnenkamm biegt hier scharf südwärts, zunächst zur **Tannheimer Hütte** 03, 1713 m, und an dieser vorbei, auf dem mustergültig angelegten Verbindungssteig zum Hahnenkamm weiter in südöstlicher Richtung. Das durch diesen Steig erschlossene Gebiet ist geologisch wie botanisch interessant. Eine verschwenderisch scheinende Blütenpracht beiderseits des Steiges, wie auch die linksseitig steil aufstrebenden Felswände des Gimpels und der Köllenspitze gewähren einen wunderbaren Eindruck.

Auf halber Strecke zum Hochjoch befinden sich zwei Heuhütten auf einem bewachsenen Hangvorsprung. An die-

01 Nesselwängle, 1129 m; 02 Gimpelhaus, 1659 m; 03 Tannheimer Hütte, 1713 m

Scheuchzers Glockenblume (Standort 1000–3200 m)

sem aussichtsreichen Platz empfiehlt es sich, den Blick auf die unzähligen Gipfel der Allgäuer und Lechtaler Alpen zu genießen, bevor der Abstieg in westlicher Richtung auf dem zur Ortschaft Nesselwängle abzweigenden Steig beschritten wird. Dem Gelände angemessen, führt dieser etwas weniger begangene Steig durch liebliche Blumenwiesen, lichte Wäldchen und Weidegebiet rasch talwärts und wieder zurück zum Ausgangspunkt.

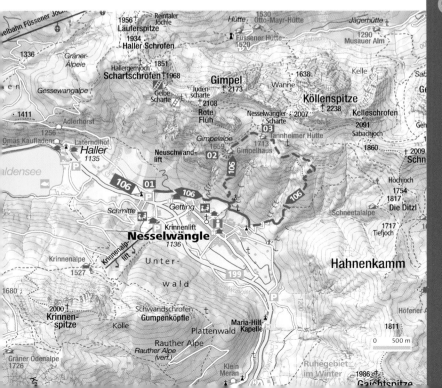

VOGELLEHRPFAD PFLACH

Lebensraumpuzzle Pflacher Au
im Naturpark Tiroler Lech

SWAROVSKI
OPTIK

  1,7 km 1:00 h 0 hm 0 hm 4
25
04

START| Innovationszentrum Pflach, Vogelturm.
[GPS: UTM Zone 32   x: 629.338 m   y: 5.262.906 m]
ZUFAHRT| Von Reutte kommend Richtung Pflach links abbiegen
(Innovationszentrum Pflach), Parkplatz.
CHARAKTER| Wanderweg, gut erkennbarer Steig.
TOUR MIT GUIDE| Naturpark Tiroler Lech, Weißenbach am Lech,
Tel. +43/(0)676/885087941, www.tirol.at/natur

Flussregenpfeifer (Foto: Reinhard Hölzl)

Der Naturpark Tiroler Lech erstreckt sich über eine Länge von 62 km und umfasst den Lech mit Aubereich und Seitenflüssen. Berühmt sind die ausgedehnten Schotterbänke, die fast nur mehr hier ursprünglich und naturbelassen vorkommen. Das Gebiet ist einzigartig in seiner Vogelvielfalt. Neben vielen Wasservögeln, wie zum Beispiel Stockenten, Blässhühnern und Gänsesägern, können auch Schwalben und Mauersegler beobachtet werden. Die Schotterbänke bieten Lebensraum für speziell angepasste Brutvogelarten, wie Flussuferläufer oder Flussregenpfeifer.

Horstseggen, Rohrkolben, Schilf, Teichschachtelhalm und Teichbinsen bewachsen den Flachwasserbereich. Im dichten Auwald schlängelt man sich zwischen Grauerlen und Weiden hin-

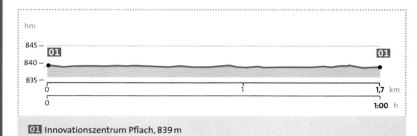

01 Innovationszentrum Pflach, 839 m

Zwergtaucher (Foto: Reinhard Hölzl)

durch. Die Au ist auch ein sehr wichtiges Amphibienhabitat: Hier findet sich Tirols größte Population des seltenen Laubfrosches sowie die vom Aussterben bedrohte Kreuzkröte.

▶ Start der Tour ist der 18 m hohe **Vogelturm in Pflach** 01 mit seinem weit reichenden Panorama. Von ihm hat man einen guten Blick in das Vogelschutzgebiet. Nach seiner Besteigung geht es den Schotterweg entlang bis zum Lech. Dem Flusslauf folgend schlängelt sich ein kleiner Weg durch die Au bis zu einigen Schwemmholztipis und einer Schotterbank. Hier auf der Lichtung wendet man sich vom Lech ab und folgt dem Schotterweg bis zum Archbachkanal. Dem Kanal nach rechts folgend, führt die weitere Strecke über den Vogellehrpfad (interaktive Vogelstimmenaktionen) auf dem Damm, bis der Vogelturm wieder erreicht wird.

ZÖBLEN – ROHNENWEG – WIESLE

Über blumenreiche Bergwiesen zum Höfer See

  7,5 km 3:30–4:00 h  120 hm 120 hm 4 04

START | Zöblen, Ortsteil Katzensteig, 1129 m.
[GPS: UTM Zone 32   x: 610.890 m   y: 5.262.721 m]
ZUFAHRT | Von Weißenbach am Lech oder von von Deutschland nach Schattwald und auf der B 198 nach Zöblen.
CHARAKTER | Bequemer Rundweg auf Forstwegen durch lichten Wald und über blumenreiche Bergwiesen zum kleinen Höfer See.
GÜNSTIGSTE JAHRESZEIT | Mai – August.

Ausgehend vom Ortsteil Katzensteig in **Zöblen** 01, wandert man anfangs auf einem mäßig ansteigenden Forstweg an den letzten Häusern vorbei in nordwestlicher Richtung zu einer ausgedehnten Weidefläche. Noch im Bereich der Viehweide geht man in großem Bogen durch lichten Wald südwärts bis zur Abzweigung des in Serpentinen aufwärts führenden Forstweges vom Rohnenwanderweg. Dem Wegweiser an dieser Stelle folgend geht man durch die herrlich blühenden Wiesen mit vielen auffälligen, farbenfrohen Blumen, vorbei an bezaubernd das Landschaftsbild mitgestaltenden Heuhütten und Quellgerinnen zum kleinen Höfersee, auf der Hangterrasse westlich oberhalb der Talsohle. Zahlreiche Ruhebänke in unterschiedlichen Abständen am Wegrand bieten immer wieder Möglichkeit zur Rast mit beeindruckender Aussicht über das tiefer liegende Tal und die nordöstlich davon aufragenden Berge. Vom **Höfer See** 03, 1192 m, fällt der Weg wieder stetig bis zum „Wiesle", den bei-

„In die Jahre gekommene" Heuhütte

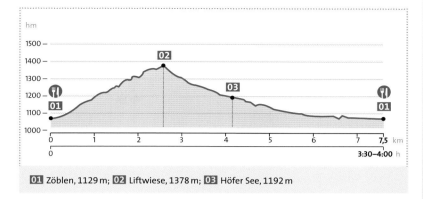

01 Zöblen, 1129 m; **02** Liftwiese, 1378 m; **03** Höfer See, 1192 m

den Bergbauernhöfen im Hügelgelände nördlich von Tannheim. So wie beiderseits des Rohnenweges säumen auch in diesem Abschnitt bunt blühende Wiesen den Weg weiterhin und vor allem die Verbindung zum Rückweg am Talboden. Die Abzweigung des Verbindungsweges vom Weiterweg nach Tannheim und zum Vilsalpsee bei „Wiesle" ist durch einen gut ersichtlichen Wegweiser unübersehbar markiert.

Dieser Steig schwenkt unmittelbar nach der Abzweigung in nordöstlicher Richtung, durch abwechslungsreiches Gelände, dem als Rückweg zum Ausgangspunkt dienenden Radweg am Talboden, entlang der Vils, zu. Das letzte Teilstück des Rückweges verläuft eher sanft abwärts, mühelos, lädt durch mehrere Ruhebänke immer wieder zur Rast und Besinnung, bevor diese erholsame Rundwanderung zu Ende geht.

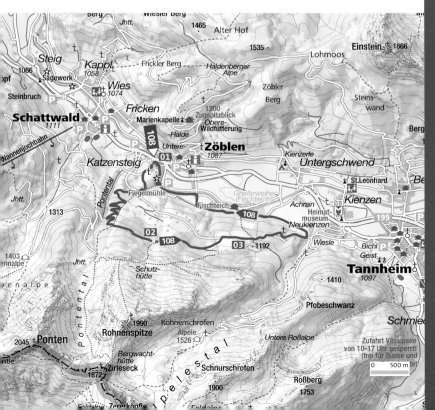

VILSALPSEE

Naturschutzgebiet in idyllischer Lage

 SWAROVSKI OPTIK

  7 km 3:00–4:00 h 100 hm 100 hm 4 04

START | Parkplatz Gasthof Vilsalpsee.
[GPS: UTM Zone 32   x: 613.480 m   y: 5.258.423 m]
ZUFAHRT | Von Tannheim Richtung Süden – zwischen 10 und 17 Uhr Fahrverbot, kostenpflichtiger Parkplatz; zu Fuß ca. 1 Std. Gehzeit; es verkehren regelmäßig Busse und der „Alpenexpress"; Kutsche.
CHARAKTER | Wanderweg.
TOUR MIT GUIDE | Hotel Sonnenhof, Grän, Tel. +43/(0)5675/6375, www.tirol.at/natur

Vilsalpsee (Foto: Reinhard Hölzl)

Das Gebiet um den Vilsalpsee steht seit 1957 unter Naturschutz und umfasst eine Fläche von 18,2 km². Namensgebend für das Gebiet ist einer der schönsten Bergseen Tirols auf einer Höhe von 1165 m. Als Brut- und Lebensraum für Vögel ist der See von herausragender Bedeutung für Tirol und Österreich.
Der Vilsalpsee lädt zum Entdecken einer speziell an nährstoffarme Verhältnisse angepassten Tier- und Pflanzenwelt ein. Den Weg entlang des Sees säumen al-

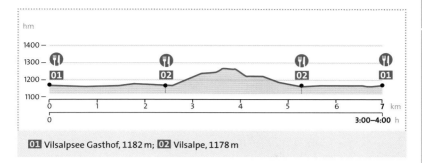

01 Vilsalpsee Gasthof, 1182 m; **02** Vilsalpe, 1178 m

pine Pflanzen wie verschiedene Enziane, Eisglöckchen, Fettkraut oder Aurikel. Stockenten, Blässhühner, Reiherenten, Libellen, Barsche, Saiblinge und viele mehr beleben das klare Wasser. Armleuchteralgen-Gesellschaften bilden grüne Unterwasserrasen im See, und im Verlandungsmoor am Südende des Sees wachsen feuchtigkeitsliebende Pflanzen wie der Teich-Schachtelhalm, die Trollblume oder die Schnabelsegge. Nicht weniger beeindruckend ist der moosreiche Fichten-Blockurwald, der sich aufgrund der klimatisch extremen Lage nur sehr langsam entwickelt.

▶️ Vom **Parkplatz am Vilsalpsee** **01** folgt man dem breiten Fahrweg um den See. Beim E-Werk Schattwald, wo links der Steig zur Traualpe abzweigt, bleibt man auf dem Fahrweg. Nun geht es etwas oberhalb des Sees in die Verlandungszone und zur **Vilsalpe** **02**. Man geht auf dem Fahrweg weiter bis zum Aussichtspunkt auf den Wasserfall. Hier führt ein schmaler Wanderweg in einer kleinen Runde zurück zur Vilsalpe. Der Rückweg zum Gasthof Fischerstube und dem Parkplatz führt über den gemütlichen Weg am Westufer des Sees.

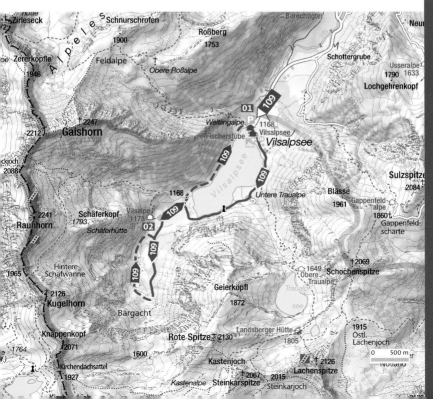

NEUNERKÖPFLE IM TANNHEIMER TAL

Almwiesen – Kulturlandschaft in den Bergen

SWAROVSKI
OPTIK

  5,7 km 3:00–4:00 h 50 hm 750 hm 4
04

START | Talstation der Neunerköpfle-Bahn.
[GPS: UTM Zone 32   x: 614.772 m   y: 5.261.672 m]
ZUFAHRT | Nach Tannheim, am Ortseingang befindet sich die Talstation der
Bahn auf das Neunerköpfle.
CHARAKTER | Wanderweg.
TOUR MIT GUIDE | Hotel Sonnenhof, Grän, Tel. +43/(0)5675/6375,
www.tirol.at/natur

Mehlprimel (Foto: Reinhard Hölzl)

Türkenbund-Lilie (Foto: Reinhard Hölzl)

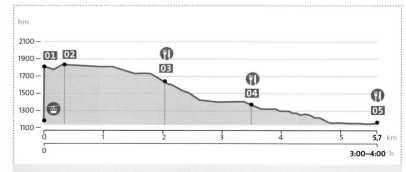

01 Bergstation Neunerköpfle-Bahn, 1814 m; **02** Neunerköpfle, 1864 m;
03 Obere Strindenalpe, 1682 m; **04** Edenbachalpe, 1405 m; **05** Haldensee, 1130 m

Vom Gipfel des Neunerköpfles hat man einen Rundumblick auf die umgebenden Berge wie Gaishorn, Einstein oder Rot Flüh. Typisch hier sind die alpinen Kalkrasen, die durch eine sehr artenreiche Flora ausgezeichnet sind. Hier wachsen auf engstem Raum Enziane, Kugelblume, Alpen-Fettkraut, Alpenrose, Wundklee und Mehlprimeln. Eine vollkommen andere Vegetation findet man auf den Weiderasen, wo Weißer Germer, Wurmfarn und Sauerampfer im Überfluss vorkommen. Für geologisch Interessierte gilt es, bei der Bachüberquerung kurz vor der Edenbachalpe die Fleckenkalke am Gestein zu entdecken. Die Flecken wurden von urzeitlichen Krebsen beim Durchwühlen des Bodens gebildet. Den Weg zum Haldensee säumen Frauenschuh, Knabenkraut, Türkenbund und Schwalbenwurz-Enzian.

▶ Von der **Bergstation** `01` sind es noch 50 Hm bis auf den Gipfel des **Neunerköpfle** `02`. Man folgt zuerst dem breiten Weg um den Gipfel herum und nimmt dann den kurzen Stichweg auf den Gipfel selbst. Weiter geht es an einigen Informationstafeln entlang auf einen Wiesengrat. Am Weiterweg hält man sich links Richtung **Obere Strindenalpe** `03`. Direkt bei der Almhütte führen Steigspuren über die Almwiesen abwärts in den Wald. Der Weg ist hier nicht markiert, aber gut erkennbar und führt steil hinab zur Unteren Strindenalpe. Man kann dieses Stück auch auf der Almstraße umgehen. Der Weg mündet in die Almstraße und führt in wenigen Minuten zur **Edenbachalpe** `04`. Bei der ersten Kehre der Almstraße geht ein nicht markierter, aber schöner Steig gerade weiter. Ihm folgt man erst eben, hoch über der Schlucht des Strindenbaches, später steiler durch den Wald hinab bis zur Ortschaft **Haldensee** `05`. Nach wenigen Metern ist man auf der Hauptstraße und bei der Bushaltestelle zurück Richtung Tannheim.

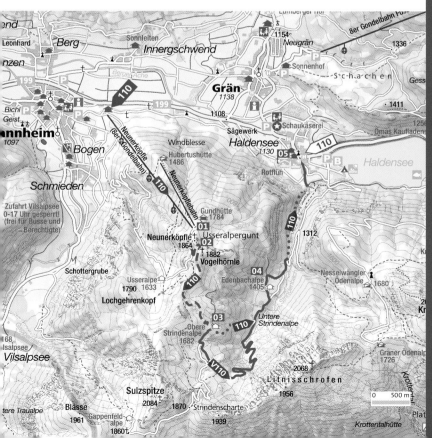

HÖHENWEG GRÄN – TANNHEIM-BERG

Blumenwanderung am Fuß des Rappenschrofens

  6,2 km 2:30–3:00 h 50 hm 50 hm 4 04

START | Grän im Tannheimer Tal, 1138 m.
[GPS: UTM Zone 32   x: 616.970 m   y: 5.262.201 m]
ZUFAHRT | B 198 von Weißenbach am Lech. Deutschland: Von Bad Hindelang nach Schattwald oder von Pfronten nach Grän.
CHARAKTER | Bequeme Rundwanderung auf gut markierten Fußwegen an der Südseite des Rappenschrofens durch bestechend schöne, von farbenfrohen Blumen geschmückte Mähwiesen.
GÜNSTIGSTE JAHRESZEIT | Mai – August.

▶ Vom Dorfplatz in der Ortschaft **Grän im Tannheimer Tal** 01 ausgehend, östlich am Hotel Engel vorbei, zunächst auf dem Fahrweg in nördlicher Richtung bis zum ersten von rechts einmündenden Nebenweg.

Diese ausgesprochene Blumenwanderung beginnt bereits knapp hinter dem Hotel. Mit Schlangenknöterich, Löwenzahn, Hahnenfuß, Storchschnabel und vielen anderen bunten Blumen dicht durchsetzte Mähwiesen säumen den Weg schon anfangs beiderseits prachtvoll. Ab der Einmündung des Nebenweges aus östlicher Richtung, auf diesem weiter und über eine kleine Holzbrücke, die den Bach überspannt, dessen Ufer von Weiden und Erlen bewachsen sind.

Nur wenige Gehminuten nach der Brücke durchzieht dieser Weg ein Feuchtgebiet und geht sanft ansteigend in die nordöstlich von Grän, am Fuße des Rappenschrofens liegenden Hänge über.

Ein erstaunliches Massenblühen überrascht bereits unübersehbar linksseitig durch eine goldgelbe Flut von Trollblu-

men, dazwischen roten Waldnelken und hellblauem Storchschnabel. Etwas höher dehnt sich rechtsseitig ein Moorbiotop von ganz besonderem Reiz aus. Hier dominiert das Scheidige-Wollgras, dessen wollige, weiße Schöpfchen am Stängelende im Gegenlicht einen besonders bezaubernden Kontrast zum dunklen Hintergrund der Tannheimer Bergkulisse bilden.

Dem gut ersichtlichen Wegweiser zufolge wählen wir nun den obersten, im Bogen nach Norden führenden Weiterweg zur Ortschaft **Tannheim-Berg** 02. Jeweils der Blütezeit entsprechend ist dieser Abschnitt flankiert von märchenhaft anmutenden Blütenteppichen, wobei insbesondere Margeriten, Pippau, Knabenkräuter und Wiesen-Bocksbart massenhaft auftreten.

Auf halber Strecke, im Bereich eines lichten Wäldchens, geht das üppige Blütenkleid in eine eher alpine Flora über. Akeleien, Bergpippau, Glockenblumen, Arnika und verschiedene andere, begleiten hier den Wanderer bis zu den nach

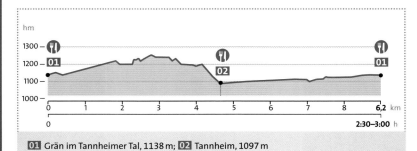

01 Grän im Tannheimer Tal, 1138 m; 02 Tannheim, 1097 m

Zart gefärbte Blütendolde (Geißfuß)

Tannheim-Berg hin abfallenden Wiesen des Einsteins, mit seiner verschwenderisch reichen Blumenpracht.

Die am sonnigen Talrand gelegene bäuerliche Siedlung Tannheim-Berg ist Wendepunkt dieser Wanderung. Der Rückweg zum Ausgangsort führt über einen gut markierten Feldweg, entlang dem Bergfuß und stetig mitten durch bestechend schöne, von farbenfrohen Blumen geschmückte Mähwiesen. In geringen Abständen laden Ruhebänke den Wanderer zur besinnlichen Rast mit guter Aussicht auf die bezaubernde Umgebung mit den faszinierenden Bergen, die das Tannheimer Tal begrenzen.

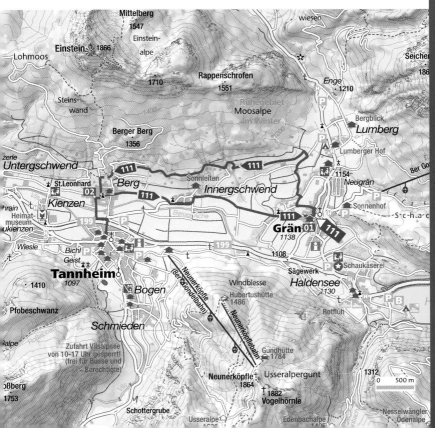

DER LECH BEI FORCHACH

Wildflusslandschaft im Naturpark Tiroler Lech

SWAROVSKI
OPTIK

  4,5 km 1:00–2:00 h 50 hm 50 hm  4
04
24

START | Parkplatz neben der Firma Urban am Waldrand in Forchach.
[GPS: UTM Zone 32   x: 619.504 m   y: 5.253.281 m]
ZUFAHRT | Von Reutte über die B 198 Lechtalbundesstraße, kurz vor der
Abzweigung Forchach rechts abbiegen zur Firma Urban, Parkpätze auf der
linken Seite.
CHARAKTER | Wanderweg; auf der Schotterbank weglos.
TOUR MIT GUIDE | Naturpark Tiroler Lech, Weißenbach am Lech,
Tel. +43/(0)676/885087941, www.tirol.at/natur

Tiroler Lech (Foto: Reinhard Hölzl)

Am Eingang des Lechtals liegt die Forchacher Wildflusslandschaft, Herzstück des Naturparks Tiroler Lech. Der Fluss mit seinen Wasservögeln, den Schotterbänken mit unterschiedlichen Gesteinen und dem Auwald steht im Zentrum dieser Wanderung.

Ein seltener Strauch, der auf den regelmäßig überschwemmten Schotterbänken zu finden ist, ist die Deutsche Tamariske. Mit ihren elastischen Zweigen und tiefen Wurzeln hat sie sich speziell an die extremen Bedingungen angepasst. Neben einer artenreichen Pflanzenwelt, bietet die Wildfluss-

landschaft auch Lebensraum für viele verschiedene Tiere. Flussregenpfeifer, Libellen oder die Kiesbankwolfsspinne sind nur einige davon.

▶️ Direkt nach dem Fußballplatz von Forchach, etwas nördlich der **Firma Urban** 01, quert man rechter Hand die Wiese, unter der Stromleitung hindurch, bis man auf eine Buhne (eine Art Damm) mit einem Trampelpfad stößt. Ihm folgt man nach links zur **Hängebrücke** 02 über den Lech. Man überquert den Fluss und kommt auf den asphaltierten Lechtalradweg, den man nach

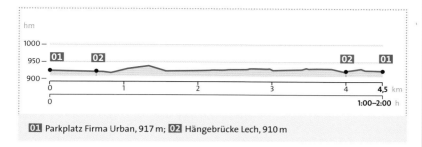

01 Parkplatz Firma Urban, 917 m; **02** Hängebrücke Lech, 910 m

links – flußaufwärts – entlanggeht. Die Wanderung geht etwas oberhalb des Lechs mit herrlichen Ausblicken auf seine Schotterbänke dahin. Direkt nach einer richtiggehenden Kanzel steigt man einen Trampelpfad steil hinab, auf die mit Föhren bewachsene Aufläche und bleibt an der Abbruchkante zum Lech, bis man über Stämme und Steine gut auf die Schotterfläche gelangt. Von hier kommt man durch lichten Auwald in nordwestlicher Richtung zum Luambächl, wo man wieder auf den Radweg stößt. Ihm folgt man erst über Wiesen, dann durch ein kleines Waldstück bis zum Radsperrboden, einer offenen Fläche mitten im Wald.

Für den Rückweg folgt man dem Radweg bis zur Hängebrücke und gelangt über diese zurück zum Parkplatz bei der Firma Urban.

Flussuferläufer (Foto: Reinhard Hölzl)

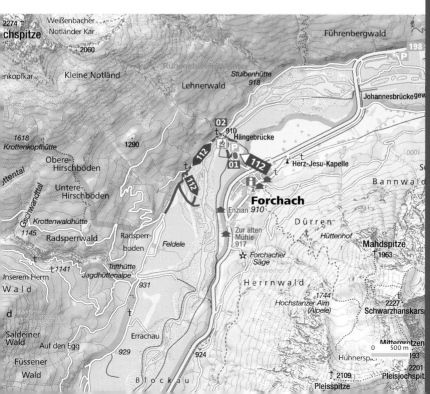

JÖCHLSPITZE • 2226 m – BERNHARDSECK

Lehrpfad · Panoramaweg · Alpenrosensteig

  12,7 km 4:30–5:00 h /1045 hm \1045 hm 3 24

START | Bach, Talstation der Jöchlspitzbahn, 1129 m.
[GPS: UTM Zone 32   x: 603.234 m   y: 5.236.611 m]
ZUFAHRT | Auf der B 189 im Lechtal bis Bach, Talstation der Jöchlspitzbahn (Parkplatz).
CHARAKTER | Reizvolle Bergwege für Blumenfreunde mit verschiedenen An- und Abstiegsvarianten.
GÜNSTIGSTE JAHRESZEIT | Juni – August.

Von der am Lech gelegenen Ortschaft Bach, entweder zu Fuß oder mit dem Fahrzeug zunächst zur Talstation der Jöchlspitzbahn (Parkplatz, Tel. +43 5634 6207, www.lechtaler-bergbahnen.at). Diese genussvolle Auffahrt mit der Aufstiegshilfe durch Waldgebiet, Weiden und Bergwiesen vermittelt schon den ersten Vorgeschmack auf die berühmte Flora dieses Gebietes. Mit zunehmender Höhe gehen die Wiesenblumen offensichtlich zurück und die Alpenblumen nehmen zu. Glockenblumen, Fingerhut, Gelber Enzian und viele andere sind überall im Blickfeld. Die Bergstation ist in wenigen Minuten erreicht und damit der Ausgangspunkt in luftiger Höhe, entsprechend dem Wandervorschlag.

▶▶ Knapp oberhalb der **Bergstation** 02 beginnt ein Wandersteig, der mäßig ansteigend in Richtung Lachenkopf, 1903 m, führt. Dieser Abschnitt ist besonders blumenreich, daher als botanischer Lehrpfad beschildert und bietet vor allem im obersten Teil eine fantastische Aussicht über das tiefliegende Lechtal mit den Lechtaler Alpen. Etwas nördlich vom Lachenkopf, 1903 m, folgt man dem Steig nach Westen und wandert über traumhaft schöne Blumenwiesen dem breiten Grat entlang aufwärts zur Jöchlspitze, 2226 m, und nach 15 Minuten gelangt man zum Rothornjoch, 2158 m. Dort hält man sich rechts und folgt dem „Panoramaweg" (Weg-Nr. 43, 44) am lang gezogenen Bergrücken „Auf der Mutte" in östlicher Richtung. Es zahlt sich aus, diesen „Panoramaweg" zu gehen, denn er

bietet großartige Ausblicke auf die vielen Gipfel und faszinierende Einblicke in die Vielfalt der Tier- und Pflanzenwelt. Nach 2:30 Stunden gelangt man zum **Alpengasthof Bernhardseck** 03, 1812 m, wo man sich für den Weiterweg stärken kann.

Von dieser Raststation gibt es drei Möglichkeiten ins Tal und zum Ausgangspunkt zu gelangen. Der kürzeste Rückweg führt auf dem gut markierten „Alpenrosensteig" über dicht mit Alpenblumen überzogene Bergwiesen in 2 Std. zur Bergstation der Jöchlspitzbahn; Talfahrt mit der Bahn (6 Min.). Alternativ kann man auch auf dem markierten Weg über die „Eggmähder" zum

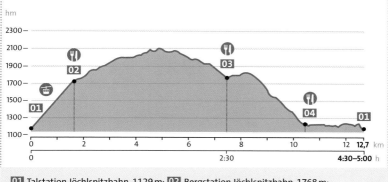

01 Talstation Jöchlspitzbahn, 1129 m; **02** Bergstation Jöchlspitzbahn, 1768 m;
03 Alpengasthof Bernhardseck, 1812 m; **04** Klapf, 1197 m

Berggasthof Klapf **04** hinunterwandern. Am Weiler Seesumpf vorbei führt der Weg über die Modertalschlucht zum Berghotel Benglerwald und zurück zur **Talstation** **01** der Jöchlspitzbahn.

Eine Abstiegsvariante führt auf dem Forstweg in weiten Kehren hinunter in das Schnitzerdorf Elbigenalp (Rückfahrt mit dem Bus nach Bach, wenn man das Auto bei der Talstation geparkt hat).

Als leichte Anstiegsvariante von der Bergstation der Jöchlspitzbahn nach Bernhardseck bietet sich auch der kürzere „Alpenrosensteig" an (2 Std.), der über blumenreiche Böden sanft ansteigend zum Berggasthof Bernhardseck führt.

Ständiger Wegbegleiter: die Alpenrose

HÖHENBACHTAL – MÄDELEJOCH • 2096 m

Stürzende Wasser und farbenprächtige Blumenwiesen

  15,5 km 6:00 h 982 hm 982 hm ⬚ 3 24

START | Holzgau, bei der Pfarrkirche, 1114 m.
[GPS: UTM Zone 32   x: 601.637 m   y: 5.234.989 m]
ZUFAHRT | Auf der B 189 im Lechtal bis Holzgau, Ortszentrum.
CHARAKTER | Abwechslungsreiche Bergwanderung durch das schluchtartige Höhenbachtal. Der anschließende Höhensteig führt zu den blumenreichen Bergwiesen unter dem Gumpensattel.
GÜNSTIGSTE JAHRESZEIT | Ende Juni bis Mitte September.

▶▶ Von der Pfarrkirche in **Holzgau** 01, diesem bildschönen Lechtaler Dorf, geht es entlang des Höhenbachs in das vom Norden einmündende Höhenbachtal. Anfangs wandert man auf dem breiten Weg bis zum Simmswasserfall, in der schluchtartigen Talverengung. Der Weg steigt kurz vor dem Wasserfall stark an und gewährt faszinierende Ausblicke auf das zu Tal stürzende Gewässer. Oberhalb des Wasserfalls verläuft der Weg nur mäßig ansteigend neben dem Höhenbach durch Weide- und lichtes Waldgebiet bis zur **Unteren Roßgumpenalpe** 03. Ab dieser bewirtschafteten, neu errichteten Alpe führt ein stärker ansteigender Steig über die Obere Roßgumpenalpe zum **Mädelejoch** 04, 2096 m, kurz vor der Kemptner Hütte, 1844 m.

Kurz vor dem Mädelejoch zweigt ein schmaler Verbindungssteig in östlicher Richtung zur Krottenkopfscharte, 2350 m, ab. Die Flora des Tales ist durchwegs alpin. Im vorderen Abschnitt sind es Hochstaudenfluren mit Eisenhut, Türkenbund und Alpendost, weiter hinten Orchideen, Enziane und Alpenrosen, die vom Weg aus überall beobachtet werden können. Dem Verbindungssteig folgend wird schon vor der Krottenkopfscharte der nach Süden schwenkende Höhensteig erreicht. Dieser führt über dem Höhenbachtal, unterhalb der Ramstallspitze und des Karjochs zum Gumpensattel, 2271 m, zwischen dem Strahlkopf und der Rothornspitze. Ging diese bisherige Wanderung schon durch ein botanisch überaus abwechslungsreiches Gebiet, so ist der weitere

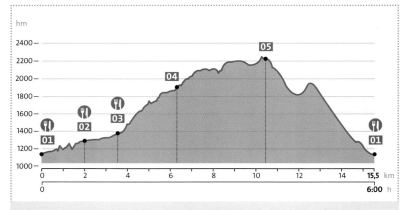

01 Holzgau Kirche, 1114 m; 02 Cafe Uta, 1236 m; 03 Roßgumpenalpe, 1329 m;
04 Mädelejoch, 2096 m; 05 Jöchlspitz, 2226 m

Abschnitt vom Gumpensattel bis ins Tal nach Holzgau eine Augenweide für Blumenfreunde.

Zunächst führt der Weiterweg durch Blumenteppiche in den hochgelegenen Bergwiesen, etwas unterhalb der Rothornspitze und der **Jöchlspitze** 05 vorbei, über das Wartegg zu den Mähwiesen auf der Schiggen. Die Besonderheit dieser Südhänge und Bergwiesen sind die Bestände an Türkenbundlilien, Ferkelkraut sowie vor allem der Alpen-

und Schwefelanemonen. Ein würdiger Ausklang dieser alpinen Wanderung ergibt sich noch unterhalb der Baumgrenze. Der Steig windet sich dort durch ausgedehnte, bunt blühende Wiesen auf dem Hangrücken der Schiggen, an mehreren alten, stolz über dem Tal thronenden Bergbauernhöfen vorbei. Über den abschließenden Hang, der am Ortsrand, in der Nähe des Ausgangspunktes endet, geht es hinunter ins Zentrum des Dorfes.

Gotische Sebastianskapelle in Holzgau

DER HAGER BEI STEEG

Das Reich der Hirsche

  5,9 km 3:00 h 300 hm 300 hm 3 24

START | Parkplatz bei der Kirche Hägerau.
[GPS: UTM Zone 32   x: 598.951 m   y: 5.233.514 m]
ZUFAHRT | Hägerau im Lechtal.
CHARAKTER | Wanderweg, teilweise schwer zu finden.
TOUR MIT GUIDE | Naturpark Tiroler Lech, Weißenbach am Lech,
Tel. +43/(0)676/885087941, www.tirol.at/natur

Die Tour führt die Hänge an der Nordseite des Lechtals hinauf zu einer Quelle, an der sich gerne Hirsche aufhalten. Die Waldgrenze ist hier durch Bergmahd weit heruntergedrückt und man kann sich gut in diese beschwerliche und gefährliche Arbeit einfühlen. Über eine wilde Schlucht, durch die sich im Winter eine Lawinenbahn zieht, gelangt man in einen lichten Wald. Dieser Ort bietet Ruhe und Besinnung nach einer abenteuerlichen Wanderung.

▶ Von der Kirche **Hägerau** 01 spazieren Sie entlang der Dorfstraße auf dem Gehsteig ungefähr 500 m in Richtung Steeg. Bald zweigt rechts der markierte, aber teilweise nicht mehr gut erkennbare Steig Richtung „Hager" (Wildmahdspitze) ab. Der Steig führt

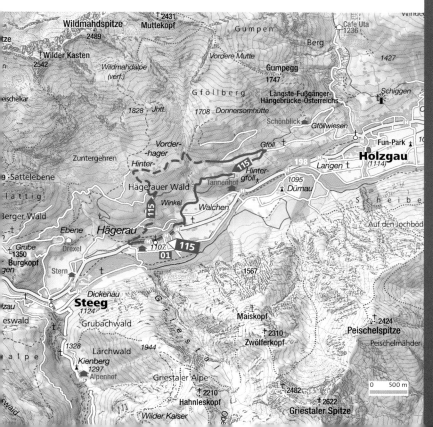

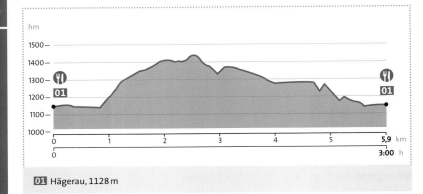

01 Hägerau, 1128 m

durch den lichten Fichtenwald auf der Südseite des Lechtals und kreuzt immer wieder einen Forstweg. Kurz nach der zweiten Kehre des Forstweges zweigt man rechts in den Wald ab und gelangt zur Hirschenquelle. Der hier nur schwer erkennbare Steig erreicht bald darauf die Waldgrenze und steigt steil an, bis man auf den „Paul-Scherr-Höhenweg" stößt, dem man nach rechts, in östlicher Richtung, folgt. Alternativ kann man von der Hirschenquelle absteigen, dem Forstweg weiter folgen und sich bei der ersten Kreuzung rechts halten, bis man ebenfalls auf den Höhenweg stößt. Dieser geht eben dahin, mit wunderschönen Ausblicken in das Lechtal. Nach der Überquerung der Schlucht des Hägenbaches trifft man bald auf einen Forstweg. Ihm folgt man bis zur ersten Abzweigung nach rechts. Nach der Kehre geht man den Forstweg entlang bis zu sei-

Gelber Enzian (Foto: Reinhard Hölzl)

nem Ende. Hier führt ein steiler Steig hinab zu einer Brücke über den Hägenbach. Über die Heuwiesen des Schuttkegels kehrt man wieder nach Hägerau und zum Parkplatz bei der Kirche zurück.

Rothirsch (Foto: Reinhard Hölzl)

Kleine, aber feine Rundwanderung am Lech

 5 km 3:00 h 226 hm 226 hm 3 24

START | Steeg, bei der Pfarrkirche, 1124 m.
[GPS: UTM Zone 32   x: 597.540 m   y: 5.232.615 m]
ZUFAHRT | Auf der B 189 im Lechtal bis Steeg, Ortszentrum.
CHARAKTER | Kleine Rundwanderung, die auf die Hangterrasse am Fuß der Ellbogner Spitze führt. Vorbei an manch altem Berggehöft und über reizvolle Blumenwiesen führt der gemütliche Wanderweg wieder zur Talsohle und am rechten Lechufer zurück nach Steeg, wo man den Tag im neuen Wellness-Hallenbad ausklingen lässt.
GÜNSTIGSTE JAHRESZEIT | Mai – Juli.

Im oberen Teil der Ortschaft **Steeg 01**, gegenüber der Pfarrkirche, zweigt von der Bundesstraße ein asphaltierter schmaler Verbindungsweg zu den Siedlungen Gruben und Ebene ab. Beide liegen auf einer Hangterrasse, die der Ellbogner Spitze vorgelagert ist und setzen sich aus alten und neu erbauten Berggehöften zusammen. Ab der Bundesstraße geht es zuerst am Ortsaus-

gang von Steeg zwischen den Bauernhöfen in nördlicher Richtung zum Fuße des Berges.
Am Waldrand beginnt der Weg leicht anzusteigen und windet sich in Kehren zu dem besiedelten Terrassenvorsprung hinauf. Neben interessanten Ausblicken an den Waldlichtungen ist auch die alte Bausubstanz bemerkenswert. Auf dem Terrassenplateau und den anschließen-

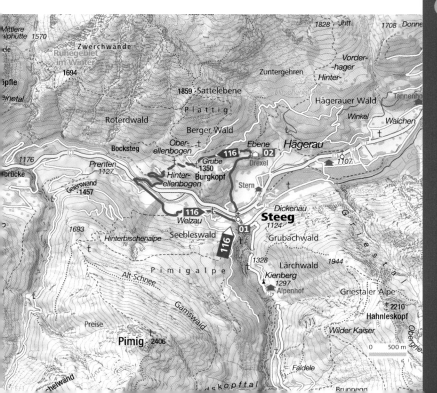

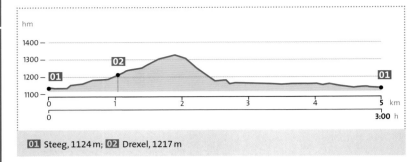

01 Steeg, 1124 m; **02** Drexel, 1217 m

den Bergwiesen überrascht dann eine unglaublich üppige Flora. Zu den vielen bunt gemischten Wiesenblumen und Heilkräutern gesellen sich noch zahlreiche intensiv blühende Alpenblumen. Der Weg zieht sanft ansteigend durch die prächtigen Bergwiesen aufwärts bis zu einigen Heuhütten, von denen man den herrlichen Ausblick auf die Berghöfe von Ellenbogen und die oberen Lechtaler Alpen genießen kann.

Von diesem aussichtsreichen Standort führt ein Wanderweg durch die farbfrohen Wiesen zu den merklich tiefer an den Hang gebauten Bauernhöfen der Siedlung Ellenbogen. Auf der Talsohle zwischen Ellenbogen und dem Weiler Prenten wird dann die Bundesstraße und der Lech überquert.

Der Rückweg führt am rechten Lechufer ostwärts zurück nach Steeg. Was diesen letzten Abschnitt so interessant gestaltet, ist die botanische Vielfalt. Teilweise sind die blumenübersäte Weiden und Hänge, anderseits Lawinenstriche, die auch im Talbereich oft eine staunenswert gemischte Blüten-

Das Tiroler Lechtal: eine weitgehend erhalten gebliebene, dynamische Wildfluss-Landschaft

pracht infolge der Samen- und Pflanzenverfrachtung aus höheren Regionen hervorbringt. Diese erholsame Rundwanderung klingt auf ebenem, gepflegtem Weg bei der sehenswerten Pfarrkirche zum hl. Oswald am westlichen Ortsausgang von Steeg aus.

Naturpark Tiroler Lech

Gemeinsam mit seinen Seitenzubringern stellt der Lech eine im nordalpinen Raum einmalige, weitgehend erhalten gebliebene, dynamische Wildfluss-Landschaft dar, die nur mehr im oberitalienischen Tagliamento ein Gegenstück findet. Dass es bei Schutzgebieten nicht ausschließlich auf deren Größe ankommt, demonstriert der im Jahr 2004 eingerichtete Naturpark Tiroler Lech eindrucksvoll. Auf einer Fläche von nur 41,4 km² beheimatet er etwa ein Drittel aller in Tirol vorkommenden Pflanzenarten, darunter auch reichhaltige Orchideenbestände und die Deutsche Tamariske. Auch im Tierreich kann der als „letzter Wilder" bezeichnete Fluss mit Besonderheiten aufwarten. Charakteristisch sind der große Vogelreichtum und zahlreiche seltene und bedrohte Amphibienarten wie beispielsweise der Kammmolch und viele Libellen, wie etwa Bileks Azurjungfer. info@naturpark-tiroler-lech.at, www.naturpark-tiroler-lech.at

DAS EINSAME HOCHALPTAL

Idyllisches Hochgebirge

SWAROVSKI
OPTIK

  7 km 3:00 h  500 hm 500 hm 3 24

START | Stadel an der Bundesstraße 198 Steeg – Warth, direkt nach der Lechbrücke.
[GPS: UTM Zone 32   x: 594.372 m   y: 5.233.303 m]
ZUFAHRT | Von Steeg kommend steigt die Straße bald an. Nach der Lechbrücke kommt rechter Hand, 4 km vom Ortszentrum Steeg, ein Stadel; Parkplätze auf beiden Seiten der Straße.
CHARAKTER | Wanderweg.
TOUR MIT GUIDE | Naturpark Tiroler Lech, Weißenbach am Lech, Tel. +43/(0)676/885087941, www.tirol.at/natur

Die Allgäuer Alpen sind eine Gebirgsgruppe der Nördlichen Kalkalpen und zeichnen sich durch eine außergewöhnliche Vielfalt im Gesteinsaufbau aus. Der Weg führt durch Fichtenwald. Mehrere Bäume weisen charakteristische Spechtlöcher auf und mit etwas Glück kann man sogar einen Schwarzspecht beobachten. Bis auf den roten Scheitel ist dieser Vogel schwarz. Auf dem locker

mit Fichten bewachsenen Sonnenhang warten jede Menge verschiedener Insekten und besonderer Pflanzen darauf, entdeckt zu werden. So gedeihen auf dem nährstoffarmen Boden mehrere Orchideenarten – Hungerkünstler, die mit ganz wenigen Nährstoffen auskommen. Auf der Rippe am Ende der Steilstufe herrschen besonders harte Bedingungen und die Vegetation ändert

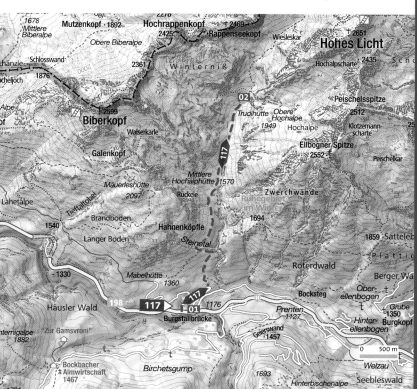

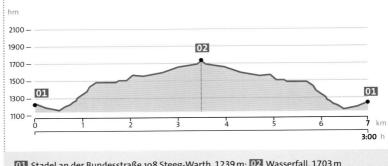

01 Stadel an der Bundesstraße 198 Steeg-Warth, 1239 m; **02** Wasserfall, 1703 m

sich sichtbar. Neben wunderbaren alten Föhren treten schon die ersten Latschen und Wacholderbüsche auf, mit ihnen im Unterholz die Alpenrose. Verkrüppelte Fichten belegen den harten Kampf der Bäume im obersten Waldabschnitt.

Bewimperte Alpenrose (Foto: Reinhard Hölzl)

Oberhalb der Waldgrenze trifft man auf gelblich-ockerfarbene Steine. Die so genannten Allgäuer Schichten sind reich an Fossilien. Die Stille hier oben wird immer wieder von schrillen Pfiffen unterbrochen – Warnrufe der sehr wachsamen und vorsichtigen Murmeltiere.

▶ Von der **Straße** **01** geht man zuerst auf einem breiten Fahrweg abwärts bis zur ersten Kehre (Markierung). In der Kehre zweigt nach links der Steig ins Hochalptal ab. Nun geht es durch den Wald, immer steiler werdend, auf die Schulter. Das Hochalptal selbst wird nach einer gefahrlosen Schluchtüberquerung erreicht. Von hier wandert man eben weiter zur verfallenen Hochalphütte. Der Weg steigt nun wieder leicht an und führt den Bach entlang bis zu einem Boden mit einem **Wasserfall** **02**. Der Rückweg wird auf demselben Weg wie der Aufstieg zurückgelegt.

Schwarzspecht füttert Junge
(Foto: Reinhard Hölzl)

BOCKBACHER GAMSVRONI IM OBEREN LECHTAL

Wiesen bringen Heu und Lawinen

SWAROVSKI OPTIK

🔀 ⊕ 8,5 km 🕐 2:00–3:00 h ↗ 300 hm ↘ 300 hm 📖 3/24

START | Bundesstraße 198 Steeg – Warth, Busstation Sägewerk.
[GPS: UTM Zone 32 x: 595.439 m y: 5.233.488 m]
ZUFAHRT | Von Steeg kommend steigt die Straße bald an. Nach 3 km vom Ortszentrum Steeg steht rechter Hand ein Sägewerk; Parkplatz und Busstation.
CHARAKTER | Wanderweg.
TOUR MIT GUIDE | Naturpark Tiroler Lech, Weißenbach am Lech, Tel. +43/(0)676/885087941, www.tirol.at/natur

Das Lechtal mit seinen vielen Besonderheiten der Natur und seinen unverfälschten Landschaften zählt zu den urtümlichsten und schönsten Tälern Tirols. Auffallend sind die sehr steilen Wiesen, prächtig in ihrer Blumenvielfalt, aber auch gefährlich für den Menschen, da es hier immer wieder zu Hangrutschungen und Lawinenabgängen kommt. Abhängig vom Wassergehalt des Bodens wachsen auf den Wiesen unterschiedliche Pflanzen. Das Wollgras

deutet auf einen feuchten Standort hin. Auch die Schachtelhalme, uralte Pflanzen, deren Verwandte die Steinkohlewälder im Erdmittelalter bildeten, gedeihen bevorzugt auf feuchten Böden. Die heimischen Orchideen hingegen lieben trockene, nährstoffarme Wiesen. Ein plötzlicher Wechsel der Vegetation und der Landschaft – von sanften Wiesen in eine steile Rinne, in der Sträucher dominieren – erinnert an die großen Lawinenabgänge im Winter. Ein Stück des

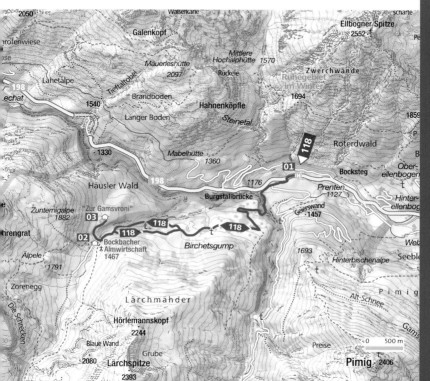

Blumenwiese mit Knabenkräutern
(Foto: Reinhard Hölzl)

Buntspecht
(Foto: Reinhard Hölzl)

Weges führt direkt durch eine Lawinenbahn!

▶ Vom **Parkplatz** 01 folgt man dem in den Wald ansteigenden Fahrweg, bei der nahen Abzweigung geht man geradeaus. Man überquert auf einer stabilen Brücke den Krabach, der sich tief in das Gestein eingeschnitten hat. In Kehren erreicht man die Häuser von Birchetsgump. Es handelt sich nicht um eine Almsiedlung, die Häuser waren früher ganzjährig bewohnt! Bei einem

Wegkreuz nimmt man einen rechts abzweigenden Wiesenweg, der an einem Tümpel vorbei durch einen Lawinenstrich führt. Nach einigen Kehren erreicht man den Fahrweg, überquert noch den Bockbach und hat die **Almwirtschaft** 02 erreicht. Für den Rückweg nimmt man den Fahrweg, der gemütlich abwärts geht. Bald kommt man zu dem Wegkreuz, wo man beim Aufstieg abgebogen ist. Den restlichen Rückweg legt man auf der Aufstiegsroute zurück.

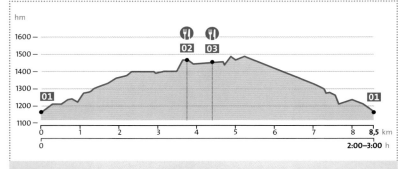

01 Busstation Sägewerk, 1167 m; 02 Bockbacher Almwirtschaft, 1467 m;
03 Gamsvroni 1455 m

HEITERWANGER HOCHALM • 1605 m

Blumenparadies Berwanger Tal

5,7 km   3:00–4:00 h   263 hm   263 hm   4 24 25

START | Berwang, Talstation der Almkopfbahn (Parkplatz).
[GPS: UTM Zone 32   x: 632.180 m   y: 5.252.138 m]
ZUFAHRT | Auf der B 179 bis Bichlbach und südwestlich nach Berwang (5 km).
CHARAKTER | Der höchstgelegene Ort des Zugspitzgebiets (1342 m) wird als
Luftkurort geschätzt. Einige Wanderwege führen auf blumenreiche Hoch-
flächen, die einen Bergsommer zum Erlebnis machen. Der blumengesäumte
Weg zur Heiterwanger Hochalm ist leicht und familienfreundlich.
GÜNSTIGSTE JAHRESZEIT | Juni – August.

▶ Diese familienfreundliche Blumenwanderung beginnt beim **Parkplatz** 01
am nördlichen Ortsrand von Berwang,
wo der Wegweiser nach Norden zum
Jägerhaus und zur Heiterwanger Hochalm, 1605 m, zeigt.
Auf dem gut ausgebauten Forstweg geht man durch Viehweiden und
lichten Wald in Kehren stetig aufwärts.
Am Austritt des Weges von einem
schmalen Hochwaldstreifen steht der

Berggasthof „Jägerhaus" 02 auf einer
saftigen Bergwiese mit herrlicher Aussicht. Der zuletzt südlich verlaufende
Forstweg wendet hier wieder nach Norden. Die Wanderung zur Heiterwanger
Hochalm kann auf einem schmäleren
Steig fortgesetzt werden. Dieser verläuft auch in nördlicher Richtung, am
Rande des Waldes und der Schipiste,
zügig zum Gebäude der **Hochalm** 03
hinauf.

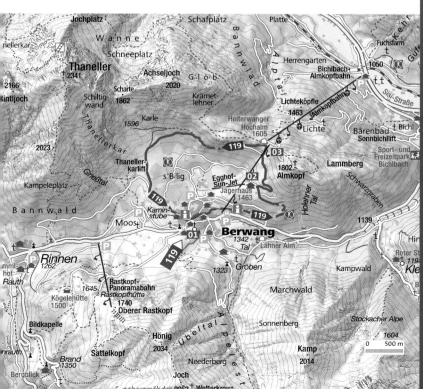

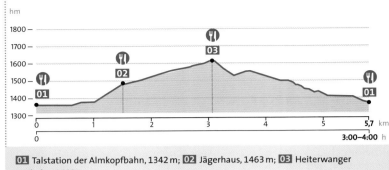

01 Talstation der Almkopfbahn, 1342 m; **02** Jägerhaus, 1463 m; **03** Heiterwanger Hochalm, 1605 m

Zahlreiche Blumen der einheimischen Arten säumen den ganzen Aufstiegsweg, bilden auf verschiedenen Lichtungen gesellige Anhäufungen mit bezaubernder Farbwirkung und bilden im Bereich der Hochalm teppichartige, strahlende Kolonien.

Die exponierte Lage der Heiterwanger Hochalm ermöglicht eine eindrucksvolle Aussicht über das Berwanger Tal und auf das Zwischentoren, einem Talbereich zwischen Reutte, Ehrwald und dem Fernpass.

Als Rückweg bietet sich wieder der Aufstiegsweg an, allerdings nur bis zur ersten Abzweigung rechtsseitig, die aber gut beschildert ist. Dieser Abzweigung folgend, geht es durch Weideflächen und Jungwald sanft abwärts zu den westlich der Ortschaft Berwang sich ausdehnenden Mähwiesen.

Was sich auf diesen Wiesenflächen dem Auge präsentiert, ist überwältigend – diese verschwenderische Blütenpracht und das Massenblühen sind außergewöhnlich. Der letzte Abschnitt des Wanderwegs führt mitten durch diese Märchenwiesen von Westen her zur Ortschaft und zum Ausgangspunkt am Parkplatz zurück.

Berwang – höchstgelegener Ort des Zugspitzgebiets

KÖGELE-TOUR BEI BERWANG

Die berühmten Wiesen des Lechtals

  6 km 2:00 h 250 hm 250 hm  4
5
25

START | Hotel Kaiserhof.
[GPS: UTM Zone 32   x: 631.612 m   y: 5.252.110 m]
ZUFAHRT | Nach Berwang und dort im Zentrum rechts halten.
CHARAKTER | Fahrweg, Wanderweg.
TOUR MIT GUIDE | Naturpark Tiroler Lech, Weißenbach am Lech,
Tel. +43/(0)676/885087941, www.tirol.at/natur

Gemeine Moosbeere (Foto: Reinhard Hölzl)

Berwang, ein kleines Dorf auf ca. 1300 m Höhe, liegt inmitten der Lechtaler Alpen. Ein Merkmal der Lechtaler Alpen ist ihr vielfältiger Gesteinsaufbau und die unglaubliche Vielfalt an Alpenpflanzen. Von den wunderschönen Bergwiesen mit ihrer großen Zahl an verschiedenen Blumen hat man einen hervorragenden Ausblick auf die umliegenden Berge. Ein Höhepunkt der Tour ist das nach der letzten Eiszeit entstandene Hochmoor von Berwang mit seiner speziell angepassten Flora. Es wachsen hier Wollgras,

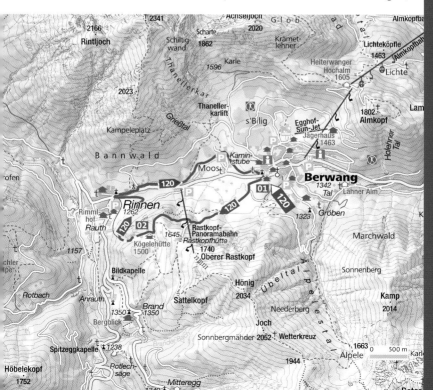

Blumenwiese (Foto: Reinhard Hölzl)

Moosbeere, Lichtnelke und viele andere feuchtigkeitsliebende Pflanzen. Hauptbestandsbildner dieses nassen Lebensraumes sind die Torfmoose, deren untere Teile absterben, während die oberen weiter wachsen. Die Mitte des Moores besiedeln Latschen, die nur an solchen extremen Standorten der Konkurrenz anderer Gehölze gewachsen sind.

▶▶ Vom **Hotel Kaiserhof** `01` hält man sich erst in Richtung Dorfkirche, biegt aber bei der ersten Möglichkeit rechts ab zur Straße nach Rinnen. Dieser folgt man bis zu einer Kapelle. Dort zweigt nach links der Kögeleweg, ein breiter Fahrweg, durch die Wiesen von Berwang ab. Es geht gemütlich aufwärts, unter dem Sessellift hindurch, bis etwa

500 m vor der **Kögelehütte** `02`. Hier biegt man rechts in einen Hohlweg ein und geht über Almen, an Heustadeln vorbei, und durch ein Waldstück mit gutem Blick auf den Stausee des Rotlech. Man folgt ein Stück der Schipiste, bis man über einen breiten Forstweg nach links durch den Wald nach Rinnen absteigen kann. Hier trifft man auf den Seebach. Sein linkes Ufer entlang gelangt man hinauf bis zur Moorfläche bei Berwang. Der Weg führt links am Moor vorbei. Bei der Talstation des Thanellerkarliftes hält man sich an die linke Forststraße, die leicht ansteigend in ein Waldstück führt. Direkt nach dem Waldstück steigt man linker Hand einen Wiesenweg hoch und erreicht dann den Ausgangspunkt, das Hotel Kaiserhof.

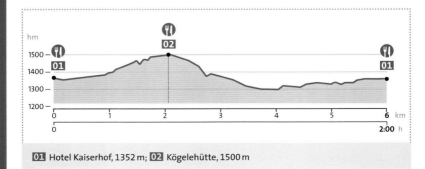

`01` Hotel Kaiserhof, 1352 m; `02` Kögelehütte, 1500 m

ROTLECHWIESEN BEI BERWANG

Einzigartige Pflanzenwelt der Lechtaler Alpen

  8 km   2:00–3:00 h   400 hm   400 hm
4
5
24
25

START | Parkplatz in Rinnen.
[GPS: UTM Zone 32   x: 629.628 m   y: 5.251.473 m]
ZUFAHRT | Von Berwang nach Rinnen.
CHARAKTER | Forstweg, Wanderweg.
TOUR MIT GUIDE | Naturpark Tiroler Lech, Weißenbach am Lech,
Tel. +43/(0)676/885087941, www.tirol.at/natur

Orchideen, auch „Königinnen der Blumen" genannt, sind hier in verschiedensten Farben und Formen zu bestaunen: Waldhyazinthe, Mücken-Händelwurz, Rotes Waldvögelein und Großes Zweiblatt sind nur einige, die auf dem kalkreichen Boden gut gedeihen. Aber auch Heilpflanzen sind zahlreich vertreten. Der Wald-Engelwurz werden persönlichkeitsstärkende Kräfte nachgesagt, Arnika ist ein Hausmittel gegen Prellungen und Kreislaufschwäche. Beeindruckend ist auch die Türkenbundlilie, die durch ihre auffällig geformten Blüten und ihre große Wuchshöhe als eine der stattlichsten heimischen Lilien gilt. Am Gegenhang kann man oft Gämsen oder Hirsche sehen.

Unglaublich scheinen die Kräfte der Natur, wenn man sich beim Durchwandern der Rotlechschlucht vorstellt, wie sich der Fluss seit dem Rückzug der Gletscher vor 14.000 Jahren in den Kalk eingegraben hat.

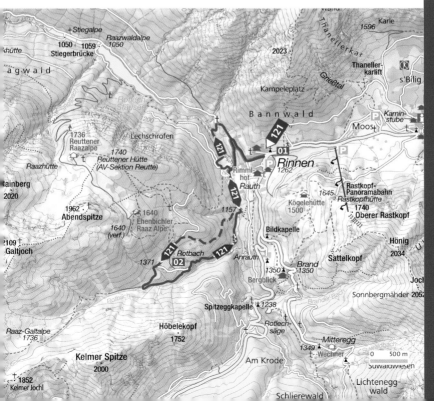

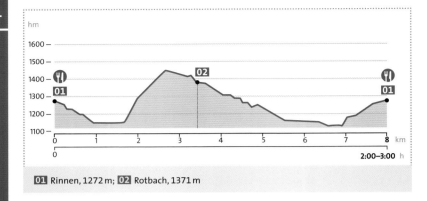

01 Rinnen, 1272 m; **02** Rotbach, 1371 m

▶ Von **Rinnen** **01** erreicht man über eine für den Verkehr gesperrte Straße in wenigen Minuten Rauth und die alte Sägemühle. Hier folgt man dem Rotlech flussaufwärts, quert auf das rechte Ufer und wandert auf einem Forstweg durch den Wald bis zu einem Kreuz am Wegesrand. Bei diesem steigt man über einen schmalen Weg rechts in den Wald zu den Wiesen von **Rotbach** **02** hinauf. Der Steig mündet in einen Forstweg, dem man abwärts nach links folgt. Vor-

bei an einigen Almhütten gelangt man bei einer Kehre zum Rotbach. Der Forstweg führt, etwas oberhalb des Baches, wieder zurück zum Kreuz, an dem man zuerst abgezweigt ist. Man folgt der Aufstiegsroute bis zum alten Sägewerk von Rauth. Hier führt der Schluchtwanderweg an einem beeindruckenden Wasserfall vorbei und über den Rotlech. Steil geht es zu einer Forststraße hinauf, der man nach rechts folgt und über die man zum Fahrweg nach Rinnen gelangt.

Arnika (Foto: Reinhard Hölzl)

Mückenhändelwurz (Foto: Reinhard Hölzl)

WOLFRATSHAUSER HÜTTE • 1751 m

Von Lermoos zu den Narzissen-Anemonen

  9 km · 6:00 h · 747 hm · 747 hm · 3/24

START | Lermoos, Talstation der Grubigsteinbahnen, 1004 m (Parkplatz).
[GPS: UTM Zone 32 x: 641.779 m y: 5.251.496 m]
ZUFAHRT | Deutschland: Auf der B 179 von Füssen, B 199 von Sonthofen;
B 187 von Garmisch-Partenkirchen. Österreich: B 179 über den Fernpass.
CHARAKTER | Reizvolle Höhen-Rundwanderung durch bunte Blumenwiesen vor
der Kulisse des mächtigen Wettersteingebirges und den bizarren Gipfeln der
Mieminger Berge. Eine Besonderheit sind die Narzissen-Anemonen am Weg zur
Wolfratshauser Hütte.
GÜNSTIGSTE JAHRESZEIT | Juni – August.

Von der Pfarrkirche im oberen Teil der Ortschaft Lermoos führt eine kurze Dorfstraße in westlicher Richtung zur Pestkapelle und weiter zur **Talstation der Grubigsteinbahnen 01**. Hier ist der Übergang vom Wohnbereich zu den ersten sattgrünen Wiesen abrupt.

▶▶ Bevor man es bewusst wahrnimmt, befindet man sich schon mitten in den Blumenwiesen und erblickt über den Dächern des Dorfes das mächtige, stolz aufragende Wettersteingebirge sowie die bizarren Gipfel der Mieminger Berge. Ein Wegweiser informiert über den günstigsten Wanderweg zur Wolfratshauser Hütte. Dieser schlängelt sich weiterhin durch die bunt gefärbten Wiesen aufwärts zu den Jungwaldbeständen und den dazwischen ersichtlichen Lärchen. Überraschenderweise geht bereits schon in diesem Abschnitt

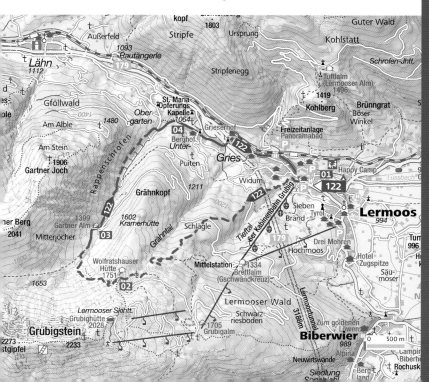

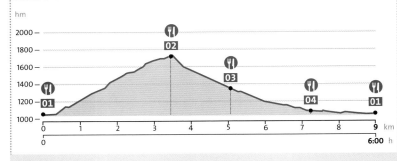

01 Talstation der Grubigsteinbahnen, 1004 m; **02** Wolfratshauser Hütte, 1751 m;
03 Gartner Alm, 1399 m; **04** Berghof, 1056 m

die Wiesenflora in eine Bergflora über. Schon von weitem leuchten unzählige Narzissen-Anemonen, große Kolonien Wundklee und verschiedene Alpenblumen flankieren farbenfroh den Wanderweg. Oberhalb des ersten Hangrückens zieht der nun steigartige Weg mehr in nördlicher Richtung, dem Grähntal zu, in dem sich der Grubigbrunnen befindet. Von mehreren Stellen aus ist zwischendurch schon die am Gegenhang errichtete Hütte zu erblicken. Auf dem nun mehr ansteigenden Weg ist aber auch der letzte, steilere Hang, in angemessener Zeit leicht zu überwinden.

Viele Blumen grüßen von allen Seiten und gestalten das Wandern unterhaltsam. Von der schön gelegenen **Wolfratshauser Hütte 02** ist eine prachtvolle Aussicht ebenso gewährleistet wie eine erquickende Stärkung. Will man nun nicht mehr den gleichen Weg zurück zum Ausgangspunkt nehmen, so kann der Steig durch das nördlich sich zur Siedlung Untergarten hinausziehende Gartner Tal gewählt werden. Dieser Steig verläuft von der Hütte anfänglich rasch fallend zum hintersten Talboden und zur **Gartner Alm 03**. Im Bereich der Alm schmücken in satten Farben blühende Hochstaudenfluren Böden und Hänge. Talauswärts geht es ein gutes Stück durch den Wald bis zu den Wiesen oberhalb von Untergarten. Über Wiesenwege, durch weitere Matten mit Blumen, vorbei am **Berghof 04** und auf einem Dorfweg, an schmucken Wohnheimen vorbei, ist der Ausgangspunkt in der Ortschaft Lermoos von Norden her bequem zu erreichen.

Wetterregeln

Seit jeher hat der Mensch den Wetterverhältnissen große Aufmerksamkeit geschenkt. Heute verlässt man sich auf die Wettervorhersage in Rundfunk und Fernsehen – früher hielt man sehr viel von den „Wetterregeln", die in jahrhundertelanger Erfahrung in der Beobachtung des Jahresablaufs entstanden und meist in Reimform gebracht wurden:
„Nasser Mai bringt viel Heu."
„Juni trocken mehr als nass, füllt dem Bauer Scheun' und Fass."
„Ist Ägidi ein schöner Tag, ich dir schönen Herbst ansag'."
Auch Wochentage haben ihre Bedeutung:
„Was der Freitag kann, fangt der Pfinsti (Donnerstag) an".
www.alpenverein.at/portal/Wetter
http://wetter.orf.at/tir

Kleine Seen und große Gipfelaussicht

 13,8 km | 7:00–7:30 h | 1019 hm | 1019 hm | 24 35

START | Boden, 1356 m, wo das Pfafflartal und das Angerletal in das Bschlaber Tal münden (Parkplatz).
[GPS: UTM Zone 32   x: 621.473 m   y: 5.237.881 m]
ZUFAHRT | Von Reutte auf der B 198 durch das Lechtal bis Elmen und weiter im Bschlaber Tal oder von Imst über das Hahntennjoch (bei Unwetter murengefährdet!) nach Boden.
CHARAKTER | Leichte Bergwanderung, anfangs auf Güterweg, dann steil hinauf zur Hanauer Hütte. Almweg zu den Parzinnseen in großartiger Felsszenerie, mit Blumen übersäte Almmatten und smaragdfarbenen Bergseen.

 Die Wanderung beginnt im Weiler **Boden 01** am Ende des Bschlaber Tals. Südöstlich der Kirche folgt man dem Wegweiser zur Hanauer Hütte, überschreitet den Fundaisbach, später den Angerlebach und wandert auf dem Güterweg (Nr. 601) leicht ansteigend ins Angerletal. Nach 20 Minuten öffnet sich der Blick auf den Talgrund und den steil aufragenden Parzinnhügel mit der **Hanauer Hütte 02**, 1922 m. Bei der Talstation einer Materialseilbahn endet der abwechslungsreiche Güterweg und geht in einen Bergweg über, der, von Latschen und Blauem Eisenhut gesäumt, in gut 1 Std. an die Felswand des Parzinns heranführt. Auf einem Holzsteg wird der Angerlebach ein letztes Mal überschritten, dann zieht der

schottrige Bergpfad in vielen Kehren steil hinauf zur Hanauer Hütte (2 Std. von Boden).
In der Mulde südlich der Hanauer Hütte zweigt bei einem Wegweiser der Weg Nr. 621/624 ab, dem man bis zum Parzinnsee folgt. Hier durchwandert man die Welt der Alpenblumen, die in dieser imposanten Felsszenerie besonders zur Geltung kommen. Bei einem Wegweiser hält man sich links und wandert nach der Markierung Nr. 621 anfangs mäßig, dann dem Fels entlang sehr steil hinauf zum **Gufelseejoch 03**, 2375 m. Das letzte Wegstück erfordert etwas Geschick, ist aber durch Drahtseile gesichert. Jenseits des Jochs erblickt man den schön gelegenen smaragdfarbenen **Gufelsee 04** und den Gufelkopf mit

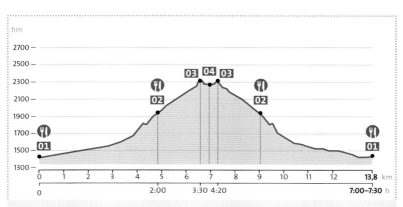

01 Boden, 1356 m; **02** Hanauer Hütte, 1922 m; **03** Gufelseejoch, 2375 m;
04 Gufelsee, 2281 m

Hanauer Hütte, 1922m

seiner auffallend grätenförmigen Fels-schichtung.

In 20 Minuten steigt man zum Gufelsee hinunter, dessen grüne mit Bergblumen verzierte Ufer einen reizvollen Kon-trast zu den geologisch interessanten Felsauffaltungen geben. Damit ist auch der Wendepunkt dieser erlebnisreichen Bergwanderung erreicht.

Der Rückweg erfolgt auf dem Anstiegs-weg zur Hanauer Hütte und zurück nach Boden, 3:45 Std.

Jenseits des Gufelseejochs öffnet sich der Blick auf Gufelsee und Gufelkopf

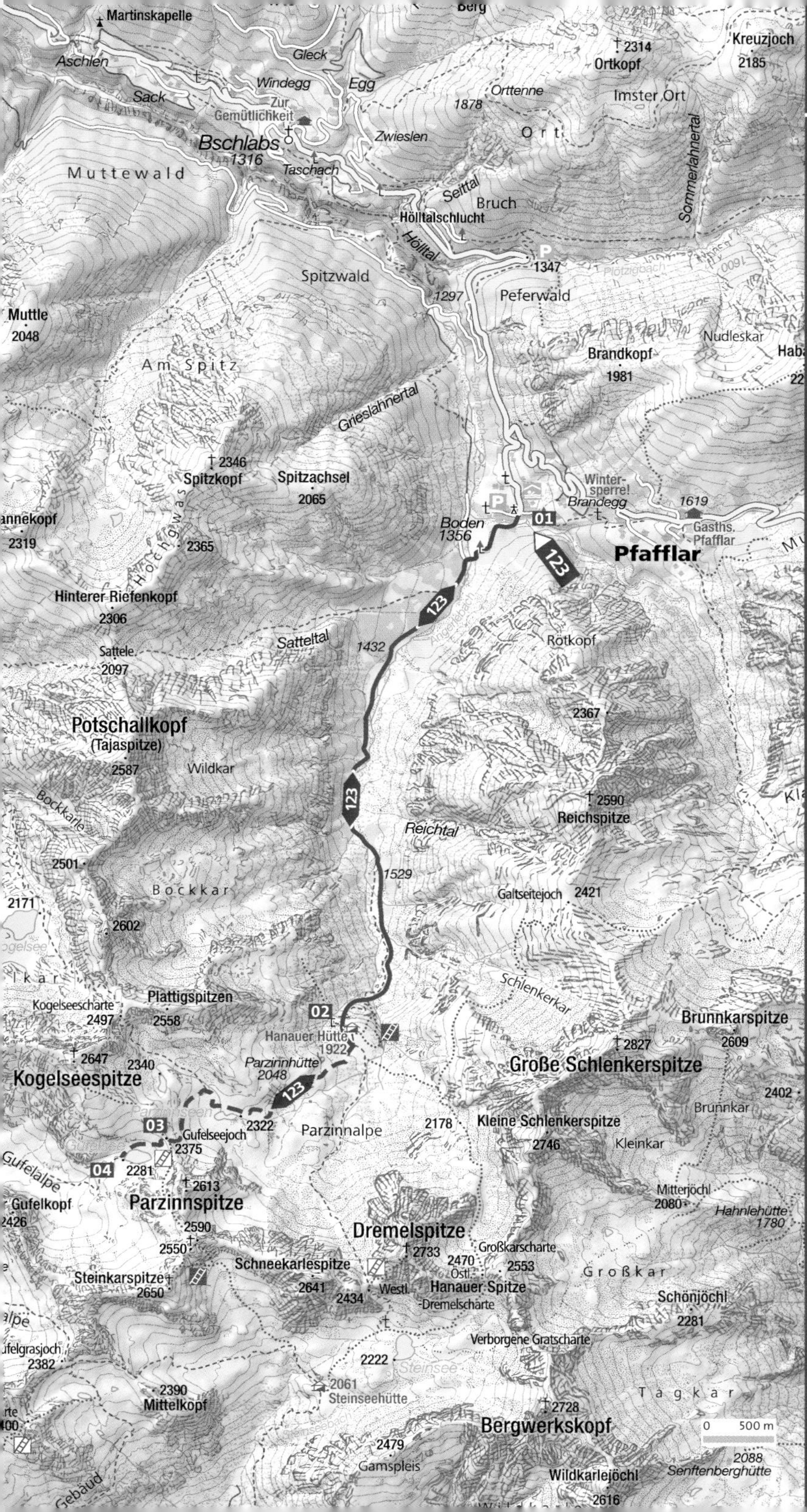

Martinskapelle
Berg
Kreuzjoch 2185
Gleck
Aschien
Windegg
Egg
† 2314 Ortkopf
Imster Ort
Sack
Zur Gemütlichkeit
Orttenne
1878
Sommerlahnertal
Zwieslen
Bschlabs 1316
Taschach
Seltal
Bruch
Muttewald
Hölltalschlucht
P 1347
Spitzwald
1297
Peferwald
Nudleskar
Brandkopf 1981
Hab
Muttle 2048
Am Spitz
Grieslahnertal
Winter- sperrel
Brandegg
1619
Gasths. Pfafflar
†annekopf 2319
† 2346 Spitzkopf
Spitzachsel 2065
P
Boden 1356
01
123
Pfafflar
2365
Hochgwas
123
1432
Rotkopf
Hinterer Riefenkopf 2306
Satteltal
Sattele. 2097
Potschallkopf (Tajaspitze) 2587
Wildkar
2367
Reichtal
123
† 2590 Reichspitze
Bockkarle
Kla
2501
Bockkar
1529
Galtseitejoch 2421
2171
2602
Schlenkar
Schlenkerkar
Brunnkarspitze 2609
Kogelseescharte 2497
Plattigspitzen 2558
02 Hanauer Hütte 1922
† 2827
Große Schlenkerspitze
2402
† 2647
2340
Parzinnhütte 2048
123
2322
Parzinnalpe
2178
Kleine Schlenkerspitze 2746
Brunnkar
Kogelseespitze
03 Gufelseejoch 2375
Kleinkar
Mitterjöchl 2080
Hahnlehütte 1780
Gufelalpe
04 2281
† 2613
Parzinnspitze
2426 Gufelkopf
2590
2550
Schneekarlespitze 2641
Dremelspitze
† 2733
Großkarscharte 2470
2553
Großkar
Schönjöchl 2281
Steinkarspitze 2650
Westl. 2434
Hanauer Spitze
Dremelscharte
†elgrasjoch 2382
†
2222
Verborgene Gratscharte
Steinsee
2088 Senftenberghütte
2390 Mittelkopf
2061 Steinseehütte
† 2728
Bergwerkskopf
0   500 m
2479 Gamspleis
2616
Wildkarlejöchl

EHRWALDER BECKEN

Die Hüter des Mooses im Naturschutzgebiet

SWAROVSKI
OPTIK

   4 km 1:00 h 0 hm 0 hm 4 5 25

START | Hotel Post bei der Kirche von Lermoos.
[GPS: UTM Zone 32   x: 642.435 m   y: 5.251.187 m]
ZUFAHRT | Lermoos gleich neben der Kirche.
CHARAKTER | Fahrweg, Wanderweg.

Baumweißling auf Schwertlilie
(Foto: Reinhard Hölzl)

Das Ehrwalder Becken befindet sich im Nordwesten von Nordtirol und ist ca. 3,5 km² groß. Man findet dort eines der größten Moorgebiete Nordtirols. Seltene Pflanzen, wie etwa die Schwertlilie, und Tiere, besonders Singvögel wie Braunkehlchen oder Sumpfrohrsänger, leben im gesamten Ehrwalder Becken, vor allem im Bereich des Moores und der Streuwiesen.
Beeindruckend ist auch die Umgebung des Gebietes. Berge wie die Handschuhspitzen oder die Zugspitze bieten dem Wanderer ein wunderschönes Panorama.

▶ Vom **Hotel Post** **01** hält man sich rechts, geht an der Parkgarage vorbei und erreicht über die zweite Abzweigung nach links die ebene Fläche des Ehrwalder Beckens. Hier gelangt man über einen Feldweg ins Moor, immer auf den Hügel in der Mitte der Moorfläche, den „Großen Tummebichl", zuhaltend. Kurz bevor man ihn erreicht, überquert man einen Entwässerungsgraben. Nach der Brücke geht man noch ein kurzes Stück geradeaus, bis links ein wenig begangener Feldweg die Böschungskante entlangführt. Nach wenigen Metern kann man über einen

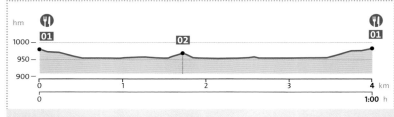

01 Hotel Post, 987 m; **02** Hubertus-Kapelle, 985 m

Braunkehlchen (Foto: Reinhard Hölzl)

zugewachsenen Feldweg den „Großen Tummebichl" besteigen. Der Weg überquert den Hügel und endet bei einer Wegkreuzung, an der man sich links Richtung Ehrwald hält. Etwas rechts kommt die **Hubertus Kapelle 02** in den Blick. Der weitere Weg zweigt bei einem Heustadel nahe dieser Kapelle rechts ab und führt, dem Hangfuß folgend, um die Hügel herum. Dieser Weg ist nicht markiert, aber gut erkennbar. Kurz nach einer Bank trifft man auf einen Feldweg. Hier lohnt sich ein kurzer Abstecher nach rechts zur Brücke über die Loisach. Für den Rückweg folgt man dem Feldweg zurück, bis man bei einer Kreuzung den „Großen Tummebichl" auf seiner Nordseite umrunden kann.

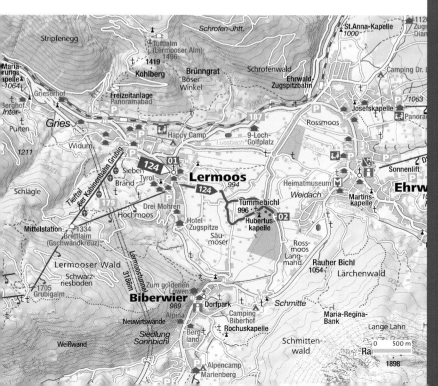

ZUGSPITZE • 2962 m

Blühendes Leben am höchsten Berg Deutschlands

  7,5 km 1:00 h  100 hm 100 hm 4 5 25 790

START | Zugspitzbahn-Talstation.
[GPS: UTM Zone 32   x: 646.478 m   y: 5.254.386 m]
ZUFAHRT | Nach Ehrwald in Tirol; dort Richtung Bahnhof und weiter zur Zugspitzbahn.
CHARAKTER | Wanderung auf alpinen Wegen; teilweise grober Schotter. Achtung: Die Tour liegt im Hochgebirge auf 2700 m. Gutes Schuhwerk und gute Kleidung sind unerlässlich.
TOUR MIT GUIDE | Mag. Magnus Lantschner, Tel. +43/(0)699/10670085, www.natur.tirol.at

Alpendohle im Flug (Foto: Reinhard Hölzl)

Hochgebirge ist Kampfzone: Lange Schneebedeckung, Trockenheit und große Temperaturschwankungen bestimmen das Klima. Auf dieser Tour lernt man an extreme Bedingungen angepasste Pflanzen kennen – sprichwörtlich blühendes Leben in der Schuttwüste.

Neben Kalksteinen – ehemaligen Riffen, die den Zugspitzgipfel aufbauen – sind die letzten Gletscher Deutschlands zu sehen.

Zunächst geht es mit der **Seilbahn** **01** auf den **Gipfel** **02** der Zugspitze. Nach dem Besuch der Aussichtsplattform wechselt man auf die bayerische Seite und fährt mit einer weiteren Gondelbahn hinunter auf das Zugspitzplatt zum **„Sonn-Alpin"** **03**, dem höchstgelegenen Bahnhof Deutschlands.
Nach wenigen Metern erreicht man die Marienkapelle, wo im unverwitterten Kalkstein Fossilien (röhrenförmige Grünalgen und Schnecken) zu finden sind. Ein kurzer Abstecher nach Norden führt zum Nördlichen Schneeferner.

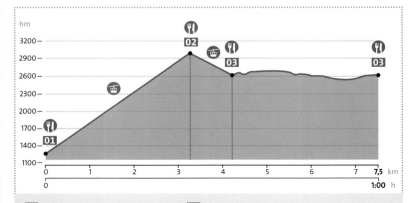

01 Zugspitzenbahn Talstation, 1223 m; 02 Münchner Haus, 2936 m;
03 Sonn-Alpin, 2576 m

Zugspitze (Foto: Regina Schaber)

Über Gletscherschliff und Moränenlandschaft kann man sich dem Gletscher gefahrlos nähern und den Ausblick auf den Zugspitzgipfel genießen. Wieder bei der Marienkapelle angelangt, geht man zum „Sonn-Alpin" zurück und begibt sich auf den Nordalpenweg Richtung Knorr-Hütte. Man folgt dem Weg etwa 500 Meter und untersucht die frische Moränenlandschaft: Nichts als Steine, die immer wieder umgelagert werden, eine unfruchtbare Schuttwüste! Doch der erste Schein

trügt: Bei genauem Hinsehen erkennt man Pflanzen, die sich in dieser unwirtlichen Umgebung behaupten. Das Rundblättrige Täschelkraut, die Gämskresse oder das Kalkalpen-Hornkraut haben Wege gefunden, hier zu überleben. Etwas abseits vom Weg ist sogar der Alpen-Mohn zu finden. Alle Pflanzen hier sind streng geschützt!
Auf demselben Wanderweg kehrt man zum „Sonn-Alpin" zurück, fährt wieder mit der Seilbahn auf den Gipfel und zurück ins Tal.

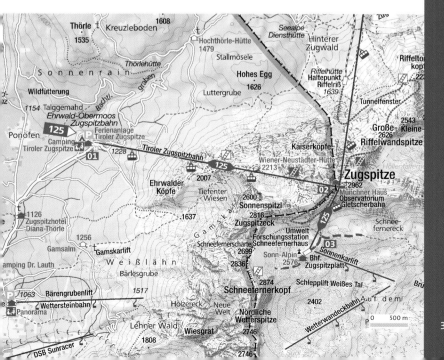

SAMSPITZE • 2624 m

Flirsch – Ansbacher Hütte – Schnann

  12 km 7:00–7:30 h 1470 hm 1470 hm  24 33 42

START | Flirsch, 1154 m, bei der Kirche (Parkplatz).
[GPS: UTM Zone 32   x: 606.745 m   y: 5.222.643 m]
ZUFAHRT | Von Bludenz auf der S 16 bis Ausfahrt Flirsch. Von Innsbruck auf der A 12 und ab Landeck auf der S 16 bis Ausfahrt Flirsch.
CHARAKTER | Nicht besonders schwierige, aber wegen des großen Höhenunterschieds und der steilen Wegabschnitte recht anstrengende Bergwanderung.

Wenn das Stanzer Tal schon im Schatten liegt, kann man an der Blankaspitze noch die Sonne genießen

▶ Von der **Kirche** 01 wandert man nach Norden, aber nicht über den Grießlbach, sondern um den Bauernhof herum zum Waldrand hin an. Dort zeigt ein Schild den Weiterweg an, der nun steil durch dichten Fichtenwald emporführt. Nach Passieren einiger zum Teil verfallener Heuhütten erreicht man das sonnige Reich der Bergblumen. Man überquert einen Bach und steigt jenseits in zahlreichen Serpentinen den Grashang bergan (hübsche Alpenflora). Zur linken Seite steigt die schroffe Felsgestalt der Blankaspitze, 2174 m, auf, während rechts Eisenspitze und Grießmuttekopf den Blick beherrschen. Nach einem kurzen Flachstück biegt der Pfad nach Wes-

ten ab; jetzt ist nur noch die vor uns liegende Steilstufe zu überwinden, dann ist die Hütte erreicht.
Die **Ansbacher Hütte** 02, 2376 m, liegt auf einer der Samspitze im Hauptkamm der Lechtaler Alpen vorgeschobenen und mit blumenreichen Cenoman-Schiefermergeln bedeckten Terrasse. Sie thront in luftig freier Balkonlage 1200 Meter über dem Stanzer Tal und bietet schöne Ausblicke in die Verwallgruppe; direkt gegenüber sieht man die Kulisse des eisgepanzerten Hohen Rifflers (Tour 127). Für die Besteigung der **Samspitze** 03, 2624 m, die unschwierig auf bezeichnetem Steig erreicht werden kann, rechnet man 45 Min.

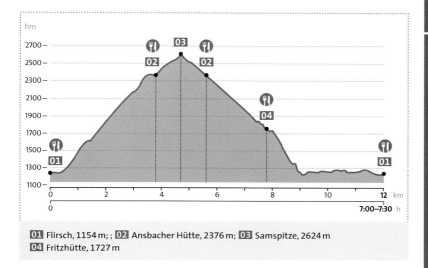

01 Flirsch, 1154 m; ; **02** Ansbacher Hütte, 2376 m; **03** Samspitze, 2624 m
04 Fritzhütte, 1727 m

Von der Ansbacher Hütte steigt man nordwestlich über den Grasrücken zum Vorgipfel hinauf; dort leitet der Steig zunehmend steiler durch fels-durchsetztes Gelände zur Samspitze, 2624 m, empor. Der Dolomitmugel auf Kreideschiefersockel erlaubt schöne Ausblicke in die zentralen Lechtaler Alpen. Rückweg: Auf dem Anstiegsweg geht es wieder hinunter zur Ansba-cher Hütte. Von der Hütte folgt man anfangs dem Steig Nr. 633 hinunter „In die Grube" und durch Latschen hinunter zur **Fritzhütte** **04**, 1727 m. Von dort kann man entlang der Mar-kierung Nr. 633 über den Steilhang nach Schnann absteigen oder auf dem Steig Nr. 5 ostwärts in einer Rinne, dann durch den Bergwald nach Flirsch wandern.

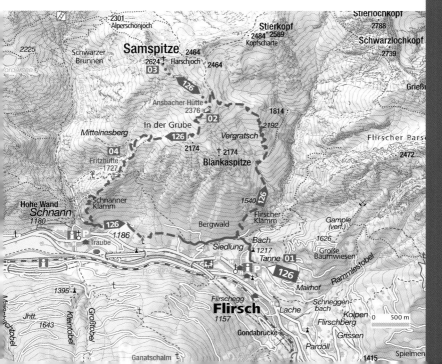

HOHER RIFFLER • 3168 m

Gletscherglanz über Rosanna und Trisanna

  16,3 km 9:30–10:00 h 1950 hm 1950 hm 33 41

START | Pettneu am Arlberg, 1222 m.
[GPS: UTM Zone 32   x: 601.503 m   y: 5.222.171 m]
ZUFAHRT | Von Bludenz auf der S 16 bis Ausfahrt Pettneu. Von Innsbruck auf der A 12 und ab Landeck auf der S 16 bis Ausfahrt Pettneu; Parkplatz beim Aktivzentrum.
CHARAKTER | Hochalpine, aber für versierte Bergsteiger nicht allzu schwierige Bergtour auf einen formschönen und vergletscherten Dreitausender. Der Gipfelaufstieg ist jedoch nur bei trockenen Felsen und guten Wetterverhältnissen ratsam!

Der Hohe Riffler ist der höchste Berg der Verwallgruppe – ein nur scheinbar unnahbarer, mit zwei Gletschern geschmückter Doppelgipfel.

▶ Die Route zu ihm beginnt in **Pettneu** **01** und zwar entweder im Dorfzentrum oder am Bahnhof. Man gelangt jeweils durch eine Bahnunterführung zur Rosanna, der man bis kurz vor die Einmündung des Malfonbaches folgt. Von dort führt eine Straße zu einem nahen Parkplatz hinauf und – nun für Autos gesperrt – ins Malfontal hinein (Markierung 511). Die letzte Kehre vor der **Vorderen Malfonalpe** **02** kürzt ein Pfad ab. Von der Jausenstation weiter auf der Straße taleinwärts, bis kurz vor der Talstation der Materialseilbahn auf

der Hinteren Malfonalpe der Weg Nr. 511 links abzweigt. Er schlängelt sich über die steilen Hänge empor, überquert den Bach und führt unter plattigen Felsen zur **Edmund-Graf-Hütte** **03**, 2408 m, hinauf.
Der links abzweigende Gipfelsteig zieht zunächst in Kehren auf die flache Anhöhe des Kappler Bodens, auf dem oft Steinböcke zu sehen sind. Weiter geht es durch Geröll ins Kar unter dem Hohen Riffler und dem wilden Blankahorn. Durch den steilen und steinschlaggefährdeten „Schluf" erklimmt man den Sattel „Im Eis" auf rund 3000 m Höhe. Von hier aus könnte man links den Kleinen Riffler, 3014 m, leicht „mitnehmen". Den Gipfelaufbau des **Hohen Rifflers** **04** erreicht man dagegen rechts über dem

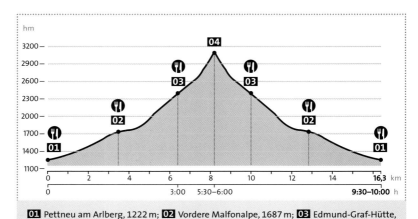

01 Pettneu am Arlberg, 1222 m; **02** Vordere Malfonalpe, 1687 m; **03** Edmund-Graf-Hütte, 2408 m; **04** Hoher Riffler, 3168 m

Noch glänzen die Gletscher am Hohen Riffler über der Rosanna und Trisanna

Pettneuer Ferner. Über Blockwerk und Felsstufen kommt man auf den Westgipfel des Hohen Rifflers, 3168 m, auf dem das Gipfelbuch deponiert ist. Das Kreuz steht auf dem nahen, aber durch eine sehr abschüssige Felsscharte getrennten Ostgipfel; der Übergang erfordert Kletterei im II. Schwierigkeitsgrad! Der Abstieg erfolgt auf der Anstiegsroute. Achtung: Der Zustieg von Süden (Paznauntal-Blankaseen) ist wegen eines Felssturzes unpassierbar!

Vogelbeere: Nicht nur als Schnaps beliebt ...

Verwall-Impressionen über dem Paznauntal

  10,9 km 5:00–5:30 h 300 hm 825 hm 33 42

START | Kappl, 1258 m, Bergstation der Diasbahn, 1830 m.
[GPS: UTM Zone 32   x: 603.189 m   y: 5.213.508 m]
ZUFAHRT | Von Bludenz auf der B 188 über die Bielerhöhe nach Kappl; von Innsbruck auf der A 12 bis Ausfahrt Landeck-West und auf der B 188 bis Kappl.
CHARAKTER | Einfache, aber hochalpine Bergwanderung auf gut markierten Wegen. Aufstiegshilfe mit der Diasbahn.

Die wilde Verwallgruppe steht in Bergsteigerkreisen etwas im Schatten ihrer berühmteren Nachbarn – zu Unrecht! Diese Wanderung vermittelt einen guten Eindruck ihrer landschaftlichen Schönheit und endet auf einem wahren Logenplatz über dem Paznauntal.

„Nebelspiegel" nahe der Niederelbehütte, 2310 m

▶ Von der **Seilbahnstation** 01 folgt man dem gut angelegten Weg Nr. 7 ins Skiliftgebiet hinauf. Durch die steilen Wiesenhänge unterhalb der Neuen Diasalpe, 1862 m (kurzer Abstecher), ansteigend gelangt man zu einem Bach. Kurz danach erreicht man den Kieler Weg (Nr. 512), auf dem man links über die Hochweide der Seßladalpe zu einer Alpstraße wandert. Links geht es über den Seßladbach und zuletzt steil neben einem Wasserfall zur **Niederelbehütte** 02, 2310 m, neben dem Seßsee hinauf. Nun lohnt sich der kurze Abstecher zum 2404 m hohen **Kappler Kopf** 03. Dazu folgt man dem Kieler Weg Richtung Darmstädter Hütte zum Seßgratjoch hoch, zweigt dort links ab und wandert

über den welligen Westrücken zum Gipfelkreuz hinüber. Zurück auf der gleichen Route.

Für den Abstieg gibt es drei Möglichkeiten: Man kann auf der oben beschriebenen Route zur Seilbahnstation zurückgehen oder man folgt dem Anstiegsweg nur kurz, wandert auf der Straße neben dem Seßladbach zur Unteren Seßladalpe hinab und geht dann auf dem links abzweigenden Weg Nr. 7 (zuletzt etwas ansteigend) zur **Seilbahnstation** 04. Man kann aber auch vom Seßgratjoch nach Süden ins Paznauntal absteigen – der Pfad Nr. 4 führt steil hinunter zum Alschnerbach und an diesem entlang zum Weiler Ulmich. Rückfahrt mit dem Bus nach Kappl.

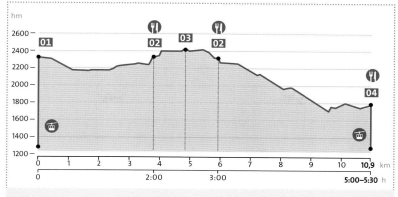

01 Bergstation, Alblitt, 2311 m; **02** Niederelbehütte, 2310 m; **03** Kappler Kopf, 2404 m;
04 Alpengasthof Dias, 1863 m

DER SONNENKOGEL „SONNAKOGL" BEI GALTÜR

Bergeidechsen und Alpensalamander

SWAROVSKI
OPTIK

  3,4 km   2:00 h   200 hm   200 hm   32
41
292

START | Hotel Paznauner Hof, Tschaffein.
[GPS: UTM Zone 32   x: 592.122 m   y: 5.203.398 m]
ZUFAHRT | Von Ischgl Richtung Galtür, nach 8 km erreicht man den Ortsteil Tschaffein.
CHARAKTER | Wanderweg.

In einer Bergblumenwiese liegend den Schmetterlingen beim „Tanzen" zuschauen, als Kulisse die vergletscherten Berge der Silvretta! All das und noch mehr erwartet einen auf der Nature Watch Tour zum „Sonnakogl". Zugegeben – der erste Aufstieg ist steil und bei Sonne manchmal etwas schweißtreibend. Aber es lohnt sich bestimmt. Die bunten Bergwiesen am Sonnenkogel sind überaus artenreich und bieten Lebensraum für unzählige Insektenarten, von denen die Schmetterlinge nur die auffälligsten sind. Am Sonnenkogel angekommen, trifft man auf eine Feuchtwiese mit Besonderheiten wie dem fleischfressenden Fettkraut, der duftenden Kugelorchis oder der unscheinbaren Simsenlilie.

So rau das Klima in den Bergregionen auch sein mag, Bergeidechse und Alpensalamander haben es geschafft, sich an diese Bedingungen anzupassen. Bei sonnigem Wetter sieht man Bergeidechsen die Steinmauern entlangklettern, während die Alpensalamander bei

Kühe auf einer Alm vor dem Jamtalferner (Foto: Reinhard Hölzl)

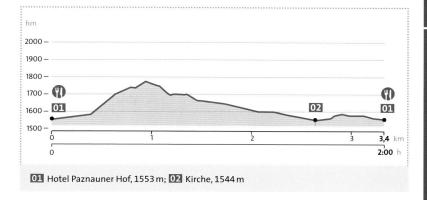

01 Hotel Paznauner Hof, 1553 m; **02** Kirche, 1544 m

Regenwetter aktiv werden. Beim Blick ins Jamtal und nach Galtür erinnert „Die Mauer", ein Lawinenschutzwall, der gleichzeitig als Rückwand für das Alpinarium Galtür dient, an das große Lawinenunglück von 1999.

▶ Vom **Paznauner Hof** **01** wendet man sich taleinwärts, bis rechts der markierte Weg auf den Sonnenko-

gel startet. Nun geht es die nächsten 200 Höhenmeter steil den südexponierten Hang hinauf, bis von links der gemächlich ansteigende Sonnenkogelweg einmündet. Über ihn führt nun in einer großen Schleife der Rückweg. Bei der Abzweigung nach Galtür hält man sich links und folgt dem breiten, gemütlichen Weg nach Tschaffein zurück zum Paznauner Hof.

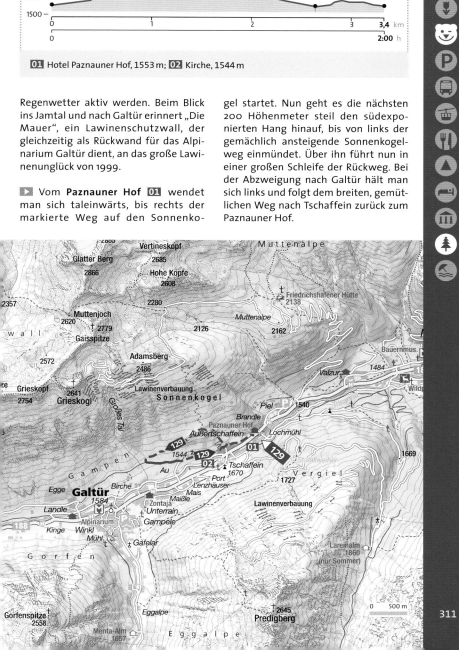

HOHES RAD • 2934 m

Eine Panorama-Loge für Schwindelfreie

  14,3 km 9:30–10:00 h 900 hm 900 hm 4 24 25

START | Bielerhöhe, 2037 m.
[GPS: UTM Zone 32 x: 583.550 m y: 5.196.662 m]
ZUFAHRT | Von Bludenz auf der B 188 zur Bielerhöhe (Silvretta-Hochalpenstraße mautpflichtig!). Von Innsbruck auf der A 12 bis Ausfahrt Landeck-West und auf der B 188 bis zur Bielerhöhe (Silvretta-Hochalpenstraße mautpflichtig!); Parkplätze.
CHARAKTER | Anspruchsvolle Bergtour auf gut markierten Steigen, die Trittsicherheit und Schwindelfreiheit erfordern (im Gipfelbereich Kletterschwierigkeit I). Einer der schönsten Aussichtsberge!

▶ Von der Postautohaltestelle **Bielerhöhe** 01 folgt man der Straße nach Osten und biegt rechts auf den Dammweg ab. Der breite Weg verläuft immer am See entlang nach Süden; am See-Ende bzw. am Eingang des Ochsentales beginnt er langsam zu steigen.
Jetzt wird erstmals der Große Piz Buin, 3312 m, sichtbar. Man wandert noch 1,5 km im Talgrund, dann erst verläuft der Karrenweg steiler am Hang empor. Besonders eindrucksvoll ist der Blick auf die Zunge und den Eisbruch des Ochsentaler Gletschers. Zuletzt quert der Weg einen breiten Bachgraben zur **Wiesbadener Hütte** 02, 2443 m, hinüber, die an Wochenenden meist überfüllt ist. Gleich hinter der Hütte beginnt der AV-Steig zum Radsattel, 2652 m, (Wegweiser), der nach NO zunehmend steiler emporführt. Nach 15 Min. steht bei einer Wegteilung eine Tafel „Radsattel" und man folgt weiter der rot-weißen Markierung. Eine gewellte Hochfläche wird überquert, dann steigt man steil im Zickzack zum Radsattel, 2652 m, hinauf. Kurz vor der Grenztafel befindet sich auf einem Stein ein Richtungspfeil zum Hohen Rad. Danach überquert man halblinks ein Schneefeld (meist Steigspuren) zur Radschulter hinüber. Von hier erfolgt der Gipfelanstieg über eine breite Schrofenrippe in der Ostwand, die im oberen Teil einige unschwierige Kletterstellen aufweist. Stets den Markierungen und Steigspuren folgend erreicht man das prächtige **Gipfelkreuz** 03.
Der Abstieg zur Radschulter erfolgt am Anstiegsweg. Auf einem Felsen weist ein roter Pfeil in Richtung Bielerhöhe, 2037 m. Über Schnee und Schutt geht

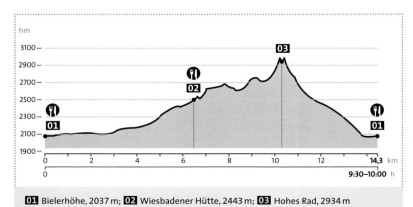

01 Bielerhöhe, 2037 m; 02 Wiesbadener Hütte, 2443 m; 03 Hohes Rad, 2934 m

es links in den Kargrund hinab und über eine Hochstufe talauswärts. Über die steilen NW-Hänge führt schließlich ein Fußweglein im Zickzack zum Staudamm hinab; dem Dammweg folgend erreicht man den Ausgangspunkt.

Am linken Ufer des Silvretta-Stausees (in Blickrichtung) führt der Weg in das Ochsental und hinauf zum Hohen Rad

LADIS – OBLADIS – FISS

Auf der Sonnenterrasse des Oberen Gerichts

  7,8 km  3:00 h 250 hm 250 hm 42

START | Ladis, 1189 m.
[GPS: UTM Zone 32   x: 625.191 m   y: 5.214.804 m]
ZUFAHRT | Vom Arlberg auf S 16, von Innsbruck auf A 12 bis Knoten Reschen und auf der B 180 durch den Landecker Tunnel und weiter nach Ried im Oberinntal. Auf der Landesstraße hinauf nach Ladis.
CHARAKTER | Familienwanderung auf dem aussichtsreichen Sonnenplateau Serfaus-Fiss-Ladis, das für Familien viel bietet: Wasserwanderweg, Kinder-spielplätze, Naturbadeteich und Attraktionen wie Sommerrodelbahn, Flieger und Skyswing.

Ausgangspunkt dieser schönen Familienwanderung ist **Ladis** `01`, über dessen stimmungsvollem Weiher der Felsen mit Burg Laudegg aufragt. Rund um den Burgweiher schmiegen sich Häuser, die zum Teil rätoromanische Elemente aufweisen oder wie das „Stocker-haus" mit Architekturmalerei (16./17. Jh.) verziert sind.

Vom Dorfbrunnen wandert man auf dem Weg Nr. 5 oberhalb des Kinderspiel-platzes aufwärts bis zum Waldrand. Dort zweigt links der „Holzweg" ab, auf dem man in mehreren Kehren nach Ob-ladis hinaufwandert (45 Min.).
Vom **Café Obladis** `02` geht man auf dem oberen Fußweg (nicht auf dem un-teren Fahrweg) zur Schwefelquelle, die

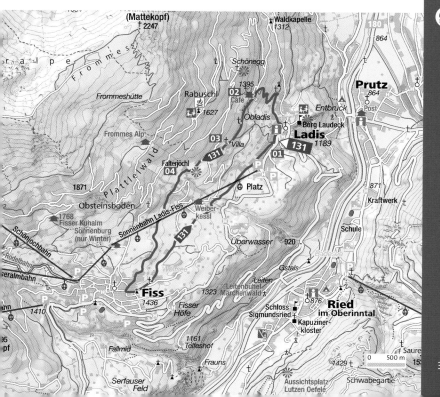

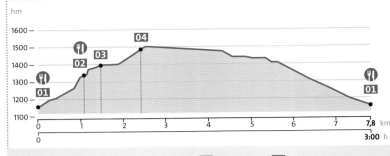

01 Ladis, 1189 m; **02** Café Obladis, 1369 m; **03** Villa, 1396 m; **04** Falterjöchl, 1482 m

Über dem Burgweiher Ladis erhebt sich Burg Laudegg (13. Jh.)

aus dem Berg hervorquillt und durch ihr orangefarbenes Bachbett auffällt (15 Min.). Kurz danach gelangt man zur **„Villa" 03**, wo die Möglichkeit besteht, am „Wasserwanderweg" nach Ladis hinunterzuwandern (30 Min.)
Der breite Weg nach Fiss führt allerdings geradeaus weiter. Man steigt kurz zum **Falterjöchl 04** an und wandert durch sanfte Wiesenfluren und an alten Stadeln vorbei in das rätoro-

manisch geprägte Dorf Fiss. Rückweg: Von der Kirche geht man in östlicher Richtung an den Ortsrand und folgt dem „Genussweg" (Nr. 2) in nordöstlicher Richtung durch die sanfte, hügelige Wiesenlandschaft. Beim Urschbühel geht es auf schottrigem Weg etwas steiler, dann mäßig abwärts, ehe man auf dem flacher werdenden Asphaltsträßchen in das Ortszentrum Ladis zurückkehrt.

Sauerbrunn und Schwefelquelle in Obladis

Sauerbrunn Obladis

Im Jahr 1212 soll ein Hirtenknabe die Sauerquelle Obladis entdeckt haben. Kaiser Maximilian lobte den Sauerbrunnen, und der Ruhm des Heilwassers verbreitete sich in den folgenden Jahrzehnten. Der Gesundheitstrunk sprudelt nach wie vor aus dem Brunnen bei Obladis: Links der Sauerbrunn und rechts das Schwefelwasser – Gesundheit! www.obladis.at

DER MURMELTIERWEG

Unterwegs über dem Kölner Haus

  8,1 km 4:00–5:00 h 464 hm 464 hm  42

START | Serfaus, 1429 m; Auffahrt mit der Komperdellbahn zur Bergstation beim Kölner Haus, 1965 m.
[GPS: UTM Zone 32   x: 618.667 m   y: 5.210.750 m]
ZUFAHRT | Vom Arlberg auf S 16, von Innsbruck auf A 12 bis Knoten Reschen und auf der B 180 durch den Landecker Tunnel und weiter nach Ried im Oberinntal. Auf der Landesstraße hinauf nach Serfaus. Tagesbesucher parken im Parkhaus am Ortsrand und fahren mit der Dorf-U-Bahn zur Talstation der Komperdellbahn.
CHARAKTER | Aussichtsreiche Bergwanderung auf gut markierten Wegen und Bergpfaden.

Fröhliche (und informative) Rast am Murmeltierweg

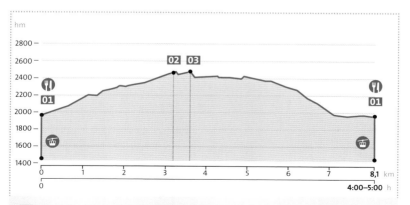

01 Bergstation Komperdellbahn, 1429 m; 02 Ostufer Furglersee, 2445 m;
03 Kitzköpfl, 2458 m

Das ausgedehnte Wanderrevier über Fiss, Ladis und Serfaus gehört zu den schönsten Almgebieten Tirols; mit dem Furgler und dem Hexenkopf ließen sich dort sogar zwei Dreitausender der Samnaungruppe erobern. Hier schlagen wir Ihnen jedoch eine gemütlichere Themenwegroute vor, die Sie durch die Heimat der putzigen und schrill pfeifenden Murmeltiere führt.

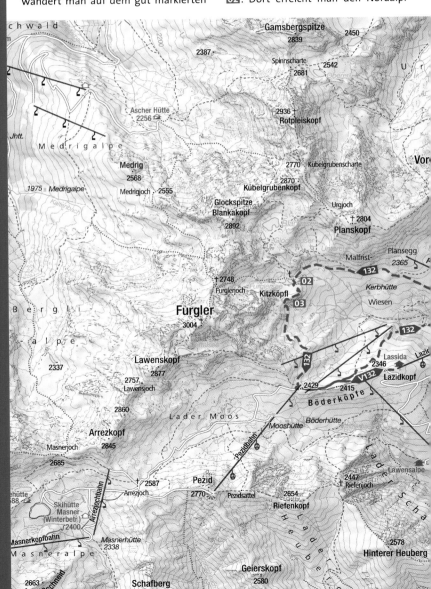 Von der **Seilbahn-Bergstation** `01` wandert man auf dem gut markierten Weg Nr. 712 in den Talkessel unter den Malfristwiesen, übersetzt den Bach und steigt gegen den grasigen Rücken der Böderköpfe an. Bei einem Skilift gelangt man in den Sattel der Scheid. Hier biegt man nach rechts ab und folgt dem „Murmeltierweg" (Nr. 25 a), der im Auf und Ab durch die Osthänge des Furglers führt. Nach kurzem Aufstieg lädt das **Kitzköpfl** `03` zu einer längeren Rast ein.

Dann folgt der Abstieg zum **Furglersee** `02`. Dort erreicht man den Nordalpinen Weitwanderweg 02, auf dem man rechts im sanften Abstieg die Malfristwiesen anpeilt. Bei der Abzweigung unter dem Plansegg geht man geradeaus und über einen Rücken zur Seilbahnstation beim Kölner Haus zurück.

Sehr lohnend ist es auch, von der Einmündung des „02er-Weges" geradeaus zum Blankasee und seinen kleinen Nachbargewässern hinaufzusteigen. Aus dem Felskessel unter einem Berg mit dem seltsamen Namen Kübelgrubenkopf kann man rechts durch ein

zweites, etwas tiefer gelegenes Kar wieder zum Weitwanderweg hinunterwandern (ca. 1:30 Std. länger).

Wer den 3004 m hohen Furgler besuchen möchte, erklimmt ihn von der Scheid durch Geröllfelder und vorbei am zauberhaften Tieftalsee. Der Abstieg erfolgt nordwärts ins Furglerjoch und rechts auf dem „02er" zum Furglersee (2:30 Std. länger, anspruchsvoller und mit einer kleinen Kletterpassage beim Abstieg, also eine „schwarze" und damit schwierige Tour).

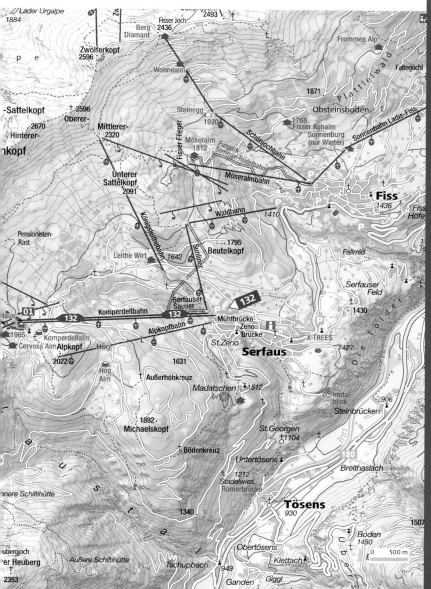

FIMBATAL BEI ISCHGL

Pardatscher Seen

SWAROVSKI
OPTIK

  3 km   1:00–2:00 h   130 hm   130 hm   41 42 292

START | Abzweigung FIMBA-Kulturwanderweg von der Straße ins Fimbatal.
[GPS: UTM Zone 32   x: 598.896 m   y: 5.205.756 m]
ZUFAHRT | Ins Fimbatal, zum eigentlichen Ausgangspunkt unserer Wanderung, gelangt man auf drei Arten: Einheimische und deren Gäste nehmen das Auto und parken bei der ersten Galerie. Alternativ ist die Zufahrt mit der Fimbatalbahn (Ausstieg 1, Mittelstation) möglich oder man folgt zu Fuß von Ischgl aus dem FIMBA-Kulturwanderweg.
CHARAKTER | Wanderweg.

Geflecktes Fingerknabenkraut
(Foto: Reinhard Hölzl)

Das Fimbatal (rätoromanisch: Val Fenga) liegt ungefähr jeweils zur Hälfte auf schweizerischem und österreichischem Staatsgebiet. Im Westen schieben sich die mächtigen, schroffen, aus kristallinen Gesteinen aufgebauten Berge der Silvretta heran. Mächtig erhebt sich das Fluchthorn-Massiv. Einen beeindruckenden Gegensatz dazu bilden die dunkelgrauen, weichen Schiefer und bräunlichen Kalksteine der Samnaungruppe. Ein Höhepunkt dieser Nature Watch Tour ist die Pardatsch-Kapelle, die wichtigste Wallfahrtskapelle im Paznauntal. Sie befindet sich an einem wunderschönen Platz mitten im Wald, umgeben von heimischen Orchideen (Geflecktes Knabenkraut, Waldhyazinthe). Schachtelhalme erinnern an ihre Blütezeit im Erdaltertum, und wer möchte, kann hier auch Himbeerblätter für den Tee sammeln. Auf dem Weiterweg kommt man an einem Lawinenstrich vorbei, bewachsen mit Erlen und Weiden. Durch ihre Biegsamkeit sind sie sehr gut an die Belastung durch Schnee und Lawinen angepasst. Ein biologisches Highlight stellen die beiden Par-

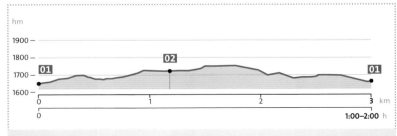

01 Abzweigung Fimba-Kulturwanderweg, 1627 m; 02 Ostufer Pardatscher See, 1720 m

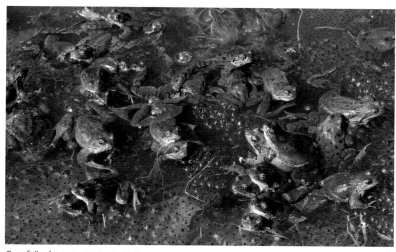

Grasfrösche (Foto: Reinhard Hölzl)

datscher Seen mit ihrer Vielfalt von Leben dar: Hier tummeln sich Libellen, Grasfrösche, Bergmolche, Forellen und vieles mehr.

▶ Von der Galerie bei der **Straße** `01` folgt man dem markierten Steig zur Pardatsch-Kapelle. Auf dem Weiterweg entlang des FIMBA-Kulturwanderweges folgt man dem Fimbabach bis zum **Oberen Pardatscher See** `02`. Von hier geht es in wenigen Minuten zum Unteren Pardatscher See. Der Rückweg wird entlang der Aufstiegsstrecke zurückgelegt.

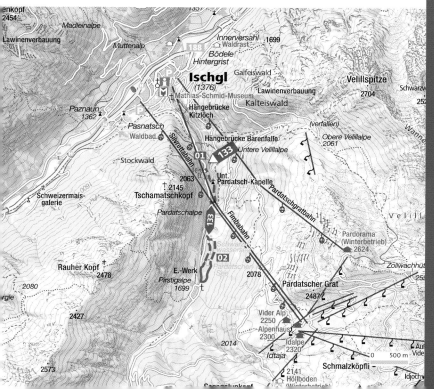

NATURERLEBNIS RIFFLSEEN

In der Urlandschaft unter dem Glockturm

7,3 km · 4:00 h · 500 hm · 500 hm · 42 43

START | Kaunertaler Gletscher-Panoramastraße (Maut), Parkplatz und Bushaltestelle „Riffltal" auf ca. 2300 m (oberhalb der Sesselliftstation). [GPS: UTM Zone 32   x: 631.019 m   y: 5.194.038 m]
ZUFAHRT | Auf der B 180 nach Prutz und auf der Kaunertaler Gletscher-Panormamstraße zum Parkplatz „Riffltal".
CHARAKTER | Einfache Bergwanderung in urtümlicher Felslandschaft auf gut bezeichnetem Steig.
GÜNSTIGSTE JAHRESZEIT | Mitte Juni – August.

Der „Steinbeißer" – oder nur ein Fels mit Flechten?

Das hintere Kaunertal zählt zu den großartigsten Gebieten der Ötztaler Alpen. Da mag es manche Besucher wundern, dass man auch auf einfachen Pfaden in das hochalpine Gletschervorfeld inmitten finsterer Felsspitzen gelangt.

▶ Schon nach wenigen Schritten auf dem Pfad Nr. 42/902 in das einsame Riffltal befindet man sich in einer zauberhaften „Urlandschaft", in der nur das Plätschern der Bäche zu hören ist. Man quert den Steig Nr. 30/32, dann folgt der erste Anstieg.
Weiter oben mäandriert der Rifflbach durch einen grünen Boden. Schließlich verebbt sein Geplätscher. Das kühle Nass rinnt hier unterirdisch, bedeckt vom Schutt längst geschmolzener Gletscher. Wie eine Mondlandschaft breitet sich der Wirrwarr über den ganzen Tal-

In der „Urlandschaft" des Rifflkars unterhalb des Glockturms

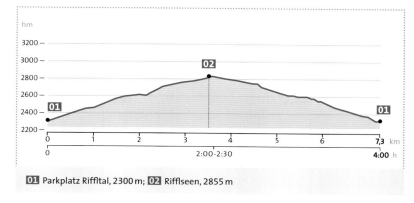

01 Parkplatz Riffltal, 2300 m; **02** Rifflseen, 2855 m

grund aus, bis der Glockturm, 3353 m, ins Blickfeld tritt. Bald darauf erreicht man den ersten, durch beständigen Gesteinsabrieb des stark zurückgeschmolzenen Rifflferners milchig-grau gefärbten **See** **02**. Will man smaragdgrün schillerndes Wasser sehen, muss man noch 15 Minuten lang höher steigen und sich links halten. Dort glitzert ein weiteres Wasserauge – von der Welt vergessen und wie geschaffen für eine beschauliche Rast im Angesicht der arktischen

Gipfelskyline um den Gepatschferner. Schwierige Aufstiegsvariante: Der weitere Aufstieg zum Glockturm, 3353 m, ist deutlich schwieriger. Man steigt steil zum Riffljoch, 3146 m, hoch, wendet sich dort nach links zum Rifflferner und umgeht einen Schuttkopf, bis man aus der Scharte rechts durch sehr steiles Felsgelände zum Gipfelkreuz klettert.
Rückweg auf der Anstiegsroute. Mit Glockturm-Ersteigung dauert die Tour 2:30 Std. länger.

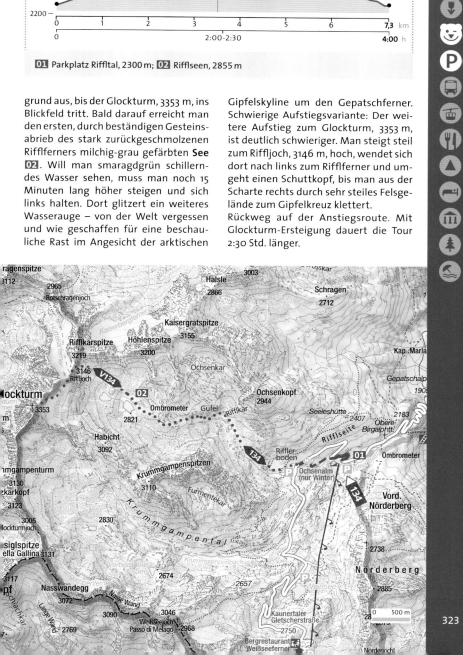

NAUDERS – SCHÖPFWARTE – SELLESKÖPFE

Einfache Bergwanderung mit Blick ins Engadin

  6,9 km 2:00–2:30 h 300 hm 300 hm  41 42

START | Nauders, 1394 m, Veranstaltungszentrum an der Reschenstraße westlich des Ortszentrums.
[GPS: UTM Zone 32   x: 614.184 m   y: 5.194.249 m]
ZUFAHRT | Von Landeck auf der B 180 nach Nauders; aus der Schweiz über Martinsbruck (Martina) und auf B 185 in Kehren hinauf nach Nauders.
CHARAKTER | Einfache Bergwanderung auf Güterwegen, Forststraßen und gut beschilderten Waldwegen im geschichtsträchtigen Gebiet zwischen Tirol und Graubünden.

So interessante Tiefblicke und historische Einblicke (Festung Nauders, Grenzfeste Altfinstermünz) gewährt kaum eine andere Bergwanderung! Immerhin überragen die Sellesköpfe den Inn, der westlich von Nauders das Engadin verlässt und durch die wilde Schlucht von Finstermünz nach Westtirol fließt, um mehr als 600 m. Das hoch gelegene Nauders trennen dagegen nur gut 250 m vom höchsten Punkt dieses bewaldeten Felsrückens.

▶ Diesen geringen Höhenunterschied macht man sich zunutze, indem man von der **Hauptstraße** `01` westwärts auf den Lochmühlweg einschwenkt, neben dem Valtrie- zum Stillenbach hinabgeht und jenseits nach der Markierung Nr. 1 zum Sattel der **Norbertshöhe** `02` ansteigt. Vor dem gleichnamigen Gasthof führt rechts eine Forststraße (Wegweiser „Schöpfwarte") zu einer Wiese

Schöpfwarte

Die wie eine Mini-Burg gestaltete Aussichtswarte wurde vor dem Ersten Weltkrieg erbaut und nach dem damaligen Vorstand des Verschönerungsvereins benannt. Der herrliche Ausblick reicht vom Schweizer Grenzort Martinsbruck (Martina) zu den Bergen der Samnaun- und Sesvennagruppe. Ein kurzer Weg führt in wenigen Minuten von der Aussichtswarte zum „Innblick", der einen atemberaubenden Tiefblick in die Innschlucht freigibt.

empor. Dort links in den Wald, wo bald ein kurzer Abstecher links zu unserem ersten Aussichtspunkt führt. Die **Schöpfwarte** `03`, eine Gedenkstätte der AV-Sektion Hohenzollern, bietet ei-

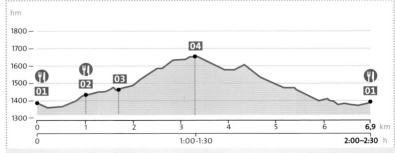

`01` Nauders, 1394 m; `02` Norbertshöhe, 1405 m; `03` Schöpfwarte, 1438 m; `04` Sellesköpfe, 1650 m

nen großartigen Ausblick in das schweizerische Unterengadin.

Man geht wieder zurück zur Straße und wandert links der Markierung Nr. 2 folgend bergauf zu den **Sellesköpfen** 04. Auf einem Abkürzungspfad gelangt man zu Stellungen aus dem Ersten Weltkrieg, die jedoch gottlob nie gebraucht wurden. Nahe dem Schild „Kaverne 1916" führen zwei noch begehbare Stollen an den Rand der Felsabbrüche über dem Inntal – Vorsicht!

Oberhalb davon erreicht man den bewaldeten Gipfel, von dem man in die Samnaungruppe hinübersieht. Von dort schlängelt sich der Weg Nr. 2 zur Selleswiese hinunter. Bei einer Abzweigung rechts Richtung „Gemeindeboden". Unterhalb der Norbertshöhe erreicht man die Zugangsroute, auf der man links durch das flache Tal nach Nauders zurückkehrt.

Blick von der Schöpfwarte in die Schweiz

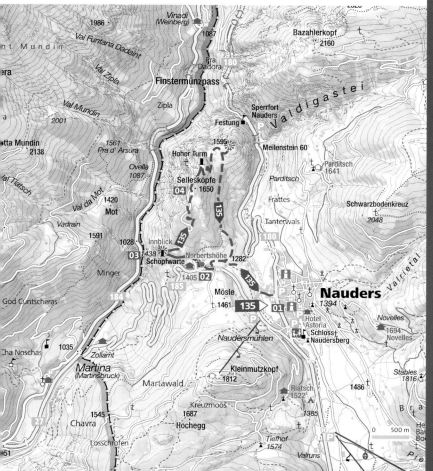

SCHMALZKOPF • 2724 m

Der Hausberg der Nauderer

  16 km 6:30–7:00 h 1330 hm 1330 hm 41 42

START | Nauders, 1394 m.
[GPS: UTM Zone 32   x: 614.184 m   y: 5.194.249 m]
ZUFAHRT | A 12 bis Ausfahrt Knoten Reschen und durch den Landecker Tunnel auf der B 180 nach Nauders; aus der Schweiz nach Martinsbruck (Martina) und auf der B 185 in Kehren hinauf nach Nauders.
CHARAKTER | Abwechslungsreiche Bergwanderung auf Forst- und Almstraßen sowie gut markierten Bergpfaden zum Aussichtsgipfel zwischen Engadin und Oberem Gericht.

Das sonnige Hochtal von Nauders verengt sich im Norden zu einer Felsschlucht, in der 1834–1840 eine gewaltige Festung zum Schutz der Südgrenze Tirols erbaut wurde. Oberhalb davon mündet das Valdigastei – das Schlosstal – ein. Das nördlichste der Nauderer Seitentäler zieht gegen den Schmalzkopf empor, der es als Aussichtsgipfel zwischen den Engadiner Bergen und den Ötztaler Alpen zu großer Beliebtheit gebracht hat.

Alpenrosen überziehen die Hänge am Sadererjoch

▶ Der lange, aber erlebnisreiche Weg dorthin beginnt auf dem Postplatz im Ortszentrum von **Nauders** **01**. Wir gehen die Mittergasse zur Pfarrkirche hinauf und folgen dem Wegweiser „Parditschhof" ins Oberdorf. Von dort wandert man dem Wegweiser zum Schmalzkopf folgend auf der Zufahrtsstraße oder dem etwas höher gelegenen alten Parditschweg (Nr. 14)

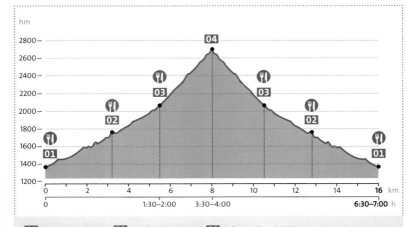

01 Nauders, 1394 m; **02** Parditsch, 1641 m; **03** Labaunalpe, 1977 m;
04 Schmalzkopf, 2724 m

Sanft und wasserreich: der Schmalzkopf, gesehen von der Fluchtwand

zum gleichnamigen **Bergbauernhof 02** empor. Weiter geht es auf der Forststraße oder dem Weg Nr. 16 durch die Wälder und Bergwiesen über dem Valdigastei zur **Labaunalpe 03**, 1977 m.

Hier beginnt der Ziehweg ins Hütten- und Kaltwassertal. Ein Stück weiter oben zweigt man rechts auf den Pfad Nr. 14 ab, der durch Gras- und Alpenrosenhänge zum Bildstock im Sadererjoch zieht. Dort hält man sich links und wan-

dert im Bogen auf den Südostrücken des Schmalzkopfs und weiter zum **Gipfelkreuz 04**.

Der Abstieg erfolgt auf der gleichen Route. Eine kürzere Tour bietet der Bazahlerkopf, 2160 m, eine südwestliche Erhebung vor dem Schmalzkopf (2:30 Std. ab Nauders). Man erreicht ihn auf dem Rundweg Nr. 16, der oberhalb von Parditsch links abzweigt und über der Labaunalpe wieder in den Schmalzkopf-Zustieg einmündet.

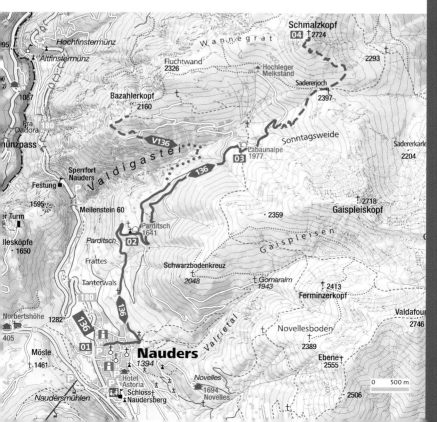

RUND UM DEN FRUDIGER • 2149 m

Durch die Pfundser Tschey auf den Aussichtsberg

  7,9 km 5:00–5:30 h 570 hm 570 hm 42

START | Tscheylücke, 1587 m, in Pfunds-Greit (Parkplatz).
[GPS: UTM Zone 32 x: 621.081 m y: 5.202.266 m]
ZUFAHRT | A 12 bis Ausfahrt Knoten Reschen und durch den Landecker Tunnel auf der B 180 nach Pfunds; aus der Schweiz nach Martinsbruck (Martina) und auf der B 184 , B 180 nach Pfunds.
CHARAKTER | Bergwanderung ohne schwierige Wegabschnitte auf Güterwegen, Forststraßen und markierten Wanderwegen durch das Hochtal der Pfundser Tschey und über den aussichtsreichen Bergkamm des Frudigers.

Sanft und wasserreich: der Schmalzkopf, gesehen von der Fluchtwand

Die Pfundser Tschey ist ein flaches Hochtal mit satten Wiesen und vielen „sonnengebräunten" Heustadeln. Nicht nur der ungewohnte Name „Tschey" zieht seine Besucher an – es ist die landschaftliche Schönheit des Hoch-

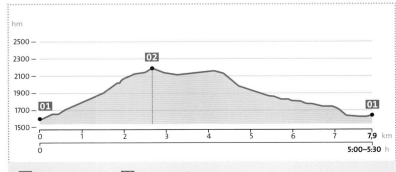

01 Tscheylücke, 1587 m; 02 Frudigerkopf, 2149 m

tals und die prächtige Aussicht von den umgebenden Bergen, die fasziniert. Der Name „Tschey" stammt übrigens vom romanischen Wort „tegia" ab, was soviel wie „Hütte" bedeutet.

Wenn man die Gehzeit abkürzen möchte, fährt man mit dem Auto auf dem asphaltierten Bergsträßchen von Pfunds hinauf zum Weiler Greit, 1407 m, der sich an den steilen Westhang des Frudigers schmiegt. In Greit verlässt die Straße das Radurschltal und biegt nach Nordosten in die Pfundser Tschey ein. Kurz danach erreicht man den Parkplatz bei der Tscheylücke, 1587 m.

Vom **Parkplatz 01** wandert man auf dem Güterweg, von satten Wiesen umgeben und an zahlreichen Heustadeln („Thajen") vorbei, nordostwärts. Dem Pfundser Tscheybach entlang führt der Weg aufwärts nach Grubach, 1723 m,

wo er auf das quer dazu verlaufende Platztal trifft, das schluchtartig zum Inntal hinausführt.

Kurz folgt man noch dem Fahrweg ins Platztal, dann biegt man an der Abzweigung links ab und steigt in weiten Kehren auf dem Forstweg, dann auf dem Steig bergan zum Tösener Frudiger.

Rechts kann man zum Sonnberg, 2022 m, ansteigen, links führt der Rundwanderweg Nr. 6 am Bergrücken westwärts zum **Frudigerkopf 02**, 2149 m. Südlich davon führt der Fußweg über die Frudigeralm direkt zur Tscheylücke hinunter. Im Westen des Frudigerkopfs erhebt sich der Pfundser Frudiger, der einen prächtigen Ausblick zu den Gipfeln der Samnaungruppe bietet.

Rückweg: Anfangs am Fußweg, dann auf dem Forstweg in einer weiten Kehre am Südhang hinunter zum Parkplatz bei der Tscheylücke.

GALLRUTH IM KAUNERTAL

Almenrunde im Naturpark Kaunergrat

SWAROVSKI
OPTIK

 5,2 km   1:00–2:00 h   200 hm   200 hm   43

START | Falkaunsalm, 1963 m.
[GPS: UTM Zone 32   x: 633.365 m   y: 5.215.114 m]
ZUFAHRT | Direkte Zufahrt über Nufels/Kaltenbrunn, kostenlose
Parkmöglichkeit nahe der Falkaunsalpe.
CHARAKTER | Wanderweg.
TOUR MIT GUIDE | Naturpark Kaunergrat, Fließ, Tel. +43/(0)5449/6304;
Hotel Weißseespitze, Kaunertal, Tel. +43/(0)5475/316, www.tirol.at/natur

Kaunergrat (Foto: Reinhard Hölzl)

Der Naturpark Kaunergrat erstreckt sich über mehrere Höhenzonen und umfasst daher unterschiedliche Lebensräume. Ein wichtiger Teilbereich sind die Almregionen. Geprägt durch die lange traditionelle Bewirtschaftung weist das Gebiet eine hohe Artenvielfalt auf. Durch die regelmäßige Mahd wurden die Almwiesen von Büschen, Stauden und Bäumen freigehalten. Es entstanden nährstoffarme Wiesen mit einer großen Vielfalt an Blütenpflanzen.
Von der Falkaunsalm führt die Tour zur Gallruthalm, welche nur zu Fuß erreichbar ist. Hier befindet sich die Wasserfassung des Gallruthbaches, dessen Wasser für die Bewässerung des Kaunerberghanges benötigt wird. Durch den Stollen des Hangkanals kommt man schließlich wieder auf den Fahrweg zur Falkaunsalm.
Ein Großteil des Weges geht entlang der mächtigen Berggipfel des Kaunertales und verspricht Aussichten auf die umliegenden Gebirgszüge und deren Gletscher.

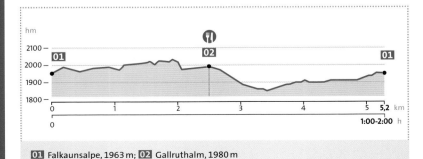

01 Falkaunsalpe, 1963 m; **02** Gallruthalm, 1980 m

Von der **Falkaunsalm** `01` folgt man dem Wanderweg Richtung Gallruthalm, der über Wiesen bald in den Bergwald führt. Hier geht der Weg gemütlich dahin, nur einmal kommt ein scharfes, steiles Stück, das „Betler Eck". Danach geht es zuerst leicht ansteigend, dann sanft bergab oberhalb der Waldgrenze zur **Gallruthalm** `02`. Von dort führt der Weg steil hinab, bis man knapp oberhalb einer Jagdhütte rechter Hand den Eingang zum Hangkanal erreicht. Mit einer Taschenlampe ausgerüstet, kann man den Stollen begehen. Er wird nur bei Trockenheit zur Bewässerung genützt und ist dann gesperrt. Aktuelle Informationen können beim TVB Tiroler Oberland unter +43/(0)50/225-200 oder im Naturparkbüro eingeholt werden! Am Ende des Stollens wandert man den auch „Waal" genannten Hangkanal entlang, bis zur Fahrstraße und zurück zur Falkaunsalm. Ist der Stollen gesperrt, geht man denselben Weg zurück.

Alpensteinbock (Foto: Reinhard Hölzl)

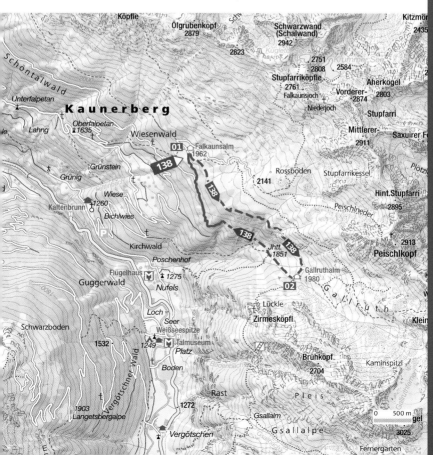

HOHE AIFNERSPITZE • 2779 m

Aussichtsgipfel im Norden des Kaunergrats

  15,5 km 9:00 h 1220 hm  1220 hm 24 42

START | Fließ, Pillerhöhe, 1559 m, Naturparkhaus Kaunergrat (Parkplatz).
[GPS: UTM Zone 32   x: 626.575 m   y: 5.219.447 m]
ZUFAHRT | A 12 bis Ausfahrt Imst-Pitztal und auf der Landesstraße über Wenns zur Pillerhöhe.
CHARAKTER | Abwechslungsreiche Bergwanderung durch Wald, entlang von Hochmooren, Almen in die Felsregion des Naturparks Kaunergrat.

Diese abwechslungsreiche Bergwanderung zeigt die Vielfalt der Landschaft im Norden des Naturparks Kaunergrat – von den bemerkenswerten Mooren am Piller Sattel bis zur Felswildnis rund um die Aifnerspitze.

▶ Vom **Parkplatz 01** beim neu errichteten Naturparkhaus am „Gachen Blick" folgt man dem Wegweiser Aifneralm/ Aifnerspitze (Nr. 3). Anfangs wandert man im Wald, dann entlang einer Wiese zu einer Wegkreuzung beim Harbeweiher, 1644 m (45 Min.). Hier folgt man dem Weg nach rechts, der anfangs nur sanft ansteigt, dann etwas steiler in den Wald hineinführt. Bald verlässt man wieder den Wald und wandert über Lichtungen und Feuchtwiesen und durch den Bergwald aufwärts. Nach ca. 30 Min. gelangt man auf einen breiten Fahrweg, dem man kurz folgt, dann links auf ein Steiglein abbiegt, das im Wald und über eine Feuchtwiese wieder zum Fahrweg führt, auf dem man in wenigen Minuten die **Aifneralm 02**, 1980 m, erreicht (2 Std. vom Naturparkhaus).
Oberhalb der Alm gelangt man zu einem markierten Bergweg, der sich im lockeren Zirbenwald am Westhang der Kleinen Aifnerspitze emporwindet. An kleinen Bächlein vorbei wandernd gelangt man zu einem hölzernen Wegweiser „Aifnerspitze". Das Steiglein führt am felsigen Rücken hinauf zum Gipfel der Kleinen Aifnerspitze, 2558 m.
Um die Tour zur Hohen Aifnerspitze fortzusetzen, folgt man dem schmalen Pfad, der südöstlich am Grat in einen grünen Sattel hineinführt. Hier beginnt der

steile Anstieg über grobes Blockwerk, das man manchmal recht mühsam auf „allen Vieren" überwinden muss, ehe man beim großen Gipfelkreuz der **Ho-**

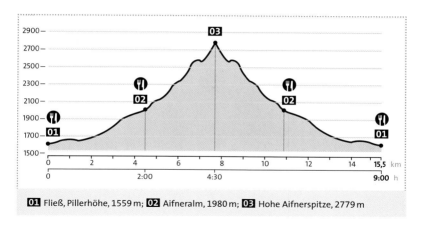

01 Fließ, Pillerhöhe, 1559 m; **02** Aifneralm, 1980 m; **03** Hohe Aifnerspitze, 2779 m

hen Aifnerspitze 03, 2779 m, ankommt und die großartige Aussicht genießen kann (4–4:30 Std. vom Naturparkhaus).

Für den Rückweg stehen 2 Abstiegsvarianten zur Auswahl.

Rote Variante: Auf dem Anstiegsweg

Hohe Aifnerspitze, 2779 m

zurück zur Kleinen Aifnerspitze und zum Ausgangspunkt (3–3:30 Std.).
Schwarze Variante: Zum Nordostgipfel der Hohen Aifnerspitze, 2779 m, und über sehr grobes und z. T. lockeres Blockwerk am Grat hinunter in den Sattel, von dort steil und rutschig hinab ins Halsl (z. T. mit Ketten gesichert). In einer Schleife steigt man in eine Mulde ab und am Gegenhang hinauf zum Wegweiser „Aifneralm-Piller". Von dort zurück am Anstiegsweg (4–4.30 Std.); Trittsicherheit, Schwindelfreiheit und Ausdauer erforderlich!

Aifneralm, 1980 m, mit Kleiner Aifnerspitze, 2558 m

PILLER MOOR

Fleischfressende Pflanzen am Kaunergrat

  2,9 km 1:00 h 20 hm 20 hm 42 43

START | Eingang Moorlehrpfad.
[GPS: UTM Zone 32 x: 626.602 m y: 5.220.141 m]
ZUFAHRT | Vom Naturparkhaus „Gacher Blick" etwa einen halben Kilometer auf der Straße Richtung Piller, kostenfreier Parkplatz „Piller Moor".
CHARAKTER | Wanderweg.
TOUR MIT GUIDE | Naturpark Kaunergrat, Fließ, Tel. +43/(0)5449/6304; Hotel Weißseespitze, Kaunertal, Tel. +43/(0)5475/316, www.tirol.at/natur

Das Piller Moor, eines der schönsten Hochmoore Mitteleuropas, liegt in einer prächtigen Landschaft zwischen dem Pitz- und dem Inntal. Entstanden ist es gegen Ende der letzten Eiszeit. Bis in die siebziger Jahre des 20. Jahrhunderts wurde im östlichen Teil des Piller

Moores Torf abgebaut. Das noch intakte Hochmoor wurde 1970 zum Naturdenkmal erklärt. Es beherbergt seltene Arten wie die fleischfressenden Pflanzen Sonnentau und Wasserschlauch. Speziell an den Lebensraum Moor angepasste Raritäten, wie Torfmoose, Rosmarinheide

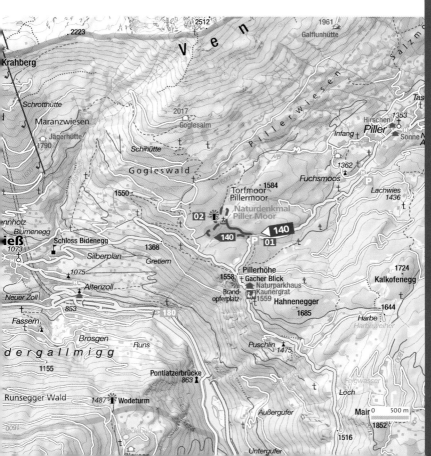

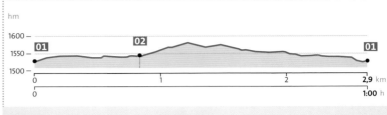

01 Eingang Moorlehrpfad, 1520 m; **02** Aussichtsturm, 1539 m

oder die Moosbeere, machen die Moorlandschaft zu einem wichtigen Speicher genetischer Vielfalt. Der Naturlehrpfad Piller Moor bietet eine aus naturkundlicher Sicht äußerst abwechslungsreiche, leichte Wanderung. Der Übergang zwischen Wald und Hochmoor kann sehr schön vom Moorturm aus betrachtet werden. Der Weg führt auch durch ein Niedermoor, von wo aus schließlich der Torfstich erreicht wird. Hier bietet ein Aussichtsplatz eine gute Gelegenheit, diesen neu entstandenen Lebensraum zu beobachten.

▶ Beim **Eingang Moorlehrpfad** **01** folgt man der Markierung in das Moor hinein. Der Weg führt zuerst nach Osten, bis man nach rechts in Richtung des gut sichtbaren Hochmoorturmes abbiegt. Bei dem Wegkreuz am Torfhüttenplatz, kurz nach dem **Aussichtsturm** **02**, folgt man dem Weg nach links ins

Gerandete Jagdspinne (Foto: Reinhard Hölzl)

Niedermoor (Tafel). Weiter geht es, sich rechts haltend, bis auf einen kleinen Hügel mit guter Aussicht über das Moor. Über den nahen Torfstich schließt man die Runde ab und erreicht die Straße.

Rundblättriger Sonnentau (Foto: Reinhard Hölzl)

VENET-RUNDWANDERUNG

Wander-Highlight im Naturpark Kaunergrat

  16,8 km  9:00–10:00 h 304 hm 304 hm 24 42

START | Plattenrain, 1476 m, Pkw-Zufahrt von Arzl im Pitztal oder Wenns. Weitere Startpunkte sind Auders oberhalb von Wenns, 1180 m, Piller, 1353 m, Pillerhöhe, 1559 m oder die Seilbahnstation Krahberg der Venetbahn von Zams, 2208 m.
[GPS: UTM Zone 32   x: 623.295 m   y: 5.222.688 m]
CHARAKTER | Zwei- oder mehrtägige, durchgehend markierte Alm- und Höhenwanderung auf gut angelegten Wegen und Steigen; der Gipfelrücken ist stellenweise etwas felsig, aber nicht schwierig.

Blick vom Piller Moor zur Glanderspitze im Venetmassiv

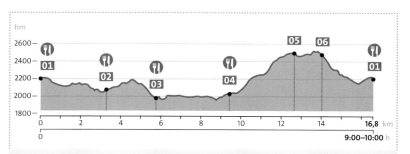

01 Seilbahnstation Krahberg, 2208 m; **02** Goglesalm, 2017 m; **03** Galflunhütte, 1961 m;
04 Imsterberger Venetalm, 1994 m; **05** Wannejöchl, 2497 m; **06** Glanderspitze, 2512 m

Der Venet, ein mächtiges Bergmassiv im Norden des Naturparks Kaunergrat, gilt zu Recht als der Aussichtsberg Westtirols. Wer einen klaren Tag erwischt, genießt auf der Glanderspitze, dem höchsten Punkt des Kamms, ein Panorama von den Lechtaler und Engadiner Alpen über die Ötztaler Alpen bis zum Karwendel. Der gut markierte Rundwanderweg führt von Plattenrain über den Kamm des Höhenzuges zum Krahberg und durch die Alm- bzw. Waldregion wieder zurück.

▶ Man geht zunächst von Plattenrain oder von Wenns zur Imsterberger Venetalm, 1994 m, hinauf und wandert dann über das Imsterbergjoch gegen das Kreuzjoch, 2464 m, empor. Dort wird der Kamm felsiger; der Pfad schlängelt sich jedoch geschickt unter dem Gipfel vorbei zum **Wannejöchl** `05`, 2497 m. Hier mündet der Weitwanderweg E 5 ein, dem man über den Grat zur bereits sichtbaren **Glanderspitze** `06`, 2512 m, folgt. Dort ist eine gemütliche Schau-Rast fällig. In der Tiefe ist schon

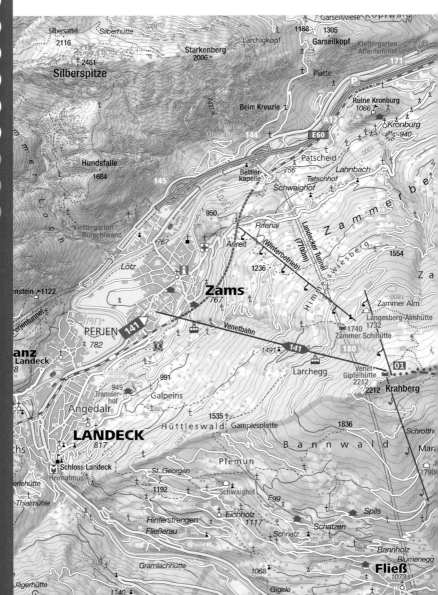

die Goglesalm erkennbar – zu ihr steigt man links über den steilen Südwestrücken ab.

Geht man dagegen auf dem absinkenden Hauptgrat weiter, erreicht man die **Station Krahberg der Zammer Venet-Seilbahn** 01.

Von der **Goglesalm** 02, 2017 m, wandert man sozusagen ein Stockwerk tiefer retour und zwar im Auf und Ab über die südseitigen Hänge zur **Galflunhütte** 03, 1961 m, dann – langsam in die Waldzone absteigend – zur Larcheralm,

1814 m. Anschließend folgt man dem Weg, dann der Forststraße (E 5) bergab bis Wenns.

Wenn man nach Plattenrain zurück muss, wechselt man bei der dritten Abzweigung auf den Weg, der links in den Klockerwald hineinführt. Nach einem Kilometer biegt man rechts auf den markierten Waldweg ab, der zum Waldrand hoch über Wenns hinabzieht. Links geht es zum Weiler Hochasten und von dort auf der Straße durch Bergwiesen hinauf zum Ausgangspunkt.

DER „GLOCKNERTRECK"

Auf den Spuren der Glocknerpioniere

  19,5 km 14:30 h  2700 hm 2700 hm 46 48 50

START | Lucknerhaus, 1948 m, im Ködnitztal oberhalb von Kals am Großglockner.
[GPS: UTM Zone 32   x: 324.314 m   y: 5.210.102 m]
ZUFAHRT | Von dort auf der Kalser Glocknerstraße (7 km, Maut, auch Bus-
verbindung)
CHARAKTER | Hochalpine, von einheimischen Bergführern begleitete Bergtour.
Im unteren Bereich markierte, aber oft schmale und felsige Pfade sowie
gesicherte und ungesicherte Felsrouten. Der Gipfelanstieg führt über steile
Gletscher und einen sehr ausgesetzten Felsgrat.
WICHTIGER HINWEIS | Bergwanderer ohne professionelle Begleitung werden
dringend ersucht, nur bis zur Salmhütte zu gehen. Die weitere Aufstiegsroute
und der Abstieg bis zur Stüdlhütte setzen absolute Schwindelfreiheit und
Klettergewandtheit, hochalpine Erfahrung, den geübten Umgang mit Pickel
und Steigeisen sowie perfekte Seilsicherungstechnik voraus! Spalten, Blankeis
und immer mehr Steinschlag (vor allem unter der Hohenwartscharte und
am Glocknerleitl), aber auch rasch aufziehende Gewitter und Wetterstürze
bedeuten Lebensgefahr!

Mehr als 200 Jahre nach der ersten Ersteigung des 3798 m hohen Großglockners bietet der Nationalpark Hohe Tauern die Möglichkeit, den höchsten Berg
Östereichs nach alter Tradition und in
sicherer Obhut einheimischer Bergführer zu erklimmen.
Auf der Route der ersten Ersteiger
begleiten Sie dabei Haflinger-Pferde,
die dem Hochgebirge bestens angepasst sind und den Gepäcktransport
bis zur Salmhütte, dem ältesten
Schutzhaus unter dem Großglockner,
übernehmen. So wird schon der An-
marsch am ersten Tag zum besonderen
Erlebnis. Der Aufstieg zu Österreichs
höchstgelegener Alpinunterkunft, der
Erzherzog-Johann-Hütte auf der Adlersruhe, bleibt dann ebenso unvergess-
lich wie die Nacht inmitten der
arktischen Eiswelt um den Glocknergip-
fel.

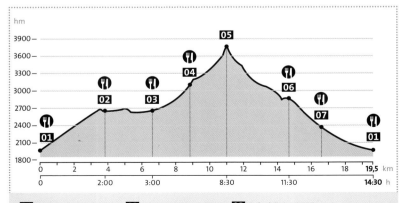

01 Lucknerhaus, 1948 m; 02 Glorer Hütte, 2651 m; 03 Salmhütte, 2638 m;
04 Hohenwartscharte, 3182 m; 05 Großglockner, 3798 m; 06 Stüdlhütte, 2801 m;
07 Lucknerhütte, 2241 m

Diesen erklimmen wir dann am nächsten Morgen, sicher am Seil eines Bergführers. Ist das Glocknerleitl vereist, der Grat des Kleinglockners von Schneewechten überragt? 1,5 km tiefer zieht das spaltige Eisband der Pasterze vom Johannisberg zum Ursprung der Möll hinab, und unter dem Glocknerkreuz genießt man an klaren Tagen ein 360°-Panorama über 300 Dreitausender der Hohen Tauern.

Beim Abstieg erlebt man dann den Wechsel der Höhenstufen noch einmal – vom „ewigen" Eis und schneeverklebten Felsen über die Heimat neugieriger Murmeltiere in der alpinen Steppenlandschaft bis zu den sorgsam gepflegten Almwiesen und den Lärchenwäldern an der Waldgrenze.

▶️ Wir steigen in Begleitung der Haflinger-Pferde auf dem Weg Nr. 714 an. Bald wandern wir über die alpinen Matten neben dem Berger Bach ins gleichnamige Törl, 2651 m, in dem die **Glorer Hütte 02** steht. Gestärkt mit einem Gläschen Hüttenschnaps geht's weiter zur **Salmhütte 03**. Dort, in einem der ältesten Schutzhäuser Österreichs auf 2638 m Seehöhe, haben wir uns eine längere Rast verdient. Die Pferde werden versorgt, bevor sie den Rückweg ins Tal antreten.

Wir machen uns jedoch für den steilen Aufstieg zur Adlersruhe bereit. Auf dem historischen Weg zum Großglockner gelangen wir – vorbei an den alten Unterständen der Pioniere – in die steinige Urnatur unter dem Schwerteck. Durch Moränenschutt steigen wir zum Hohenwartkees hinauf. Darüber weist ein aufsteilendes Schneefeld zur Felsenroute in die **Hohenwartscharte 04**, 3182 m (Seil, Stahlstifte). Dahinter liegt das Äußere Hofmannskees. An seinem obersten Rand steigen wir über den Salmkamp zur Erzherzog-Johann-Hütte auf der Adlersruhe an. Im höchstgelegenen Schutzhaus Österreichs werden wir nächtigen und vorher – mit etwas Glück – einen grandiosen Sonnenuntergang genießen.

Auf den Großglockner: Der zweite Tag beginnt sehr früh – mit dem Anseilen. Vom Bergführer gut gesichert, ist das immer steiler werdende Glocknerleitl zu überwinden. Auch beim luftigen

Geo-Erlebnis

Neben dem Weg vom Lucknerhaus zur Glorer Hütte, an der Route von dort zum Medelsattel sowie am Rundkurs durch das oberste Leitertal über die Salmhütte wurden insgesamt 22 geomorphologisch interessante Haltepunkte ausgewiesen. Die „Landschaften um die Glorer Hütte" – Riesengipfel und winzige Seen, Bergstürze und Blockgletscher – sind in einer OeAV-Broschüre detailliert beschrieben. Gehzeit: zur Glorer Hütte 2 Std., zum Medelsattel und zurück 1 Std., Rundtour über die Salmhütte 3 Std., Abstieg 1:30 Std. 15 Min. oberhalb der Glorer Hütte genießt man einen besonders schönen Blick zum Großglockner – und auf eine wahre „Reliefsymphonie" davor.
Info: www.hohetauern.at

Das ist er, der höchste Punkt des Landes!

Gang über die scharfe Gratschneide des Kleinglockners (Eisenstangen) und beim 25-m-Abklettern in die Glocknerscharte können wir uns voll auf die Erfahrung der Berufsalpinisten verlassen.

Nach der kurzen Balance zwischen der steilen Pallavicinirinne hoch über der Pasterze und den wilden Abstürzen zum Ködnitzkees (Stahlseil) folgt der letzte, steile Aufstieg zum Hauptgipfel (Haken und Stifte). Schließlich erreichen wir über Felsblöcke das Gipfelkreuz des **Großglockners 05**, 3798 m.

Die Osttiroler Seite des Glockners über dem Ködnitzkees (rechts oben ist das Glocknerleitl sichtbar)

Abstieg auf der gleichen Route bis zur Adlersruhe, wo wir auf eine kurze Jause einkehren. Dann steigen wir rechts über den mit Stahlseilen gesicherten Felsgrat zum Ködnitzkees ab. Wir überqueren den spaltigen Gletscher im weiten Bo-gen, bis wir unterhalb der „Schere" wieder Fels und den Weg zur nahen **Stüdl-hütte 06**, 2802 m, erreichen.

Weiterer Abstieg auf dem Hüttenweg Nr. 702 B zur **Lucknerhütte 07**, zuletzt auf dem Fahrweg zum Lucknerhaus.

Etappenziel Salmhütte

ZU GAST BEI DEN KÖNIGEN

Steinadler und Bartgeier im Nationalpark Hohe Tauern

SWAROVSKI
OPTIK

  5,2 km 4:00–5:00 h 570 hm 570 hm 39 46 48

START | Forstweg ins Teischnitztal auf 1900 m.
[GPS: UTM Zone 32   x: 320.473 m   y: 5.211.224 m]
ZUFAHRT | Vom Hotel Taurerwirt (Ortsteil Spöttling) weiter taleinwärts Richtung Moaalm. Noch vor der ersten Kehre zweigt rechts die Forststraße ins Teischnitztal ab, von hier zu Fuß (etwa eine Stunde) oder mit dem Wandertaxi zum Ausgangspunkt.
CHARAKTER | Forstweg, Wanderweg, Steigspuren.
TOUR MIT GUIDE | Nationalpark Hohe Tauern, Matrei in Osttirol, Tel. +43/(0)4875/5161-10, www.tirol.at/natur

Bergmähder waren in früheren Zeiten für das Tal von großer Bedeutung. Alte Zeugen dafür sind die zahlreichen Heuschuppen an den steilen Berghängen, die auch heute noch nur mit der Sense gemäht werden können. Auf den Wiesen gibt es eine große Vielfalt an Gräsern und Blumen. Immer wieder führt der Weg vorbei an klaren Gebirgsbächen, in deren Nähe sich häufig ein besonderer Schmetterling aufhält – der Alpenapollo, leicht zu erkennen an zwei markanten roten Punkten mit schwarzer Umrandung auf seinen gelblich-weißen Flügeln. Seine Raupen fressen am Fetthennen-Steinbrech, der an diesen Bächen zu finden ist.
Beim Blick nach oben ist es gut möglich, dass man einen Steinadler oder gar einen Bartgeier seine Kreise ziehen sieht. Der Steinadler gilt als der König der Lüfte. Mit einer Flügelspannweite von bis zu

2,2 m ist er tatsächlich ein majestätischer Vogel. Die Größe relativiert sich allerdings im Vergleich zum Bartgeier, der knapp 3 m Spannweite erreicht. Diese faszinierenden Vögel ernähren sich großteils von Knochen, die sie aus großer Höhe auf Felsen fallen lassen, um an das nahrhafte Mark zu gelangen. Sie waren im Alpenraum einst ausgerottet, konnten aber im Nationalpark Hohe Tauern wieder angesiedelt werden.

▶ Entlang der **Forststraße** 01 gelangt man in den **Maurigentrog** 02 (2100 m) und durch die Klamm in das Hochtal der Teischnitz. Nun folgt man dem Steig Richtung Stüdlhütte bis auf eine Höhe von 2340 m. Hier mündet der Steig in einen Wanderweg, der zuvor von der Forststraße und dem Teischnitzbach abgezweigt ist. Etwa 50 m weiter zweigt rechts ein alter Viehtrieb (deut-

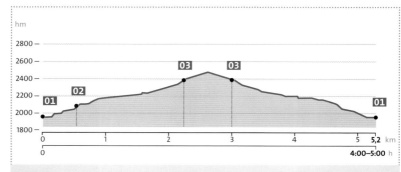

01 Forstweg ins Teischnitztal, 1900 m; 02 Maurigentrog, 2100 m; 03 Hochwiese, 2400 m

Fetthennen-Steinbrech (Foto: Reinhard Hölzl)

Steinadler (Foto: Reinhard Hölzl)

liche Steigspuren) ab, auf dem man die **Hochwiese Foledischnitz** 03 (2400 m) erreicht. Über die Bergwiese kann man

bis zum Grat hinaufsteigen. Der Rückweg erfolgt auf demselben Weg wie der Aufstieg.

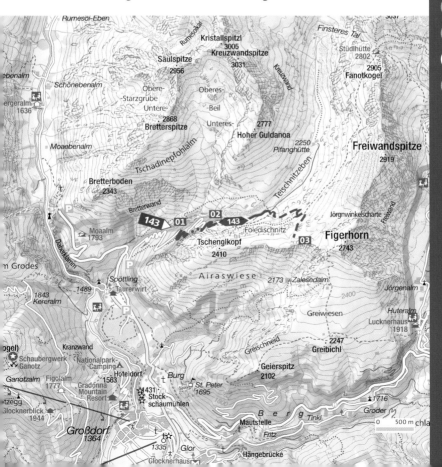

VOM KLEINEN ZUM GROSSEN AM GROSSGLOCKNER

Mineralien und Berge

 4,3 km 2:00 h 400 hm 400 hm 39 46 48

START | Kals – Hotel Taurerwirt.
[GPS: UTM Zone 32   x: 320.233 m   y: 5.210.648 m]
ZUFAHRT | Kals erreicht man von Huben (Felbertauernstraße) aus in 12 km, zum Taurerwirt sind es noch 3 km Richtung Burg.
CHARAKTER | Wanderweg.
TOUR MIT GUIDE | Nationalpark Hohe Tauern, Matrei in Osttirol,
Tel. +43/(0)4875/5161-10, www.tirol.at/natur

Gestein (Foto: Reinhard Hölzl)

Beim Blick in die Ferne wird man immer von der faszinierenden Bergwelt überrascht. Die Geologie der Hohen Tauern ist einzigartig. Das so genannte „Tauernfenster" ist eine der bedeutendsten geologischen Strukturen der Ostalpen.

Gesteine, die ursprünglich tief in der Erde waren, treten hier an die Oberfläche. Die Hohen Tauern sind aus einer Vielfalt an Gesteinen aufgebaut. Diese sind durchwegs Umwandlungssteine, d. h. durch Metamorphose entstanden. Die Umwandlung zu den heutigen Gesteinen erfolgte durch enormen Druck und hohe Temperaturen, die im Zuge der alpinen Gebirgsbildung auftraten. Dabei ist eine große Zahl von Mineralien entstanden.

Für Mineraliensammler sind die Hohen Tauern ein Eldorado. Aus diesem Grund hat hier der Bergbau eine über 2000 Jahre alte Tradition.

Vielerorts sind Reste von verfallenen Knappenhäusern und Stollenlöchern zu finden. So auch im Bereich der Blauspitze, die im Blickfeld liegt.

Dorfertal (Foto: Reinhard Hölzl)

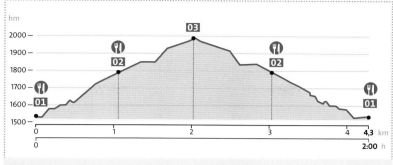

01 Hotel Taurerwirt, 1502 m; **02** Moaalm, 1778 m; **03** Gerhard-Liebl-Aussichtsplattform, 1979 m

▶▶ Die Tour beginnt direkt beim **Hotel Taurerwirt** **01**. Über einen alten „Heuziehweg", der hinter der im 17. Jahrhundert erbauten Marienkapelle beginnt, geht es durch einen Fichten-Lärchen-Wald. Die Fahrstraße zur **Moaalm** **02** wird mehrmals gequert. An der Almhütte geht man vorbei zum dahinter liegenden Parkplatz. Hier geht ein Steig geradeaus ins Dorfertal, die Route aber führt – nach rechts abzweigend – über Wiesen in einen Zirbenwald und zur **Gerhard-Liebl-Aussichtsplattform** **03**. Der Rückweg wird entlang der Aufstiegsroute genommen. Anstatt den steilen „Heuziehweg" zur Marienkapelle hinabzusteigen, geht man gemütlicher über die Almstraße.

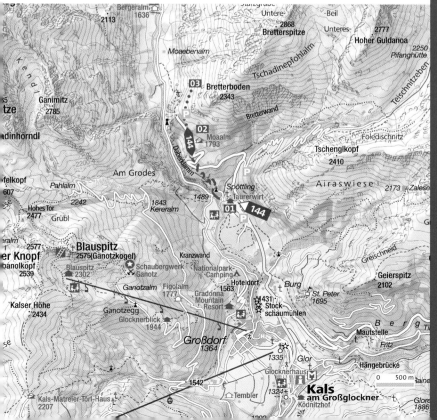

KALS, DORFERTAL, KALSER TAUERNHAUS

Alte Almen und Schluchten

SWAROVSKI
OPTIK

  11,1 km 4:00–5:00 h 250 hm 250 hm  39
46
48

START | Hotel Taurerwirt in Kals.
[GPS: UTM Zone 32   x: 320.233 m   y: 5.210.648 m]
ZUFAHRT | Kals erreicht man von Huben (Felbertauernstraße) aus in 12 km, zum Taurerwirt sind es noch 3 km Richtung Burg.
CHARAKTER | Mittelschwerer Wanderweg.
TOUR MIT GUIDE | Nationalpark Hohe Tauern, Matrei in Osttirol,
Tel +43/(0)4875/5161-10, www.tirol.at/natur

Dorfertal (Foto: Reinhard Hölzl)

Die wilde, urtümliche Seite des Nationalparks zeigt sich bei der Wanderung durch die schmale und beeindruckende Dabaklamm mit spektakulären Blicken in die tiefe Schlucht und auf ihr tosendes Wasser. Ein Bewohner dieses unzugänglichen Lebensraumes ist der Mauerläufer. Dieser Vogel hat einen gegabelten Schwanz und lange spitze Flügel. Er ist aufgrund seiner roten Färbung und seiner besonderen Bewegungsweise unverwechselbar. Er klettert mit ruckartigen Bewegungen und unter ständigem Flügelzucken seitwärts fast senkrechte Felsen empor. Seine Brutplätze hat er in steilen Felswänden.

Direkt am Ausgang der Klamm sollte einst das größte Speicherkraftwerk Österreichs entstehen. 1989 wurde dieses Projekt in einer Volksbefragung endgültig abgelehnt und das Dorfertal später in den Nationalpark Hohe Tauern integriert. Nach der Klamm weitet sich das Tal, und die steilen Talhänge sind mit Grünerlen, Lärchen-Zirbenwald und der Rostroten Alpenrose bewachsen. Unter

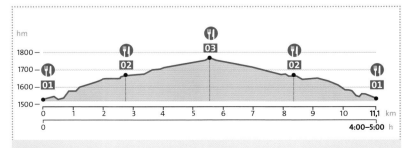

01 Hotel Taurerwirt, 1502 m; **02** Bergeralm, 1636 m; **03** Kalser Tauernhaus, 1755 m

den vielen alten Almhütten sticht besonders das reizvolle Almhüttendorf Rumesoi-Ebenalm hervor.

▶ Das Kalser Dorfertal wird über die wildromantische Dabaklamm erreicht. In der Dabaklamm gibt es eine Aussichtsplattform mit einem spektakulären Tiefblick in die Dabaschlucht. Nach der Klamm öffnet sich das ursprüngliche Gebirgstal zwischen Glockner- und Granatspitzgruppe. An Almen und

Bergwiesen vorbei wird bald die **Bergeralm 02** erreicht. Der weitere Weg zum **Kalser Tauernhaus 03** ist angenehm und nur leicht ansteigend und somit für jedermann gehbar. Die Hörbäume und Lehrtafeln entlang des Weges geben interessante Einblicke in die Geschichte des Tals und in die Artenvielfalt der Hohen Tauern. Das Kalser Tauernhaus ist der Wendepunkt der Wanderung, zurück geht es auf der Aufstiegsstrecke.

KALS – KÖDNITZTAL

Die klassische Wildbeobachtung

SWAROVSKI
OPTIK

  9,3 km 5:00–6:00 h 870 hm 870 hm 39 46 48

START | Kals – Parkplatz Lucknerhaus.
[GPS: UTM Zone 32   x: 324.314 m   y: 5.210.102 m]
ZUFAHRT | In der Mitte zwischen Kals und dem Hotel Taurerwirt zweigt nach Osten die mautpflichtige Kalser Glocknerstraße ab – auf ihr bis zum Parkplatz beim Lucknerhaus.
CHARAKTER | Wanderweg.
TOUR MIT GUIDE | Nationalpark Hohe Tauern, Matrei in Osttirol, Tel +43/(0)4875/5161-10, www.tirol.at/natur

Bartgeier (Foto: Reinhard Hölzl)

Gämse (Foto: Reinhard Hölzl)

Im Zentrum der Ostalpen, über den Gebirgszug der Hohen Tauern erstreckt sich das bei weitem größte Naturschutzgebiet des gesamten europäischen Alpenraumes – der Nationalpark Hohe Tauern. Er ist ein typischer Hochgebirgs-Nationalpark, welcher auch menschlich gestaltete Kulturlandschaft beinhaltet. Das Ködnitztal, ein Seitental des Kalsertales, zählt zu den schönsten Gebirgstälern Tirols. Auf den entfernten Steilhängen kann man immer wieder Herden von Steinböcken beobachten. Die Tiere mit den imposanten Hörnern wurden in den 1960er Jahren von

den Kalser Jägern wieder im Ködnitztal unter dem Großglockner angesiedelt. Mit etwas Glück sieht man Gämsen in Schwindel erregender Höhe klettern. Dank eines europäischen Projektes sind hier auch wieder Bartgeier zu sehen, die mit einer Flügelspannweite von drei Metern ein beeindruckendes Bild bieten. Der Weg folgt dem Normalanstieg auf den Großglockner, dessen großartiger Anblick unvergessen bleibt.

▶ Vom **Lucknerhaus** `01` folgt man dem Lehrweg „Berge Denken" durch einen Lärchenwald flussaufwärts.

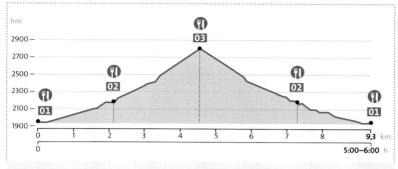

01 Lucknerhaus, 1920 m; **02** Lucknerhütte, 2241 m; **03** Stüdlhütte, 2802 m

Während der Lehrweg links zum Bach abbiegt, folgt man dem Steig Richtung **Lucknerhütte** 02. Der Weg wird steiler und mündet in den Fahrweg zur Hütte, die bald erreicht wird. Von hier folgt man dem Steig zur **Stüdlhütte** 03 auf 2802 m, die beiden Abzweigungen nach rechts ignorierend. Der Rückweg erfolgt auf derselben Strecke wie der Aufstieg.

Alpensteinbock (Foto: Reinhard Hölzl)

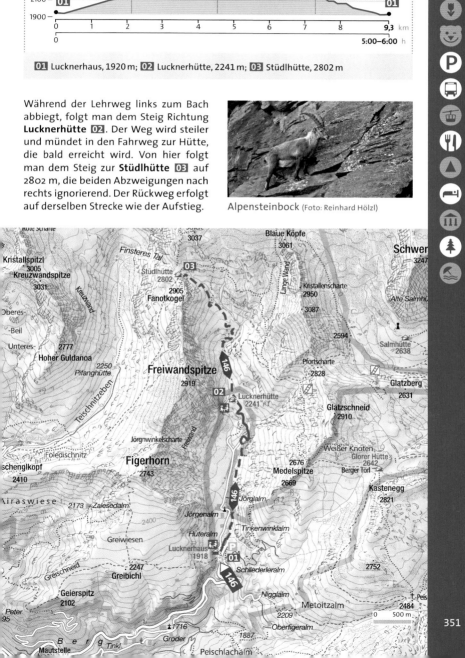

TRELEBITSCHSEE

Wildbeobachtung und Faszination Wasser

  7,1 km 4:00–5:00 h 700 hm 700 hm 48

START | Parkplatz Seichenbrunn im Debanttal, 1702 m.
[GPS: UTM Zone 32   x: 330.651 m   y: 5.198.158 m]
ZUFAHRT | Von Lienz über Nußdorf-Debant oder von der Iselsbergstraße (B 107) über Obergöriach ins Debanttal und auf einem schmalen Sträßchen (gut die Hälfte davon ist eine Schotterstraße) bis zum Parkplatz Seichenbrunn.
CHARAKTER | Mittelschwerer Wanderweg.
TOUR MIT GUIDE | Nationalpark Hohe Tauern, Matrei in Osttirol, Tel +43/(0)4875/5161-10, www.tirol.at/natur

Röhrender Hirsch (Foto: Reinhard Hölzl)

Der Nationalpark Hohe Tauern ist mit einer Fläche von über 1800 km² der größte Nationalpark Österreichs. Der Park schließt die höchsten Gipfel Österreichs ein und bildet damit einen typischen Hochgebirgs-Nationalpark, der jedoch

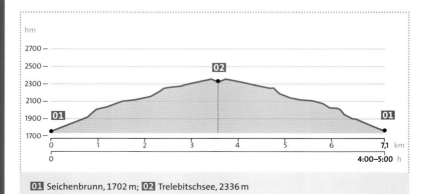

01 Seichenbrunn, 1702 m; **02** Trelebitschsee, 2336 m

auch menschlich gestaltete Kulturland-schaften beinhaltet. Die Schobergruppe ist Teil des Nationalparks und zeichnet sich durch ihre markanten Gipfel und die vielen wunderschönen Bergseen aus. Das Debanttal in der Schober-gruppe ist touristisch wenig erschlossen und wird vor allem von Wanderern be-sucht. Aufgrund seiner abgeschiedenen Lage zählt es zu den rotwildreichsten Gebieten des Nationalparks. Auf dem Weg wird man ständig von Murmeltie-ren, Gämsen und vielleicht sogar von einem Steinadler begleitet. Ein Wasser-fall unterhalb der Trelebitsch-Alm sowie der mäandrierende Trelebitschbach am Boden oberhalb der Hütte werten die landschaftliche Schönheit des Trele-bitschkars zusätzlich auf.

▶ Vom **Parkplatz Seichenbrunn** `01` geht es immer leicht ansteigend zur Trelebitschalm (1963 m). Man steigt weiter in das Trelebitschkar auf, indem man auf dem markierten Steig dem Bach folgt. Es bleibt durchgängig steil

und man erreicht einen der schönsten **Bergseen** `02` in der Schobergruppe. Der Rückweg erfolgt entlang der Aufstiegs-route.

Murmeltier (Foto: Reinhard Hölzl)

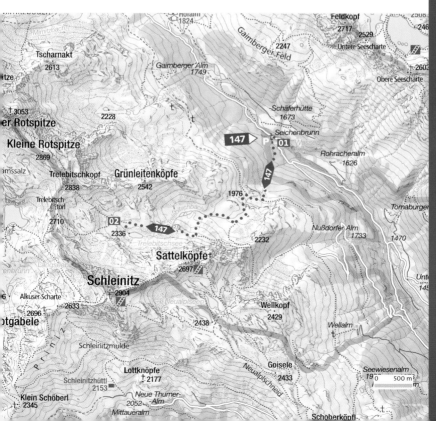

DEFREGGERHAUS – GROSSVENEDIGER • 3662 m

Audienz bei der „weltalten Majestät"

   24 km 14:00 h 2420 hm 2420 hm 46 50

START | Hinterbichl, 1329 m.
[GPS: UTM Zone 33   x: 297.333 m   y: 5.211.379 m]
ZUFAHRT | Von Matrei in Osttirol über Prägraten.
CHARAKTER | Zum Defreggerhaus eine hochalpine Bergwanderung auf breiten Wegen und schmalen Bergpfaden. Trittsichere und schwindelfreie Bergwanderer können bei guten Verhältnissen auch das Mullwitzaderl ersteigen. Auf den Großvenediger sollte man jedoch nur mit einem Bergführer gehen. Die Route führt über sehr spaltige Gletscher und einen scharfen Gipfelgrat, was den sicheren Gebrauch von Seil, Pickel und Steigeisen voraussetzt. Nur bei sicherem Wetter ratsam!

Mögen seine breiten Firndächer auch keine besonderen technischen Anforderungen stellen und mitunter ganze Karawanen zu seinem Gipfel pilgern: Die berüchtigten Gletscherspalten des Großvenedigers, aber auch plötzlich einbrechendes Schlechtwetter haben dort schon versierte Alpinisten in Bedrängnis gebracht! Daher vertraue man sich einem Bergführer an – dann erlebt man das grandiose Gipfelpanorama der „weltalten Majestät" ohne Stress.

▶ Aufstieg: Man wandert vom Gasthof Islitzer in **Hinterbichl 01** rund 10 Min. nach der Beschilderung zur Johannis-hütte (Markierung Nr. 914) auf der Straße ins Dorfertal. Dann zweigt man rechts ab und folgt dem breiten Weg zum Wiesenkreuz hinauf und an einem Serpentinsteinbruch vorbei. Bald wieder auf dem Fahrweg taleinwärts. Vor dem oberen Steinbruch links, über den Bach und in Kehren zum Gumbachkreuz empor. Vorbei an der Ochsnerhütte und durch eine felsige Engstelle erreicht man die **Johannishütte 02** auf einem weiten Talboden unter dem Rainerkees. Weiter auf einer Brücke über den Zettalunitzbach. Nach einigen Kehren zweigt man rechts auf den Steig Nr. 915 ab, der über einen breiten und lang gezogenen

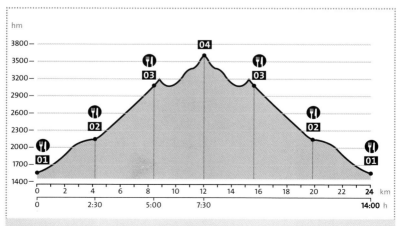

01 Hinterbichl, 1329 m; **02** Johannishütte, 2121 m; **03** Defregger Haus, 2963 m;
04 Großvenediger, 3662 m

Gras- und Felsrücken ansteigt. Hoch über dem Zettalunitzkees steigt man nach links, an einem Tümpel vorbei gegen das Mullwitzköpfl aufwärts. Nach einigen steilen Serpentinen steigt man über Blockhalden rechts zum **Defregger Haus 03** hinauf.

Aufs Mullwitzaderl: Man folgt dem Weg zum „Anseilplatz" am Übergang zum Gletscher. Davor geht's rechts durch den Schutt eines Moränenrückens und dann auf dem schmaleren Felsgrat zwischen dem Rainer- und dem Mullwitzkees zum Steinmann auf dem höchsten aperen Punkt empor, 3241 m. Abstieg auf der gleichen Route.

Auf den Großvenediger: Vom „An-seilplatz" geht's kurz über Fels oder Eis zum Rainerkees hinab. Meist führt eine gut ausgetretene Spur in sanfter Steigung zwischen den Spaltenzonen unter dem Rainerhorn in die weite Senke des Rainertörls, 3421 m. Dahinter quert man etwas nach links haltend den von besonders heimtückischen Spalten durchzogenen Oberen Keesboden, bis der steile Firnbuckel des **Großvenedigers 04** zu Kehren zwingt. Ganz zuletzt zieht ein schmaler und sehr ausgesetzter, oft verwechteter Firngrat über senkrechten Eisabbrüchen zum großen Gipfelkreuz hinüber – viele drehen schon auf dem genauso hohen Vorgipfel um. Abstieg auf der gleichen Route.

Nur noch wenige Meter zum Venedigergipfel

GLETSCHERWEG INNERGSCHLÖSS

Unter der Firnkrone des Venedigers

  16,1 km 4:00–4:30 h 700 hm 700 hm 46 50

START | Matreier Tauernhaus, 1512 m.
[GPS: UTM Zone 33   x: 310.115 m   y: 5.221.425 m]
ZUFAHRT | Von Matrei; mit der Kutsche oder per Taxi kann man bis ins Innergschlöß fahren, Tel. 04875/8820 bzw. 0664/9319512.
CHARAKTER | Hochalpine und landschaftlich sehr eindrucksvolle Bergwanderung auf Fahrwegen und schmalen, stellenweise steilen und steinigen Pfaden. Über den Gletscherweg hat der OeAV eine fundierte Broschüre herausgebracht.

Das Innergschlöß ziert so manches Kalenderbild, denn der Blick über das Schlatenkees zum Großvenediger gehört zu den stimmungsvollsten Szenerien der Alpen. In zwei Etappen kommt man dem zweitgrößten Gletscher der Venedigergruppe ziemlich nahe: 1) dem munteren Tauernbach entlang in den Talschluss und 2) auf dem spektakulären Gletscherweg zum Gletscherrand. Und es gibt die Möglichkeit, vor einer hoch gelegenen Schutzhütte den Sonnenunter- bzw. -aufgang inmitten einer arktischen Eis- und Felslandschaft zu genießen.

▶ Ins Innergschlöß: Vom **Matreier Tauernhaus 01** wandert man auf dem Fahrweg taleinwärts. Schon wenige Schritte nach einem kleinen Parkplatz zweigt man links auf den beschilderten Wanderweg ins Innergschlöß ab.

Auf einem Steg über den Gschlößbach, dann nach rechts und bald über viele Stufen durch den steilen Hang auf die Hohe Achsel, 1720 m. Gegenüber der Außergschlöß-Alm wandert man an einigen gewaltigen Felsblöcken vorbei flach in den Talgrund. Bald danach überquert man rechts den Bach und gelangt zur Straße, auf der man links ins Innergschlöß, 1689 m, wandert.
Der Gletscherweg Innergschlöß führt links über die Brücke und dann rechts neben dem Bach ins „Gries". Nach ca. 700 m – bei der nächsten Brücke – wandert man links auf dem beschilderten Gletscherweg zwischen Grünerlen hinauf (Stufen, Geländer). Vorbei am Schlatenbach-Wasserfall (Aussichtskanzel) und über den schütter bewaldeten Hang auf den flacheren Salzboden. Oberhalb des gleichnamigen **Sees 03** vorbei zu einigen Moorlacken

01 Matreier Tauernhaus, 1512 m; **02** Venedigerhaus, 1689 m; **03** Salzbodensee, 2142 m; **04** Felsenkapelle, 1683 m

und zum „Auge Gottes", einem kleinen Gewässer mit Wollgras-Inselchen, das sich zwischen alten, längst begrünten Moränenwällen gebildet hat. Kurz darauf gelangt man zu einer Wegverzweigung: rechts über den Moränenwall zum Schlatenkees hinab. Unterhalb der zerklüfteten Gletscherzunge, der man schon 200 m „nachwandern" muss, führt ein Steg über den Schlatenbach. Dann schlängelt sich der Pfad zwischen frisch abgeschliffenen Felsbuckeln aufwärts. Auf der nördlichen Talseite erreicht man eine Abzweigung, von

der man rechts in Kehren durch steiles Gras- und Felsgelände zum Viltragenbach absteigt. Über den Steg und rechts zum Fahrweg, der ins Innergschlöß zurückführt. Zurück wandert man am besten auf dem Fahrweg – vorbei an der **Felsenkapelle** 04 und am Außergschlöß.

Variante: Wer von der genannten Abzweigung links der Markierung Nr. 902 B folgt, gelangt über die Breitleite zur Alten Prager Hütte, 2489 m. Links zur Neuen Prager Hütte, 2782 m, hinauf. Abstieg auf der gleichen Route.

Auf dem Weg ins Innergschlöß

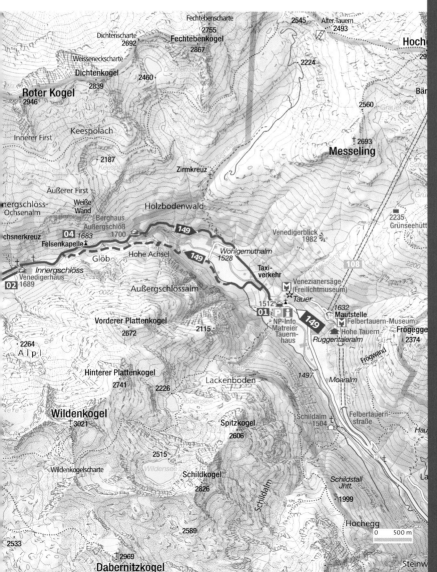

INNERGSCHLÖSS

Tal der Geier

SWAROVSKI OPTIK

11 km   4:00 h   600 hm   600 hm   38 39 46

START | Parkplatz Matreier Tauernhaus.
[GPS: UTM Zone 33   x: 310.115 m   y: 5.221.425 m]
ZUFAHRT | Felbertauernstraße – Abzweigung Matreier Tauernhaus.
CHARAKTER | Forstwege, mittelschwerer Wanderweg.
TOUR MIT GUIDE | Nationalpark Hohe Tauern, Matrei in Osttirol,
Tel +43/(0)4875/5161-10, www.tirol.at/natur

Die Wanderung führt ins Gschlößtal, in einen der schönsten Talschlüsse der Ostalpen mit einem wunderschönen Blick auf die Venedigergruppe. Die ausgedehnten Gletscherfelder sind charakteristisch für den Nationalpark. Die Gletscherfläche des Großvenedigermassivs ist die größte zusammenhängende Eisfläche in den Ostalpen.

Nicht zu Unrecht nennt man das Tal auch „Tal der Geier", können hier oben doch immer wieder Bartgeier beobachtet werden, reine Aasfresser mit einer Flügelspannweite von bis zu drei Metern. Schon fast vollständig ausgerottet,

konnten die Vögel mittels eines Projektes wieder erfolgreich angesiedelt werden. Einen Hauch der Geschichte der „Säumer", der Transporteure von Waren über die Alpen, spürt man beim Queren des alten Tauernsäumerweges, der bereits in der Römerzeit eine wichtige Rolle als Verbindungsweg in das Felbertal spielte.

▶ Beim **Matreier Tauernhaus** 01 hält man sich kurz taleinwärts. Bald nach der Überquerung des ersten von rechts kommenden Seitenzuflusses des Tauernbaches geht der Weg rechts

Gschlößbach bei Innergschlöß
(Foto: Reinhard Hölzl)

Gletscherschliff des Schlatenkees
(Foto: Reinhard Hölzl)

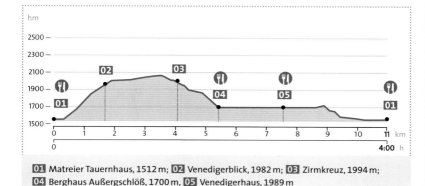

01 Matreier Tauernhaus, 1512 m; 02 Venedigerblick, 1982 m; 03 Zirmkreuz, 1994 m;
04 Berghaus Außergschlöß, 1700 m, 05 Venedigerhaus, 1989 m

ab in Richtung Grünseehütte zur alten Bergstation. Erst geht es recht steil hinauf, dann lehnt sich das vom Gletscher geformte U-Tal etwas zurück und man erreicht die alte Bergstation in der Nähe vom **Venedigerblick** 02, 1982 m. Hier zweigt man links ab und wandert beinahe eben in Richtung Innergschlöß zum **Zirmkreuz** 03, der Abzweigung des alten Tauernsäumerweges nach Salzburg.

Die Tour führt aber, vorbei am Schleierwasserfall, Richtung **Außergschlöss** 03. Die Holzhäuser im Gschlößtal sind eine einzigartige Almsiedlung. Das Ziel der Wanderung, Innergschlöß und das **Venedigerhaus** 05 erreicht man auf einem ebenen Fahrweg nach 1,5 km. Für den Rückweg kann man ein Wandertaxi nehmen oder man folgt dem Wanderweg auf der rechten Seite des Baches.

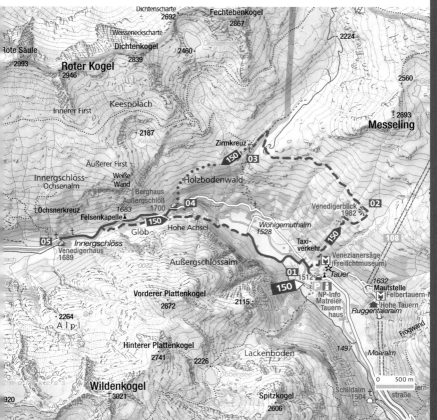

Erlebnis Dreiseenweg

  14 km 6:30–7:00 h 1200 hm 1200 hm  46 50

START | Matreier Tauernhaus, 1512 m.
[GPS: UTM Zone 33   x: 310.115 m   y: 5.221.425 m]
ZUFAHRT | Von Matrei in Osttirol.
CHARAKTER | Bergwanderung auf breiten Almwegen und schmalen, stellenweise steilen und felsigen Pfaden; eine kurze Stelle ist ausgesetzt und gesichert.

Der Blick zum Großvenediger

Der berühmte Dreiseenweg über dem Matreier Tauernhaus verläuft außerhalb des Nationalparks, der durch eine Schneise beiderseits der Hochspannungsleitung über den Felbertauern geteilt wird. Er bietet jedoch eine prachtvolle Sicht auf die schönsten Berge im Westen des Schutzgebiets. Außerdem entfaltet sich unterwegs ein wahres Feuerwerk der Farben: vom Braun der Almhütten über das Weiß der Gletscher bis zum Grauen, Schwarzen und Grünen See, die ihrem Namen je nach Wind und Wetter tatsächlich gerecht werden. Der schönste Wegabschnitt erwartet

Sie zwischen der St. Pöltner Hütte und der Messelingscharte. Dort genießt man ein grandioses Venedigerpanorama, das nicht nur den alpinen „Hausherrn", sondern die gesamte „Firnkrone" vom Kleinvenediger bis zur Kristallwand präsentiert. Glücklich, wer in der Hütte übernachtet hat und zum Sonnenaufgang schon auf dem Messeling steht!

▶ Wir gehen vom **Matreier Tauernhaus 01** zunächst ca. 20 Min. taleinwärts Richtung Innergschlöß. Bei der Wohlgemuthalm zweigt rechts der Weg Nr. 511 in Richtung Felbertauern ab. Er führt in Kehren durch den Wald und über den **Venedigerblick 02**, 1982 m, zum Zirmkreuz hinauf. Weiter durch das sanft ansteigende Hochtal, bald begleitet von der Hochspannungsleitung und ihrer alten Baustraße. Links mündet der St. Pöltner Westweg (und damit auch der Arnoweg) ein, dann geht's steiler neben einer felsigen Rinne und durch eine Mulde zur **St. Pöltner Hütte 03**, 2481 m, hinauf. Wir folgen nun dem St. Pöltner Ostweg (Nr. 502/513) zum nahen Tauernkreuz am Felbertauern hinab und dann in Kehren über den Weinbichl zur Senke des Alten Tauern, 2493 m (eine ausgesetzte, aber gesicherte Stelle). Bei der Abzweigung zum Hochgasser rechts, dann quer durch den Schutthang zur Messelingscharte. Rechts auf den **Messeling 04**. Abstieg zurück zur Scharte und rechts zum Grauen See hinunter. Durch ein schmales Kar weiter zum Schwarzen und Grünen See. Auf einem Steg über den Abfluss und rechts auf dem Pfad Nr. 512 zur **Grünseehütte 05** (Selbstversorgerhütte).

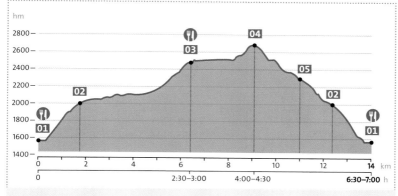

01 Matreier Tauernhaus, 1512 m; **02** Venedigerblick, 1982 m; **03** St. Pöltner Hütte, 2481 m; **04** Messeling, 2693 m; **05** Grünseehütte, 2235 m

Zwischen Felsblöcken und durch Weidehänge geht man neben dem Messelingbach abwärts, vorbei am Venedigerblick und an der einstigen Station eines Schlepplifts. Auf rund 2000 m Seehöhe zweigt rechts ein breiter Weg Richtung Felbertauern ab; wir wandern jedoch links in den Wald und ins Gschlößtal hinunter. Unten erreichen wir den Fahrweg. Kurz nach links zum Tauernhaus.

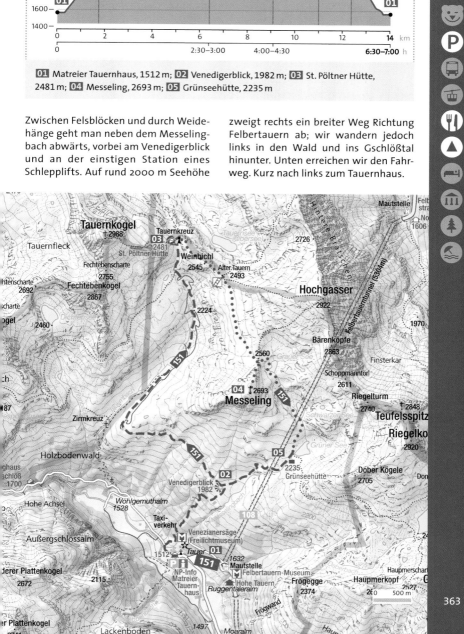

ZEDLACHER PARADIES

Vogelvielfalt und uralte Lärchen

SWAROVSKI
OPTIK

6,2 km 3:00–4:00 h 500 hm 500 hm

45
46
38
39

START | Parkplatz Zedlacher Paradies.
[GPS: UTM Zone 33   x: 310.198 m   y: 5.208.574 m]
ZUFAHRT | Von Matrei über Zedlach zum Parkplatz „Waldlehrpfad Zedlacher Paradies".
CHARAKTER | Forstwege, leichter Wanderweg.
TOUR MIT GUIDE | Nationalpark Hohe Tauern, Matrei in Osttirol,
Tel +43/(0)4875/5161-10, www.tirol.at/natur

Haubenmeise (Foto: Reinhard Hölzl)

Das Gebiet rund um das Zedlacher Paradies und die Wodenalm ist speziell für ornithologisch Interessierte ein Muss, da auf ziemlich kleinem Raum sehr viele verschiedene Lebensräume vorhanden sind. Groß ist die Vielfalt der vorkommenden Vögel und Säugetiere. Haltepunkte mit Schautafeln laden auf dieser gemütlichen Familienwanderung zum Verweilen ein.

Gleich zu Beginn kommt man an uralten Lärchen vorbei. Spechthöhlen und Fraßspuren der Waldbewohner sind dort zu entdecken. Während der Wanderung durch das Paradies sind auch immer wieder Arten zu finden, die speziell den Fichten-Lärchenwald als Lebensraum bevorzugen, wie etwa Gimpel, Haubenmeise, Tannenmeise, Kleiber, Waldbaumläufer oder Fichtenkreuzschnabel. Weiter in Richtung Wodenalm gelangt man ab ca. 1700 m Höhe auf offene Wei-

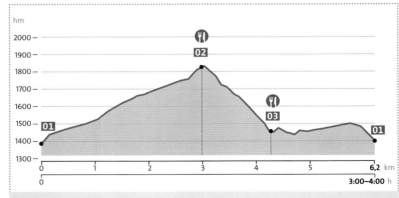

01 Zedlacher Paradies, 1387 m; 02 Wodenalm, 1825 m; 03 Strumerhof, 1451 m

Gimpel, männlich (Foto: Reinhard Hölzl)

Europäische Lärche (Foto: Reinhard Hölzl)

deflächen, wo Steinschmätzer, Wasserpieper, Drosseln, Falken und mit etwas Glück auch Steinrötel und Steinadler gesehen werden können.

▶ Vom **Parkplatz** 01 folgt man dem ausgeschilderten Lehrpfad durch den Fichten-Lärchenwald, bis man zur Abzweigung links bergauf zur **Wodenalm** 02 gelangt. Dieser Weg mündet bald in einen Fahrweg, der einen zum höchsten Punkt der Wanderung bringt, der Wodenalm. Von der Alm führt ein steiler Weg hinab zum **Strumerhof** 03. Vom Parkplatz des Strumerhofes geht es auf einem gemütlichen Steig zum Ausgangspunkt zurück.

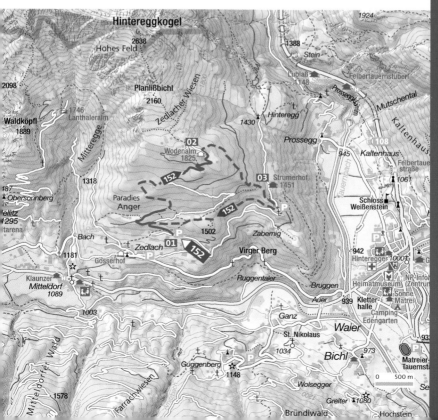

SAJATMÄHDER

Blütenparadies der Alpen

SWAROVSKI
OPTIK

 5,4 km   3:00–4:00 h   450 hm   450 hm   38 46 45

START | Parkplatz in Bichl.
[GPS: UTM Zone 33 x: 299.509 m y: 5.210.705 m]
ZUFAHRT | Mit dem PKW von Prägraten nach Bichl, Parkplatz im Ortszentrum.
CHARAKTER | Forstwege, leichter Wanderweg.
TOUR MIT GUIDE | Nationalpark Hohe Tauern, Matrei in Osttirol,
Tel +43/(0)4875/5161-10, www.tirol.at/natur

Fichtenblockwald (Foto: Reinhard Hölzl)

Im Herzen des Nationalparks Hohe Tauern liegt Prägraten, eingebettet in satte Bergwiesen am Fuße des Großvenedigers. Naturbelassene Urlandschaften, vom Menschen geprägte Kulturlandschaften, eine große Vielfalt an Pflanzen und Tieren und beeindruckende

Gletscher machen die Wanderung zu einem ganz besonderen Erlebnis.
Die Sajatmähder zählen botanisch zu den interessantesten Gebieten des Nationalparks Hohe Tauern. Die steilen Wiesen wurden bis in die 1960er Jahre noch gemäht. Auf den artenrei-

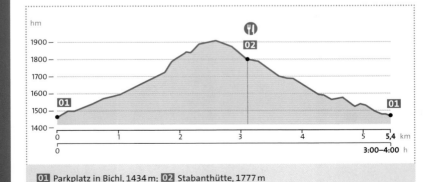

01 Parkplatz in Bichl, 1434 m; 02 Stabanthütte, 1777 m

chen Mähdern wachsen Pflanzen, die sonst in den Tauern nicht zu finden sind, wie Sommerwurz, Mondraute, Feuerlilie, Türkenbundlilie und Knabenkräuter. Auch sehr seltene Schmetterlingsarten, unter anderem Alpenapollo, Tauernwickler, Sajatfalter und Thymian-Ameisenbläuling, sind hier zu finden. Faszinierend ist der Abstieg durch den naturbelassenen, wilden Blockwald mit seinen großen Steinbrocken. Diverse Moose und Flechten überziehen die Steine und Bäume und geben dem Wald ein „märchenhaftes" Aussehen.

An einer Lawinengasse, entstanden durch häufige Lawinenabgänge, kann man wunderschön die Auswirkungen von Naturereignissen auf die Vegetation sehen.

▶ Vom **Parkplatz Bichl** 01 geht es leicht ansteigend durch einen Lärchenwald Richtung Katinalm und Sajathütte. Der Weg wird schließlich steiler und erreicht offenes Gelände: die Sajatmähder.

Nach der Überquerung des Zopsenbaches quert der Weg weniger steil zur Katinalm. Hier verlässt unsere Route den Weg zur Sajathütte und führt durch einen ursprünglichen Blockwald hinab zur **Stabanthütte** 02 auf 1777 m. Über den Fahrweg zur Hütte erreicht man in einer gemütlichen Wanderung Bichl und den Ausgangspunkt.

Apollofalter (Foto: Reinhard Hölzl)

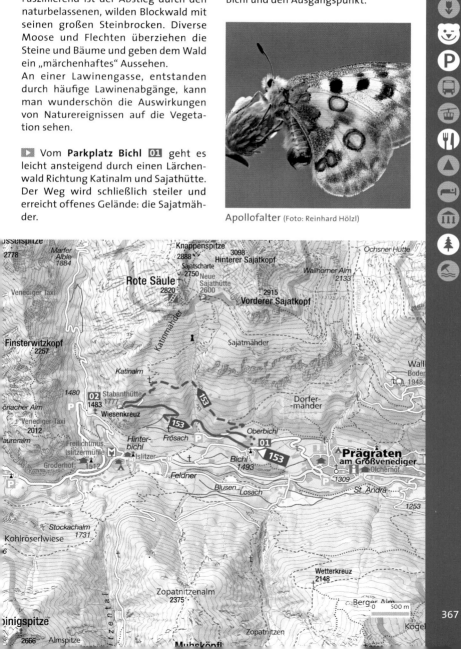

Das kleine Tibet der Alpen

SWAROVSKI
OPTIK

  12,6 km 4:00–5:00 h 290 hm 290 hm 38 45 46

START | Parkplatz Oberhausalm.
[GPS: UTM Zone 33   x: 288.416 m   y: 5.202.719 m]
ZUFAHRT | Über St. Jakob nach Maria Hilf und weiter, bis rechts die Mautstraße zur Patschhütte führt. Auf der Mautstraße bis zum Parkplatz bei der Oberhausalm.
CHARAKTER | Forstwege und Spazierwege.
TOUR MIT GUIDE | Nationalpark Hohe Tauern, Matrei in Osttirol, Tel +43/(0)4875/5161-10, www.tirol.at/natur

Jagdhausalmen (Foto: Reinhard Hölzl)

Der Wanderweg führt zunächst durch einen Lärchen-Zirbenwald mit einem eindrucksvollen Blick auf den Oberhauser Zirbenwald auf der gegenüberliegenden Talseite. Beim Wandern durch den lichten Wald, vorbei an Heidelbeeren und Rauschbeeren, kann man dem Gesang der Vögel lauschen. Ringdrossel, Schwarzspecht und Tannenhäher sind nur einige einer Vielzahl unterschiedlicher Brutvogelarten im Wald. Ein besonderes Highlight sind die Jagdhausalmen auf 2009 m Höhe, die zu den ältesten Almen Österreichs zählen.
Das Almdorf besteht aus 15 Steinhäusern und einer Kapelle, die alle unter Denkmalschutz stehen und auch als „tibetisches Dorf" bezeichnet werden. Oberhalb des Almdorfes liegt versteckt hinter einem Moränenwall ein kleiner kreisrunder See, das Pfauenauge. Die Ränder dieses Sees sind mit Schilf gesäumt und sein Wasser bietet Lebensraum für Tiere wie Bergmolche und Grasfrösche.

▶ Beim **Parkplatz Oberhaus** **01** überquert man die Schwarzach und folgt rechts dem Wanderweg bis zur Seebach-Brücke. Von da geht es auf der Almstraße fortwährend leicht ansteigend an den Seebach-Almen vorbei.

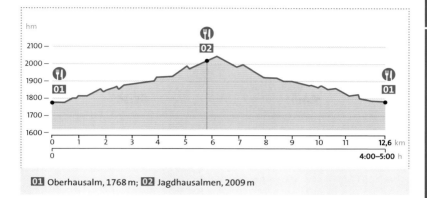

01 Oberhausalm, 1768 m; 02 Jagdhausalmen, 2009 m

Nach einem kleinen Steilaufschwung kommt man zum Zusammenfluss des Arventalbaches mit der Schwarzach. Von hier aus ist man in wenigen Minuten bei den Häusern der **Jagdhausalmen** 02. Zum Pfauenauge gelangt man von den obersten Häusern der Alm, 10 Minuten hangaufwärts einem schmalen Pfad folgend. Der Rückweg führt entlang des Aufstiegs.

Grasfrosch (Foto: Reinhard Hölzl)

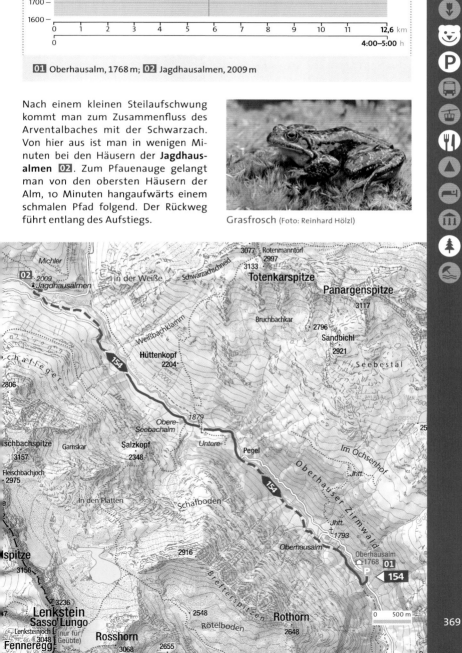

Die wilde „Kinderstube" der Isel

  5,7 km  3:00–4:00 h 250 hm 250 hm 46 50

START | Weiler Ströden im hintersten Virgental, 1403 m.
[GPS: UTM Zone 33   x: 296.286 m   y: 5.210.490 m]
ZUFAHRT | Von Matrei über Virgen, Prägraten und Hinterbichl
(auch Busverbindung).
CHARAKTER | Sehr eindrucksvolle Talwanderung auf breiten Wegen und
schmalen Pfaden (Die Wegvariante führt durch steile Hänge bis in die
Gletscherregion; kurze ausgesetzte Passagen!).

Naturwunder Umbalfälle: die oberen Kaskaden

▶ Aufstieg: Von **Ströden** 01 marschieren wir auf der Schotterstraße durch das Tal der jungen Isel zur **Islitzer Alm** 02 und über die Brücke zur benachbarten Pebellalm, 1520 m.
Dort beginnt der Wasserschauweg, der oberhalb der Hütten rechts vom Fahrweg abzweigt und neben den unteren Umbalfällen zur Talweitung der Blinig-

Die Umbalfälle, die ungestüme „Kinderstube" der Isel im hintersten Virgental, sind seit 1976 durch den ersten europäischen Wasserschaupfad erschlossen. Damals sollten sie einer Kraftwerksableitung geopfert werden, und so wurde das Naturschauspiel zu einem Brennpunkt der damaligen Auseinandersetzungen. Gerade gerettet, zeigte die Urnatur im Mai 1985 ihre Faust. Ein Wasserschwall, der sich hinter Lawinenschnee aufgestaut hatte, donnerte über die beiden Kaskadenstufen, riss riesige Felsblöcke mit sich und zerstörte zwei Almen. Die Spuren der Gewalten sind längst wieder verwachsen, die Hütten wieder aufgebaut. Und der neu trassierte Themenweg präsentiert wieder die Schönheit und die Launen des Gletscher-Schmelzwassers, das an heißen Sommertagen gegen Mittag auf bis zu 15 m³ pro Sekunde anschwillt, im Spätherbst aber nur in schmalen Fäden zwischen dem Eis nach unten rieselt.

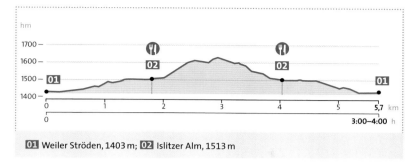

01 Weiler Ströden, 1403 m; **02** Islitzer Alm, 1513 m

alm, 1658 m, emporzieht. Schaukanzeln bringen uns mit dem Wildwasser auf Tuchfühlung.

Abstieg: Bei einer Brücke erreichen wir wieder die Forststraße, die zum Ausgangspunkt zurückführt.

Variante: Von der Blinigalm führt der Weg Nr. 911 links zu den oberen Umbalfällen aufwärts. Oben geht es über einen Steg und quer durch steile Grashänge oberhalb der Isel an der Ochsnerhütte vorbei zur Claraütte, 2036 m.

Vor der Clarahütte, 2036 m, tritt die 3496 m hohe Rötspitze ins Blickfeld. Man steigt weiter taleinwärts, quert den Bach zu einer Wegteilung und geht rechts (Nr. 920) über eine Steilstufe (kurz ausgesetzt) zu einem flachen Talboden mit einem kleinen See hinauf. Zuletzt geht's weglos durch Moränenschutt zur immer weiter zurückweichenden Zunge des Umbalkeeses (ca. 2500 m), über der sich die elegante, 3499 m hohe Dreiherrnspitze erhebt.

Der Abstieg erfolgt auf der gleichen Route.

BARMER HÜTTE • 2591 m

Im Eishauch des Hochgalls

  15,5 km 5:00–5:30 h 950 hm 950 hm 46 50

START | Parkplatz bei der Patscher Hütte im hintersten Defereggental, 1685 m. [GPS: UTM Zone 33   x: 288.949 m   y: 5.200.892 m]
ZUFAHRT | Von Huben über St. Jakob in Defereggen (ab Erlsbach auf der Mautstraße). Wer am 2052 m hoch gelegenen Staller Sattel startet, fährt von Erlsbach per Bus oder Taxi dort hinauf.
CHARAKTER | Hochalpine Bergwanderung auf Forststraßen und gut markierten Steigen. Der Übergang über die Jägerscharte führt durch felsiges Gelände und über eine gesicherte Passage, die Trittsicherheit und Schwindelfreiheit erfordert!

Der 3436 m hohe Hochgall gehört unbestritten zu den „Charaktergipfeln" der Hohen Tauern. Der Name dieser Urwelt aus Granit und Gletschereis kommt von den vielen „Riesern" (Firn- und Schuttrinnen). Der Weg durch das einsame Patscher Tal zur neuen Barmer Hütte ist nicht schwierig. Rundherum sollte man jedoch Vorsicht walten lassen, denn der stets abrutschbereite Moränenschutt überdeckt im Bereich der Riepenscharte sogar noch „Toteis", also Eisreste des Patscher Keeses. Eine sichere, aber anspruchsvolle Alternative zum Hüttenweg bietet der Übergang vom Staller Sattel, bei dem man das aussichtsreiche Almerhorn „mitnehmen" kann.

▶ Aufstieg: Von der **Patscher Hütte** 01 nehmen wir die mit Nr. 112 markierte Almstraße, die in einer Kehre ins Patscher Tal emporzieht. Im wildromantischen Talschluss unter dem Hochgall geht sie in einen Steig über, der die felsige Karstufe bis zur **Barmer Hütte** 03, 2591 m, in Serpentinen überwindet. Bei klarem Wetter empfiehlt sich noch ein Abstecher zum winzigen See unterhalb der Hütte und zur **Riepenscharte** 02, 2764 m – nur nach der Markierung gehen! Abstieg auf der gleichen Route.
Variante: Von der Oberseehütte am Staller Sattel führt der anfangs recht erdige Steig Nr. 325 zu einem Gedenkkreuz auf dem Kamm (Blick zum Antholzer See), dann rechts in Kehren durch einen Zirbenbestand zu einer Skipiste hinauf. Links im steilen Anstieg über eine Kar-

stufe zu einem kleinen Tümpel und links über einen Blockrücken (Abstecher zum Großen Mandl, 2818 m, möglich) ins Kar unterhalb der Jägerscharte. Am linken Rand über felsiges Gelände (Sicherungen) zu diesem Übergang, von dem man rechts über einen Schutthang auf den nahen Gipfel des Almerhorns, 2985 m, steigen kann.

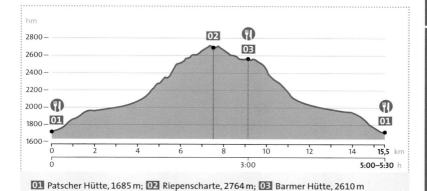

01 Patscher Hütte, 1685 m; 02 Riepenscharte, 2764 m; 03 Barmer Hütte, 2610 m

Von der Jägerscharte steigt man nordwärts neben den Resten des Almerkeeses hinab. Bald schwenkt der Pfad nach links – im sanften Abstieg geht es durch Moränenschutt und unter den Felsgraten der Ohrenspitzen zur Barmer Hütte. Abstieg durch das Patscher Tal zur Patscher Hütte, von der man rechts auf einem markierten Waldweg neben der Schwarzach zum gut 3 km entfernten Gasthof Alpenrose gelangt.

Tourenparadies im Tonalit: die Barmer Hütte

SCHUTZHÜTTEN, BERGGASTHÖFE

Hier finden Sie eine Auswahl der Schutzhütten und Berggasthöfe zu den Wanderungen und Bergtouren im Wander-Atlas Tirol. Bitte beachten Sie, dass sich die Telefonnummern kurzfristig ändern können – aktuelle Informationen erhalten Sie in den örtlichen Tourismusbüros (siehe Tourist-Info) bzw. im Internet:
www.alpenverein.at
www.naturfreunde.at
www.oetk.at

Abkürzungen:
AV = Alpenverein
NFÖ = Naturfreunde
ÖTK = Österreichischer
        Touristenklub

KITZBÜHELER ALPEN
Gasthaus Steinberghaus
Tel. Hütte: +43 5334 2534
info@gasthaus-steinberg.at
www.gasthaus-steinberg.at

Hochhörndlerhütte
Tel. Hütte: + 43 5354 52848

Neue Bamberger Hütte (AV)
Tel. Hütte: +43 664 455946

Wildseeloderhaus (AV)
Tel. Hütte: +43 680 1257679
info@wildseeloderhaus.at
www.wildseeloderhaus.at

KAISERGEBIRGE
**Anton-Karg-Haus (AV),
Hinterbärenbad**
Tel. Hütte: +43 5372 62578
www.tourismus-tirol.com/
        kufstein

Fritz-Pflaum-Hütte (AV)
Selbstversorger
Tel. Hütte: +49 8033 4179

Gruttenhütte (AV)
Tel. Hütte: +43 5358 2242
info@gruttenhuette.at
www.gruttenhuette.at

Kaindlhütte
Tel. Hütte: +43 664 1686568
info@kaindlhuette.com
www.kaindlhuette.com

**Kaisertal/Hans-Berger-Haus
(NFÖ)**
Tel. Hütte: +43 5372 62575
www.bergsteigerschule.at

Stripsenjochhaus (AV)
Tel. Hütte: +43 5372 62579
office@stripsenjoch.at
www.stripsenjoch.at

Vorderkaiserfeldenhütte (AV)
Tel. Hütte: +43 5372 63482
info@vorderkaiserfelden.com
www.vorderkaiserfelden.com

Wochenbrunner Alm
Tel. Hütte: +43 5358 2180
info@wochenbrunn.com
www.wochenbrunn.com

BRANDENBERGER ALPEN
Pendling-Schutzhaus
(Kufsteiner Haus)
Tel. Hütte: +43 5376 5374

ROFANGEBIRGE
Bayreuther Hütte (AV)
Mobil: +43 664 3425103
info@bayreuther-huette.de

Dalfazalm
Tel. Hütte: +43 5243 5224

Erfurter Hütte (AV)
Tel. Hütte: +43 5243 5517
erfurterhuette@tmo.at
www.alpenverein-ettlingen.de

ZILLERTALER ALPEN
Alpenrose
Tel. Hütte: +43 5286 5222

Berliner Hütte
Tel. Hütte:+43 5286 5223

Brandberger Kolmhaus
Tel. Hütte: +43 664 73722893

Dominikushütte
Tel. Hütte: +43 664 73296939

Friesenberghaus (AV)
Tel. Hütte: +43 676 7497550
friesenberghaus@sbg.at

Furtschaglhaus (AV)
Tel. Hütte: +43 676 9579818

Olpererhütte (AV)
Mobil: +43 664 4176566
info@olpererhuette.de
www.olpererhuette.de

Tuxer-Joch-Haus (ÖTK)
Tel. Hütte: +43 5287 87216

Zittauer Hütte (AV)
Tel. Hütte: +43 6564 8262
hanneskogler@aon.at

TUXER ALPEN
Glungezerhütte (AV)
Tel. Hütte: +43 5223 78018
glungezerhuette@glungezer.at
www.glungezer.at

Meißner Haus (AV)
Tel. Hütte: +43 512 377697
info@meissner-haus.at
www.meissner-haus.at

Patscherkofel-Schutzhaus (AV)
Tel. Hütte: +43 512 377196
www.schutzhaus-
        patscherkofel.at

Patscherkofelhaus (NFÖ)
Selbstversorger
Tel. Hütte: +43 512 584144

Tulfeinalm
Tel. Hütte: +43 5223 78153
toni_margit@yahoo.de

KARWENDELGEBIRGE
Arzler Alm
Mobil: +43 664 6553395
info@arzleralm.at

Bettelwurfhütte (AV)
Tel. Hütte: +43 5223 53353
info@bettelwurfhuette.at

Falkenhütte (AV)
Tel. Hütte: +43 5245 245
www.falkenhuette.at

Höttinger Alm
Mobil: +43 676 3056228
hoettingeralm@gmx.at

Karwendelhaus (AV)
Tel. Hütte: +43 5213 5623
info@karwendelhaus.com
www.karwendelhaus.com

Lamsenjochhütte (AV)
Tel. Hütte: +43 5244 62063
lamsenjochhuette@gmx.at
www.lamsenjochhuette.at

Neue Magdeburger Hütte (AV)
Tel. Hütte: +43 5238 88790
www.zirl.at/magdeburger-huette

Pfeishütte (AV)
Tel. Hütte: +43 720 316596
info@schafstall.at
www.pfeishuette.at

STUBAIER ALPEN
Adolf-Pichler-Hütte
Tel. Hütte: +43 5238 53194
www.adolf-pichler-huette.at

Bielefelder Hütte (AV)
Tel. Hütte: +43 5252 6926

Blaserhütte
Tel. Hütte: +43 5275 5251
info@trins-tirol.at

Dresdner Hütte (AV)
Tel. Hütte: +43 5226 8112
info@dresdnerhuette.at
www.dresdnerhuette.at

Elferhütte
Tel. Hütte: +43 5226 2818
haas@elferhuette.at

Franz-Senn-Hütte (AV)
Tel. Hütte: +43 5226 2218
office@franzsennhuette.at
www.franzsennhuette.at

Innsbrucker Hütte (AV)
Tel. Hütte: +43 5276 295
office@innsbrucker-huette.at

Kemater Alm
Tel. Hütte: +43 664 9156634
w.krajnc@kemater-alm.at
www.kemater-alm.at

Nürnberger Hütte (AV)
Tel. Hütte: +43 5226 2492
nuernbergerhuette@aon.at
www.nuernbergerhuette.at

Oberisshütte (AV)
Tel. Hütte: +43 650 9642099
office@oberiss-alm.at

Padasterjochhaus (NFÖ)
Tel. Hütte: +43 699 11175352
info@padasterjochhaus.at

Peter-Anich-Hütte (AV)
Tel. Hütte: +43 664 5052018
Roßkogelhütte
Tel. Hütte: +43 5232 81419
info@rosskogelhuette.at

Starkenburger Hütte (AV)
Mobil: +43 664 5035420
office@starkenburgerhuette.at
www.starkenburgerhuette.at

Sulzenauhütte (AV)
Tel. Hütte: +43 5226 2432
info@sulzenau.com
www.sulzenau.com

MIEMINGER KETTE-WETTERSTEINGEBIRGE
Coburger Hütte (AV)
Mobil: +43 664 3254714
office@coburgerhuette.at
www.coburgerhuette.at

Hämmermoosalm
Mobil: +43 676 3337000

Rotmoosalm
Mobil: +43 664 4226149

Wettersteinhütte
Mobil: +43 660 3462100
Mobil: +43 664 8958227
www.wettersteinhuette.at

Rauthhütte
Tel. Hütte: +43 664 2815611
info@rauthhuette.at
www.rauthhuette.at

TSCHIRGANT
Haiminger Alm
Tel. Hütte: +43 676 9408121

Simmeringalm
Tel. Hütte: +43 5264 5415

ÖTZTALER ALPEN
Breslauer Hütte (AV)
Tel. Hütte: +43 5254 8156
breslauer.huette@aon.at

Frischmannhütte (ÖTK)
Tel. Hütte: +43 5255 50154
www.frischmann-huette.at

Gaislachalm
Tel. Hütte: +43 5254 2914

Gepatschhaus (AV)
Tel. Hütte: +43 5475 489
info@gepatschhaus.at
www.gepatschhaus.at

Hahlkogelhaus
Tel. Hütte: +43 5253 5897

Hochzeigerhaus
Tel. Hütte: +43 5414 87215

Kaunergrathütte (AV)
Tel. Hütte: +43 5413 86242
jeitner.andreas@telering.at
www.kaunergrathuette.info

Ludwigsburger Hütte (AV)
Tel. Hütte: +43 5414 20204
info@ludwigsburger-huette.at

Martin-Busch-Hütte (AV)
Tel. Tal: +43 5254 8130
info@hotel-vent.at
www.hotel-vent.at

Rifflseehütte (AV)
Tel. Tal: +43 5252 6474
Mobil: +43 664 3950062

AMMERGAUER ALPEN
Säulinghaus (NFÖ)
Tel. Hütte: +43 664 2524415
www.naturfreunde-Augsburg.de

ALLGÄUER ALPEN
Gimpelhaus
Tel. Hütte: +43 5675 8251
gimpelhaus@aon.at
www.tannheimertal.at/
gimpelhaus

Kemptner Hütte (AV)
Tel. Hütte: +49 8322 700152
www.kemptner-huette.de

Tannheimer Hütte (AV)
Mobil: +43 676 5451700
tannheimer-huette@
alpenverein-kempten.de
www.alpenverein-kempten.de

Der Glödis, hoch über dem Kalser Tal

SCHUTZHÜTTEN, BERGGASTHÖFE

LECHTALER ALPEN

Ansbacher Hütte (AV)
Tel. Hütte: +43 664 1431009
ansbacherhuette@tirol.com

Hanauer Hütte (AV)
Mobil: +43 664 2669149
verwaltung@dav-hanau.de
www.dav-hanau.de

Muttekopfhütte (AV)
Mobil: +43 664 1236928
info@muttekopf.at
www.muttekopf.at

Wolfratshauser Hütte (AV)
Mobil: +43 664 9058920

SILVRETTAGRUPPE

Wiesbadener Hütte
Tel. Hütte: +43 5558 4233
wiesbadener@gmx.net

VERWALLGRUPPE

Darmstädter Hütte (AV)
Tel. Tal: +43 699 15446314
darmstaedter.huette@gmx.net

Edmund-Graf-Hütte (AV)
Tel. Hütte: +43 5448 8555

Niederelbehütte (AV)
Mobil: +43 676 841385200
niederelbehuette@kappl.at

Zeinisjochhaus
Tel. Hütte: +43 5443 8233

SAMNAUNGRUPPE

Kölner Haus (AV)
Tel. Hütte: +43 5476 6214
koelnerhaus@aon.at
www.koelner-haus.at

KAUNERGRAT

Aifneralm
Tel. Hütte: +43 650 9812598
info@aifneralm.at

RIESERFERNERGRUPPE

Barmer Hütte (AV)
Mobil: +43 664 9489413
barmerhuette@googlemail.com
www.barmerhuette.de

Patscher Hütte
Tel. Hütte: +43 676 5299148

VENEDIGERGRUPPE

Clarahütte (AV)
Mobil: +43 664 9758893

Defreggerhaus (AV)
Tel. Hütte: +43 676 9439145

Innergschlößalm (AV)
Mobil: +43 664 9216125
oeav.matrei.osttirol@aon.at

Johannishütte (AV)
Tel. Hütte: +43 4877 5150
info@johannishuette.at
www.johannishuette.at

Prager Hütte, Alte (AV)
Mobil: +43 664 4228500
www.alte-prager-huette.at

Prager Hütte, Neue (AV)
Tel. Hütte: +43 4875 8840
info@neue-prager-huette.at
www.neue-prager-huette.at

Venedigerhaus
Tel. Hütte: +43 4875 8820
info@venedigerhaus-
  innergschloess.at
www.venedigerhaus-
  innergschloess.at

GLOCKNERGRUPPE

Erzherzog-Johann-Hütte
Tel. Hütte: +43 4876 8500
info@erzherzog-johann-huette.at
www.erzherzog-johann-huette.
  at

Glorerhütte (AV)
Mobil: +43 664 3032200

Kalser Tauernhaus (AV)
Tel. Hütte: +43 664 9857090
peter.gliber@aon.at
www.kalser-tauernhaus.de

Lucknerhaus, Neues
Tel. Hütte: +43 4876 8555
info@lucknerhaus.at
www.lucknerhaus.at

Lucknerhütte
Tel. Hütte: +43 4876 8455

Stüdlhütte (AV)
Tel. Hütte: +43 4876 8209
info@grossglocknerappartement.
  at
www.stuedlhuette.at

ALPINE VEREINE

**VERBAND ALPINER VEREINE
ÖSTERREICHS**
Bäckerstraße 16, 1010 Wien
Tel. 01 5125488, 01 5137975
vavoe@aon.at
www.vavoe.at
Sehr praktische Website, in der
alle Informationen der Alpinclubs
und Auskunftsstellen übersicht-
lich gesammelt sind.

**ÖSTERREICHISCHER ALPEN-
VEREIN (OeAV)**
Olympiastraße 37, 6020 Innsbruck
Tel. 0512 59547-0
Fax 0512 575528
office@alpenverein.at
www.alpenverein.at
Umfassende Information über

Bergrettung, alpine Auskunftsstellen, alpinen Wetterbericht
und Lawinenlagebericht.

OeAV-Hüttenverzeichnis
www.alpenverein.at/huetten

**NATURFREUNDE
ÖSTERREICH (NFÖ)**
Viktoriagasse 6, 1150 Wien
Tel. 01 8923534-0
Fax 01 8923534-48
info@naturfreunde.at
www.naturfreunde.at
Übersichtliche Information über
Häuser der Naturfreunde in ganz
Europa. Neben Adresse, Preisen
und Öffnungszeiten gibt es
Hinweise zur Ausstattung und

nahegelegenen Freizeitmöglich-
keiten.

**ÖSTERREICHISCHER
TOURISTENKLUB (ÖTK)**
Bäckerstraße 16, 1010 Wien
Tel. 01 5123844
Fax 01 5121657-74
zentrale@touristenklub.at
www.touristenklub.at

**KOMPASS-
WANDERKARTEN**
Digital Maps, Radkarten, Wan-
derführer und Wanderatlanten.
www.kompass.at

BEZIRK KITZBÜHEL

Kitzbühel Tourismus
Hinterstadt 18, 6370 Kitzbühel
Tel. 05356 777, Fax 05356 777-77
info@kitzbuehel.com
www.kitzbuehel.com
Mitgliedsvereine: Aurach bei
Kitzbühel, Jochberg, Kitzbühel,
Reith bei Kitzbühel

**Tourismusverband
Kitzbüheler Alpen-Brixental**
Hauptstraße 8
6365 Kirchberg in Tirol
Tel. 05357 2309, Fax 0535 73732
info@kirchberg.at
www.kitzbuehel-alpen.at
Mitgliedsvereine: Brixen im Thale,
Kirchberg in Tirol, Westendorf

Ferienregion St. Johann in Tirol
Poststraße 2
6380 St.Johann in Tirol
Tel. 05352 63335, Fax 05352 65200
info@ferienregion.at
www.ferienregion.at
Mitgliedsvereine: Erpfendorf,
Kirchdorf in Tirol, Oberndorf in
Tirol, St. Johann in Tirol

Ferienregion Hohe Salve
Bahnhofstr. 4a, 6300 Wörgl
Tel. 05332 76007, Fax 05332 71680
info@hohe-salve.com
www.hohe-salve.com

Mitgliedsvereine: Angath, Anger-
berg, Hopfgarten im Brixental,
Itter, Kirchbichl, Mariastein,
Wörgl

Tourismusverband Wilder Kaiser
Dorf 35, 6352 Ellmau
Tel. 05358 505, Fax 05358 3443
office@wilderkaiser.info
www.wilderkaiser.info
Mitgliedsvereine: Ellmau, Going
am Wilden Kaiser, Scheffau am
Wilden Kaiser, Söll

Tourismusverband Pillerseetal
Dorfplatz 1, 6391 Fieberbrunn
Tel. 05354 56304, Fax 05354 52606
info@pillerseetal.at
www.pillerseetal.at
Mitgliedsvereine: Fieberbrunn,
Hochfilzen, St. Jakob in Haus,
St. Ulrich am Pillersee, Waidring

Tourismusverband Kaiserwinkl
Dorf 15, 6345 Kössen
Tel. 0501 100, Fax 0501 119
info@kaiserwinkl.com
www.kaiserwinkl.com
Mitgliedsvereine: Kössen, Rettenschöss, Schwendt, Walchsee

BEZIRK KUFSTEIN

Ferienland Kufstein
Unterer Stadtplatz 8
6330 Kufstein

Tel. 05372 62207, Fax 05372 61455
info@ferienland-kufstein.com
www.ferienland-kufstein.com
Mitgliedsvereine: Bad Häring,
Ebbs, Erl, Kufstein, Langkampfen,
Niederndorf, Niederndorferberg,
Schwoich, Thiersee

Festung Kufstein, im
Hintergrund der Pendling

**Tourismusverband
Alpbachtal und Tiroler Seenland**
Zentrum 1, 6233 Kramsach in Tirol
Tel. 0533 6600600
Fax 05336 600699;
info@alpbachtal-seenland.at
www.alpbachtal-seenland.at
Mitgliedsvereine: Alpbach,
Brandenberg, Breitenbach am
Inn, Brixlegg, Kramsach, Kundl,
Münster, Radfeld, Rattenberg,
Reith im Alpbachtal

Ferienregion Hohe Salve
Bahnhofstr. 4a, 6300 Wörgl
Tel. 05332 76007, Fax 05332 71680
info@hohe-salve.com
www.hohe-salve.com
Mitgliedsvereine: Angath, Anger-
berg, Hopfgarten im Brixental,
Itter, Kirchbichl, Mariastein,
Wörgl

Tourismusverband Wilder Kaiser
Dorf 35, 6352 Ellmau
Tel. 05358 505, Fax 05358 3443
office@wilderkaiser.info
www.wilderkaiser.info
Mitgliedsvereine: Ellmau, Going
am Wilden Kaiser, Scheffau am
Wilden Kaiser, Söll

Tourismusverband Wildschönau
Oberau, Nr. 337, Oberau 6311
Tel. 05339 8255, Fax 05339 2433
info@wildschoenau.tirol.at
www.wildschoenau.com
Mitgliedsverein: Wildschönau

St. Adolari-Kirche

Im Norden des Pillersees steht das sehenswerte Wallfahrtskirchlein St. Adolari mit seinen spätgotischen
Fresken (Leben Christi, 1440), den Wandgemälden und
der beeindruckenden Pietà (um 1420).

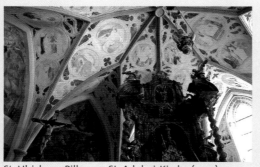

St. Ulrich am Pillersee, St. Adolari-Kirche (1407)

ORTE UND TOURISMUSBÜROS

Tourismusverband Kaiserwinkl
Dorf 15, 6345 Kössen
Tel. 0501 100, Fax 0501 119;
info@kaiserwinkl.com
www.kaiserwinkl.com
Mitgliedsvereine: Kössen, Rettenschöss, Schwendt, Walchsee

BEZIRK SCHWAZ

**Tourismusverband Silberregion
Karwendel**
Franz-Josef-Str. 2, 6130 Schwaz
Tel. 05242 63240, Fax 05242 65630
info@silberregion-karwendel.at
www.silberregion-karwendel.at
Mitgliedsvereine: Buch bei Jen-
bach, Gallzein, Jenbach, Kolsass,
Kolsassberg, Pill, Schwaz, Stans,
Terfens, Vomp, Weer, Weerberg

Tourismusverband Achensee
Rathaus 387, 6215 Achenkirch
Tel. 05246 5300, Fax 05246 5333
info@achensee.info
www.achensee.info
Mitgliedsvereine: Achenkirch,
Maurach-Eben, Pertisau, Stein-
berg am Rofan, Wiesing

**Tourismusverband
Erste Ferienregion im Zillertal**
Hauptstraße 1, 6263 Fügen
Tel. 05288 62262, Fax 05288 63070
info@best-of-zillertal.at
www.best-of-zillertal.at
Mitgliedsvereine: Aschau im
Zillertal, Bruck am Ziller, Fügen,
Fügenberg, Hart im Zillertal,
Kaltenbach, Ried im Zillertal,
Schlitters, Strass im Zillertal,
Stumm, Stummerberg, Uderns

**Tourismusverband
Zell-Gerlos, Zillertal Arena**
Dorfplatz 3a, 6280 Zell am Ziller
Tel. 05282 2281, Fax 05282 228180
info@zell.at
www.zell.at
Mitgliedsvereine: Gerlos, Gerlos-
berg, Hainzenberg, Rohrberg, Zell
am Ziller, Zellberg

Tourismusverband Mayrhofen
Dursterstraße 225
6290 Mayrhofen
Tel. 05285 6760, Fax 05285 676033
info@mayrhofen.at
www.mayrhofen.com

Mitgliedsvereine: Brandberg, Fin-
kenberg, Hainzenberg, Hippach,
Mayrhofen, Ramsau im Zillertal,
Schwendau

**Tourismusverband
Tux-Finkenberg**
Lanersbach 472, 6293 Tux
Tel. 05287 8506, Fax 05287 8508
info@tux.at
www.tux.at
Mitgliedsvereine: Finkenberg, Tux

BEZIRK INNSBRUCK-STADT
UND INNSBRUCK-LAND

**Tourismusverband
Innsbruck und seine Feriendörfer**
Burggraben 3, 6020 Innsbruck
Tel. 0512 59850, Fax 0512 59850-107
office@innsbruck.info
www.innsbruck.info
Mitgliedsvereine: Aldrans, Am-
pass, Axams, Birgitz, Ellbögen,
Götzens, Gries im Sellrain,
Grinzens, Igls, Vill, Innsbruck,
Kematen, Kühtai, Lans, Mutters,
Natters, Oberperfuss, Patsch,
Ranggen, Rinn, Rum, Sellrain,
Sistrans, St. Sigmund im Sellrain,
Unterberg, Unterperfuss, Völs,
Zirl

**Tourismusverband
Region Hall-Wattens**
Wallpachgasse 5
6060 Hall in Tirol
Tel. 05223 45544-0
Fax 05223 45544-20;
office@regionhall.at
www.regionhall.at
Mitgliedsvereine: Absam, Baum-
kirchen, Fritzens, Gnadenwald,
Hall in Tirol, Mils, Thaur, Tulfes,
Volders, Wattenberg, Wattens

Tourismusverband Stubai Tirol
Dorf 3, 6167 Neustift im Stubaital
Tel. 05226 2228, Fax 05226 2529
info@stubai.at
www.stubai.at
Mitgliedsvereine: Fulpmes,
Mieders, Neustift im Stubaital,
Schönberg im Stubaital, Telfes im
Stubaital

Tourismusverband Wipptal
Rathaus, 6150 Steinach a. Brenner
Tel. 05272 6270, Fax 05272 2110
tourismus@wipptal.at
www.wipptal.at
Mitgliedsvereine: Gries am Bren-
ner, Gschnitz, Matrei am Brenner,
Mühlbachl, Navis, Obernberg am
Brenner, Pfons, Schmirn, Steinach
am Brenner, Trins, Vals

Die Region Achensee

Die Region Achensee birgt zahlreiche Sehenswürdig-
keiten: Der Alpenpark Karwendel – eines der ältesten
grenzüberschreitenden Schutzgebiete der Ostalpen.
Im Vitalberg-Museum in Pertisau erfährt man alles
über die Gewinnung des Tiroler Steinöls. Zum Erlebnis
wird eine Fahrt mit der Dampf-Zahnrad-Bahn von Jenbach zur Schiffsanlegestelle Seespitz.
Sehenswert sind auch die Pfarrkirche (1748) von
Achenkirch und die Pfarrkirche zur hl. Notburga in
Eben (1265/1313).

Per Schiff auf die Alm (Gaisalm/Pertisau)

Innsbruck: Spätgotische Hausfassaden in Mariahilf

Tourismusverband Mieminger Plateau & Fernpass-Seen
Oberstraß 218, 6416 Obsteig
Tel. 05264 8106, Fax 05264 8230
info@mieminger-plateau.at
www.sonnenplateau.at
Mitgliedsvereine: Mieming, Nassereith, Obsteig, Wildermieming

Tourismusverband Ötztal Tourismus
Rettenbach 464, 6450 Sölden
Tel. 05254 5100, Fax 05254 510-520
info@oetztal.com
www.oetztal.com

Tourismusverband Tirolmitte
Untermarktstraße 20, 6410 Telfs
Tel.0526262245, Fax0526262245-4
info@tirolmitte.at
www.tirolmitte.at
Mitgliedsvereine: Flaurling, Hatting, Inzing, Mötz, Oberhofen im Inntal, Pettnau, Pfaffenhofen, Polling in Tirol, Rietz, Silz, Stams, Telfs

Olympiaregion Seefeld
Klosterstraße 43, 6100 Seefeld
Tel. 050880-0, Fax 050880-51
region@seefeld.com
www.seefeld-tirol.com
Mitgliedsvereine: Leutasch, Mösern, Buchen, Reith b. Seefeld, Scharnitz, Seefeld in Tirol

Tourismusverband Mieminger Plateau & Fernpass-Seen
Oberstraß 218, 6416 Obsteig
Tel. 05264 8106, Fax 05264 8230
info@mieminger-plateau.at
www.sonnenplateau.at
Mitgliedsvereine: Mieming, Nassereith, Obsteig, Wildermieming

BEZIRK IMST

Tourismusverband Imst-Gurgltal
Johannesplatz 4, 6460 Imst
Tel. 05412 69100, Fax 05412 69108
info@imst.at
www.imst.at
Mitgliedsvereine: Imst, Imsterberg, Karres, Karrösten, Mils bei Imst, Roppen, Schönwies, Tarrenz

Tourismusverband Tirolmitte
Untermarktstraße 20, 6410 Telfs
Tel.0526262245, Fax0526262245-4
info@tirolmitte.at
www.tirolmitte.at
Mitgliedsvereine: Flaurling, Hatting, Inzing, Mötz, Oberhofen im Inntal, Pettnau, Pfaffenhofen, Polling in Tirol, Rietz, Silz, Stams, Telfs

Das Imster „Schemenlaufen"

Bekanntheit erlangte Imst durch das „Schemenlaufen", einem der großen Fasnachtsbräuche in Tirol wie das „Schleicherlaufen" in Telfs und das „Schellerlaufen" in Nassereith. Im neu gestalteten „Haus der Fasnacht" erfährt man viel über die Hintergründe, Vorbereitung und Faszination der Fasnacht.
Haus der Fasnacht, Streleweg 6, 6460 Imst
Geöffnet: jeden Freitag 16–19 Uhr
www.hausderfasnacht.at

„Scheller", eine Hauptfigur des Imster Schemenlaufs

Mitgliedsvereine: Gries, Haiming, Huben, Längenfeld, Niederthai, Obergurgl-Hochgurgl, Oetz, Sautens, Sölden, Umhausen

Tourismusverband Pitztal
Unterdorf 18, 6473 Wenns
Tel. 05414 86999
Fax 05414 86999-88;
info@pitztal.com
www.pitztal.com
Mitgliedsvereine: Arzl im Pitztal, Fließ, Jerzens, St. Leonhard im Pitztal, Wenns

BEZIRK REUTTE

Tourismusverband Ferienregion Reutte
Untermarkt 34, 6600 Reutte
Tel. 05672 62336
Fax 05672 62336-40
info@reutte.com
www.reutte.com
Mitgliedsvereine: Breitenwang, Ehenbichl, Höfen, Lechaschau, Musau, Pflach, Pinswang, Reutte, Vils, Wängle, Weißenbach am Lech

Tourismusverband Tiroler Zugspitz Arena
Am Rettensee 1, 6632 Ehrwald
Tel. 05673 20000
Fax 05673 20000-110;
info@zugspitzarena.com
www.zugspitzarena.com
Mitgliedsvereine: Berwang, Biberwier, Bichlbach, Ehrwald, Heiterwang, Lähn-Wengle, Lermoos, Namlos

Tourismusverband Tannheimer Tal
Oberhöfen 110, 6675 Tannheim
Tel. 05675 6220-0
Fax 05675 6220-60
info@tannheimertal.com
www.tannheimertal.com
Mitgliedsvereine: Grän, Jungholz, Nesselwängle, Schattwald, Tannheim, Zöblen

Tourismusverband Lechtal
Nr. 55 B, 6652 Elbigenalp
Tel. 05634 5315, Fax 05634 5316
info@lechtal.at
www.lechtal.at
Mitgliedsvereine: Bach, Elbigenalb, Elmen, Forchach, Gramais, Häselgehr, Hinterhornbach, Holzgau, Kaisers, Pfafflar, Stanzach, Steeg, Vorderhornbach

BEZIRK LANDECK

Tourismusverband Tirol West
Postfach 55, 6500 Landeck
Tel. 05442 65600
Fax 05442 65600-15;
info@tirolwest.at
www.tirolwest.at
Mitgliedsvereine: Fließ, Grins, Landeck, Stanz bei Landeck, Tobadill, Zams

Tourismusverband Tiroler Oberland
Kirchplatz 48
6531 Ried im Oberinntal
Tel. 05472 6421, Fax 05472 6193
info@tiroleroberland.at
www.tiroleroberland.at
Mitgliedsvereine: Faggen, Fendels, Kaunerberg, Kaunertal, Kauns, Nauders, Pfunds, Prutz, Ried im Oberinntal, Spiss, Tösens

Plansee: ein Paradies für Wassersportler und Fischer

Panoramablick über das Landecker Talbecken

**Tourismusverband
Serfaus-Fiss-Ladis**
Untere Dorfstraße 13
6534 Serfaus
Tel. 05476 6239, Fax 05476 6813
info@serfaus-fiss-ladis.at
www.serfaus-fiss-ladis.at
Mitgliedsvereine: Fiss, Ladis,
Serfaus

Tourismusverband Paznaun
Nr. 320, 6561 Ischgl
Tel. 05444 5266, Fax 05444 5636
info@ischgl.com
www.ischgl.com
Mitgliedsvereine: Galtür, Ischgl,
Kappl, Pians, See

**Tourismusverband
St. Anton am Arlberg**
Oberhöfen 110, 6675 Tannheim
Tel. 05446 22690, Fax 05446 2532
info@stantonamarlberg.com
www.stantonamarlberg.com
Mitgliedsvereine: Flirsch, Pettneu
am Arlberg, St. Anton am Arlberg,
Strengen

BEZIRK LIENZ · OSTTIROL

**Tourismusverband
Lienzer Dolomiten**
Europaplatz 1, 9900 Lienz
Tel. 04852 65265
Fax 04852 65265-2
tvblienz@aon.at
www.lienz-tourismus.at
Mitgliedsvereine: Ainet, Amlach,
Assling, Dölsach, Gaimberg, Isels-
berg-Stronach, Lavant, Leisach,
Lienz, Nikolsdorf, Nussdorf-De-
bant, Oberlienz, Schlaiten, Thurn,
Tristach

**Tourismusverband Urlaubsregion
Nationalpark Hohe Tauern
Osttirol**
Rauterplatz 1, Rathaus,
9971 Matrei in Osttirol
Tel. 04875 6527, Fax 04875 6527-40

info@hohetauern-osttirol.at
www.hohetauern-osttirol.at
Mitgliedsvereine: Hopfgarten
in Defereggen, Huben in Osttirol,
Kals am Großglockner, Matrei
in Osttirol, Prägraten am Großvenediger, St. Jakob in Defereggen, St. Johann im Walde, St. Veit
in Defereggen, Virgen

Tourismusverband Hochpustertal
Nr. 86, 9920 Sillian
Tel. 04842 6666
Fax 04842 6666-15
info@hochpustertal.com
www.hochpustertal.com
Mitgliedsvereine: Abfaltersbach,
Anras, Außervillgraten, Heinfels,
Innervillgraten, Kartitsch,
Obertilliach, Sillian, Strassen,
Untertilliach

Lienz

Die Bezirkshauptstadt von Osttirol (11779 Einwohner)
liegt in verkehrsgeografisch günstiger Lage in einem
weiten Becken an der Einmündung der wasserreichen
Isel in die Drau. Umrahmt wird die Stadt im Norden
von den Ausläufern der Schobergruppe und im Süden
von den schroffen Lienzer Dolomiten. Das milde Klima im Lienzer Becken gibt der Stadt einen besonderen Reiz. Angesichts der Palmen auf den Plätzen spürt
man: hier beginnt der Süden ...

Lienz: Liebburg am Hauptplatz

REGISTER

A

Absam • 31, 136, 137, 378
Achenkirch • 31, 92, 127, 128, 378
Achensee • 31, 35, 91, 96, 125, 127, 378
Alpbach • 87, 88, 377
Alpbachtal • 35, 87, 377
Alpenblumengarten Bezirk Kitzbühel • 48
Alpenblumengarten Bezirk Reutte • 256, 257
Alpenpark Karwendel • 31, 130, 140, 146, 148, 150, 152, 378
Altfinstermünz • 324
Arzl im Pitztal • 33, 380
Auffach/Wildschönau • 85
Aurach bei Kitzbühel • 377

B

Bad Häring • 377
Berliner Höhenweg • 30, 104, 123, 124
Berwang • 287, 288, 289, 290, 380
Berwanger Tal • 287, 288
Bielerhöhe • 312
Brandberg bei Mayrhofen • 30, 107, 108, 378
Brandenberg • 80, 81, 377
Brandenberger Alpen • 80, 374
Brixen im Thale • 377
Brixlegg • 377

C

Cottbuser Höhenweg • 236

D

Debanttal • 28, 352, 353
Defereggental • 28, 29, 368, 372
Dölsach • 381
Dorfertal • 28, 346, 347, 348, 349

E

Ebbs • 24, 377
Eben/Maurach am Achensee • 96, 378
Egesensee • 182
Eggersteig • 58, 59
Ehrwald • 248, 250, 288, 380
Elbigenalp • 34, 275, 380
Ellmau • 59, 76, 377
Elmen • 34, 380
Erl • 377
Erpfendorf • 377

F

Faggen • 33, 380
Fasnacht • 240, 379
Fieberbrunn • 44, 377
Finkenberg • 30, 104, 123, 378
Finstertalspeicher • 194
Fiss • 35, 315, 316, 318, 381

Fließ • 33, 330, 332, 335, 380
Flirsch • 302, 303, 381
Floitenkees • 30, 120
Forchach • 34, 272, 380
Frau Hitt • 148
Fügen • 378
Fulpmes • 170, 378

G

Gallzein • 378
Galtür • 310, 311, 381
Gerlos • 378
Gerlossee • 98
Gerlostal • 102
Gerwentils Gebirge • 132
Gleirschklamm • 31, 150 ,151
Gnadenwald • 31, 140, 146, 378
Going am Wilden Kaiser • 49, 59, 60, 377
Grän im Tannheimer Tal • 258, 266, 268, 270, 380
Grinzens • 164, 165, 378
Großer Rettenstein • 44, 51, 52
Großglockner • 28, 51, 55, 78, 340, 341, 346, 350
Großvenediger • 28, 51, 55, 78, 354, 356, 357, 360, 362, 366
Gunggl • 111, 112, 120
Gurgltal • 240, 242, 245, 379

H

Hainzenberg • 102, 103, 378
Hall • 24, 35, 136, 143, 378
Halltal • 31, 136, 138, 140, 142, 143, Häselgehr • 34, 380
Herrenhäuser • 136, 140, 141
Hinterriß • 31, 130
Hintersteiner See • 72
Hintertux • 100, 115, 121, 120, 122
Hintertuxer Gletscher • 101, 116
Hochfilzen • 377
Hochgebirgs-Naturpark Zillertaler Alpen • 30, 107, 113
Hochimst • 244, 245
Höfen • 256, 380
Höfer See • 264, 265
Hohe Munde • 196, 197
Hohe Salve • 55, 57, 377
Holzgau • 34, 276, 278, 380
Hopfgarten im Brixental • 55, 57, 377
Hopfgarten im Defereggen • 381
Hornkees • 30, 120
Huben • 210, 211, 220, 221, 380

I

Imst • 24, 36, 379
Imster Schemenlauf • 379
Innsbruck • 24, 31, 35, 144, 148, 154, 155, 378, 379
Inntal • 24, 35, 56, 78, 81, 82, 84, 135, 137, 144, 166, 197, 246, 325, 329, 355

Isarquellen • 31
Ischgl • 320, 381
Isel • 370, 371, 381
Issanger • 140, 141, 143

J

Jenbach • 31, 378
Jerzens im Pitztal • 33, 232, 235, 380

K

Kaiserbachtal • 58, 62, 74
Kaisergebirge • 23, 44, 64, 66, 76, 78, 82, 85, 374
Kalkalpen • 24, 31, 35, 144, 256, 258, 283
Kalkkögel • 164, 165, 166, 170, 188
Kals • 28, 29, 346, 348, 350, 381
Kappl • 307, 308, 381
Karwendel • 31, 88, 96, 125, 130, 132, 140, 145, 146, 148, 150, 152, 155, 197, 338, 374, 378
Kaunerberg • 33, 380
Kauns • 33, 380
Kematen • 194, 378
Kesselfall • 100, 101
Kirchberg in Tirol • 51, 377
Kirchdorf in Tirol • 58, 62, 377
Kitzbühel • 23, 35, 47, 48, 49
Kitzbüheler Alpen • 44, 48, 51, 52, 57, 85, 374, 377
Köfels • 204, 218
Kolsass • 378
Kössen • 377, 378
Kramsach • 82, 84, 377
Krimpenbachsee • 192
Kufstein • 23, 35, 68, 69, 70, 71, 74, 377
Kühtai • 190, 194, 201, 378
Kundl • 377

L

Ladis • 35, 315, 316, 318, 381
Längenfeld • 32, 210, 211, 212, 220, 221, 380
Langkampfen • 377
Lavant • 381
Lech • 34, 262, 263, 272, 273, 274, 281, 282
Lechtal • 34, 35, 252, 257, 272, 274, 279, 280, 282, 285, 289, 380
Lechtaler Alpen • 34, 35, 240, 255, 260, 261, 274, 282, 289, 291, 302, 303, 338, 375
Lermoos • 293, 294, 298, 380
Leutasch • 196, 197, 198, 379
Lienz • 24, 28, 35, 381

M

Mandarfen • 236, 237, 238
Matrei am Brenner • 378

Matrei in Osttirol • 28, 29, 344, 346, 348, 350, 352, 364, 366, 368, 381
Mayrhofen im Zillertal • 30, 107, 109, 110, 111, 117, 119, 378
Münster • 377
Murmeltierweg • 317, 318
Mutters • 166, 168, 169, 378

N ....
Nassereith • 240, 241, 379
Nationalpark Hohe Tauern • 24, 28, 29, 340, 344, 348, 350, 352, 381
Natura 2000 • 66, 161, 163
Naturpark Kaunergrat • 33, 330, 335, 337
Naturpark Ötztal • 32
Naturpark Tiroler Lech • 34, 35, 262, 272, 279, 282, 283, 285, 289, 291
Nauders • 324, 325, 326, 327, 380
Neder bei Neustift • 186, 187, 189
Nesselwängle • 260, 261, 380
Neustift im Stubaital • 172, 173, 174, 188, 189, 378
Niederndorf • 377
Niederthai • 202, 203, 204, 205, 206, 208, 209, 380
Nuaracher Höhenweg • 42, 43

O ....
Obergurgl • 32, 204, 206, 214, 215, 216, 217, 224, 226, 230, 380
Obergurgler Zirbenwald • 32, 230
Oberlängenfeld • 210, 211
Obernberg am Brenner • 178, 179, 378
Obernbergtal • 161, 179
Oberperfuss • 192, 193, 378
Obladis • 315, 316
Obsteig • 246, 379
Obtarrenz • 242, 243
Oetz • 194, 200, 201, 380
Ötztal • 24, 32, 203, 206, 208, 210, 212, 216, 218, 220, 226, 230, 379
Ötztaler Ache • 202, 211, 218
Ötztaler Alpen • 32, 197, 222, 236, 238, 246, 322, 326, 338, 375

P ....
Paznauntal • 306, 307, 308, 320
Pertisau am Achensee • 125, 126, 127, 128, 378
Pettneu am Arlberg • 304, 381
Pflach • 34, 254, 255, 262, 263, 380
Pillerhöhe • 332, 333, 337
Pillersee • 40, 41, 377
Plansee • 252, 253, 380

R ....
Radfeld • 377
Rattenberg • 377
Reith bei Kitzbühel • 377
Reith bei Seefeld • 31, 379
Reith im Alpbachtal • 377
Rettenschöss • 377, 378

Reutte • 34, 35, 252, 254, 255, 257, 288, 380
Rofenache • 228, 229
Rosanna • 304, 306
Rotlech • 290, 292

S ....
Scharnitz • 31, 140, 143, 146, 150, 151, 152, 153, 379
Scheffau am Wilden Kaiser • 72, 74, 377
Schellerlaufen • 240, 379
Schlegeiskees • 30, 104, 106, 120
Schleicherlaufen • 379
Schmidhubersteig • 148, 149
Schnann • 302, 303
Schwarzensteinkees • 30, 120
Schwarzsee • 30, 49, 50
Schwaz • 24, 31, 35, 134, 378
Schwemm • 64, 66, 67
Schwendt • 377, 378
Schwoich • 377
Seefeld in Tirol • 198, 379
Seehorn • 41, 42
Serfaus • 35, 315, 317, 318, 381
Sillian • 381
Sölden • 32, 222, 223, 224, 226, 227, 380
Söl • 377
Spertental • 51, 52
St. Adolari • 40, 41, 377
St. Anton am Arlberg • 381
St. Jakob in Defereggen • 28, 29, 381
St. Jakob in Haus • 377
St. Johann im Walde • 381
St. Johann in Tirol • 377
St. Leonhard im Pitztal • 33, 234, 380
St. Ulrich am Pillersee • 40, 41, 42, 377
Stans • 31, 134, 378
Stanz bei Landeck • 380
Stanzach • 34, 380
Stanzer Tal • 302
Steeg • 34, 279, 281, 282, 380
Steinberg am Rofan • 89, 90, 91, 92, 378
Strengen • 381
Stubaier Alpen • 83, 122, 144, 148, 188, 197, 374
Stubaier Höhenweg • 180
Stuibenfall • 32, 202, 203, 204, 205
Sulztal • 213

T ....
Tannheimer Tal • 257, 268, 271, 380
Tarrenz • 242, 379
Teischnitztal • 344
Telfs • 379
Terfens • 31, 378
Thaur • 31, 378
Thiersee • 78, 79, 377
Tobadill • 380
Trins • 184, 185, 378
Trisanna • 304, 306

Tschaffein • 310, 311
Tschirgant • 246, 247, 375
Tux • 30, 120, 378
Tuxer Alpen • 30, 102, 115, 117, 120, 155, 161, 197, 374
Tuxer Wasserfälle • 100

U ....
Uderns • 378
Ulrichshorn • 42, 43
Umhausen • 32, 202, 203, 208, 218, 380

V ....
Vals • 161, 378
Valser Tal • 161, 163
Venedigergruppe • 44, 54, 98, 357, 360, 376
Vent • 32, 228, 229
Venter Tal • 223
Via Claudia Augusta • 240
Vils • 34, 380
Virgen • 29, 381
Virgental • 28, 370
Vomp • 31, 130, 378
Vomper Loch • 31

W ....
Waidring • 377
Walchsee • 63, 64, 66, 67, 377, 378
Waxeggkees • 30, 120
Weer • 378
Weißenbach am Lech • 34, 262, 272, 279, 283, 285, 289, 291, 380
Wenns • 33, 337, 338, 339, 380
Westendorf • 53, 377
Wiesing • 378
Wilder Kaiser • 35, 51, 55, 62, 64, 76, 88, 377
Wilder-Kaiser-Steig • 74
Wildschönau • 87, 377
Wildsee • 44, 45, 46
Wildspitze • 24, 32, 228
Wipptal • 24, 35, 151, 161, 163, 378
Wolfsklamm • 31, 134, 135
Wörgl • 377

Z ....
Zahmer Kaiser • 62, 68, 69,
Zams • 380
Zell am Ziller • 378
Zillertaler Alpen • 30, 51, 56, 82, 84, 85, 88, 96, 104, 107, 113, 117, 120, 155, 161, 374
Zirbenweg (Naturlehrweg) • 154, 156, 157, 158,
Zirl • 31, 35, 378
Zöblen • 264, 265, 380
Zugspitze • 164, 197, 210, 248, 249, 257, 298, 300, 301
Zwieselstein • 32, 222, 223

IMPRESSUM

© KOMPASS-Karten, A-6020 Innsbruck (14.01)
© 2014 Tirol Werbung GmbH
1. Auflage 2014   Verlagsnummer 1620   ISBN 978-3-85026-924-7

....

Grafische Herstellung: Maria Strobl
Kartenausschnitte: © KOMPASS-Karten GmbH

Texte und Fotos Blumenwiesen: Alfred Pohler

Textbeiträge
Siegfried Garnweidner, Rosemarie Haas, Wolfgang Heitzmann, Herbert Mayr, Dieter Seibert, Walter Theil und KOMPASS-Redaktion

Bildnachweis
Titelbild: © Tirol Werbung GmbH

Hochgebirgs-Naturpark Zillertaler Alpen: S. 30
Hofherr Communikation: S. 25 – 26
Ferienregion Hohe Salve: S. 57
Garnweidner, Siegfried: S. 90, 92, 126, 131, 132, 138, 142, 149, 251, 252
Goodshoot: S. 55
Heitzmann, Wolfgang/Gabriel, Renate: S. 124, 307, 322, 325, 370, 373
Kitzbüheler Alpen Marketing GmbH (KAM)/Niederstrasser: S. 48
Kretzschmar, Stephan: S. 31 o.
Mayr, Herbert: S. 98, 102, 103, 110 u., 112, 122
Muser, Nathalie: S. 359, 362
Nationalpark Hohe Tauern Tirol/Angermann: S. 342 u., 341
Nationalpark Hohe Tauern Tirol/Kurzthaler: S. 342 o.
Nationalpark Hohe Tauern Tirol/Lammerhuber: S. 28, 375
Naturpark Ötztal/Abermann, J.: S. 32 u.
Oberarzbacher, Robert : S. 42, 43, 76, 356
Pohler, Alfred: S. 21, 27
Seibert, Dieter: S. 194, 195, 203, 223, 234, 236
Theil, Walter: S. 59, 62, 72, 75, 94 u.
Tiroler Zugspitz Arena: S. 288
Tirol Werbung/Ascher: S. 377 o.
Tourismusverband Ferienregion Reutte: S. 380
Tourismusverband Paznaun-Ischgl: S. 314
Tourismusverband St. Anton am Arlberg: S. 302, 306 o.
Tourismusverband Serfaus-Fiss-Ladis: S. 317
Tourismusverband Tiroler Oberland/Zak: S. 328
Tourismusverband Tirol West/Niederstrasser: S. 381
Winter, André M.: S. 209
Zach, Eva: S. 327
Alle anderen Fotos: Haas, Günther

KOMPASS-Karten GmbH
Karl-Kapferer-Straße 5, A-6020 Innsbruck
Tel.: +43/(0)512/2655610, Fax: +43/(0)512/2655618
kompass@kompass.at, www.kompass.at

Der Stubaier Höhenweg zählt zu den schönsten Panoramarouten der Alpen. Der Begriff „Weg" täuscht allerdings: Zwischen der Starkenburger und der Innsbrucker Hütte ist man auf hochalpinen Pfaden unterwegs – durch steile Hänge und im felsigen, oft mit Schnee bedeckten Schuttgelände.

Einige kurze Stellen sind mit Stahlseilen gesichert. Bis in den Juli hinein liegt in nordseitigen Karen oft noch Schnee; steile Rinnen können vereist sein. Mit den ersten Schneefällen im Herbst ist die „Saison" des Stubaier Höhenweges wieder vorbei; in manchen Jahren sorgen sogar hochsommerlicher Wetterstürze für „no-go". Immerhin verläuft der Stubaier Höhenweg durchwegs in Höhenlagen zwischen 2100 und 2900 m. Passt alles, dann genießt man die Berglandschaft der Stubaier Alpen ohne großes Risiko.
Info: ww.stubaier-hoehenweg.at

Schwierigkeitsbewertung

Rot

Diese Wege und Pfade führen durch alpines Gelände (steile Waldhänge, Geröll und Fels). Sie können steinig und nach Regen sehr rutschig sein. Kurze abschüssige und ausgesetzte Passagen erfordern Trittsicherheit und Schwindelfreiheit.

Schwarz

Diese anspruchsvollen Wegabschnitte führen durch steilfelsiges Gelände, das bei Nässe, Nebel, Schnee oder Vereisung gefährlich ist. Sie setzen nicht nur Trittsicherheit, Schwindelfreiheit und gute körperliche Kondition, sondern auch Bergerfahrung voraus.

Die angegebenen Gehzeiten sind natürlich nur Richtwerte. Für alle hier vorgestellten Routen benötigen Sie feste Wanderschuhe mit Profilgummisohle sowie wind- und regendichte Kleidung. Was sonst noch im Rucksack sein sollte: Reservewäsche zum Wechseln, Proviant, Getränke und eine kleine Tourenapotheke.

Alpines Notsignal
Innerhalb einer Minute wird sechsmal in regelmäßigen Abständen – also alle zehn Sekunden – ein hörbares oder sichtbares Zeichen (Rufen, Pfeifen, Blinken, Winken) gegeben. Dazwischen folgt jeweils eine Minute Pause. Die Antwort kommt mit drei Zeichen pro Minute.

Internationale Notrufnummer: Tel. 112

Etappe 1: Starker Auftakt bis zur Starkenburger Hütte

Ausgangspunkt: Fulpmes (996 m), Talstation der Kreuzjochbahn (Schlick 2000). Auffahrt mit der Gondelbahn über die Mittelstation Froneben zur Bergstation Kreuzeck (2108 m) | **Streckenlänge:** 8 km | **Gehzeit:** 1:30 h **Höhenunterschied:** 300 m Aufstieg, 150 m Abstieg | **Einkehr:** Kreuzjoch, Sennjochalm, Starkenburger Hütte | **Karte:** KOMPASS Nr. 83

Von der Gondelbahnstation Kreuzjoch gehen Sie nach dem Wegweiser „Starkenburger Hütte" durch eine Skilift-Unterführung und auf dem breiten, anfangs kaum ansteigenden Panoramaweg unter dem Wetzsteinschrofen (Lawinenverbauung) in die Senke unter dem Sennjoch (2240 m). Von dort kurz zur Sennjochhütte (2225 m) hinauf.

Starkenburger Hütte vor dem Habicht

Weiter geht's links nach dem Wegweiser „Starkenburger Hütte". Bei der Wegteilung unter dem Niederen Burgstall bleiben Sie geradeaus auf dem beschilderten Hüttenzugangsweg, der – gut gesichert – durch eine steile Fels- und Schrofenpassage in ein Kar unter dem Hohen Burgstall hinüberführt. Dort zweigen Sie links ab und wandern auf dem Pfad Nr. 4 am Fuße des Hohen Burgstalls und zwischen Lawinenverbauungen zur Starkenburger Hütte (2237 m). 1:30 h

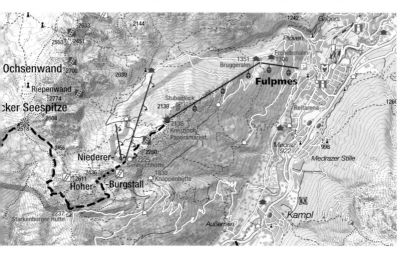

Etappe 2: Take the long way home – Übergang zur Franz-Senn-Hütte

Ausgangspunkt: Starkenburger Hütte (2237 m) | **Streckenlänge:** 15,5 km
Gehzeit: 6:30 h | **Höhenunterschied:** 750 m Aufstieg, 850 m Abstieg
Einkehr: Seducker Hochalm, Franz-Senn-Hütte | **Karte:** KOMPASS Nr. 83

Man wandert auf dem Pfad Nr. 116 Richtung „Franz-Senn-Hütte, Adolf-Pichler-Hütte" durch die steilen Südwesthänge des Hohen Burgstalls aufwärts, bleibt bei der Abzweigung des Gipfelzustiegs geradeaus und erreicht eine grasige Geländeschulter hoch über dem Oberbergtal (schöner Blick zu den Gipfeln um den Alpeiner Ferner). Danach geht's durch eine Dolomitflanke und Schutthänge über dem Kessel der Seealm zur Felsbasis der mächtigen Schlicker Seespitze hinüber. Wo rechts die Route zum Schlicker Schartl wegführt, bleiben Sie geradeaus auf dem unteren Pfad Nr. 116. Er zieht weiter durch das Geröll am Fuße des Berges und an zwei kleinen Seen vorbei zum aussichtsreichen Seejöchl (2518 m). 1:30 h

Dort links abzweigen und – nun in Urgestein – quer durch den Südosthang des Gamskogels (2659 m) und links unter dem Steinkogel vorbei. Neben und kurz auch wieder auf dem Kamm zwischen dem Oberberg- und dem Senderstal geht's zum Sendersjöchl (2477 m). Es folgen ein steiler Serpentinen-Abstieg (einige gesicherte Passagen) unterhalb der Roten Wand und die lange Hangquerung durch die Südhänge des Schwarzhorns bis zur Seducker Hochalm (2249 m; Abstiegsmöglichkeit ins Oberbergtal). 2:30 h

Ohne besondere Höhenunterschiede geht man nach der Markierung 02 A weiter, tief unter dem Wildkopf vorbei und über die Schöne. Im kurzen, aber sehr steilen Abstieg in die weite Villergrube, nach ihrer Durchquerung kurz durch felsiges Gelände (Sicherungen) zum Steiniger hinauf und zur Abzweigung Richtung Horntaler Joch. Links zu einer Klamm, von der man links über ein felsiges Eck zur nahen Franz-Senn-Hütte (2149 m) hinunterkommt. 2:30 h

Gemütliche Einkehr: Franz-Senn-Hütte

Etappe 3: Zwischen hohen Gipfeln zur Neuen Regensburger Hütte

Ausgangspunkt: Franz-Senn-Hütte (2149 m) | **Streckenlänge:** 10,5 km
Gehzeit: 4:30 h | **Höhenunterschied:** 650 m Aufstieg, 500 m Abstieg
Einkehr: Neue Regensburger Hütte | **Karte:** KOMPASS Nr. 83

Von der Franz-Senn-Hütte gehen Sie auf dem Pfad Nr. 133 (Wegweiser „Regensburger Hütte") nach Süden, zweigen bei der nahen Gabelung links ab und wandern – vorerst ohne große Höhenunterschiede – unter dem felsigen Gschwezgrat vorbei ins weite Kar des Kuhgschwez. Stärker ansteigend geht's unter dem Uelasgrat vorbei unter die Platzengrube. Dort nach rechts und in neuer Wegführung ins „Unnütze Grübl", über eine Blockhalde aufwärts hinauf und links über eine Anhöhe in den oberen, engen Bereich der Platzengrube. Kurz abwärts und in den linken Karbereich zum ursprünglichen Weg, der nach rechts zwischen Schutt in die Schrimmennieder-Scharte (2714 m) emporzieht.

Wenn man dort links vom markierten Pfad abbiegt und über den Schuttrücken in 20 Minuten auf den Gipfel des Basslerjochs (Basslerin, 2829 m) hinaufsteigt, genießt man eine tolle Aussicht. 3:00 h.

Jenseits der Scharte geht's in vielen Serpentinen durch das Schrimmenkar hinab. Dort erreicht man den Weg von der Milderaunalm. Rechts sind es nun noch etwa 30 Minuten bis zur Neuen Regensburger Hütte (2287 m). 1:30 h

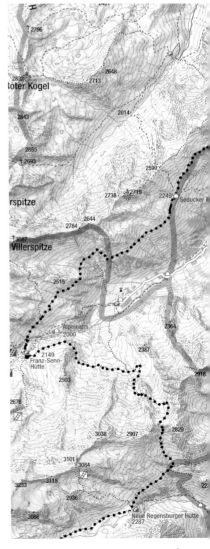

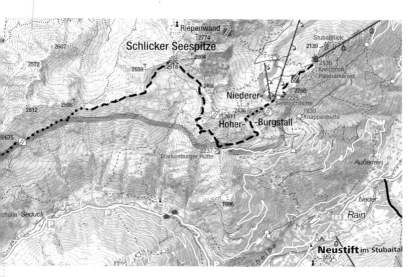

Die Neue Regensburger Hütte. Oben: die Alpeiner Berge über der Franz-Senn-Hütte

Etappe 4: Über die „Schlüsselstelle" zur Dresdner Hütte

Ausgangspunkt: Neue Regensburger Hütte (2287 m) | **Streckenlänge:** 12,5 km
Gehzeit: 6:30 h | **Höhenunterschied:** 970 m Aufstieg, 950 m Abstieg
Einkehr: Dresdner Hütte | **Karte:** KOMPASS Nr. 83

Auf dem Pfad Nr. 138 wandern Sie zunächst eben ins Hohe Moos, dann stärker ansteigend weiter ins Hochtal hinein. Nach der Überquerung des Gletscherbachs des Falbesoner Kräulferners erreichen Sie die Moräne des Hochmoosferners. Rechts lohnt sich der kurze Abstecher zum kleinen Falbesoner See (2575 m). Der Stubaier Höhenweg bleibt dagegen links unterhalb der Seitenmoräne und führt zum Schutt im Vorfeld des Hochmoosferners. Es folgt der oft sehr heikle Zickzack-Aufstieg über steile Schutt- bzw. Schneefelder und durch die manchmal vereiste Nordflanke (einzelne Stahlseile) ins Grawagrubennieder (2881 m) – dies ist die „Schlüsselstelle" und auch der höchste Punkt des gesamten Höhenweges. 2:00 h

Südwärts steigen Sie nun durch das Vorfeld des Grawawandferners ab. Nach rechts und auf dem stellenweise gesicherten Steig durch die steilen Hänge der Nockgrube, über die Scharte beim Schafspitzl ins Schafgrübl und über eine weitere Gratrippe ins Ruderhofkar. Durch den Auslauf des Hölltals zur Einmündung des Weges von der Mutterbergalm. Kurz zur nächsten Abzweigung, dort links und unterhalb des Mutterberger Sees (2483 m) über den Zunterkopf. Im Bogen unter der Glamergrube abstei-

gend erreicht man in der Wilden Grube (ca. 2300 m) eine Schotterstraße, der man bergwärts folgt. Oberhalb einer Karstufe (ca. 2400 m) zweigen Sie links auf einen markierten Pfad ab. Er führt über die Egesennieder (2506 m) in ein Hochtal und zur Dresdner Hütte (2308 m). 4:30 h

Etappe 5: Gletscherganz zwischen Dresdner Hütte und Sulzenauhütte

Ausgangspunkt: Dresdner Hütte (2308 m) | **Streckenlänge:** 5 km
Gehzeit: 3:00 h | **Höhenunterschied:** 400 m Aufstieg, 550 m Abstieg
Einkehr: Sulzenauhütte | **Karte:** KOMPASS Nr. 83

Von der Seilbahnstation folgen Sie dem beschilderten Zentralalpenweg 02/102 Richtung Sulzenauhütte, übersetzen den Fernaubach und steigen anfangs sanft, dann steiler über Schuttblöcke zu einer Wegteilung hinauf. Rechts geht's auf dem Weg 02/102 Richtung Peiljoch und in Serpentinen durch eine steile Schuttflanke zu einer Felskante empor. Dahinter gelangt man durch ein flaches Schuttkar ins Peiljoch (2672 m) zwischen dem Großen Trögler und dem Pfaffengrat. 1:30 h

Auf dem schmalen Pfad steigen Sie jenseits durch einen steilen Hang zum Moränenrücken über dem Sulzenauferner ab. Davor zweigen Sie am besten rechts auf den beschilderten WildeWasserWeg ab, der kurz auf den Schuttkamm hinaufzieht und auf der anderen Seite zum untersten Eisfeld des Sulzenauferners (2450 m) hinabführt. Links geht's am erst vor wenigen Jahren entstandenen Eissee vorbei, über frisch ausgeaperte Felsplatten und durch den Schutthang neben den Katarakten des Gletscherbachs abwärts. Auf etwa 2300 m wird der Talboden flacher. Von links mündet der alte Abstiegsweg vom Peiljoch ein. Kurz danach biegen Sie beim Wegweiser „Aperer Freiger, Aussichtspunkt Hundsheim, Blaue Lacke" rechts ab und gelangen über einen Steg auf die andere Talseite. 10 Minuten weiter über den Moränenwall erreichen Sie die Blaue Lacke. Der Stubaier Höhenweg führt dagegen geradeaus zur Einmündung der Route vom Hohen Trögler und kurz weiter zur Sulzenauhütte (2191 m). 1:30 h

9

Bus und Seilbahnen

Buslinie im Stubaital: http://www.ivb.at

Schlick 2000 (Kreuzjochbahn), Fulpmes, Tel. +43(0)5225/62321, www.schlick2000.at

Stubaier Gletscherbahn, Tel. +43(0)5226/8141, www.stubaier-gletscher.com

Almen und Hütten

Alpein Alm (Alpeiner Alm)
2040 m, von Mitte Juni bis Anfang Oktober bewirtschaftet, Tel. +43(0)5226/3352, +43(0)664/4637217, griesshof@aon.at

Bremer Hütte
2411 m, AV, von Mitte Juni bis Anfang Oktober bewirtschaftet, Nächtigungsmöglichkeit, Tel. +43(0)664/4605831, www.bremerhuette.at

Dresdner Hütte
2308m, AV, von Anfang Juli bis Ende September bewirtschaftet, Nächtigungsmöglichkeit, Tel. +43(0)5226/ 8112, www.dresdnerhuette.at

Herzebner Almwirt
1338 m, ganzjährig bewirtschaftet, Tel. +43 (0)664/1845745, www.der-almwirt.at

Innsbrucker Hütte
2370 m, AV, Nächtigungsmöglichkeit, von Mitte Juni bis Anfang Oktober bewirtschaftet, Tel. Hütte +43(0)5276/295, Tel. Tal +43 (0)5226/2450, www.innsbrucker-huette.at

Issenangeralm
1366 m, ganzjährig bewirtschaftet, Tel. +43(0)664/ 9657023, +43(0)676/4503064, www.issenangeralm.at

Karalm
1747 m, von Mitte Mai bis Anfang Oktober bewirtschaftet, Tel. +43(0)664/1412293, www.karalm.com

Neue Regensburger Hütte
2287 m, AV, Nächtigungsmöglichkeit, von Mitte Juni bis Mitte September bewirtschaftet, Tel. +43(0)664/4065688, www.regensburgerhuette.at

Nürnberger Hütte
2278 m, AV, von Mitte Juni bis Anfang Oktober bewirtschaftet, Nächtigungsmöglichkeit, Tel. +43(0)5226/2492, (0)5226/30496, www.nuernbergerhuette.at

Pinnisalm
1560 m, im Sommer bewirtschaftet, Tel. +43(0)676/608284

Seducker Hochalm
2249 m, über dem Oberbergtal, im Sommer bewirtschaftet, Tel. +43(0)5226/2294

Starkenburger Hütte
2237 m, AV, von Mitte Juni bis Anfang Oktober bewirtschaftet, Nächtigungsmöglichkeit, Tel. +43(0)664/503 5420, alpenverein-darmstadt.de

Sulzenauhütte
2191 m, AV, von Anfang Juni bis Anfang Oktober bewirtschaftet, Nächtigungsmöglichkeit, Tel. +43(0)5226/ 2432, www.sulzenau.com

Impressum

© 2014 KOMPASS-Karten,
A-6020 Innsbruck (14.01)
Beilage zum Großen Wanderbuch Tirol,
Verlagsnummer 1620

Bildnachweis
Titelfoto: Blick vom Großen Trögler, der sich über der Etappe 5 erhebt (Bernhard Berger) Alle Fotos: Wolfgang Heitzmann & Renate Gabriel außer Seite 12 (Bernhard Berger) und 14 (Robert Oberarzbacher)

Für Berichtigungen und Verbesserungsvorschläge ist die Redaktion stets dankbar. Korrekturhinweise bitte an folgende Anschrift:
KOMPASS-Karten GmbH
Karl-Kapferer-Straße 5, A-6020 Innsbruck
Tel. 0043/(0)512/265561-0
Fax 0043/(0)512/265561-8
kompass@kompass.at, www.kompass.de

Wichtige Information
Alle Angaben und Routenbeschreibungen wurden nach bestem Wissen gemäß unserer derzeitigen Informationslage gemacht. Die Wanderungen wurden sehr sorgfältig ausgewählt und beschrieben, Schwierigkeiten werden im Text kurz angegeben. Es können jedoch Änderungen an Wegen und im aktuellen Naturzustand eintreten. Wanderer und Kartenbenützer müssen darauf achten, dass aufgrund ständiger Veränderungen die Wegzustände bezüglich Begehbarkeit sich nicht mit den Angaben in der Karte decken müssen. Bei der großen Fülle des bearbeiteten Materials sind daher vereinzelte Fehler und Unstimmigkeiten nicht vermeidbar.
Die Verwendung dieses Führers erfolgt ausschließlich auf eigenes Risiko und auf eigene Gefahr, somit eigenverantwortlich. Eine Haftung für etwaige Unfälle oder Schäden jeder Art wird daher nicht übernommen.

Etappe 6: Unterm Wilden Freiger hinüber zur Nürnberger Hütte

Ausgangspunkt: Sulzenauhütte (2191 m) | **Streckenlänge:** 4,5 km
Gehzeit: 3:00 h | **Höhenunterschied:** 500 m Aufstieg, 400 m Abstieg
Einkehr: Nürnberger Hütte | **Karte:** KOMPASS Nr. 83

Von der Sulzenauhütte (2191 m) wandern Sie auf dem Pfad Nr. 102/02 nach dem Wegweiser „Nürnberger Hütte" über den Sulzaubach und die Anhöhe des „Übergschritt" zum grünen Boden unter der Eiszunge des Wilden-Freiger-Ferner. Bei der Abzweigung von „Leos Weg" geht's links weiter und über den Wall der Seitenmoräne zum dahinter gelegenen Grünausee (2328 m) hinauf.

Der Stubaier Höhenweg führt schon vor dem Grünausee links weiter. Über einen grasigen Rücken gelangen Sie

zu einer weiteren Gabelung auf etwa 2500 m Seehöhe, bei der Sie rechts abzweigen. Der Pfad führt in eine Mulde mit einem kleinen See und bald darauf über Felsbänder in einer Steilflanke (Sicherungen) hinauf ins Niederl (2629 m). 1:45 h

Jenseits geht's ebenfalls gesichert bergab, und zwar über eine Felstraverse und zwischen wüst verstreuten Steinblöcken. 300 Höhenmeter weiter unten empfängt Sie die Nürnberger Hütte (2278 m) hoch über dem Langental. 1:15 h

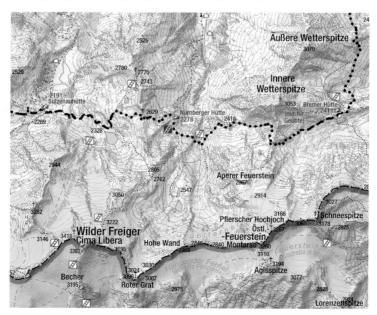

Etappe 7: Hochalpiner Übergang zur Bremer Hütte überm Gschnitztal

Ausgangspunkt: Nürnberger Hütte (2278 m) | **Streckenlänge:** 6 km
Gehzeit: 3:45 h | **Höhenunterschied:** 600 m Aufstieg, 480 m Abstieg
Einkehr: Nürnberger Hütte | **Karte:** KOMPASS Nr. 83

Von der Nürnberger Hütte (2278 m) folgen Sie dem Zentralalpenweg 02 weiter in Richtung Bremer Hütte, bleiben bei der Abzweigung zum Wilden Freiger links und kommen wenig später an der Abzweigung des Pfades zu den Fernerseen vorbei. Wieder links und flach über Gletscherschliffe und kurz steil hinab zum Langentalbach (Steg). Weiter zu einer felsigen Steilstufe (Sicherungen), über die man zu den kleinen Seen im „Paradies" hinaufkommt. Durch das Untere und das Obere Grübl, zuletzt in Kehren über Felsen zur Zollhütte im Simmingjöchl (2747 m). Rechts kurzer lohnender Abstecher zum Eissee. 3:00 h

Der ostseitige Abstieg erfolgt durch eine steile Fels- und Schuttrinne (Sicherungen), dann geht's quer durch den Hang gegenüber des Simmingferners zur Bremer Hütte (2411 m). 1:00 h

Der Wilde Freiger (3418 m) im Seespiegel – *der* Blickfang auf der 6. Wegetappe

Etappe 8: Im Reich des Habichts von der Bremer zur Innsbrucker Hütte

Ausgangspunkt: Bremer Hütte (2411 m) | **Streckenlänge:** 10,5 km
Gehzeit: 6:30 h | **Höhenunterschied:** 980 m Aufstieg, 1000 m Abstieg
Einkehr: Innsbrucker Hütte | **Karte:** KOMPASS Nr. 83

Der letzte Abschnitt des Stubaier Höhenweges führt im kräftigen Auf und Ab hoch über dem Gschnitztal dahin. Auf dem Pfad Nr. 36 wandern Sie etwa 200 m Richtung Gschnitztal abwärts. Bei einer Lacke zweigen Sie links auf den Pfad Nr. 124 Richtung Innsbrucker Hütte ab. Durch felsiges Gelände (Sicherungen) steil ins Kar über der Simmingalm hinab, dann durch die Schutthänge unter der Äußeren Wetterspitze auf den Kamm der Hohen Burg hinauf. Es gibt auch eine schwierigere Routenvariante, die weiter oben am Lautersee vorbeiführt – dabei muss allerdings ein 30 m hoher, mit Stahlseilen und Klammern gesicherter Kamin überwunden werden. In Kehren ins Plattental absteigen, dann hoch über der Traulalm an

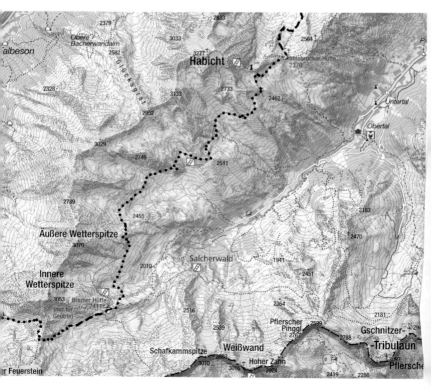

einem winzigen See vorbei. Durch die abschüssige Wasenwand steigen Sie zum Trauljöchl an (einzelne Sicherungen). Dahinter geht's in die Beilgrube hinab und quer durch steile Grashänge ind über eine felsige Gratrippe auf die Pramarnspitze (2511 m), eine Vorlagerung der Glättespitze. 4:00 h

Nochmals wandern Sie abwärts, und zwar durch den Schuttkessel im Süden des gewaltigen Habichts. Dann wandert man quer durch einen Steilhang ins Kar der Pfannalm. Auf dem Sendesgrat (2540 m, großer Steinmann) sieht man schon die Innsbrucker Hütte (2370 m), die man durch das Kar, in dem der kleine Alfairsee liegt, einfach erreicht. 2:30 h

Die Innsbrucker Hütte vor der Kalkwand

Auf den Habicht (3277 m)

Der massige, weithin sichtbare Dreitausender zwischen dem Pinnistal und dem Gschnitztal trägt einen seltsamen Namen, der nichts mit Vögeln zu tun hat. Er geht auf den Begriff „Hoager" zurück und weist damit auf das „Heigen" (Mähen) hin. Tatsächlich gibt es rund um den Habicht exponierte Bergwiesen, die heute noch gemäht werden. Für erfahrene Bergsteiger wird die Ersteigung des Habichts zur Krönung der hochalpinen Runde durch die Stubaier Bergwelt. Es handelt sich dabei jedoch um eine anspruchsvolle Bergtour, die nicht nur absolute Trittsicherheit und Schwindelfreiheit, sondern auch alpine Erfahrung und gutes Wetter voraussetzt.

907 Höhenmeter trennen die Innsbrucker Hütte vom Gipfel. Die beschilderte Aufstiegsroute führt über einen Rücken, der auf der linken Seite steil abbricht, zum Ansatz der riesigen Ostflanke des Habichts. Über gestufte Felsbänder und eine plattige Geländerippe (Sicherungen) geht's steil empor. Nach einer Schutt-Passage folgt eine erdige Rinne, neben der man rechts über Platten ansteigt. Über eine Felsrippe, zwischen Blockschutt hoch über dem Pinnistal und auf einem Serpentinenpfad gelangt man zum „Köpfl" am Rand des (spaltenlosen) Habichtferners. Eine neue Route führt links über Blockwerk aufwärts, dann überquert man das flache Firnfeld bis zum Gipfelgrat, über den man eine Scharte erreicht. Links ausgesetzt (Stahlseile) auf die breite Gipfelkuppe. 3:00 h , Abstieg 2:00 h

Etappe 9: Der finale Abstieg ins Stubaital

Ausgangspunkt: Innsbrucker Hütte (2370 m) | **Streckenlänge:** 10,5 km
Gehzeit: 3:00 h | **Höhenunterschied:** 1400 m Abstieg | **Einkehr:** Karalm, Pinnisalm, Issenangeralm, Herzebner Almwirt | **Karte:** KOMPASS Nr. 83

Der letzte Abstieg beginnt am nahen Pinnisjoch, von dem Sie links auf dem steilen Weg Nr. 123 ins Pinnistal hinabwandern. Unterhalb der Kalkwand gabelt sich die Route – rechts geht's pfeilschnell, aber sehr steil in die Tiefe, links etwas gemütlicher in einem Bogen. Beide Strecken treffen unten im Kar der Alfairgrube wieder zusammen. Auf einer neu angelegten Trasse wandert man zwischen Latschen und Erlen zum Pinnisbach, der überquert wird. Gleich danach erreicht man die kleine Karalm (1747 m) unter der formschönen Ilmspitze und der urgewaltigen Habicht-Nordostflanke. Von dort kommt man auf einem Fahrweg talauswärts zur Pinnisalm (1560 m) unterhalb der himmelhohen Kirchdachspitze. 1:30 h

Nach vorheriger Anmeldung beim Tourismusbüro in Neustift, Tel. +43(0)501 881-0, kann man mit einem Shuttlebus nach Neder im Stubaital fahren. Langstreckenwanderer" marschieren auf der Forststraße durch das landschaftlich eindrucksvolle Tal noch gut 6 km hinaus – vorbei an einem riesigen, halb auseinandergebrochenen Felsblock, an der Issenangeralm mit ihrer Kapelle und am Herzebner Almwirt. Noch einmal geht es steiler neben dem Bach bergab, dann erreicht man die Siedlung Neder und auf dem Pinnisweg bald die Stubaier Talstraße neben dem Hotel Forster (970 m). 1:30 h Rechts befindet sich eine Bushaltestelle; links führt ein Wanderweg in 20 Minuten nach Neustift.

Dieses Panoramafoto zweigt links den mächtigen Habicht mit dem fernen Zuckerhütl.

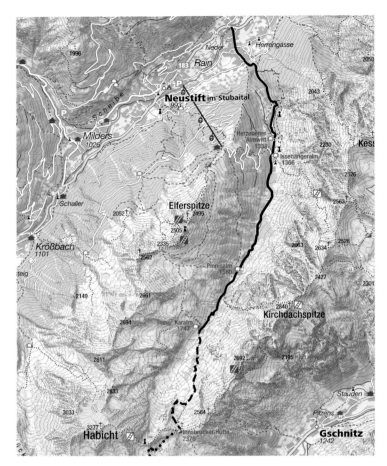

Im rechten Bildbereich sind die Alpeiner Berge um die Franz-Senn-Hütte zu sehen.

Der
Stubaier
Höhenweg

KOMPASS

Extra Guide zum Großen Wanderbuch Tirol 1620

Stubaier Höhenweg

+ 80 km rund um das Stubaital
+ Almen, Hütten, Gletschergipfel
+ Wegbeschreibung & Hütteninfos

www.kompass.de